学　习　论

施良方　著

人民教育出版社

图书在版编目（CIP）数据

学习论 / 施良方著. —北京：人民教育出版社，2001(2024.2 重印)
ISBN 978-7-107-13951-2

Ⅰ. 学… Ⅱ. 施… Ⅲ. 学习心理学—高等学校—教材 Ⅳ. G442

中国版本图书馆 CIP 数据核字（2001）第 11503 号

学习论

出版发行 人民教育出版社
（北京市海淀区中关村南大街 17 号院 1 号楼 邮编：100081）
网 址 http://www.pep.com.cn
经 销 全国新华书店
印 刷 人民教育出版社印刷厂有限公司
版 次 2001 年 5 月第 2 版
印 次 2024 年 2 月第 25 次印刷
开 本 890 毫米×1 240 毫米 1/32
印 张 15.5
字 数 390 千字
印 数 125 001～127 170 册
定 价 21.70 元

前　言

这本《学习论》的作者是施良方教授。他不幸于1997年11月15日逝世。“斯人也，而有斯疾也！斯人也，而有斯疾也！”终年45岁，真是英年早逝！二十年相摩以学问，相输以肝胆，一旦白头人送黑发人，能不悽怆?!

1983年由加拿大国际发展研究中心（IDRC）资助，加拿大维多利亚大学教育学院与华东师大教育科学学院开展合作项目，包括课题合作研究和人员互派等。1984年，小施被派往维多利亚大学教育学院攻读教育学硕士学位。他旅加拿大两年，在欧文博士（Dr. E. E. Owen）等导师的指导下，焚膏继晷，以学习教学论为主，课程论为辅。在他赴加拿大以前，以及在加拿大学习期间，我曾建议他多读一些学习心理学、教育心理学的材料，以为教学论、课程论研究的铺垫。他在获得硕士学位后回校任教，带回了大量的外文书刊和复印资料。

在申报国家教委“八五”重点课题之前，小施与我谈了他打算沿着“学习论—课程论—教学论”这一脉络，对这三个相关领域依次攻坚。我很赞同他的计划。后来，全国教育科学规划办批准了他的课题计划。

小施于是兢兢业业，在认真研究和分析西方各家学习理论的基础上，着力分别加以介绍和评论。他是这样构建他这本《学习论》的框架的：第一部分为刺激-反应学习理论；第二部分为认知学习理论；第三部分为行为-认知学习理论；第四部分为对上述学习理论提出挑战的学习理论；第五部分是对学习的基本问题进行理论概括，有助于读者的应用，“另一方面则是为本书的姊妹篇——《教学论》与《课程论》——打好伏笔，以便在课程与教学理论中进一步延伸、发挥”（本书第 25 页）。

学习理论在我国的研究还比较薄弱的情况下，在我国述评西方材料还不够系统的情况下，小施对西方的研究进行整理和概括，并侧重对学校学习的研究。通过它才能超过它，而无知是懦弱的一种表征。

《学习论》于 1994 年由人民教育出版社出版。1999 年，这本书获得全国第二届教育科学优秀成果二等奖。现在，又由人民教育出版社重刊，继续作为高等学校文科教材。小施生前颇服膺英国课程论学者斯滕豪斯（L. Stenhouse）倡导的理念：“教师即研究者”。如是，《学习论》正进一步发挥在这方面的功能。我想，小施如果九泉有知的话，必莞尔而笑了！

瞿葆奎

2001 年 3 月于华东师大

目　录

绪论　学习与学习理论

在日常生活中，“学习”这个词的使用频率相当高，但人们很少对有关学习的问题作出回答。例如，何谓学习？人们在学习时发生了哪些变化？哪些行为是建立在遗传基础上的，哪些是后天习得的？为什么有些东西学了以后就记住了，有些则很快就遗忘了？学习能够迁移吗？为什么某些东西会成为一种奖励或成为一种惩罚？是哪些因素使得学习变得容易些、愉快些、有效些？认知与情感是如何交互作用的？为什么不同的学生听同样的课、做同样的作业，但在学习效果上显示出很大的差别？如此等等。这些问题看似简单，但真要回答好却还不那么容易。也许有的人从未想到过要回答这些问题。不过，若要成为一个富有成效的教育工作者，就必须要认真思考这些问题。因为，帮助和促进学生的学习是教育工作者的责任，我们只有了解了学习的性质和影响学习过程的诸因素，才能更有效地影响学生的学习。

我国的教育工作历来很重视如何“教”的问题，近年来也已日益关注学生如何“学”的问题。学习的性质、学习的过程、学习的方法、学习的动机以及学习的迁移等问题，现已成了教育理论工作者的热门课题；而对学生学习方法的指导，则已成了教育实践工作者的一项义不容辞的工作，并取得了相当好的效果。但与此同时，我们也应该看到，我国学者对学习进行科学研究起步较晚，有的甚至对何谓学习规律还没有一个比较清楚的认识，比如把“为经济基础服务；打基础与专业化的统一、继承与创造的统一、掌握知识与提高技能的统一；终身学习，以及自学与互助”等都作为职工学习的客观规律提出来了（蔡棋瑞，1989 年）。这从一个侧面反映了普及学习理论方面的知识是很有必要的。

近百年来，心理学家们曾花了相当多的时间和精力来研究学习的各个方面的问题，并根据研究结果，形成了一系列的学习理论。本书旨在通过陈述各种学习理论流派的形成和发展的过程，对它们的基本观点进行剖析和评价，以便帮助读者对这些问题有一个比较全面的认识，为形成自己的科学的教育观奠定基础，从而更好地为教育工作服务。

第一节　学习的定义

“学习”作为心理学中的一个术语，其内涵与人们日常生活中的理解有所不同。例如，我们常说：“要好好学习”、“学习科学文化知识”、“学习英雄模范事迹”等，这些一般都是指人的行为的改善。而在学习理论中所讲的“学习”，不只是指人类的学习，也包括动物的学习；它泛指有机体因经验而发生的行为的变化，而且，这种变化并不意味着改变后的行为比原来的行为更可取。

目前，心理学界对学习的解释众说纷纭，每个学习理论家都对学习下了特定的定义。归纳起来，大致可以分为三类：(1) 学习是指刺激-反应之间联结的加强（行为主义）；(2) 学习是指认知结构的改变（认知学派），以及 (3) 学习是指自我概念的变化（人本主义）。这些定义尽管存在偏颇，但它们从不同的角度揭示了学习的性质，为我们研究学习提供了不同的视角。

就一般而言，学习是有机体适应环境的手段。有机体为了生存与适应，必须不断地改变自己的行为。经验积累引起的行为倾向变化的过程，也就是学习的过程。然而，我们不能把所有行为变化都看做是学习的结果。这里，必须注意处理好下列几对关系：

一、本能与学习

强调学习是由经验而引起的行为的变化，是因为许多低等动物也能表现出极为复杂的行为模式，但这些行为模式主要不是由于学习的结果，而是出自它们的本能。蜜蜂告诉同伴哪儿有花可采蜜的方式就是一个例子。作为本能的行为模式，一般要符合两个条件：（1）这种行为模式是这一物种的所有成员都具备的；（2）即便在与其他同类成员隔绝的情况下，也会产生这种行为模式。

然而，本能与学习之间的区分也并不始终是泾渭分明的。人们偶尔也会看到一些天生的行为模式因经验而发生变化。例如，同一种鸟在不同地区可能会叫得不完全一样，这可能是由于它们受了当地其他鸟叫的影响。又如，猴子的性行为和母性行为的发展和表现，主要取决于幼小时与母亲有正常接触的机会以及与同龄伙伴有正常游玩的机会。尽管如此，我们还是不能把有机体的所有能力都看做是学习的结果。不过，在有些场合，要把行为分成完全先天的或完全习得的是很困难的，而且似也没有这个必要。

二、成熟与学习

人的发展在一定程度上可以说是由成熟（生理的发展）与学习（心理的发展）构成的。成熟是指发展上的、解剖学上的、生理学上的变化，这些变化是建立在遗传特征的基础上，随着时间的推移而生长和发展的，就好像是由遗传事先预定的方案的自然展开。这些内在的发展顺序和形式是不受外部力量影响的。有机体要作出某些行为，神经系统和肌肉组织必须达到一定的成熟水平。例如，无论我们创造出什么样的教学方法，在儿童神经动作控制发展到一定程度以前，是无法让他们握笔写字的。换言之，对于某种学习任务，学习者的成熟水平在达到某一最低限度之前，是不可能完成的。格塞尔与汤普森（Gesell and Thompson，1929）对同卵双生女孩进行爬梯训练的经典研究，足以说明这一点。

但是，事物的发展并不一定呈直线式。例如，在一般情况下，小孩要到一岁左右才会独立行走，在小孩达到一定的成熟水平之前进行步行训练通常是无效的。但婴儿在出生后2个月内有一种行走反射，在这期间，如果每天用双手托住婴儿，让婴儿双脚着地进行行走反射的练习，那么受过这种训练的小孩会比其他小孩行走得早一些。不过，这个提早行走的时间量是有限的。总之，我们不能把因年龄变化引起的机体内部组织变化而导致的行为变化称为学习。

三、学习与成绩

学习是一种在学习者内部发生的事情。也就是说，学习本身是无法直接测量的，我们能够测量的只是学习的结果。打个比方，学习有点像风，我们肉眼看不见风，而是根据刮风的结果（如树枝摇动）来判断风的强度的。同样，我们也只能通过测量学习的结果来判断学习是否发生及学习的性质。正因为此，学习与成绩之间有时可能会存在不一致性。

应该注意到，一方面，我们可以通过测量学习者的成绩来判断学习是否发生，因为正确的操作表现无疑隐含着学习；但另一方面，没有表现出正确的操作水平有时也并不一定意味着学习没有发生。教师常常会遇到这样的情况：学生考试的成绩没有真正反映他们的知识水平。甚至还有这种情形：学习者已经习得了知识技能，但由于没有显示学习结果的动机而不愿意显示出来。所以，教师不仅要指导学生的学习，而且还要帮助和鼓励学生在最佳状态下发挥自己的才能。

四、行为的暂时变化与相对持久的变化

强调学习是行为相对持久的变化，是为了区别那些因各种原因而引起的行为的暂时变化。例如，当一个人生病、身体疲劳或心情烦恼时，学习的效果就会受到影响。但这些都是暂时的现象，一旦病愈，疲劳和烦恼消除后，一切又会恢复正常。有的运动员通过服用兴奋剂来提高一时的成绩，它违反了体育道德，是大家所反对的。可见，暂时性的行为变化不一定是因学习而引起的，学习必须

是指有机体比较持久的行为变化。

这里使用“相对”或“比较”一词，是因为学习者在习得某种反应倾向后，虽然会形成稳定的习惯和牢固的知识，但随着时间的推移，可能会发生遗忘。我们不能因为一个人多年后忘记了如何解二元一次方程式而否认他在中学时的学习。

根据上述分析，我们现在可以给学习下一个比较完整的定义了：

学习是指学习者因经验而引起的行为、能力和心理倾向的比较持久的变化。这些变化不是因成熟、疾病或药物引起的，而且也不一定表现出外显的行为。

第二节　学习理论概述

学习理论是心理学的一门分支学科，是对学习规律和学习条件的系统阐述，它主要研究人类与动物的行为特征和认知心理过程。鉴于学习理论注重把心理学的一般原理应用于学习领域，从这个角度来讲，它是一门应用性学科；鉴于学习理论主要探讨行为（包括内部行为）是如何变化的，并试图解释和预测行为的变化，从而为课程与教学理论奠定基础，从这个角度来看，它又是一种基础理论。

学习理论可以说是心理学中最发达的领域之一。在心理学发展史上，大多数早期心理学家往往都比较偏爱对学习，尤其是对学习过程的研究，并对这一领域的理论和研究方法作出了贡献。这些研究结果大大增进了我们对学习的理解。心理学家们始终不懈地在寻找探析学习这种现象的新方式，由于各人的观点、视野和研究方法各不相同，因而形成了各种学习理论的流派。到目前为止还没有凝聚成一种一统的、综合的、大家普遍认同的学习理论。也就是说，没有一种学习理论是完全与事实相吻合而能排除所有与它竞争的学习理论（O′Connor，1957）。但是，如果我们对学习理论的各种理论流派进行系统透析，剔去因使用不同术语而造成的障碍，我们就会发现，这些理论流派实际上都是在探讨学习的一些基本问题，如学习的性质、学习的过程、学习的动机和学习的迁移等。事实上，它们为我们提供了探讨这些基本问题的不同的视角，使我们有可能比较全面地理解学习的性质、学习的条件和学习的规律，从而为我们的教学理论和实践提供科学的基础。

像其他理论一样，学习理论具有它特定的职能，主要包括：

第一，学习理论要提供学习领域的知识，以及分析、探讨和从事学习研究的途径和方法。它要说明：学习的哪些方面最值得研究？哪些自变量应予以控制，哪些因变量应加以分析？可以使用哪些方法和技术？应该用什么样的术语来描述研究的结果？如此等等。从而为教育工作者提供一个研究学习的框架，把注意力集中在最值得研究的问题上。从这个意义上说，学习理论是人们对学习的问题进行科学的研究和思维的指南和资源。

第二，学习理论是对有关学习法则的大量知识加以概括，使其系统化和条理化，以便人们容易掌握。通过系统化，可以使那些看上去本来没有联系的现象富有意义。在心理学和教育学领域，每年从事的研究的数量大得惊人，研究结果也各不相同。掌握了理论，就可以减少材料的复杂性，以便于分析它们。然而，我们要注意到，学习理论与一些自然科学（如物理学）有所不同，人们在用学习理论来预测学习者行为变化结果时会遇到不少困难，因为学习者大脑的运演过程是受众多变量影响的。事实上，任何理论在抽象和概括大量具体知识的过程中，必然会失去一定的具体性和精确性，正因为这样，理论才具有普遍的指导作用。在这方面，学习理论表现得尤为明显。若如有人想通过研究学习理论对学生的行为变化作出精确预测，那是靠不住的。

第三，学习理论要说明学习是怎样发生的，以及为什么有的学习有效，有的学习无效。因为学习的法则只是告诉人们“应该如何”学习，而学习理论则试图解释“为什么”要这样学习。从广义上说，理论本身就是对某一领域的知识的系统解释。学习理论的目的是要为人们提供对学习的基本理解力，从而为形成自己的教育观奠定较为科学的基础（Hill，1985）。

但是，如果要求学习理论在所有的时间都能解释所有的事件，那是不切实际的。20 世纪三四十年代，一些心理学家曾设想要形成一种“大一统理论”（grand theory）来解释所有的学习，就像用牛顿力学来解释宇宙中所有力的运动一样，结果并没有成功。对学习理论的一个比较合理的期望，是把它们当做处理自己面临的各种现象的一种工作模式（Bell-Gredler ,1986）。因为当我们发现了新的知识，就会提出新的问题，原来的理论或原理就得让位于新的概括。所以，在某一特定时期，一种概括可能适当地描述了某种特定情景，但过了一段时期，它可能已成为历史。正因为这样，学习理论才有可能不断地发展。

这里，有两个概念是需要说明的。

第一个概念是学习理论。在西方心理学界，学习理论一词的用法各不相同，甚至使人感到困惑。一些学者把学习理论等同于行为主义学习理论，他们把“学习”看做是“后天习得”的同义词，因而把否认遗传和其他先天因素的行为主义与学习理论等同起来了（巴克，1984 年）。更有甚者，还有人把“学习”与“动物的条件作用”视为同义词（欣茨曼，1986 年）。所以，有的学习理论专著只局限于探讨动物的学习（Bolles，1979）。

然而，当代西方许多学习理论家主张不仅应该把研究的重点放在人类的学习上（Wingfield，1979），而且应该把重点放在中小学生的学校学习上（Ausubel and Robinson，1969；Bloom，1976）。有人认为，到目前为止，学习理论存在着不可否认的缺陷，即与课堂教学实践相脱节，这是因为“这些学习理论并不探讨在课堂中发生的学习，而只是根据实验室里的学习不加分析地外推。……一种真正实在的、科学的课堂学习理论，主要关注在学校里或类似的学习环境中发生的各种复杂的、有意义的言语学习和符号学习”（Ausubell，1967）。

关注学生在学校里的学习，现已成为当代学习理论的一个趋势。但与此同时，我们还需看到，考虑到实验伦理方面的因素，有些实验无法以人为被试。此外，我们有理由期望从比较简单的动物学习方式的研究中，找到解释比较复杂的人类学习方式的钥匙。换言之，了解动物的各种学习行为，有助于解开人类学习过程之谜。因此，本书所陈述的学习理论，对动物和人类学习、实验室研究与学校课堂教学研究兼容并包。

第二个需要注意的概念是行为。“行为”是在本书中出现频率最高的术语之一。但不同的人所讲的“行为”有不同的内涵。大凡行为主义者所讲的“行为”，通常只是指外显的反应。由于行为与行为主义联系如此之紧密，以致一些对行为主义有反感的人忌讳起“行为”一词来了。而更多的人是通过赋予“行为”以不同的涵义来使用这个词的。例如，有人认为，行为不仅指外显反应，而且也包括思维、问题解决和态度（Tyler，1949）。甚至还有人认为，行为是指情感、知觉、信念和意图等使一个人不同于另一个人的种种内部行为（Dembo，1977）。因此，在本书的不同章节中，行为一词可能具有不同的内涵，这是需要注意区别的。

第三节　学习理论的哲学基础

众所周知，心理学最初是从哲学中分离出来的。在哲学史上，一些哲学大师对人的认识过程作了各种各样的描述。从亚里士多德到后来的经验论和联想论，从柏拉图到后来的先天论和整体论，对认识的解释基本上可以分为两大派。这种哲学认识论上的分歧对后来学习理论流派的分野有着相当大的影响。马克思主义经典作家则从人的社会性、人的历史发展的角度，对人的认识作了科学的说明。

一、亚里士多德与经验主义

亚里士多德的基本观点是，认识是由感觉开始，由个别事实上升到一般概念的。换言之，知识是建立在由经验而获得的各种基本感觉的基础上的。没有经验，便不可能有知识。①

亚里士多德被普遍公认为是第一位联想主义者，尽管他本人并没有使用过这个术语，事实上，是他最初提出了联想的三个原则：(1) 邻近的原则，即：两件事物在时间上或空间上越是邻近地出现，就越有可能在想到一件事物时联想到另一件事物。例如，想到“桌子”时就会联想到“椅子”，因为这两样东西在时空上总是几乎同时出现的。(2) 相似的原则，即：想到一个概念常常会导致想到相似的概念，例如，“苹果”与“桔子”。(3) 对比的原则，即：看到一件事物往往会使人想起它的反面，例如，“日”与“夜”。

对亚里士多德来说，这三条联想的原则仅仅是一个假设，以说明一种想法是如何导致另一种想法的。文艺复兴后，一些英国经验主义者，如霍布斯（T. Hobbes）、洛克（J. Locke）、哈特利（D. Hartley）和穆勒父子（J. Mill and J. S. Mill）等人，继承了这些基本观点，并使它具有更多的意义。联想主义被认为是一种能说明一切认识的理论，并把联想——这个原本是哲学上的假设——转变成心理学上的基本原理。这些英国经验论者都认为，每一个人都是通过经验获得拥有知识的。人们所拥有的每一种记忆、每一个观念和概念，都是建立在以往经验的基础之上的。19 世纪初，英国经验联

---

① 至于亚里士多德“通过归纳由经验而得来的真理是不确实的，只有盖然性；真理必然是先验的”这方面论述，不是本书所要探讨的对象，这里就不展开了。

想主义传到了美国。在那里，联想主义同实验的方法和行为的机能结合在一起，从而成为一种研究学习过程的特定的方法。这种研究学习过程的方法，导致了形成刺激-反应学习理论。

属于这一哲学-心理学传统的学说大致包括以下几种：

1. 感觉论（sensationalism）

感觉论认为所有的知识都来源于感觉。但人们对感觉的解释有所不同。有的认为感觉来自客观物质世界，是客观物质世界作用于人的感官的结果；有的人则认为感觉是主观自生的，或把感觉与存在等同起来。有时，感觉论与经验论（empiricism）同义，强调只有通过客观的和经验的分析以及实验的方法，才能理解行为，因而，实验的方法在形成学习法则中起重要作用。

2. 外周论（peripheralism）

外周论强调把各种外周事件（基本的感觉和基本的反射或反应）作为学习的基本成分，这是用联想主义的方法研究学习的一个主要特征。这并不是说外周论者认为行为不可能像有些人想象的那样复杂，而是认为复杂行为是建立在简单行为的基础上的，行为的复杂性是由简单联想组合的复杂程度决定的。

3. 还原论（reductionism）

还原论认为，可以把任何一个复杂观念还原成一系列简单观念和简单感觉。如果认为习得的行为是通过对一系列简单观念和简单感觉的复杂的联想而形成的，那么必然会得出这样的结论：通过逆转这一过程，就可以分解行为，从而加深对行为的理解。还原论与强调只有把心理现象还原成它们的组成部分或要素才能真正理解心理活动的原子论（atomism），基本上如出一辙。

4. 机械论（mechanism）

机械论者把有机体看做是一架机器，认为生命的一切活动都可以用机械的原理来说明。它认为，所有的过程，包括心理的过程，最终都可以被还原成物理学或化学方面的因素。机械论一般都蕴含着一种决定论，排斥意志和选择的自由。

5. 联想主义（associationism）

联想主义者认为心是由一些来自感觉经验的简单观念构成的，这些观念是通过联想联结在一起的。亚里士多德提出的邻近、相似和对比的原理，形成了三条传统的联想律。后来形成的刺激-反应联结理论，可以被看做是一种新的联想主义。

二、柏拉图与理性主义

柏拉图的基本观点是，所有知识都是有机体生来就具备的，学习不过是一种错觉而已。人们只是在不能回想起心灵中已有的知识时才需要学习。他认为，人们生活中的直接经验只会起迷惑或混淆的作用，使心灵无法回忆起与生俱来的观念，所以，推理被认为是获得真理的手段。

理性主义只承认理性认识的可靠性，认为知识的基础不是感觉资料，而是理性资料、神的启示或直觉等。理性主义哲学家，如笛卡尔（R. Descartes）、莱布尼兹（G. W. Leibniz）和康德（I. Kant）等人的观点，几乎处处与经验主义相对立。在经验主义者看来，观念是感觉材料的复本；而在理性主义者的心目中，感觉材料犹如一团无结构、未分解的乱麻，只能为一种解释机制充作原始材料，因而是靠不住的。因此，他们往往强调知觉的组织和心理的组织（鲍尔与希尔加德，1987 年）。这种观点对后来的格式塔-认知学派的形成有一定的影响。

属于这一哲学-心理学传统的学说大致包括以下几种。

1. 先天论（nativism）

先天论强调遗传而不是环境在心理和行为发展过程中的作用，认为认识或学习的能力是天生的，是物种遗传构造的一部分，是完全独立于经验之外的。当然，现在持这种观点的学者不会完全像柏拉图一样，但他们确实认为，在许多情况下，有机体生来就以一种先天决定的、固定的方式对出生以后所发生的事情加以知觉组合，并作出反应。先天论对知觉研究影响较大。有人认为，对时空的知觉，主要取决于先天因素，而不是后天习得的经验。在乔姆斯基（N. Chomsky）看来，语言习得也是这样，即人生来就具有根据某种特定的语法规则来讲话和学习语言的心理倾向。

2. 活力论（vitalism）

活力论认为，有机体的一切活动都是由其内部所具有的非物质的因素所支配的。活力论的实质，就是要否认心理过程的预定性、刻板性、机械性和联结性。这种观点为“学习与记忆过程是有活力的、有指向性的”理论开辟了通道，即认为学习与记忆是一种积极地重新构建以往经验的过程。

3. 整体论（holism）

整体论认为，有机体及其行为不可能只根据部分的行为来解释。这种理论强调，如果把事物分解得太细，行为的实质特性就会失去。“整体不仅仅只是部分之总和”，这已成为心理学（尤其是知觉与记忆）中的许多观点的基础。可见，联想主义传统主张把知识和行为分解成较小部分以便理解，而理性主义传统则认为，只有在一个较宽泛、较全面的层次上才有可能最好地理解某种事物。

由此可见，经验主义传统强调行为的发展取决于经验，而理性主义则注重行为的先天的、预定的心理倾向，这就是所谓的后天与先天之争；经验主义认为对行为的分解是必不可少的，而理性主义则看重事物的整体性，这就形成了部分与整体之争；经验主义认为经验证据和材料是至关重要的，而理性主义则强调通过预感、直觉和推理可以更有效地了解行为，这可以称为实验与推理之争。这些争论对学习理论流派的形成关系极大。

三、马克思主义认识论

在马克思主义者看来，经验主义者坚持认识始于经验，但不懂得理性认识的本质，不懂得科学抽象的意义。他们把理性认识仅仅看做是感觉经验的机械分解和组合。理性主义者以为惟有理性认识才能提供具有普遍必然性的可靠知识，感性认识只能提供个别的、偶然的知识，因而常常是不可靠的。在他们看来，理性认识不是来自感性认识，而是理性自身固有的、天赋的。因而，不论是经验主义还是理性主义，都没有揭示认识的本质。

马克思主义认识论认为,感性认识和理性认识是人类认识过程中的两个必要环节。从认识形成的过程来看,一方面,认识始于感觉经验,感性认识是理性认识的基础;另一方面,感性认识只是对事物外部现象的反映,理性认识的任务在于通过对感性材料的科学抽象,透过事物的外部现象,把握事物内部的本质。换言之,理性认识依赖于感性认识,感性认识有待于上升到理性认识。作为认识过程的两个阶段,感性认识与理性认识是相互渗透、相互补充的。只有感觉到了的东西,才能真正理解它;反之,只有理解了的东西,才能更深刻地去感觉它。因此,认为可以把感性认识与理性认识割裂开来的任何观点,都是与马克思主义认识论相悖的(朱德生等,1983年)。

"由生动的直观到抽象的思维，再由抽象的思维到实践，这是认识真理、认识客观实在的辩证的途径"。列宁在《哲学笔记》中的这一著名论断，在毛泽东的《实践论》中得到了进一步的阐述与发展："实践、认识、再实践、再认识，这种形式，循环往复以至无穷……"这是人类一般认识过程。马克思主义认识论为我们研究学生的学习过程奠定了哲学基础。遗憾的是，我国教育学和心理学界多年来存在着重"教"轻"学"的现象，在强调教育的主导作用时，忽视了对学生学习过程的研究。因此，迄今为止，尚未形成一种建立在心理实验基础上的、具有我国特色的学习理论。目前，已有一些学者和研究人员开始意识到这个问题，并有一些学习理论方面的著作和论文，尽管现在还只是处于经验总结和综合介绍的水平，相信随着我国改革开放政策的深入，学习理论的研究将会越来越引人注意，从而为我国学者构建以马克思主义认识论为基础的各种学习理论体系或流派提供肥沃的土壤。

第四节　学习理论的流派

学习理论可以说是心理学中最发展的领域之一。最早对学习进行实验研究的心理学家当推德国的艾宾浩斯（Ebbinghaus，1885），正是由于他对人类语言学习的研究，使 17、18 世纪英国哲学的联想主义转变成实验的联想主义。最早对动物进行学习实验研究的则是美国的桑代克（Thorndike，1898）。一个世纪来，人们用各种方式对人类与动物学习过程作了大量的研究。由于众多心理学家从不同的视角、用不同的方法、对不同的问题感兴趣，因而形成了众多流派。对此，我们可以用各种方式加以分类。许多作者为了简便起见，把它们分为两大派：行为主义学习论与认知学习论，这也未尚不可。① 本书把它们分为：（1）刺激-反应学习理论；（2）认知学习理论；（3）折中主义学习理论（或称认知-行为主义学习理论）；（4）人本主义学习理论。下面，我们作一概括性的介绍。

一、刺激-反应学习理论

尽管在刺激-反应学习理论这一流派中，各家对学习的解释相距甚远，并提供了不同的研究框架，但就一般而言，刺激-反应论者都把环境看做是刺激，把伴随而来的有机体行为看做是反应。因而，他们关注的是环境在个体学习中的重要性。学习者学到些什

---

① 这里有两个问题需要说明的。第一，严格说来，使用刺激-反应学习理论比行为主义学习论更确切些。例如，我们若把桑代克归入行为主义行列，可能会招致非议，因为当年华生行为主义革命的矛头之一，就是桑代克推崇的效果律。同样，巴甫洛夫学说与行为主义既有共同之处，又有本质区别。但我们可以理所当然地把他们学说归入刺激-反应学习理论。第二，这样的划分不能顾全到现在较有影响的折中主义学习理论（或称认知行为主义学习理论），以及崛起已有多年的人本主义学习理论。而这两种学习理论在课堂教学实践中所具有的活力，是值得关注的。

么，是受环境控制的，而不是由个体决定的。持这一观点的人，往往以行为主义心理学的基本假设为依据，即：学习者的行为是他们对环境刺激所作出的反应；所有行为都是习得的。虽说他们也许并不否认心的存在，但他们声称，心无法成为科学的观察的对象，因而对科学研究来说是一个不值得探讨的问题。在他们看来，心理学是一门行为科学。

几乎所有的刺激-反应论者都强调邻近和强化在学习中的价值。出于不同的视角，有的人关注刺激与刺激的邻近，有的重视刺激与反应的邻近，有的注重反应与强化的邻近，还有的则强调刺激-反应联结之间的邻近。至于强化，那更是绝大多数刺激-反应论者所信奉的宝物，并认为可以根据一个人的强化史来分析任何行为。这种学习理论的逻辑延伸，就是要形成塑造或矫正行为的方法。在教育方面，教师的职责就是要创设一种环境，尽可能在最大程度上强化学生的合适的行为。

二、认知学习理论

认知心理学家探讨学习的角度与行为主义者相反。他们认为，是个体作用于环境，而不是环境引起人的行为　环境只是提供潜在刺激，至于这些刺激是否受到注意或被加工，这取决于学习者内部的心理结构。潜在的环境刺激在任何时候都是无法计数的，为什么有的起作用，有的被忽视？原因在于个体是根据自己内部结构对其加以选择的，目的是为了赋予经验以意义。个体在以这种方式与环境相互作用的过程中，也不断地修正自己内部的心理结构，从而影响未来与环境的相互作用。可见，认知学习理论要研究的是个体处理其环境刺激时的内部过程，而不是外显的刺激与反应。

认知学家试图探讨学习者内部心理结构的性质以及它们是如何变化的。所谓心理结构，就是指学习者知觉和概括自然社会和人类社会的方式。认知结构是以符号表征的形式存在的。当新的经验改变了学习者现有的心理结构时，学习就发生了。因此，学习的基础是学习者内部心理结构的形成和改组，而不是刺激-反应联结的形成或行为习惯的加强或改变。

现代认知学习理论与格式塔心理学有着渊源的关系。当今几乎所有认知心理学家都赞同这样两个基本原理：第一，不平衡（pisequilibrium）的原则，即认为如果现有的结构在试图加工所选择的刺激不成功时，就失去了结构的平衡。个体在力图重新得到平衡时，认知结构的变化就发生了。第二，新的认知结构始终是受原有的结构影响的。因而，学习的迁移是极为重要的。认知学习理论在运用于课堂教学实践时，强调要根据学生已有的心理结构，提供适当的问题情境，在解决问题的过程中掌握一般的原理，以便能把所学内容用于解决新的问题。

三、折中主义学习理论

折中主义学习理论也可以称为认知-行为主义（cognition - behaviorism）学习理论。综观学习理论的发展历史，可以看到，学习理论家倾向于哪一流派，往往取决于他们侧重于研究什么样的学习。探讨条件作用的人，往往认为刺激-反应联结说更适合自己的需要；而对问题解决感兴趣的人，则可能感到认知学说更为有效。对此，我们不必持非此即彼的立场。认知-行为主义学习理论就是融合认知学派和行为主义两种观点来解释学习的。

一般说来，这种理论赞同行为主义的基本假设，同时又对行为主义心理学不屑一顾的领域（如思维、认知和情感等）作了某种程度的探索。早期的折中主义者往往受到来自行为主义和认知学派两方面的抨击，而当代学习理论同时兼顾两个流派的观点，似乎已形成一种趋同的潮流。所以，有人认为，行为主义与认知学派最初出现时存在着尖锐的对立（主要表现在是强调外周的中介物还是中枢的中介物；是获得习惯还是获得认知结构；问题解决过程是通过试误还是顿悟），但到了较为成熟的时期，其对立就不复尖锐了，而且逐渐出现协调融合的趋势（邵瑞珍，1990 年）。事实上，当今西方对课堂教学比较有影响的几种学习理论，都反映了这种趋势。

四、人本主义学习理论

人本主义在20世纪60年代作为一场运动和一个学派出现时，是想要成为真正的关于人的科学（genuine science of man）。他们认为，心理学应该探讨的是完整的人（the whole person），而不是对人的各个从属方面（如行为和认知）进行分割地、还原论地分析。在他们看来，其他大多数心理学家都是从第三人称的角度来考察人的行为的，而研究心理学的真正的方式，是通过一个人自己来考察自己，即要从第一人称的角度来考察行为。也就是说，要从行为者、而不是从旁观者的角度来描述行为。人本主义者的共同信仰是：每一个人都具有发展自己潜力的能力和动力。因此，他们特别关注人的自我实现。个体可以自由地选择自己发展的方向和价值，并对自己选择的结果负责。人本主义的基本假设是：在任何情况下，一个人的行动取决于他是怎样从他自己的角度来知觉世界的。因此，他们非常重视一个人看待自己、看待他人的方式。

由此，人本主义者认为："行为与学习是知觉的产物。一个人大多数的行为都是他对自己看法的结果"（Combs，1962）。真正的学习涉及到整个人，而不仅仅是为学习者提供事实。真正的学习经验能够使学习者发现他自己独特的品质，发现自己作为一个人的特征。从这个意义上说，学习即成为（becoming）；成为一个完善的人，是惟一真正的学习。

五、学习理论流派的分歧与共性

伟大的科学家牛顿（I. Newton）曾有一句名言："在科学上，你的进步是站在前人的肩膀上的。"而心理学家泽曼（D. Zeaman）在对心理学史经过考察和分析后认为，牛顿这一名言在用于心理学时需要作一些修改，变成"在心理学上，你的进步是踩在前人的脸上的。"他的话可能有些夸张，但确实也揭示了一些客观事实。事实上，一种学习理论的形成与发展，往往都是以牺牲已有的其他学习理论为出发点的。一开始，他们的论点可能都比较粗糙；随后，他们在论战中不断地修正、完善自己的理论，以捍卫自己的观点；最后，这种学习理论或者被后继者进一步发展；或者被他人所取代。可以说，这种情况一直延续到现在。因此，我们完全可以有把握地说：我们目前有关学习的概念、假设和理论，在一定的时候也终将会被某种更健全的观念、更精细的程序和更完满的理论体系所取代。从这个意义上讲，学习理论流派纷呈，正表明这个研究领域的兴旺发达，是进步的标志。

然而，如果我们换个角度来看这个问题，就会看到事物的另一面。诚然，这些学习理论流派的分歧是客观存在，但只要深入了解各种学习理论的体系就会发现，它们之间的冲突并非像有些人想象的那样。有些看上去是尖锐的冲突，往往是由于一些批评者或追随者的误解甚至曲解所造成的。例如，人们常常批评格式塔心理学只认为顿悟是一种突然的现象。而事实上，一些格式塔心理学代表著作中都明确提到，顿悟有时是逐渐地、部分地发生的。麦克康内尔（T.R.McConnell）曾指出，有些人常常喜欢使用一些挑衅性的术语，如试误与顿悟、要素与完形等，这些词汇成了各种学习理论冲突的象征。而事实上，这些表面看来相互冲突的术语，往往蕴含着对学习行为研究的相当明显的一致性。各种学习理论观点之所以不同，往往是由于它们所依据的实验情境不同、学习任务的难度不同、学习材料组织程度不同等方面因素引起的。结果，它们往往把重点放在学习的某些特征上，例如，把重点放在整体或局部上；放在分化或整合上；放在目前的情境或以往的经验上；放在理智因素或情感因素上。所以，尽管各种学习理论强调的重点有所不同，但我们还是可以从中发现大量的共性（NSSE，1942）。

在这方面，美国的心理学家和教育家布鲁纳（J.S.Bruner）是深有感触的。作为 1959 年 9 月在美国科德角的伍兹霍尔会议的召集人，他发现，“与会的心理学家们代表着广泛不同的观点——行为主义观点、完形观点、心理测量观点、日内瓦学派观点，等等。然而这些差异，在他们所遇到的问题面前，就显得不那么突出了”（布鲁纳，1989年）。

由此可见，一方面，各种学习理论流派的分歧是客观存在。没有分歧，就无从发展。另一方面，这些分歧往往是由研究的对象、学习的任务和研究的手段不同而引起的。这正好说明，各种学习理论从不同的角度为我们提供了探讨学习过程的视野。就像我们在考察一个分币时，一派引导我们去看正面；另一派引导我们去看反面；还有一派则要求我们去觉察不同的人对这个分币的不同的知觉。这有助于我们比较全面地、透彻地了解学习的性质、学习的过程、学习的条件，以及影响学习的诸因素，从而为课堂教学的理论与实践提供科学的基础。

第五节　学习理论的应用

如前所述，许多学习理论并不是以学校教育中的“学”与“教”为直接的研究对象。而且，早期的学习理论是以基础研究——尤其是动物行为研究——为中心展开的。所以，虽说各种学习理论详细阐述了学习过程及控制的问题，但极少论述在课堂上学生的行为是如何变化的，以及应该如何引导的问题。美国50年代末的课程改革运动，促使人们比以往任何时候都更关心学习理论在课堂教学中的运用。1959年春，《哈佛教育评论》（Harvard Education Review）刊发专辑，讨论了“学习法则能否在课堂中运用?”的问题。许多作者认为，学习心理的实验应该更接近教学实践，学习理论的研究应该对课堂教学具有实践意义。他们尤其关注学习理论与教学理论之间的关系。对此，各人的观点各不相同，归纳起来，大致有以下几种看法。

第一种是无关论，认为学习理论与教学理论在内容上如此不同，在方法上如此无关，以致于两者之间没有什么关联。例如，史密斯（B.O.Smith）认为，学与教是两种不同的、独立的现象。理解了某一现象，并不一定有助于理解另一现象。了解学习的起因与机制，也并不是发展教学科学的必要条件。因为教与学并不是共同扩展的——教学仅仅是可能影响学习的条件之一。学生在没有教学的情况下，也可以学习。同样，即便教学很得法，但如果学生不感兴趣、没有学习的动机，或认知准备不足，那么这种教学也不一定会导致学生的学习（AACTE，1960）。

第二种是补充论，认为学习理论在解释能力方面不及自然科学的理论，即使是看来最有说服力的学习理论，其理论与事实之间的关系，也不及自然科学中的理论与事实之间的联系那么紧密。由于学习理论几乎无法直接应用于教育实践，难于指导课堂教学，因而需要构建教学理论，以作为学习理论的补充。例如，盖奇（N. L. Gage）认为："虽说学习理论探讨了有机体学习的方式，而教学理论则是探讨人们如何影响有机体学习的方式。……为了满足教育实践的需要，必须把学习理论'倒立'过来，以形成教学理论"（NSSE，1964）。

第三种是相互作用论，认为学习理论与教学理论是相互依赖的。虽说这两种理论的发展都有一定的独立性，但都涉及到与另一种理论的不断交换。例如，阿特金森（Atkinson，1972）认为，教学理论要阐述学习过程，因为在对学习有较深刻的理解之前，是不可能制定真正有效的教学策略的。但是，如果有人以为一种完善的学习理论是形成教学理论的先决条件的话，那他在教学理论方面将不会有任何进展。所以，确切地说，学习理论的进展会影响教学理论的形成，同样，教学理论的发展也会影响学习理论的研究。

第四种是推衍论，认为学习理论构成了教学理论的最佳基础。

从某种意义上说，学习理论可以作为派生教学理论的基本来源。例如，布鲁纳（Bruner，1966）认为："教学理论必须考虑到学习与发展这两个方面，必须同那些他所赞同的学习理论和发展理论相一致。"在他看来，学习理论是描述性的（descriptive），而教学理论则是处方性的（prescriptive）和规范性的（normative）。言下之意，教学理论是学习理论的进一步推衍。

综观上述几种观点，持无关论的人是极少数，其他几种观点都承认学习理论与教学理论存在着一定的关系。相比之下，持相互作用论和推衍论观点的人更多些。实际上，教与学之间的关系，是一种客观存在，如果我们考察的是学校学习的话，教本身并不是目的，目的是要促使学生最佳地学。诚然，学生没有学习好，并不一定意味着教师教学水平差，然而，学习毕竟是教学效果的一个衡量尺度。目前大家都公认，教师的基本任务是要了解学生的情况，然后进行相应的教学，才有可能达到预期的效果。教学是否有效，在于是否有效地控制影响学习的各种心理变量。

关于学习理论的应用问题，奥苏贝尔的观点是有启迪的。他认为，虽说到目前为止，学习理论确实存在着一些不可否认的缺陷，但这决不意味着学习理论在应用于教育实践方面存在着必然的或内在的限制因素，而仅仅是某些流行的学习理论的特征，这些学习理论并不探讨在课堂中发生的学习。在他看来，"学习理论与教学理论并不是相互排斥的，两者都是一种完善的教育科学所必须的，没有哪一个能代替另一个。教学理论必须建立在学习理论的基础上，但必须更加注重应用"（Ausubel，1978）。

看来，我们可以得出这样的结论：虽说即便一种有效的学习理论也无法告诉我们如何进行课堂教学，但它确实可以为我们提供一个发现一般教学原理的最切实可行的起点。如何才能有效地控制教学情境中的关键因素，其可靠的答案大多来自学习理论研究。可以说，一种合适的学习理论并不是改进教学的充足条件，但是，一种有效的教学理论必须是建立在有关的学习理论的基础上的。当然，教学理论不是学习理论的简单的和直接的应用，我们不能把教学理论看做是学习理论的直接派生物。学习理论可以为有效的教学理论提供一般的方向；教学理论的形成，还需要进行许多补充性研究，以说明学习理论不涉及的一些实际问题和新的教学变量。

第六节 本书的结构与安排

西方学习理论专著，通常采用这样两种框架：(1) 按各种学习理论体系问世的先后顺序排列。这样做的好处是：线条比较清楚，而且比较容易体察各种学习理论体系形成的背景、发展的过程，以及所产生的影响。缺点是：很难交代各种理论流派（如刺激-反应学派与认知学派）的源与流，使人难以了解论战双方或多方自身发展的过程。为了追求理论的一致性，采取这种框架体系的学习理论专著，往往成了刺激-反应学习理论流派的一统天下，而把其他流派都排斥在外。(2) 根据行为主义学习理论与认知学习理论这两大流派的发展过程来安排内容。这样做的优点是：突出了学习理论中最有影响的两个流派，使论战双方有了某种“对话”，从而使学习研究的问题明朗化了，例如，学习过程是试误还是顿悟；学习结果是获得习惯还是认知结构；学习是通过外周的中介物还是中枢的中介物等。但这样做也存在着一个难以克服的问题：如何处理介于两者之间的学习理论？例如，托尔曼的信号学习理论在于两者之间，所以，有人视其为新行为主义者；有人则把他作为认知学派代表人物；还有人更妙，在同一本著作的不同版本里，把托尔曼放在不同的流派里。最后，采用上述两种框架的著作，大多都把其他学习理论流派（如人本主义）排斥在外。

考虑到这些优缺点，根据我国教育理论界的具体情况，本着厚今薄古的精神，本书所涉及的内容，与西方学习理论专著有所不同：(1) 传统的（或者说正统的）学习理论被浓缩、简要化了，省下篇幅用于阐述各种新起的、也许还并不很成熟的学习理论，目的是为了使我国教育界人士了解学习理论发展的动向，以便使我国的教育尽快地面向世界、面向未来。(2) 增加了一些对我国教育界已有一定影响或会有影响的、但在西方学习理论中还未“挂上号”的学习理论（如奥苏贝尔认知同化学习理论与罗杰斯人本主义学习理论），并把刚刚露头、尚未成熟，但很有可能崛起的理论（如习性学习理论）也介绍给读者，以便对学习理论有一个较全面的了解。(3) 根据我国的国情，加强了对每个学习理论流派的评论，以求西方学习理论能更好地为我所用。

本书的结构安排，与西方学习理论著作中常见的框架结构也有所不同。本书共分五个部分。

第一部分（第1~4章）阐述刺激-反应学习理论。刺激-反应学习理论是出现得最早、论述得最多的一个流派，通常是西方学习理论的主体部分。本书则采取能合则合，能并则并的方针，把桑代克试误学习理论、巴甫洛夫条件作用理论与华生行为主义学习理论合为一章（第一章）；把埃斯蒂斯刺激抽样理论并入格思里的邻近学习理论（第二章）；把斯彭斯定量刺激-反应理论作为赫尔驱力还原学习理论的进一步延伸（第三章）。第四章较详细地介绍斯金纳的操作学习理论，是考虑到了这一理论在中小学教育中的影响。从这一部分的内容中，读者可以清楚看到从经典行为主义（S-R）到新行为主义（R-S）的走向。

第二部分（第5~9章），探讨认知学习理论。本书把早期认知学习理论合为一章（第五章），其内容包括格式塔心理学主要代表人物韦特墨、苛勒与考夫卡的学说，以及勒温的认知-场论。第六章探讨皮亚杰建构主义学习理论。皮亚杰是一个有争议的人物，有人认为他不是一个学习论者，而是一个发生论者或成熟论者；也有人持不同意见。本书列这一章，是考虑到皮亚杰理论对我国教育界的影响。至于说到底应该把皮亚杰归入哪一类，相信读者在看完第六章之后会有自己的观点。第七、八章分别探讨布鲁纳认知结构学习理论和奥苏贝尔的认知同化学习理论。我国读者对这两位学者并不陌生，但对布鲁纳的教学与课程理论介绍颇多，而对他的认知学习理论了解甚少，对奥苏贝尔理论在西方学术界的地位知道得也不多，本书欲在这些方面体现出一些新意。第九章关于信息加工学习理论，从某种意义上说是传统认知理论与刺激-反应学习理论趋于融合的结果，但目前许多心理学家把信息加工理论作为当代认知理论的代名词。因此，本书把它归入第二部分。

第三部分（第 10 ~ 13 章）探讨行为-认知或折中主义学习理论。第十章托尔曼信号学习理论，时常被用来作为新行为主义的典型代表，又被供为认知学派的鼻祖。事实上，加涅的累积学习理论（第十一章）与布卢姆的掌握学习理论（第十二章）也是从行为主义走向认知学派的代表。不仅如此，他俩还注意到了通常被行为主义与认知学派所忽略的问题——情感与态度，而这正是人本主义者所关注的。班杜拉的社会学习理论（第十三章）所探讨的问题，与前面各章不同，他关注的不是通常所讲的认知方面的学习，而是研究学生的个性与社会化问题。

第四部分（第 14、15 章）主要是介绍两种对上述所有学习理论提出挑战的学习理论。第十四章是在介绍人本主义心理学的基本观点后，引出罗杰斯的学习理论，他对传统的学习理论只强调“动手”和“动脑”，把人当做“冷血动物”极为不满，提出惟有全身心地投入，才能培养完整的人。习性学习理论（第十五章）是近年来刚涌现出来的，现在尚未成熟，原本打算作为本书的《附录》。它对所有学习理论都提出了挑战，认为要研究的是特定物种在特定环境中的特定反应，而不是什么一般的学习规律。为了引起读者的注意，姑且把它放在这一部分里。

第五部分，即第 16 章，学习的原理及策略，是本书特意增加上去的。从严格的意义上说，这不属学习理论部分，而属于学习原理部分。它是以学习过程中的一些基本问题为中心而展开的，因此，论述方式与其他各章都不相同。本书增加这方面的内容，一方面是考虑到，通过对学习的基本问题的理论概括，有助于读者的应用，另一方面则是为本书的姊妹篇——《教学理论》与《课程理论》——打好伏笔，以便在课程与教学理论中进一步延伸、发挥。

第一章　早期刺激-反应学习理论

两千多年来，有一个假设一直在西方思想界盛行，而且事实上也一直在阻碍着心理学的开发工作，这就是：人与动物存在着本质的差异。根据这一假设，人是有自由意志的，是可以对自己行为负责的，是可以通过合乎情理的思维来控制自己的行动的；而动物只有生物学意义上的机制和简单的自动化动作，动物的行为是受条件反射和本能控制的。这个观念深深置根于人们的思想中。直到一个多世纪前，达尔文（C.R.Darwin）对此提出了挑战。他在1859年出版的《物种的起源》（The Origin of Species）一书中，提出了以自然选择为基础的物种进化说，从而填补了人与动物之间的鸿沟。达尔文因此被公认为"现代心理学之父"。因为，当物种进化的问题被作为广泛研究的对象后，心理进化的可能性成为科研项目便只是一个时间的问题了。①

从当时心理学的角度来看，如果接受达尔文的进化论，那就有两种策略可供选择。一种是赋予动物以人性（humanize the animals）。达尔文的弟子、第一部比较心理学《动物的智慧》（Animal Intelligence）（1882）的作者罗曼尼斯（G.J.Romanes）就是采取这种策略。他认为动物实际上是富有智慧的，动物在许多方面都表现出近似于人类的智慧和道德感。但他的资料不是系统收集而来的，而是由一些小猫小狗或其他动物的奇闻轶事构成的。所以，尽管他的

---

① 实际上，达尔文在1872年出版的《人与动物的情绪表达》（The Expression of the Emotions in Man and Animals）一书中，就已经考察了心理进化的问题。例如，人的愤怒表现方式与低等动物愤怒的表现方式有明显的关联。

论点很吸引人，却并不令人信服，因而也没有产生很大的影响。另一种策略是把人兽性化（brutalize human），即认为人类的行为也是受反射、驱力和以往的经验制约的。动物的基本学习方式是试误学习，人类也是这样。这种策略实质上是把人机械化（the mechanization of the human），即把所有行为都还原成简单的刺激-反应联结，学习成了一种自动化的机械过程。相比之下，这种策略对心理学的发展影响较大。事实上，早期的刺激-反应学习理论，就是采取了这种策略（Bolles，1979）。

第一节　桑代克试误学习理论

爱德华·桑代克（Edward L. Thorndike，1874—1949）于1874年8月31日出生在美国马萨诸塞州。他是在韦斯里扬大学攻读文学学士学位时，读了詹姆斯（W. James）的《心理学原理》（Principles of Psychology）（1890）以后开始对心理学感兴趣的。后来，他就在哈佛大学做詹姆斯的学生。在那里，他成为心理学史上第一位用动物实验来研究学习的人（巴甫洛夫后来也承认桑代克的实验先于他两三年）。桑代克起初用小鸡做实验，训练它们走迷津，迷津是用一些书本隔起来的。由于房东讨厌他在房间里养小鸡，他去求詹姆斯帮忙，詹姆斯就让桑代克住在他家的地下室，使实验得以继续下去。由于一些私人原因，桑代克未在哈佛大学完成学业，而到了哥伦比亚大学在卡特尔（J. Mck. Cattell）的指导下，继续他的动物学习研究。1898年，桑代克发表了他的博士论文：《动物的智慧：动物联想过程的实验研究》（Animal Intellgence: An Experimental Study of the Associative Processes in Animals），同年，桑代克成为哥伦比亚大学师范学院心理学讲师，1903年升任教授。桑代克根据卡特尔的建议，开始以人为被试。他的研究领域是很广泛的，包括动物和人类的学习、教育过程、教学原理，以及英语学习的性质等。根据桑代克发表的著作和论文的数量来看，他是最多产的心理学家之一，达507项之多，其中许多是巨著和专著。有人认为，桑代克并不勤于写作，而是由于他是一位伟大的创新者，这促使他把自己实验和研究的成果记录下来。

一、实验

为了使读者清楚地了解桑代克实验的重大理论意义，在介绍他的实验之前，有必要提及的是，在刺激-反应学习理论问世前，有两个概念与它特别有关，这就是：联想和习惯。英国经验主义者休谟（D. Hume）就是试图用联想和习惯的机制来解释心理活动的。

在心理学史上，自英国哲学家洛克（J. Locke）第一个提出了联想（association）这个概念以后，许多学者认为，人类是通过经验而获得知识的，学习是由观念联想构成的。人们之所以看到桌子时就会想到椅子，是由于人们在以往的经历中桌子与椅子多次联系在一起的缘故。他们认为，只有人类才可能以这种方式从经验中获得观念。很显然，观念联想是一种决定论的和机械论的学说，它是受一定的规则支配的。这在当时是对传统思维方式的一种严重威胁，是对自由意志的自主性和理性力量的一种侵犯。因为，如果形成的观念是与以往其他观念联想的结果，那么如何才能合乎理性地思维呢？如果从事某种行为的念头是受与以往观念的联想支配的，那么人们的意志怎么可能会有自由呢？如果行动是受以往的学习支配的，那么人们怎么可能对自己的行为负责呢？由此看来，观念联想已威胁到当时整个西方文化的哲学基础。

习惯(habit)是对自由意志和理性提出挑战的另一个概念，因为习惯是指一种不需要意志努力就会自动完成的行为方式。例如像穿衣服、系鞋带这类动作，经过千百次重复，已成为不再受意志和理性支配的习惯性动作。所以，习惯这个概念从一开始起，就被认为是对自由意志和理性力量的一种限制。习惯被看做是神经系统中的一种变化，是独立于人们心理能力之外的、个人几乎无法驾驭的力量。

正是在这种理论背景下，桑代克在19世纪末通过实验的方法，把联想和习惯融合进自己的理论体系，把联想主义（associationism），改变成**联结主义**（connectionism），即最早的刺激-反应学习理论，从而从根本上推翻了自由意志和理性力量对行为的主导作用。他的这种学说来源于他著名的迷箱实验。

桑代克把一只饥饿的猫放在迷箱里，迷箱外放着一盘食物。箱内设有一种打开门闩的装置，例如，绳子的一端连着门闩，另一端安有一块踏板。猫只要按下踏板，门就会开启（见图1-1）。猫第一

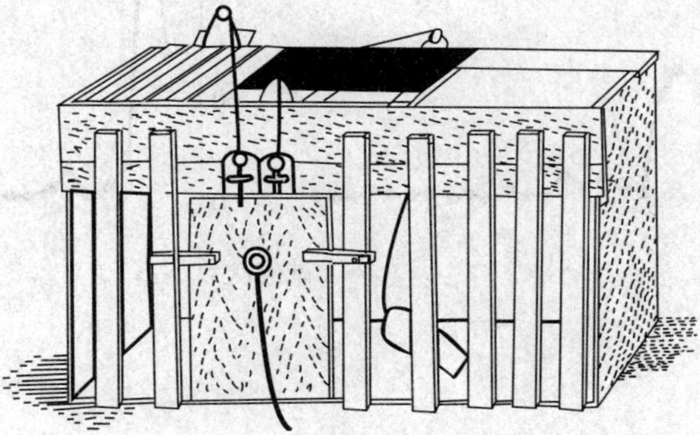

图1-1　桑代克迷箱

资料来源：查普林与克拉威克，1983年.

次被放入迷箱时，拼命挣扎，或咬或抓，试图逃出迷箱。终于，它偶然碰到踏板，逃出箱外，吃到了食物。桑代克记下猫逃出迷箱所需时间后，即把猫再放回迷箱内，进行下一轮尝试。猫仍然会经过乱抓乱咬的过程，不过所需时间可能会少一些。经过如此多次连续尝试，猫逃出迷箱所需的时间越来越少，无效动作逐渐被排除，以致到了最后，猫一进迷箱内，即去按动踏板，跑出迷箱，获得食物。图1-2是桑代克实验中五只猫的学习曲线。尽管各只猫每次逃出迷箱所需时间各不相同，但我们仍然可以清楚地看到由慢至快的学习曲线。

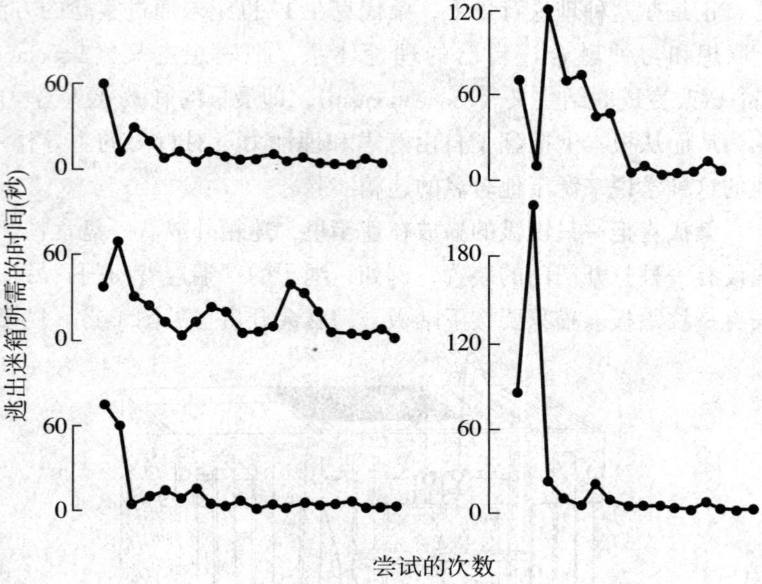

图 1-2　桑代克迷箱实验 5 只猫的学习曲线

资料来源：Bolles，1979.

这是桑代克迷箱实验的基本内容。桑代克问道："动物在这种情境里学到的是什么?"根据当时流行的观念联想说，学到的是观念之间的联想。但桑代克否定了这种观点，其理由是：如果猫是突然获得观念的话，那么学习曲线就不会如图 1-2 所示，呈一种由慢到快的渐进过程，而应该呈现突然改善之势。但他的猫没有表现出这种顿悟类型的学习曲线。资料表明，所有猫的操作水平都是相对缓慢地、逐渐地和连续不断地改进的。由此，桑代克得出了一个非常重要的结论：猫的学习是由刺激情境与正确反应之间形成的联结构成的。也就是说，猫学到的不是观念之间的联结，而是刺激与反应之间的直接的联结。

这在当时是一种全新的观点。在这之前，人们普遍认为，人类的学习是一种理智的过程，它涉及到观念的联想、经验的鉴赏，以及对逻辑关系的觉察等。这些心理活动与理智或智慧是同义词。与此相反，动物只具有本能的行为模式，这些行为模式是固定不变的。桑代克抛弃了这种两分法，消除了动物与人类之间的这种差异。在他看来，他的猫是在理智地行事，即学会了逃出迷箱。作为经验的结果，猫在不断地修正自己的行为。这种行为改进是通过一种机械过程自动地完成的，不需要观念或顿悟。尽管当时人们都相信动物只具有本能的刺激-反应联结，但桑代克提出，动物可以有习得的刺激-反应联结。因为他的猫在学习逃出迷箱的过程中，显示出了理智的、甚至是创造性的行为。而且，这种学习是在没有思维和意识参与的情况下发生的。这样，反应最终成了一种没有意识参与的习惯。

桑代克的这种实验及其学说，被公认为是达尔文物种连续性概念的产物。在桑代克看来，人类是从动物进化而来的，人类的心理与动物相比，也只是复杂性程度不同而已。为此，桑代克还以人为被试进行了一系列的实验，以表明人类学习也是一种在几乎没有意识参与的情况下自动地形成刺激-反应联结的过程。

一项典型的实验是要被试形成一个数的概念。桑代克向被试呈现一系列写在卡片上的数字，要被试猜测这些数字是否是那个数概念的一个例子。桑代克则以“对”或“不对”给予反馈。被试最初都是随机反应的，但经过一系列尝试后，他们看来都掌握了这个数概念，因为被试平均答案的90%都是正确的。这时，桑代克要被试用言语来表达这个数概念。被试的报告是五花八门的。有的说，如果一个数字的最后一位数是奇数，那么这个数字便不是这个数概念的例子，而紧接下来的那个数字肯定是的；也有的说，如果一个数字的位数是双位数，那么这个数字肯定是这个数概念的一个例子，如此等等。而事实上，根本就不存在这个数概念，所有的数字都是随机抽样地收集在一起的。不过，有些卡片的角落上有一个手指印似的污渍。凡有污渍的卡片上的数字，桑代克都说“对的”，凡没有污渍的数字，都说“不对”。显然，被试都是根据污渍来作出反应的，因为所有被试的回答有90%是对的。但所有被试都否认看到了污渍，即都否认是根据污渍作出反应的。桑代克由此得出结论：人类被试可以学会始终根据特定的刺激（污渍）作出反应，但同时又完全没有意识到这种刺激。由此可见，学习无需意识的参与。这一观点引起了后来的行为主义者的关注。

二、学习律

桑代克根据实验研究的结果认为，所有的学习都不是突然发生的，而是通过一系列细小的步骤按顺序逐渐达到的。“学习即形成联结；教学则是安排各种情境，以便导致理想的联结并感到满意。……人是伟大的学习者，主要是因为人可以形成非常多的联结。……一个人的联结可以分为四个或多或少相对独立的部分：理智方面的、性格方面的、技能方面的和气质方面的”。换言之，“一个人的理智、性格和技能，是他对各种刺激情境及其各种要素作出反应倾向的总和”（Thorndike，1913）。一个受过教育的成年人可以拥有数百万个刺激-反应的联结。教育的目的便在于形成、保持、消除、改变或引导各种联结。

桑代克认为，动物的基本学习方式是试误学习。人类的学习方式可能要复杂些。他根据人类学习形式的复杂性程度将学习分成四类：（1）形成动物学习中所发生的那种联结，例如一个10个月的婴孩学习敲鼓；（2）形成含有观念的联结，例如一个2岁儿童听到“妈妈”一词时想到他的妈妈，或看到一块糖时说“糖”这个字；（3）分析或抽象，例如一个学习音乐的学生试图区分各种音调或对某一声音中的陪音作出反应；（4）选择性思维或推理，例如学生用语法和句法规则以及词根的意义等方面的知识来学习外语句子的意义（Gazda，1980）。

尽管桑代克意识到人类学习的形式与动物学习有所不同，但他一直试图揭示普遍适用于动物和人类学习的规律。他根据实验的结果提出了众多学习律，其中主要有：

1. 准备律（law of readiness）

桑代克观察到，在他的实验过程中，为了保证学习的发生，猫必须处于饥饿状态。如果猫吃得很饱，把它放进迷箱后，它很可能不会显示出任何学习逃出迷箱的行为，而是蜷缩在那里睡觉。因此，对学习的解释必须包括某种动机原则。这就是他所谓的准备律。换言之，学习者是否会对某种刺激作出反应，同他是否已作好准备有关。

在桑代克看来，“准备”这个概念完全适用于人类。例如，当要求学生解答$\begin{array}{r}6\\ \underline{7}\end{array}$这样一个式子时，学生可以回答“13”、“42”，甚至“-1”。如果学生回答“13”时给予强化，那学生很快就习得了做加法的准备或心理定势。因此，准备本身也可以在某种情境中**习得**。桑代克认为，人类的大部分操作都包括这类**习得的准备**。

桑代克还曾试图推测准备的神经学基础。他认为，当一根神经准备传导时，即当它的阈限很低时，就处于准备状态了。如果在这种状态下要求一个神经元传导时，它的传导就会令人满意。桑代克注意到，有些神经元的准备是高度可修正的，而有些神经元的准备则是难以修正的。例如，传导厌恶刺激的神经决不会处于准备状态。可见，在桑代克体系中，动机被看做是一种在特定时刻存在于神经系统中的特定准备方式。①

2. 效果律（law of effect）

桑代克注意到，为了保证学习的发生，除了猫必须处于饥饿状

---

① 桑代克本人一直在修正这条学习律。1911年，他称其为“刺激-反应联结的易感性（susceptibility）”；1913年改称为“准备律”；1935年又改称为“OK反应”（okay reaction）。

态外，食物是必需的。他在1911年出版的《动物的智慧》（Animal Intelligence）一书中讲得很清楚：只有当反应对环境产生某种效果时，学习才会发生。如果反应的结果是令人愉快的，那么学习就会发生；如果反应的结果是令人烦恼的，那么这种行为反应就会削弱而不是加强。例如，要是猫逃出迷箱后得到的是惩罚而不是奖励的话，那么猫就不会再试图跑出迷箱了。这就是桑代克著名的效果律。用桑代克自己的话来说："满意或不舒适的程度越高，刺激-反应联结就越加强或越减弱"（Thorndike，1911）。

桑代克的效果律为享乐主义——这是传统的联想主义哲学中的一个重要部分——提供了新的解释：人们并不像心灵主义所说的那样是为了选择愉快，人们之所以作出以往曾引起过愉快感觉的反应，是因为以往的愉快加强了这些特定的刺激-反应联结。

在桑代克的早期论著中，效果律既包括正强化律，也包括负强化律。这种对称性反映了历来的传统，即奖励和惩罚都可以用来控制行为。但是，桑代克在1932年出版的《学习的基础》（Fundamentals of Learning）一书中抛弃了惩罚律。这样，效果律就不再是对称的了，而是单词——正向——起作用的。桑代克说，是实验的结果迫使他这样做的。

在一项实验中，主试缓慢地向被试念一连串单词（约一百个），这些单词都是被试所熟悉的东西，如桌子、椅子、窗户等。主试告诉被试，每个单词都有一个对应的号码，这要被试来猜。主试念一个单词，被试猜一个号码。主试对被试讲出的号码大多不给予反馈，只是偶尔说"对的"（强化）或"不对"（惩罚）。在念完所有单词后，立即进行保持测验，以了解被试刚刚猜测的每个单词对应号码的保持率。这显然是一项枯燥乏味而又容易出错的学习任务。结果表明，没有得到任何反馈的单词号码，保持率为10%；得到强化（即主试说"对的"）的保持率为20%；受到惩罚（即主试说"不对"）的保持率为15%～16%左右。这说明，强化和惩罚都有可能提高保持率。也就是说，受惩罚的反应并没有减弱，而是加强了。桑代克由此抛弃了惩罚律。

在这项实验中，桑代克还发现了“效果扩散”（spread of effect）的现象，即：奖励不仅增加了受奖反应的重复率，而且还增加了邻近反应的重复率。这种奖励的效果呈一种梯度，即：离受奖反应越远，受其影响越小（如图 1-3 所示）。桑代克由此认为，强化所具有的增强反应的力量——即听到“对的”所产生的满意效果——不仅影响受奖的刺激-反应联结，而且呈梯度地影响邻近的刺激-反应联结。

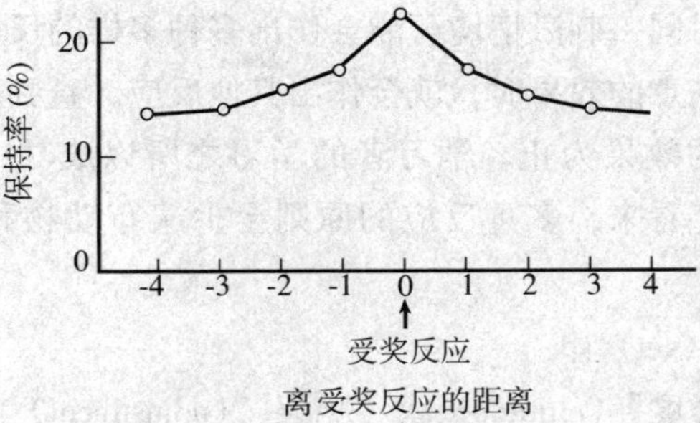

图 1-3　效果扩散实验的结果

资料来源：Bolles，1979.

3. 练习律（law of exercise）

练习律是由使用律（law of use）和失用律（law of disuse）构成的。桑代克认为，一个已形成的可变联结，若加以应用，这种联结的力量便会增强（即使用律）；一个已形成的可变联结，若不予以使用，这种联结的力量便会减弱（即失用律）。换言之，所谓练习律，是指反应重复的次数越多，刺激-反应之间的联结便越牢固。

但桑代克在 20 世纪 30 年代以后的论著里多次表示，练习本身并不是一种很有效的方式，因为许多实验表明，练习并不会无条件地增强刺激-反应联结的力量。例如，他让一些大学生蒙住眼睛画一条3英吋长的线条，允许被试尝试上千次。若按照练习律，被试的准确性应该比实验开始时提高一些。但结果表明，被试从第一次到最后一次的尝试，并无任何进步。看来，不知道结果的练习，不可能有助于学习。一般说来，只有当学习者发现重复练习能获得满意的效果时，练习才会有助于学习，没有强化的练习是没有意义的。这样，练习律就被消融于效果律中去了。

除了上述三个主要学习律（其中最主要的是效果律）之外，桑代克还提出了一些从属的附律，或称为学习的原则。

1. 多重反应（multiple responses）律

学习者对同一刺激情境可能会作出多种多样的反应。当某一反应不能产生满意的效果时，就会作出其他反应，直到有一种反应最终导致满意的效果为止。学习者的学习之所以成功，原因便在于此。在桑代克看来，多重反应的原则至少遍布动物和人类的90%的学习中。

2. 定势（set）律

或称"态度"（attitude）或"顺应"（adjustment）的原则。桑代克在实验中发现，动物可能会以某种特定的态度对待某种外部情境，这取决于它的年龄、饥饿状态、精力状况或瞌睡程度等。例如，一只想打瞌睡的猫是不大在乎被关在迷箱里的，即不会急于逃出迷箱。桑代克认为，事实上，反应是学习者态度的产物。

3. 选择性反应（selective response）律

桑代克发现，有机体在学习时往往会有选择地对刺激情境中的某些要素作出反应，而对其他要素不予理会。例如，猫在迷箱里往往一开始便把注意力集中在与门有关的各个部位上，而不关注迷箱的颜色。学习者正是由于能够辨别刺激情境中各部分要素的特征，才使学习成为可能。鉴于在学习过程中，刺激情境的部分要素便能有效地引起反应，桑代克有时又把这一学习律称为"部分活动"（partial activity）的原则。

4. 同化（assimilation）律

或称“类推”（analogy）的原则。当有机体对新的刺激情境作出反应时，这种反应往往是与他（它）在以往类似情境中习得的反应相类似的。例如，猫在一只迷箱里习得适当反应后，把它放入另一只有些类似的迷箱，它会利用已习得的适当反应。这实际上是一种学习迁移的原理，后来的一些行为主义者把它称为刺激泛化。桑代克由此提出“共同要素论”：如果两种学习情境基本相同，就会产生类似的反应；迁移是否发生，取决于两种情境之间是否存在共同要素。

5. 联想性转换（associative shifting）律

桑代克认为，有机体已习得的对一组刺激的反应，可以逐渐转换成对一组新的刺激的反应。具体的做法是：先在刺激情境中加上一些新的刺激成分，然后减去原来的刺激成分，直到只需新的刺激、完全没有原来刺激时也能唤起这种反应为止。例如，在猫的面前拎一条鱼并说：“站起来”，经过多次训练，以后只要说“站起来”就可以引起猫的起立反应。桑代克把条件作用看做是联想性转换的一种形式。

尽管这几个学习附律都是从动物学习中归纳出来的，但桑代克认为，这些是解释一般学习所必需的主要事实。因为，“由动物学习所揭示的简单的、半机械的现象，也是人类学习的基本原理”（Thorndike，1914）。所以，虽说把动物学习原理运用于人类学习是相当复杂的，但他还是把这些原理作为人类学习的基础。

桑代克除了以动物为被试外，而且还以人为被试做了大量的实验。他提出的另一条学习原理——所属性（belongingness）原理——便是从以人为被试的语言学习实验中概括出来的。所属性原理是指，如果学习者认识到两个项目在某一方面彼此具有相属关系，那么在它们之间就比较容易形成联结。在一项典型的实验中，他向被试读了下列句子10遍：

Alfred Dukes and his sister worked sadly. Edward Davis and his brother argued rarely. Francis Bragg and his cousin played hard. Barney Croft and his father watched earnestly. Lincoln Blake and his uncle listened gladly. Jackson Craig and hisson struggle often. Charlotte Dean and her friend studied easily. Mary Borah and her companion complained dully. Norman Foster and his mother bought much. Alice Hanson and her teacher came yesterday. ①

在读完第 10 遍之后立即向被试提出下列问题：

1. *rarely* 下面一个词是什么？

2. *Lincoln* 下面一个词是什么？

3. *gladly* 下面一个词是什么？

4. *dully* 下面一个词是什么？

5. *Mary* 下面一个词是什么？

6. *earnestly* 下面一个词是什么？

7. *Norman Foster and his mother* 下面一个词是什么？

8. *and his son struggle often* 下面一个词是什么？

如果像当时一些学习理论家（如格思里）那样，把邻近作为学习的基本原理，那么所有词的顺序都应该记得同样牢。但事实并非如此。研究结果表明，从一个句子末尾到下一个句子开头的词的正确联结平均只有 2.75%，而同一句子头两个词的正确联结平均达 21.5%。用桑代克的话来说：“如果某一反应从属于某种刺激情境，那就比较容易习得这种刺激-反应的联结；如果这种反应从属于它

---

① 这一段实验材料的中译是：艾尔弗雷德·杜克斯和他的妹妹悲伤地工作着。爱德华·戴维斯和他的弟弟很少争吵。弗朗西斯·布拉格和他的表弟玩个没够。巴尼·克罗夫特和他的父亲热切地注视着。林肯·布莱克和他的叔叔高兴地听着。杰克逊·克雷格和他的儿子经常努力奋斗。夏洛特·迪恩和她的朋友不费力地学习。玛丽·博拉和她的伙伴沉闷地抱怨。诺曼·福斯特和他的母亲买很多东西。艾里斯·汉森和她的老师昨天来了(查普林、克拉威克,1983 年)。

所加强的联结，那以后的反应会更好些”（Thorndike，1932）。

三、评论

桑代克是心理学史上第一个用动物进行学习研究的人。他揭示了动物的试误学习过程，用刺激-反应之间的直接联结，取代了传统联想主义的观念之间的联想，从而奠定了联结主义心理学的基础。联结主义的一个特点是打破了理智与本能、人类与动物的二元论，将动物学习研究方法用于人类学习者，认为人类与动物的基本学习方式都是一样的，即通过试误来学习，所不同的仅仅是复杂性程度不同而已。这实际上是达尔文的生物进化论在心理学上的进一步延伸。桑代克的准备律和效果律，从本质上说来是为传统哲学上的享乐主义提供了心理学的基础。他的“学习无需意识参与”的观点，受到后来的行为主义者的关注。许多人由此把桑代克归入行为主义者的行列。事实上，桑代克特别强调先天本性以及满意、烦恼、定势（心向）、态度等方面的因素，仅就这一点来说，我们也不能把他称为行为主义者（杨清，1980 年）。否则，我们就很难解释当年华生在建立行为主义心理学体系时把桑代克的效果律作为主要抨击对象这一事实了。桑代克学习理论的最大弱点是过于简化了学习过程的性质，以人为被试的实验方法比较粗糙简单，经不起他人的检验（尤其是关于效果扩散的实验）。由于他热衷于发现普遍适用的一般规律，难免会犯以偏概全的错误，这是由于历史的局限性造成的。

第二节　巴甫洛夫条件作用理论

伊万·巴甫洛夫（Ivan P. Pavlov，1849—1936）于 1849 年 9 月 14 日出生在俄罗斯中部的一个乡镇里，作为一位乡村牧师的儿子，早年在教会学校和当地的神学院读书。1870 年，当他学业快要结束时，读了刘易斯（G. H. Lewis）的《普通人生生理学》（The

Physiology of Common Life）之后，放弃了当牧师的念头，前往圣彼得堡大学学习，开始追求科学。他主修动物生理学和医学 1875 年进入医学外科学院（后改为军医学院）攻读博士学位，1883 年获医学博士学位。1890 年任药理学教授，1895 年任生理学教授。1904 年，巴甫洛夫因为消化生理学的研究，尤其是对唾液腺、味腺和肠腺的反射分泌的研究，获得了诺贝尔奖。而使他最为出名的，可能还是由于他对狗的条件作用的研究。这是他在 20 世纪初开始研究的，直到他 1936 年谢世。这一研究改变了他早年的研究方向，而且深深地影响了心理学的发展（舒尔兹，1981 年）。但有趣的是，巴甫洛夫本人始终坚持认为，他是一个生理学家，而不是心理学家。事实上，他对心理学是有点瞧不起的，他对自己实验室的助手使用心理学术语而不是生理学术语时要给予处罚。

一、实验

巴甫洛夫早先致力于研究狗的消化系统。他发现，当把食物置入狗的胃里时，胃壁会分泌胃液以促进消化。一系列研究表明，胃液分泌的数量和持续的时间，是随放入胃里的食物的种类和数量而变化的。为了清楚地测定胃里发生的变化，巴甫洛夫以其精湛的外科手术，使狗的胃一部分外露出来。他把狗胃的一部分组织切开，接着在躯体一边切开一个洞口，外面再连接一个囊袋。这样，狗实际上就有了两个胃：一个是原来的胃，其绝大部分组织都仍在起着它的基本功能；另一个是通过手术连接在外面的小胃［或称为“巴甫洛夫囊袋”（Pavlovian Pouch）］，这个囊袋的内部是可以观察到的（见图 1-4）。巴甫洛夫发现，囊袋分泌的情况与胃的分泌活动完全一样。完成了这些准备工作后，巴甫洛夫就能了解消化过程的细节。他也由此获得了诺贝尔医学奖。

巴甫洛夫根据实验研究得出的基本结论是：动物有一种固有的生理反射，它以一种非常精确的方式随胃里食物的种类和数量进行胃液分泌。这一结论也适用于唾液分泌，因为狗唾液分泌的情况，

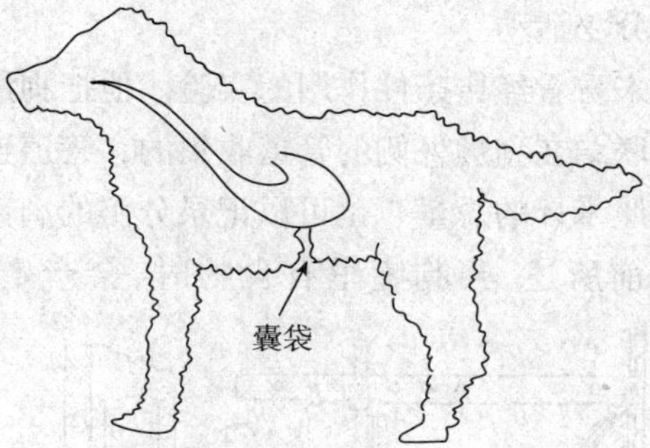

图 1-4　巴甫洛夫囊袋

资料来源：Bolles，1979.

是与嘴里食物的种类和数量完全吻合的。例如，当嘴里有食物时会分泌一种稠的唾液以开始消化过程，而当在嘴里滴一点酸液时，就会分泌大量淡的唾液以稀释酸液。

巴甫洛夫在实验过程中遇到了一种新的情况。如果把狗的食管切开，从颈部移到外部，食物就可以咀、可以咽，但不会到胃里去，而是从颈部流了出去。巴甫洛夫发现，狗的胃液分泌几乎仍然像食物进入胃一样多。这使他得出结论：引起反射性分泌的刺激，不仅可以是胃里的食物[即适当的刺激(appropriate stimulus)]，而且还可以是嘴里的食物[即信号刺激(signaling stimulus)]。

巴甫洛夫后来又发现，引起狗胃液分泌活动的，可以是狗原先吃过食物的盘子。甚至只要看到以前喂过食物的人，也会引起胃液分泌活动。这种情况完全不同于属于生理反射的那种分泌活动。巴甫洛夫由此认为，存在着两种反射：一种是生理反射（physiological reflex)，这是一种内在的、任何动物的所有成员都会表现出来的反射，它们是神经系统固有组织的一部分；另一种是心理反射（psychic reflex)，后来他改称为条件反射（conditioned reflex)，这种反射是特定动物作为特定经验的结果而产生的。例如，所有狗在胃里有食物时都会分泌胃液，但只有那些具有某种经验的狗才会在听到铃声时产生胃液分泌活动。

现在我们来看看经典条件作用的实验。他把狗用一副套具固定住，唾液是用联结在狗颚外侧的管道收集的，管道连结到一个既可以测量以立方厘米计的总量、也可以记录分泌的滴数的装置（如图1-5所示）。如前所述，当狗嘴里有食物时，会产生分泌唾液的反

图 1-5　巴甫洛夫关于条件作用研究的实验装置

资料来源：Gazda，et al.，1980.

应。这种反应是本能固有的，巴甫洛夫把这种食物称为无条件刺激，简称“UCS”，把反射性唾液分泌称为无条件反射，简称“UCR”。为了使狗对某一种刺激（如铃声）形成条件作用，把这种原来只会引起探索性反射的中性刺激（即铃声）与无条件刺激（即肉）配对。经过一系列配对尝试后，单是发出铃声，不提供肉，也能引起狗产生唾液分泌。在这种情况下，铃声就成了条件刺激，简称“CS”，铃声引起的唾液分泌就是条件反射，简名“CR”（如图1-6所示）。由此可见，条件反射仅仅是由于条件刺激与无条件刺激配对呈现的结果。

需要指出的是，在巴甫洛夫看来，重要的是引起反射的刺激，反射之后的结果是没有任何理论上的意义的。这样，尽管巴甫洛夫和桑代克都在分析刺激与反应之间的联系，但他俩对形成这种联系

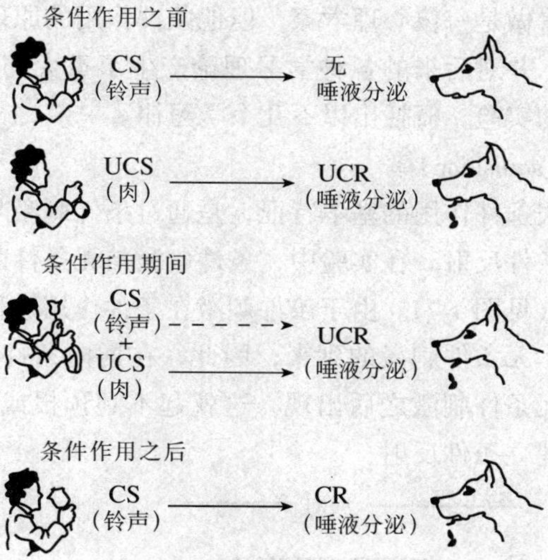

图 1-6　条件作用过程的阶段

资料来源：Gazda，et al.，1980.

的程序以及对学习过程的解释是完全不同的。我们可以用下列程式来比较巴甫洛夫与桑代克的实验程序：

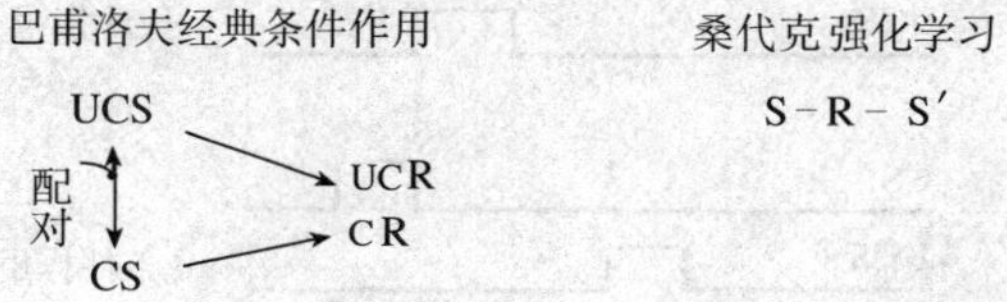

由于巴甫洛夫的无条件刺激（UCS）与桑代克强化刺激（S′）呈现的时间和所起的作用不同，前者可以说是一种刺激辨别学习，后者则是通过强化刺激加强刺激-反应的联结。因此，如果我们把巴甫洛夫的无条件刺激称为强化物，容易引起某种混淆。

二、学习律

尽管巴甫洛夫本人并没有概括过他的学习律——事实上他不愿

意别人把他看做是一位心理学家，但他条件作用的原理本身就是一种学习理论，并对后来的各种学习理论产生了重大的影响。这里，我们根据他的实验，概括出以下几个学习律。

1. 习得(aquisition)律

巴甫洛夫条件作用的基本特征，是通过条件刺激与无条件刺激的配对引起条件反射。在实验中，条件刺激与无条件刺激可以有多种配对方法（见图 1-7）。由于条件刺激在条件作用过程中是起信号的作用，预示无条件刺激的到来，因此，在逆向条件作用过程中，条件刺激在无条件刺激之后出现，这就起不到预报或信号的作用，因而不可能建立条件反射。

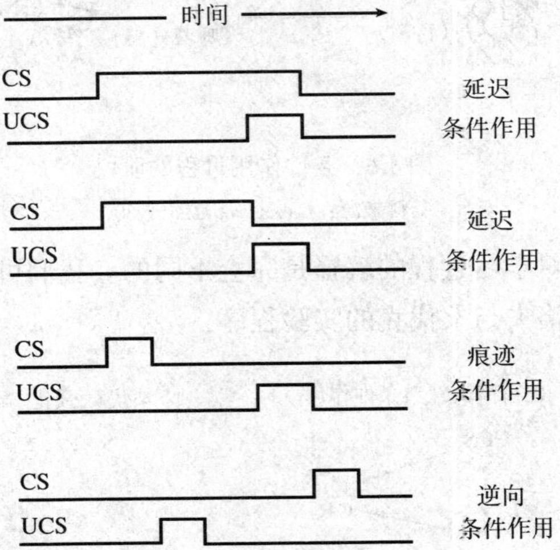

图 1-7　CS 与 UCS 配对的各种时间联系

资料来源：Bolles，1979.

巴甫洛夫还系统研究了条件刺激与无条件刺激之间的时间间隔对形成条件作用的影响。实验结果表明，无条件刺激在条件刺激出现之后的 0.5 秒时呈现，确立条件反射的效果最好（见图 1-8）。

2. 消退(extinction)律

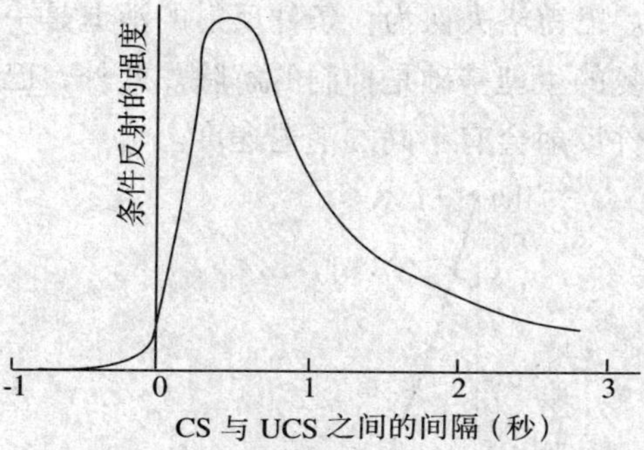

图 1-8　CS 与 UCS 的间隔对条件反射强度的影响

资料来源：Bolles，1979.

消退是指条件刺激多次重复而不伴随无条件刺激，条件反射逐渐削弱直至消失的过程（见图1-9）。但是，条件反射的消失并不意

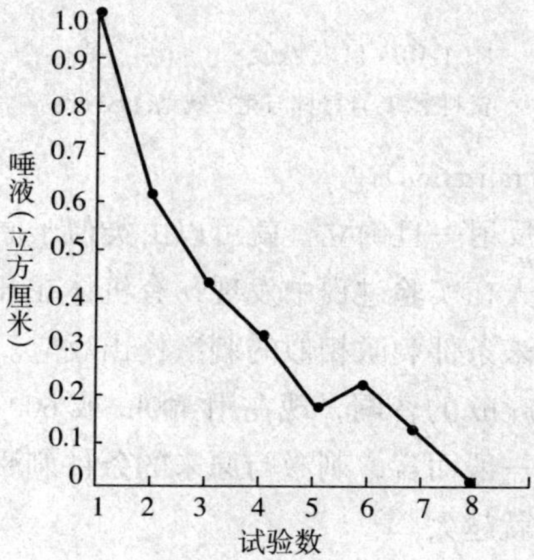

图 1-9　实验性消退

资料来源：查普林与克拉威克，1983 年.

味着这一习惯再也没有了。在过了一段时间后，条件反射会**自发恢复**。但这种自发恢复是不完全的，即不可能达到原来的强度（见图 1-10）。而且，自发恢复的反射，只要有几次不伴随无条件刺激，就会迅速消退。巴甫洛夫认为，条件反射的消退是一种主动的抑制过程；自发恢复的生理基础是抑制的解除。此外，巴甫洛夫还注意到，不同的条件反射会有不同的消退速度。

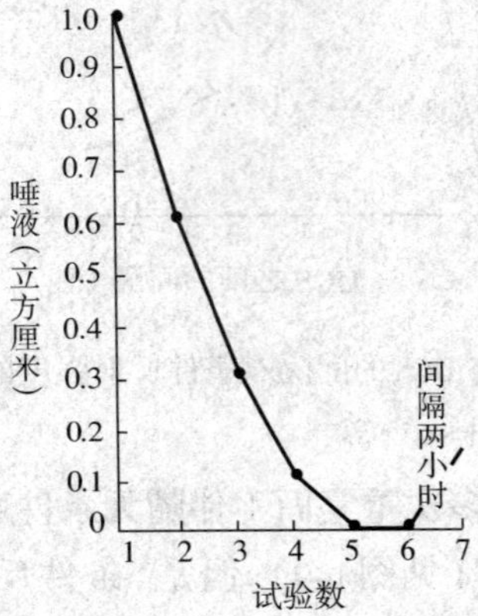

图 1-10　自发恢复

资料来源：查普林与克拉威克，1983 年.

3. 泛化(generalization)律

某一种条件反射一旦确立，就可以由类似于原来条件刺激的刺激引发。巴甫洛夫在实验过程中发现，有机体在开始时一般都以同样的方式对与原来条件刺激相似的刺激作出反应。例如，如果原来的条件刺激是 500 hz 的音调，现在用 400hz 或 600 hz 的音调也能引起条件反射。就一般而言，刺激与原来的条件刺激越相似，引发条件反射的可能性就越大。①

4. 辨别(discrimination)律

当条件作用过程开始时，有机体需要辨别相关刺激与无关刺

---

① 这些论述有些类似于桑代克对选择性反应、同化或类推等问题的解释，但比桑代克的解释更明了、更科学。难怪后来的学习理论家们在探讨这类问题时，都采用“泛化”一词，而不用桑代克的术语。

激。通过辨别学习，有机体有选择地对某些刺激作出反应，而不对其他刺激作出反应。在条件作用中，辨别是与泛化相反的过程。如前所述，如果有机体已对500 hz的音调建立了条件反射，会对400 hz或600 hz的音调产生分化反应。但是，如果采用有差异的配对方法，即把500 hz的音调与无条件刺激配对，而在呈现400 hz或600 hz的音调时不伴随无条件刺激，这样，有机体对400 hz或600 hz的音调的反射就会消退，而只对500 hz的音调形成条件反射。

5. 高级条件作用(higher-order conditioning)律

巴甫洛夫在实验中发现，可以用其他各种刺激来替代原来的条件刺激，以唤起已确立的那种条件反射。换言之，原来的条件刺激可以在后来的尝试中起无条件刺激的作用。例如，狗在对铃声形成唾液分泌反射之后，把铃声（CS_1）与灯光（CS_2）配对，也能使狗产生唾液分泌反射。狗对灯光（CS_2）形成条件反射的过程，也就是高级条件作用的过程。

这里，需要提出的是，巴甫洛夫关于抑制机制的研究，对后来的学习理论有相当大的影响。抑制是指条件反射的减弱或消失。抑制可分为两大类：一类是无条件抑制（unconditioned inhibition），即指不学而能的抑制形式。它包括外部抑制和保护性抑制，前者是指由外部分心刺激引起的条件反射的减弱或消失；后者是指由于刺激持续过久而引起疲劳，从而导致条件反射的减弱或消失。另一类是条件性抑制（conditioned inhibition），又称内部抑制，泛指所有后天习得的抑制。巴甫洛夫认为，条件作用可以是一种兴奋过程，即用刺激唤起特定反射的过程，也可以是一种抑制过程，即用刺激去抑制原本可能会产生的反射的过程。所以，一种条件刺激（CS_+）是要引起反射；而另一种条件刺激（CS_-）则是要阻止反射的发生。条件性抑制或者是由于条件刺激重复呈现但不伴随无条件刺激而引起的（称之为消退性抑制）；或者是由于无条件刺激延迟出现而引起的（称之为延迟性抑制）。

除此之外，巴甫洛夫还研究了厌恶条件作用（aversive conditioning）。他用电击狗的脚，电击是一种无条件刺激，狗腿收缩是一种无条件反射。巴甫洛夫用各种声响和视觉刺激作为条件刺激。由于狗被绑在仪器上，它不可能逃脱电击。狗除了对这种厌恶刺激作出腿的收缩反射外，很快地显示出一种泛化的恐惧反应。随着厌恶刺激与各种条件刺激（如红布）多次配对，狗对这些条件刺激也会产生恐惧反应。

三、评论

巴甫洛夫把比较精确而又客观的方法引入对动物学习的研究，把心理与生理统一起来，对高级心理活动进行了卓有成效的研究，从而对心理学的发展产生了巨大影响。正如美国心理学家波林（E.G.Boring）所说："条件反射的资料构成了这样巨大的研究，以致它的历史，也就是学习实验心理学史"（波林，1981年）。由于他的研究有助于心理学摆脱心灵主义和内省法的束缚，因而为美国行为主义心理学所关注，条件反应成了行为主义的一个主要部分，几乎成了20世纪上半叶学习理论的基础。美国行为主义者华生、格思里、赫尔以及斯金纳，都或多或少受其影响。

巴甫洛夫学说在前苏联的影响也是巨大的。在30年代以后，除了有关他的学说的著作外，很少有其他心理学著作的出版。1949年在庆祝他诞生一百周年时，把巴甫洛夫提高到苏联经典作家的神圣地位（墨菲，1980年）。1950年6月苏联科学院和苏联医学院召开了联席会议，主要是讨论如何用巴甫洛夫学说改造心理学的问题。会议批判了所有背离巴甫洛夫学说的观点，并强调指出："只有巴甫洛夫关于高级神经活动的学说，才是完全符合马克思列宁主义理论的心理学的惟一牢固的自然科学基础；只有正确地揭露脑的活动规律的巴甫洛夫学说，才能创造性地发展辩证唯物主义关于脑的机能的理解；只有用巴甫洛夫学说才能使我们揭露心理活动的大脑机制；只有这个学说才能指出进一步研究心理活动的脑的过程"

(刘恩久等，1986年)。不难看出，巴甫洛夫学说已到了被神化的地步。不知早年抛弃神学、追求科学并一生献身于科学的巴甫洛夫在九泉之下有何感叹。

应该承认，一方面，巴甫洛夫学说与美国行为主义是有区别的(这将在下一节里分析)，但另一方面，两者确实有许多共同之处，都试图以科学的方法清除唯心主义的观点，都注重物质刺激在引起有机体行为反应中的作用。从哲学上讲，两者都应归入机械唯物主义的范畴。随着心理科学的发展和科学事实的获得，巴甫洛夫条件作用的原理必将成为一种过时的学说。我们的意思是说，或者是对它的否定，或者是对它的进一步完善，但更有可能的是两者兼而有之。这也许是符合唯物辩证法的，同时也是为什么我们至今还在探讨巴甫洛夫学说和其他各种学习理论的理由。

第三节　华生行为主义学习理论

约翰·华生（John B. Watson，1878—1958）于1878年出生在美国南卡罗来纳州的格林维尔。他从小是在单室学校里开始接受教育的。华生承认自己小时候不是个好学生，有点懒、不听话、好争斗、学业成绩不好，只能勉强升级。只是在进入了当地的弗曼大学后才有所改变。1900年在弗曼大学获得硕士学位。1903年在芝加哥大学获博士学位。随后在芝加哥大学任讲师。1908年，当他有资格成为芝加哥大学的助理教授时，约翰·霍布金斯大学聘请他任比较心理学的教授，并让他指导实验室，他便应邀前去。1915年，他当选为美国心理学会主席。

华生在芝加哥大学攻读博士学位期间，机能主义占主导地位。机能心理学的两位主要代表人物杜威（J. Dewey）和安吉尔（J. R. Angell）都是他的老师。但杜威对他的影响不大。华生认为：“杜威是个不可思议的人，我从来不知道他那时在说些什么，而且不幸的是，我至今还不知道他说了些什么”（舒尔兹，1981 年）。华生是在安吉尔的影响下开始对心理学感兴趣的。华生到了约翰·霍布斯金大学后，又受到了在那里任教的詹宁斯（H.S.Jenings）的影响。詹宁斯在一项关于低等动物行为的经典研究中，除了强调动物行为的生理学基础以外，还强调把学习作为一种适应机制具有普遍意义。

一、基本观点

华生在芝加哥大学期间，受安吉尔等人的影响，一度曾信奉机能主义。但他主张对心理学进行比较客观的实验研究，因此，对机能心理学像构造心理学那样使用意识、感觉、知觉、激情、情绪和意义等术语感到不满。他认为，可以写一部心理学，不用“意识”、“心理状态”和“心”这类术语，而是用“刺激与反应”和“习惯形成”等术语来表述。他相信当时已到了作出这种尝试的时候了。

华生自己说，他是在 1903 年前后开始考虑这个问题的。1908 年，他在耶鲁大学的一份讲义中，第一次公开发表了有关这方面的观点。1912 年，他应卡特尔之邀，在哥伦比亚大学就这个问题作了一系列演讲。1913 年发表了以这些讲稿为基础的一系列文章，行为主义由此正式产生。

华生在《行为主义者心目中的心理学》（Psychology as the Behaviorist Views It）（1913）一文中提出：“心理学是自然科学的一个纯客观的实验分支。它的理论目标在于预见和控制行为。”他认为，心理学家主要应关注行为，而不是心和意识。“行为主义者力图获得动物反应的一个统一的图式，认为人与动物之间并无分界线。”因此，从研究方法上来讲，“应当把人与动物放在同样的实验条件下，而且越近似越好”。

华生认为，建立行为主义心理学的出发点有二：第一，分析可观察到的事实，即分析人和动物是如何适应其环境的；第二，研究引起有机体作出反应的刺激。在华生看来，“知道了反应就可以推测刺激，知道了刺激就可以预测反应。”所以，“我们所需要做的，是把行为而不是把意识当做我们研究的客观对象。”

华生在1914年出版的《行为：比较心理学导引》（Behavior: An Introduction to Comparative Psychology）一书对其理论和观点作了系统阐述。概括起来，主要做了三件事：第一，表明“从心理学中抛弃所有有关心智（mental）的内容是可能的。”事实上，华生有时是通过转换的手法来清除这类内容的（例如，把情感和情绪转换成身体内部引起的刺激），有时则是通过预测生理心理学未来的发展来阐述问题的（例如，把思想、映象和其他意识内容归因为身体中某些肌肉的动觉反馈）。难怪有人把华生的行为主义心理学讥称为“肌跳心理学”（muscle twitch psychology）。但华生对此满不在乎，他说：“只要它能够帮助我们摆脱现代因袭心理学的枷锁，并告诉我们如何实实在在地观察人并坦诚地去研究他，无论给它什么样的名称都没有什么关系。”对华生的这番议论，心理学史家认为，“华生的信念……恰当地适合美国人的气质”（波林，1981年）。

第二，考察了研究动物和人类行为的各种方法。他反对内省法，提倡客观的方法。他认为心理学的研究方法主要包括以下四种：(1)观察法，包括借助仪器和不借助仪器的观察；(2)条件作用法，凡在不能使用语言的情况下，条件作用法都可以发生效用；(3)口头报告法，因为人类是一种经常用言语作出反应的动物，人类有时惟一可观察到的反应就是语言。忽视这一点是可笑的。华生承认口头报告法不是彻底客观的方法，而是在当前科学技术条件下不得已而采用的一种权宜之计；(4)测验法，华生强调指出，考虑到语言方面的障碍，我们应该更多地重视那些不一定要用语言的行为测验。

第三，华生提出了自己的学习理论，这是我们在下文要讨论的。

二、学习律

华生的学习理论，在一定程度上是建立在抨击桑代克效果律基础上的。在他看来，桑代克的效果律是心灵主义的，只不过是陈旧的享乐主义原则的翻版而已。为了从实验上推翻桑代克的理论，华生训练白鼠，为达到目的箱吃到食物，必须先挖沙子。白鼠挖沙子到达目的箱后，不立即喂食，而是让它在那里空等一会。华生认为，根据桑代克的理论，强化增强的是强化之前的刺激-反应联结。在这个实验中，空等是较后的反应，而挖沙子到目的箱则是较早的反应。根据推理，食物强化的是空等，而不是挖沙子到达目的箱。但事实上，白鼠习得的是挖沙子到达目的箱的反应，而不是空等。华生以此来证明效果律的不正确，并提出用频因律和近因律取而代之。

1. 频因(frequency)律

华生认为，在其他条件相等的情况下，某种行为练习得越多，习惯形成得就越迅速。因此，练习的次数在习惯形成中起重要作用。在形成习惯的过程中，有效动作之所以保持下来，无效动作之所以消失，是由于有效动作比任何一种这无效动作出现的次数都多，这是因为每一次练习总是以有效动作的发生而告终的。举例说来，在一个非常简单的“T”字型测验情境里，有机体只能作出两种可能的反应：正确反应（用 R_+ 来表示）和错误反应（用 R_- 来表示）。为了简便起见，我们设想最初 R_+ 和 R_- 的强度是相似的。经过一系列尝试之后发生的情况是：R_- 逐渐减弱，R_+ 是逐渐增强。华生认为，之所以会产生这样的结果，是因为 R_- 只是在一半的尝试中发生，而 R_+ 则在每一次尝试中都发生。R_+ 比 R_- 更强，是由于 R_- 发生的次数比 R_- 多一倍。华生把反应出现的次数作为解释反应的保留或淘汰的原则。

2. 近因(recency)律

华生认为，当反应频繁发生时，最新近的反应比较早的反应更容易得到加强。因为在每一次练习中，有效的反应总是最后一个反应，所以这种反应在下一次练习中必定更容易出现。由此，他把反应离成功的远近，作为解释一些反应被保留、另一些反应被淘汰的原则。在他看来，习惯反应必然是离成功时机最近出现的反应（朱智贤，1989年）。

但是，华生在以后的著作中又推翻了自己的学习律。他在1919年出版的《从一个行为主义者的观点看心理学》（Psychology from the Standpoint of a Behaviorist）一书中，不再把频因律作为学习的一般机制。他承认频因律当初纯粹是猜测性的。

华生强调，要用刺激-反应来分析所有的行为，包括情绪反应。为此，华生与雷纳（Watson and Rayner，1920）进行了一项称之为“小艾伯特”（Little Albert）的实验。小艾伯特是日托中心的一个健康、正常的幼儿，当时他只有11个月又5天。条件刺激是一只小白鼠。小艾伯特最初的反应是好奇。他看着它，似乎想用手去触摸它。无条件刺激是用铁锤敲击一段钢轨发出的声音。这显然是一种令人生厌的声音，因为小艾伯特的无条件反应是惊怕、摔倒、哭闹和爬开。在白鼠与敲击钢轨的声音一起出现3次后，光是白鼠就会引起害怕和防御的行为反应。在6次条件作用后，小艾伯特见到白鼠时会产生强烈的情绪反应。在小艾伯特1岁又21天时，华生进行了一系列泛化测验，即在小艾伯特面前呈现小白兔、小白狗和白色裘皮大衣等。在每一种情况下，小艾伯特都表现出一种很强的情绪反应，类似于对白鼠的反应。接下来，华生探讨了用来消除小艾伯特恐惧情绪的种种可行的办法。但不幸的是，小艾伯特在接受可能的治疗之前，离开了日托中心，举家迁徙到别的地方去了。华生认为，这项实验表明，小艾伯特的条件情绪反应将会在相当长一段时间里存在。尽管其强度会有所减弱，但这种条件反应会在一生中始终存在，并改变他的个性。华生本人的性格决定了他要嘲弄精神分析学派。他说，过了一些年后，艾伯特可能会去找精神分析学家，以求解决自己这种奇怪的害怕心理。精神分析学家也许会告诉他，这是恋母情结的结果。华生说，还是让我来向他吐露真情吧，他的这种情绪反应是由于条件作用引起的。华生就是用这类方法逐一抨击各种心理学派，以达到他“使心理学成为科学”的目的。

由于华生坚信，有什么刺激，必定会产生什么反应，这就使他成了一个极端的环境决定论者。他的最著名的、被引证得最多的一段话表明了这一点，他说：

> 给我一打健康而又没有缺陷的婴儿，把他们放在我所设计的特殊环境里培养，我可以担保，我能够把他们中间的任何一个人训练成我所选择的任何一类专家——医生、律师、艺术家、商界首领，甚至是乞丐或窃贼，而无论他的才能、爱好、倾向、能力，或他祖先的职业和种族是什么（Watson，1924）。

三、评论

华生无疑是心理学史上极富个性色彩的人物之一。尽管他比桑代克年轻，但他在20世纪初的名声比桑代克更高。他是行为主义心理学的奠基人和立言人。遗憾的是，他因私人生活问题，于1920年被迫离开大学，结束了他的学术生涯，转入广告行业。

尽管华生的学术生涯很短，但他对心理学的影响很大。华生把行为主义与刺激-反应心理学结成了一体。他使心理学家们相信，对行为的真正解释在于神经系统，一旦我们对大脑有了更好的了解，一切神秘的东西都会烟消云散。另外，他还使心理学家相信，学习是一个最重要的决定因素，人的行为、个性和情绪等都是习得的。在20世纪上半叶整整五十多年的时间里，行为主义心理学一直在北美占统治地位。

从哲学上讲，华生是从机械唯物论的观点出发的。他力求把人的各种心理现象简化为肌肉和腺体的一些活动和习惯，通过否认人的主观世界否定人的意识而把人完全加以机械化，这就无怪乎别人要把华生的行为主义心理学称之为“肌跳心理学”了（杨清，1980年）。

西方心理学家往往把巴甫洛夫学说与华生行为主义视做同一类型，但我国心理学家高觉敷认为，尽管华生采用了巴甫洛夫的条件反射法，但对于条件反射的研究，华生与巴甫洛夫的观点是根本不同的。第一，巴甫洛夫十分重视动物和人的行为与神经系统的关系，他是通过研究条件反射，探讨大脑皮层和皮下的活动，即探讨高级神经活动。而华生则只注意肌肉和腺体的生理学，完全忽视了大脑皮层的生理学。第二，巴甫洛夫认为人的高级神经活动和动物的高级神经活动虽有联系，但彼此之间存在着本质的差异。他论述了第一信号和第二信号系统。正是因为有了第二信号系统，人类可以进行抽象和概括等思维活动。而华生则混淆了人与动物的界限，抹煞了人类思维的特点。第三，巴甫洛夫并不否认意识。他认为："否认主观世界是最愚蠢的。"虽然他不满意心理学的研究方法，但他认为反映主观世界的心理学还是需要的。而华生则根本否认意识和主观世界的存在（高觉敷，1982年）。这个比较和分析是有道理的，但这里需要提及的是，行为主义者（包括新行为主义者斯金纳）都认为，对人脑的研究不是心理学家要做的事情，而是生理学家或神经学家的研究对象。第四，华生是通过转换的手法来"清除"意识的，也就是说，他把一些意识内容转换成身体的内部刺激或肌肉的动觉反馈。因此，他只是在字面上否认意识，而不是从根本上否认意识的存在。

第二章 格思里邻近学习理论

埃德温·格思里（Edwin R. Guthrie，1886—1959）于1886年出生在美国内布拉斯加州的林肯，并在那里接受教育。1907年在内布拉斯加大学数学系获学士学位。1909年在该校研究生院攻读哲学和心理学，次年获硕士学位。1912年在宾夕法尼亚大学获哲学博士学位。1914年起在华盛顿大学开始其学术生涯，刚开始时任哲学系研究员，1928年任心理学教授，直至1956年退休。第二次世界大战期间，他应召服军役。1941年任美国作战部总参谋部海外分部首席顾问。1942年改任战事情报局海外分局首席心理学家。1943年回到华盛顿大学任研究生院院长。1945年当选为美国心理学会主席。1958年获美国心理学基金会颁发的金质奖章。

格思里的主要代表著有：《学习心理学》（The Psychology of Learning）(1935、1952)和《人类冲突心理学》（The Psychology of Human Conflict）(1938)。

第一节 格思里学习理论的基本观点

格思里从数学、哲学转向心理学，主要是由于受他的老师、哲学家辛格（E. A. Singer）的影响。在辛格看来，哲学上的许多问题都可以被还原成行为的问题，并在行为的水平上加以分析。换言之，哲学问题可以通过实验的方法得到更好的解决。

格思里早期的理论观点与华生和巴甫洛夫的学说很相似，但经过多年发展之后，形成了他自己独特的性质。

格思里自己也承认，他一直很赞同心理学中行为主义的观点，但“行为主义”这一头衔，使人马上会联想到华生和行为主义革命，对此他又有反感。所以，格思里在与史密斯（Guthrie and Smith)合著的《普通心理学》(Chapters in General Psychology)(1921)一书中，虽然基本上完全是根据华生行为主义的观点来论述全部的心理学问题，并以条件作用为基本原理，但在阐述的风格上与华生有很大的不同。他试图用新的观点来描述日常生活经验，并给予中肯的解释。格思里以后的著作也一直保持着这种风格。

在1921年的著作中，格思里基本上是根据刺激-反应联结来解释行为的。他认为存在着两种形式的学习。第一种是积极适应(positive adaptation)，就是说，有机体为了适应环境，会不断地作出反应。在某种情境中反应发生得越频繁，就越有可能在这种情境中重复这种反应。这不过是华生频因律的翻版。第二种学习是条件作用（conditioning)，这类似于巴甫洛夫所研究的学习。格思里认为，所有反应最初都是由特定的无条件刺激引发的。反应可以由以往是中性的刺激引发。条件作用的实质，就是要用中性刺激取代无条件刺激，以达到引发反应的目的。从某种意义上说，这一公式适合于所有的学习。因此，条件作用实际上成了学习的同义词。这在当时几乎是所有学习理论家的信条。

到了1935年，格思里《学习心理学》一书出版了。在这本书里，他提出了有自己特色的学习理论。尽管他以后一直在不断地修正和完善其理论，甚至在他去世那年发表的《邻近的联想》(Association by Contiguity）一文中还在修正他以往的观点，但他的理论框架和基本观点在1935年就已大致形成。下面就其主要论点作些介绍和分析。

格思里认为：“一部好的学习心理学必须提出学习的规律，而且这种规律必须是容易理解的和可以证实的”(Guthrie，1942)。事实上，格思里一生中只提出了惟一的一条学习律，并用它来解释一切有关学习的问题。这就是：

> 刺激的某一组合，如果曾伴同过某一动作，那么，当这种刺激组合再次出现时，这一动作往往也会随之发生（Guthrie，1935）。

直到1959年，格思里仍然在重述这一学习律，可见他对其效度坚信不移。

这条学习律不包括其他学习理论家所注重的强化或动机等变量，只强调学习即刺激与反应之间的联结。在他看来，当有机体对某种刺激作出某种反应时，便已充分达到了它们之间联结的力量。当这种刺激再次出现时，就会再次作出这种反应。因此，学习是一次性完成的。

这条学习律看上去有悖常理，且并不容易理解。实际上，这是由于格思里对“刺激”与“反应”这两个术语作了与众不同的解释而引起的。为了便于理解他的学习理论，这里似有必要作些解释。

首先是对刺激的解释。人们通常把整个刺激情境看做是一种刺激。而格思里认为，在现实中，刺激情境是由时时刻刻在发生变化的大量刺激要素构成的。事实上，有机体在某一时刻只是对刺激情境中的某些刺激要素作出反应。因此，格思里的“刺激”概念，等同于环境中影响感觉接受器的那些特征。①

其次，格思里对作为动作（movement）的反应与作为行动（act）的反应作了区分。前者是指个别的肌肉动作；后者是指由一系列肌肉动作构成的动作复合体。在他看来，行动是无法如实逼真地描述的。行为发生在整体反应（a total response）之中，而整体反应是无限复杂的，同时又是与其他反应融合在一起的。因此，整体

---

① 到了1959年，格思里对这一“刺激”概念作了修正，强调注意机制（attentional mechanism）的作用，因为他认识到有机体在选择各种可能的刺激要素方面可以起主动的作用。但他还来不及修正其理论框架就离开了人世。

反应既没有名称，又无法描述（Guthrie，1942）。例如，投篮球不是一个单一的动作，而是由一连串肌肉动作组成的行动。格思里关心的是动作（即投篮时各种肌肉的动作），而不关心行动或行动的结果（即不关心整个投篮的过程和球是否投中）。格思里认为，正是这些动作与各组刺激要素形成的联结，才是学习的真正内涵。换言之，学习即是在刺激要素与肌肉动作之间形成的联结。

由此，格思里进一步认为，只要有机体对一组刺激要素作出一个动作，便在它们之间形成了联结，学习也就完成了。学习是一种全或无（all-or-none）的联结。如果有机体接下来作出另一个动作，那就说明有机体形成了一个新的联结，或者说发生了新的学习。这样，前一次的联结也就凋谢了。那么，有机体以后遇到类似刺激时，会作出哪一种反应呢？根据邻近的原理，有机体在某种刺激条件下最后作出的反应，是他以后遇到这种刺激时会作出什么反应的最佳预测者。由于格思里把他的学习律建立在刺激-反应联结的邻近上，也就是说，他认为在学习中起最主要作用的机制是暂时联系（temporal relatedness），即刺激与反应之间的紧密联系，因此被称为“邻近学习理论”（contiguity theory of learning）。

格思里全或无的学习概念，显然是与人们观察到的学习的渐进性相矛盾的。因为许多技能只有通过反复练习才会熟能生巧。格思里对此的解释是：一种复杂的行动或技能，是由许多个别的动作构成的，这需要在多种动作与多种刺激要素之间形成联结。而且，虽说学习过程本身是简单的、确定的，但任何刺激情境是相当复杂的、不确定的，都是由许多随着时间推移而不断变化的刺激要素构成的。因而，有机体需要不断形成新的、合适的联结，以消除可能已形成的不适当的联结。因此，形成一种复杂行动的过程，可能是形成数千个细微的刺激-反应联结的过程。这样，格思里就解决于“一次性学习”与“学习渐进性”之间的矛盾。

为了说明他的这些基本观点，格思里与霍顿（Guthrie and Horton，1946）设计了一个特制的迷箱。迷箱前面是一块大玻璃，中间有一出口的小门，迷箱底板中央竖着一根小柱子。猫从迷箱背后的起点箱出发，经过一条通道进入迷箱。只要猫一碰到那根柱子，不管是怎么碰的，小门就立刻打开，猫就可以逃出迷箱。当小门开启时，一架照相机自动摄下了猫碰柱子的镜头。

实验的结果是令人吃惊的。那就是，猫在每次获得释放时的动作基本上是相似的。一只猫如果第一次是咬柱子后逃出迷箱的，那它以后就一次又一次地咬柱子；另一只猫第一次是倒退到柱子上时打开门的，那它以后就几乎一直是向柱子倒退以求逃出迷箱。有的猫用前爪，有的用后爪，但在学会逃脱的方式后，以后只是一次又一次地重复基本相同的方法。换句话说，如果我们知道猫在第 10 次尝试时逃脱的方式，就可以准确地预测到猫在第 11 次尝试时将会作出什么动作（见图 2-1）。格思里认为，猫逃脱的动作之所以一再重复，是因为这一动作使它逃离了迷箱，从而阻止了形成新的刺激-反应联结的可能性。猫的这种始终如一的反应方式，证实了格思里的学习律。

图 2-1　猫在被释放时的照片临摹图。这是一只猫在第 9 至 12 次尝试时屡次使用的一个反应型式

资料来源：Hilgard，1956.

那么，为什么格思里的猫比桑代克的猫学习起来容易得多呢？格思里认为，这是因为桑代克的迷箱装置比较复杂，而且每次被放进去时不一定总是处于同样的位置。而格思里的猫都是从起点箱经过通道进入迷箱，每次进去后所看到的情境都是一样的，而且释放装置比较容易碰到。因此，桑代克的猫需要学会一系列的动作而不

是单一的动作。就动作学习而论，有机体往往倾向于做它在同样情境里上次做过的动作，但如果情境迫使它做别的动作，那它就只好做别的动作了（Hilgard，1956）。桑代克迷箱中的猫就是这样。

为了坚持“所有反应都是由刺激引发的”这一行为主义立场，格思里提出了一种新的观点：动作本身就是一种刺激的来源。他认为，除了外部环境之外，反应也会为行为提供一种刺激，即由肌肉或其他内部事件引起的本体感受刺激或内感刺激（proprioceptive or interoceptive stimuli）。由于在两个相继的动作之间会产生一种非常短暂的联想，因此，在一个动作与前一个动作引起的遗留刺激（residual stimuli）之间形成联结是可能的。格思里把这类刺激称之为“动作-产生的刺激”（movement-produced stimuli），即指“直接因一些动作而产生的刺激”。一个人正在做的事情，之所以会成为他接下来要做的事情的主要决定因素，是“因为他正在做的事情会提供大量刺激以影响他的肌肉”（Hilgard，1956）。

动作-产生的刺激对于坚持行为主义立场的人来说具有重要意义，这在解释当有机体在不那么复杂的环境里从事各种复杂行为时表现得尤为明显。例如，一个人坐在书房里写作，外部情境并没有经历多大变化，但他仍然能一直坐在那里从事一系列复杂的写作活动。在这种情况下，光凭外部刺激显然难以对此作出解释，这就需要有引发行为的其他来源。格思里找到了。他认为，如果每一种反应都可以产生引发下一个反应的刺激，那么，在没有明显的外显刺激变化的情况下也可以维持行为了。这样，“这种内隐的动作-产生的刺激，对于那些无法用外部刺激与反应之间联结来说明的行为举止，提供了永远适用的现成的解释”（Hilgard and Bower，1975）。“动作-产生的刺激”现在已为许多心理学家用来作为分析“链索反应”过程的基础。

第二节　格思里对学习基本问题的解释

一、泛化与辨别

从格思里的行为观中可以直接推导出对泛化的看法。对格思里来说，不必考虑测验情境与训练情境的相似性的问题。因为所有刺激情境都是由时刻发生变化的大量不同要素构成的。所以，可以把泛化归因于训练情境与测验情境所具有的共同要素的数量。例如，假定有机体是在一个有 100 万个不同刺激要素构成的训练情境中作出反应，而在测验情境中包含了 50 万个相同的刺激要素，那么，反应概率就会下降一半。如果测验情境中只包含 25 万个相同的刺激要素，那么反应概率肯定会进一步下降。因此，在格思里看来，相似性（similarity）这类模糊的概念，应该被局部共同性（partial identity）这个精确的概念所取代。遗憾的是，这种精确性在很大程度上只是一种幻觉，因为格思里没有提供计算的方法，我们无法计算出共同要素的数量，因而也就只能根据刺激情境的相似性来大致推断共同的要素了。但是，格思里的分析也有其长处。首先，在他的理论体系中，泛化不再被看做是一种与学习本身相分离的现象了，泛化本身就是学习的一个重要部分。因为从这一次尝试到下一次尝试，整个刺激情境必然存在着局部的共同性。事实上，任何尝试学习都是由一系列泛化尝试构成的。其次，格思里对刺激要素的分析，为埃斯蒂斯数学统计学习模式奠定了基础。关于这一点，将在本章第四节里详细讨论。

与泛化紧密相联的另一个概念是辨别。在格思里看来，辨别只是指这样一种情况：一种反应逐渐成为一组刺激要素的条件反应，而另一种反应逐渐成为另一组刺激要素的条件反应。但由于格思里很难区分各组刺激要素，因此对辨别的解释也就很少有实际意义了。

二、消退与遗忘

格思里是通过对联想性抑制(associative inhibition)的分析来说明消退过程的。对于巴甫洛夫条件性抑制的原理,格思里用邻近联想的原理加以改造。他认为,不能把消退看做仅仅是由于重复反应而未受到强化而引起的,而应该看做是联想性抑制或干扰的结果。消退仅仅是由于对刺激形成了一种新的抑制性反应(inhibitory response)。用他的话来说:"忘却以往学习过的内容,可能仅仅是因为后来又学习了其他的内容"(Guthrie,1935)。换言之,一种已有的习惯,可以因形成一种新的刺激-反应联结而被破除。当然,这种新的刺激-反应联结,要涉及一种引起原有习惯的刺激和一种与原来反应不同的新反应,而且,这种新的反应本身必须是与原来的反应不相容的。例如,一个小孩养成听到铃声就哭的习惯,我们只需在有铃声时给他吃东西,使他形成听铃声与吃东西的联结,因为吃与哭是两种不相容的动作,一个人无法一边大哭一边吃东西。一旦他形成了铃声-吃的联结,铃声-哭的习惯也就随之破除了。这实际上是一种干扰理论。由于原先的刺激-反应联结和起干扰作用的新的刺激-反应联结都是受同一规则支配的,因而在这里不需要增添什么新的原理。

人们往往把反应消退归因于不给奖励。但格思里不是这样解释的。让我们假定,动物在某一特定情境(S_1)中习得了某种特定反应(R_1)。食物的出现使刺激情境发生了变化,形成了一种新的刺激情境(S_2),从而使 S_1 与 R_1 之间的联结保留下来了。但在消退实验中,没有食物,这样也就没有这种新的刺激情境,因而 R_1 就会被其他反应(如探索)所取代。因此,当不给食物后,以前习得的反应也就消退了。

同样的原理也可用来分析遗忘的现象。遗忘是由于形成了抑制原有联结的新联结造成的。假定一个已建立的刺激-反应联结未被新的刺激-反应联结所取代,它就会无限期地持续下去。某些技能,如骑自行车、游泳等,多年不练仍然不忘,是因为没有发生什么干扰的缘故。所以,一个人不能记住某件事件,是由于他后来与许多其他新的事物产生了联想。如果一个人原先的学习不受干扰,遗忘就不会发生。我们可以用倒摄抑制来描述这种形式的遗忘。可见格思里对消退和遗忘的看法,最关键的是他那抑制性反应的概念。

三、奖励

在 20 世纪 30 年代,几乎所有学习理论家都强调强化或奖励的作用,但格思里与此相反,他毕生都坚持认为:学习本身是一个比较简单的过程,形成刺激-反应联结只需暂时的邻近就足够了,无需求助于强化。他不认为反应的结果会对反应的强度有任何直接的影响。对于那些具有加强行为的明显效果的强化,格思里是根据刺激情境的变化来解释的,就像他在解释其他许多行为一样。

人们也许会问:有机体是由于刺激与反应的邻近性而学会正确的行为,那么奖励的作用何在呢?格思里认为,奖励本身并不能起加强行为的作用;奖励仅仅是急剧改变了有机体在反应发生之后的整个刺激型式。假定我们安排一个实验情境(S_1),动物作出一种特定反应(R_1)并获得了食物。这样刺激情境就发生了变化,因为动物因饥饿而引起的内部刺激没有了。由于动物不再处于原来的情境(S_1),而是处于一种新的情境(S_2)。这样,根据邻近的原理,有机体在某种刺激情境里的最后一个反应(即 S_1 与 R_1 之间形成的联结)就会被保留下来。因为 R_1 已经使刺激情境发生了重大变化,接下来的各种反应不可能成为原来刺激情境(S_1)中的那组刺激要素的条件反应,因为因饥饿而引起的刺激要素已不再存在。

因此,强化物仅仅是使整个刺激情境发生了实质性的变化,目的箱里的食物,引起动物的刺激情境发生了激烈的变化,从而使吃到食物前的反应(R_1)与当时的刺激(S_1)的联结保留下来了。对于操作性条件作用,格思里也是这样来解释的。例如,一只饥饿白鼠通过按杠杆可以吃到食物,白鼠按杠杆的速度越来越快。在格思里看来，白鼠学习，是因为食物通过对饥饿白鼠的影响，即对白鼠嘴里和胃里感觉的影响，使刺激情境发生了变化。由于按杠杆是白鼠在原来刺激情境中所做的最后一个反应，所以这种反应也就越来越有可能发生。

四、惩罚

我们已经看到，早期学习理论家对惩罚所涉及的机制没有达成一致的看法，而且对惩罚在消退行为方面为什么时而有效、时而无效，也没有提供一种令人满意的解释。格思里对此提出了一种很有趣的见解。他用例子来说明这问题。有位年轻的妈妈，她决定用比较宽容的方式来教育孩子。除非在不得已的情况下，一般不用惩罚。她定了一条规矩，如果小孩乱穿马路就要受惩罚。因为家处闹市，为了安全起见，这一规矩似也不过分。有一次，小孩奔到马路上去了，这位母亲跑过去抓住他，打了他一下。她根本没有考虑应该打在什么地方。但格思里认为，打在哪个部位是一个非常重要的、关键的问题。如果打在背后，这是她追上去后最容易打着的部位，那就打错了地方。格思里认为，如果要使惩罚有效，那这位母亲就必须跑到小孩前面，打在他的脸上。理由是：打在脸上会使小孩退缩，退缩反应就同街景联结在一起了。如果打在背后，小孩很可能朝前倒下，这就更危险了。

让我们来分析一下反应链索。刺激情境（S_1）是远处的街景，最初对其的反应倾向是走近街景（R_1）。接着的刺激（S_2）是街景和挨打，作出的反应（R_2）是退缩。R_2 是与 S_2 联系在一起的，因为这时的刺激情境有了很大的变化。但与此同时，由于 S_2 保留了一部分与 S_1 相同的刺激要素（即街景），小孩就会把退缩反应泛化到 S_1，并能有效地同最初那种反应（R_1）相抗争。

格思里认为，只有当惩罚满足这样两个条件时才会有效地消退某种行为：第一，惩罚必须引起反应（R_2），而且这种反应与受惩罚的反应（R_1）是不能两立的。如挨打后的退缩反应与朝前奔跑是不能两立的。第二，根据泛化的原理，引起所需要的那种反应的刺激情境（S_2），必须与引起受罚反应的刺激情境（S_1）具有一定数量的相同的刺激要素。

格思里的惩罚观从某种意义上说还只是一种推测。但过了30年后，福勒与米勒（Fowler and Miller，1963）的实验证实了这一点。他们训练白鼠沿着通道奔向食物箱。控制组只是奔跑，获得食物。在以后的尝试中奔跑速度逐渐加快。实验组1的白鼠在接近食物时，对白鼠的前爪给予电击。相对说来，实验组1的白鼠跑得比控制组要慢些。从传统的惩罚观来说，因为给予惩罚，所以白鼠跑得慢了，这似乎是理所当然的。但是，福勒与米勒还有实验组2，当这组白鼠接近食物时，对其后爪予以电击。结果是这组白鼠跑得比控制组还要快些（见图2-2）。可见，实验组所有的条件都是一样的，

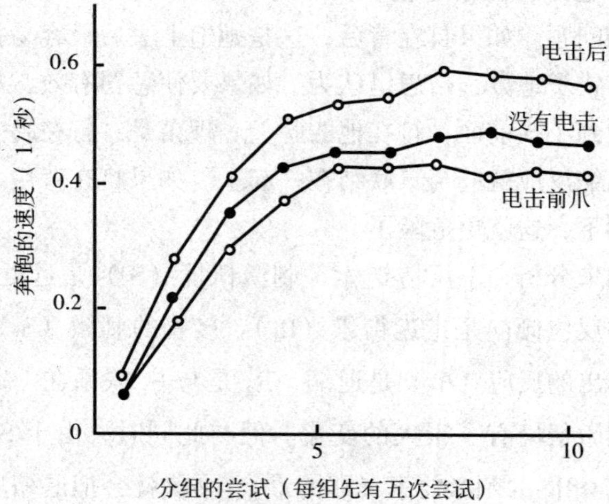

图2-2　电击前爪、无电击与电击后爪对白鼠奔跑速度的影响

资料来源：Bolles，1979.

只是电击的部位不同。白鼠对电击前爪的反应是向后退缩，而对电击后爪的反应是向前奔跑。

五、动机

在 20 世纪 30 年代，动机是行为的一个重要的方面，格思里也探讨了动机现象，不过他是用一种纯刺激-反应联结的术语来解释的。

格思里的理论体系中没有动机概念本身，而只有一类特殊的刺激，他称之为维持性刺激（maintaining stimulus）。他认为，有机体的生理状态是由各种内部刺激构成的，这种内部刺激可以在整个操作行动中持续不断，直到发生某种完成性反应（consummatory response）为止。例如，饥饿状态是由一类独特的内部刺激构成的，这类刺激之所以独特，是因为它们是持续性的，不会因为有机体在空间上的移动而改变，直到吃到食物为止。在这种情况下，吃东西就是一种完成性反应。因此，“维持性刺激最终是通过它们所激发的那种反应而消除”（Guthrie，1935）。

由于格思里把动机状态看做仅仅是一种刺激的来源，因此，不同的动机或某种动机的不同强度，都只不过是不同的内部状态。这样，尽管有时看不到外部刺激的明显变化，但有机体仍然有可能一直动作不止。有机体在吃到食物以前可能学会作出各种其他反应。有机体做什么就学习什么。有机体所做的动作比它当时的动机状态更重要。所以，格思里不需要任何动机原则，他可以用整个刺激型式的复杂性来解释动机。

六、破除习惯

在学习过程中，有时目标是要去掉一些不良习惯而不是养成习惯。对于如何废除不良习惯的问题，格思里作了有说服力的实验和阐述。在他看来，破除习惯的基本要则是：发现引起不良行为的线索，并接着以同样的线索实施一种不同的反应。格思里提供了几种特殊的方法。

第一种方法是阈限法（threshold），或称忍受法（toleration），即极其缓慢地逐渐引入条件刺激，使有关的反应（不良习惯）不被引起。例如，一匹马不愿意驮任何东西，可以先在马背上放条床单，然后放上鞍子，再在鞍子上放些东西，逐渐增加重量，直到最后人骑上去（见图 2-3a）。

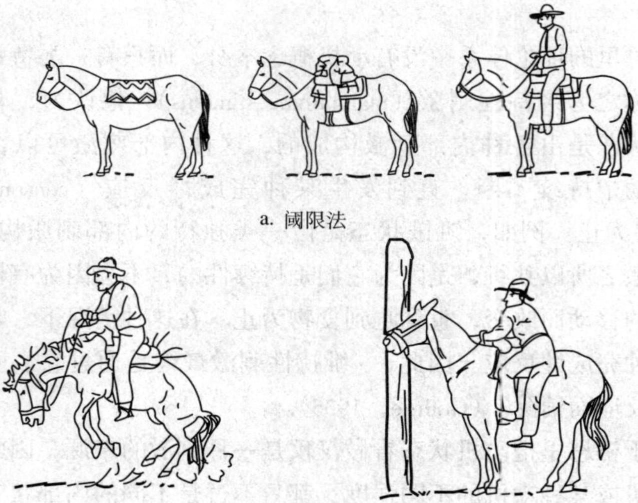

a. 阈限法

b. 疲劳法

c. 不能两立的刺激法

图 2-3　格思里破除习惯的三种方法

资料来源：Lefrancois，1982.

第二种方法是疲劳法（fatigue），或称消耗法或过量法（exhaustion or flooding），即不断重复刺激线索，直到有关反应（不良习惯）疲劳为止。例如，如果这匹马不听话，就一直骑在上面，让它发作，待到它疲劳时就听话了（见图 2-3b）。

第三种方法是不能两立的刺激法（incompatible stimuli），或称对抗性条件作用（counter-conditioning），即使有关反应（不良习惯）同某一相矛盾的反应配对。如一条狗习惯于追逐小鸡，那就把一只死鸡绑在狗的脖子上。在这种情况下，狗会作出强烈的回避反应。

又如把那匹不听话的马拴在树桩上使它无法发作，然后骑在上面（见图 2-3c）。

第三节 评 论

早期的学习理论家们对行为的简单性，以及对控制行为（即学习过程）的简单性过于乐观。但到了 20 世纪 30 年代，人们开始认识到，行为实际上是相当复杂的，是受许多因素支配的。看来，行为本身是难以预料的，因此，一种有效的学习理论需要有一部分是复杂的或不确定的，以便防止人们对某种理论预测行为的能力过于迷信。格思里的新行为主义学习理论，就是试图在这方面作些探索。

我们在前一章里已经看到，早期的刺激-反应学习理论家对学习的解释，是与他们对动物实验的安排完全相对应的。他们提出的学习机制，都是其实验程序的反映。例如，桑代克的实验程序可以被描述成 S－R－S*，在这个公式中，刺激、反应和反应的结果，都是可观察到的事实。在桑代克的理论中，S* 加强了 S－R 之间的联系，在实验中也可以观察到这种反应概率的增加。巴甫洛夫的实验方法与桑代克不同，但巴甫洛夫学说也是与实验对应的。他把无条件刺激与条件刺激配对，直到有机体对一种刺激（UCS）的反应，开始成为对另一种刺激（CS）的反应。因此，他的理论假设是：通过刺激配对，两种（甚至多种）刺激（UCS 和 CS）具有同等效用。在华生的理论中，学习是由新的 S－R 联结构成的。我们在华生的实验中看到的是：首先是刺激，然后是反应。实验表明，当这种刺激再现时，这种反应的概率增加，从而使刺激与反应之间的联结加强。但格思里与他们不同，他不是直接描述可观察到的事件，而是描述他假想的情景。他假定一个刺激情境可能有数百万个刺激要素，在任何一次尝试中，有机体只是对其中数百万个刺激要素作出反应。这就在学习理论中增加了不确定的因素，从而明确表示，我们不可能形成一种模式，确切地告诉我们某一有机体在某一时间里肯定会作出何种反应。

应该承认，格思里对学习理论的发展起了重要的促进作用。虽说他最初的理论观点与华生很相似，但他的学习理论经过多年发展之后，尤其是1935年以后，形成了他自己的特点，主要表现在以下几个方面。

首先，在20世纪二三十年代，学习理论家们都比较轻视遗传和成熟的因素，而是强调外部环境对感觉系统的影响。在传统上，遗传决定论意味着行为的固定性与刻板性，而学习则蕴含着灵活性和适应性。然而，格思里并没有摒弃成熟和本能这类变量在行为中所起的作用。他认为："我们不能认为所有的刺激-反应联结都取决于条件作用。神经系统的成熟看来是许多行为的主要决定因素。"不过，作为一个行为主义者，他还是坚持认为："条件作用仍然是一个人的行为适应于他环境中具体情境的主要方式"（Guthrie，1935）。

其次，格思里的联结主义坚持认为，在学习中起最主要作用的机制是暂时联系，即刺激与反应之间的紧密相联。这种邻近观与强调动机或强化在学习中的重要性的理论形成了显明的对照。由于当时大家都在谈论强化和动机的问题，格思里也不得不探讨"奖励学习"的事实，但他是以一种新的方式来处理的，并坚持认为奖励并不是学习过程所不可或缺的。事实上，现在许多学习理论家都把邻近和强化过程作为两种学习机制组合进各自的学习模式中去了。

再次，人们历来把熟能生巧看做是习得行为的一个特征，因为重复一种行动，常常会提高这种行动的效率。因而，许多学习理论家通常都把学习过程视为一种通过重复行为而使行为得到改善的过程，并以此来说明学习的渐进性、连续性。但格思里把学习过程看做是在历次尝试中反应连续不断地发生变化的过程。这实际上就是说，学习是稍纵即逝的过程；学习要么是一次性完全发生，要么就是完全没有发生。换言之，刺激-反应联结是一次性就形成的。全或无的观点在后来的数学统计学习模式中得到了发展。全或无的学习模式为我们提供了一种不同于传统研究方法的选择，而且似乎也适合于许多实验情境。

尽管格思里的学习理论具有这些独特性，但他的学说并没有得到应有的推广，这有多方面原因。首先，由于格思里一直在华盛顿大学任教，而当时该校还没有心理学博士生的教学计划，所以他自己的学生几乎没有人能为传播和捍卫他的理论而作出重要贡献，也没有人以他的理论为基础展开研究项目。其次，在20世纪30年代绝大多数学习理论家都强调动机的重要性，人们几乎无法相信可以有无需动机原理的学习理论。而格思里大胆地宣称，在解释行为时并不是非要动机概念不可，动机只不过是一种不同的刺激而已。再次，桑代克的效果律在30年代又一次受到众人关注，赫尔和斯金纳等人就是以此形成他们学习的基本原理的。而格思里声称根本不需要强化这个概念，从而造成了一个“寡不敌众”的局面。最后，也许也是最重要的原因是，格思里试图用刺激情境的复杂性来解释学习的过程，但由于任何一种刺激情境中的刺激要素都是无法计量的，同时他又没有提供推断刺激要素的方法，因而无法判断各种刺激情境异同的程度。所有这些，都使格思里学说无法得到应有的推广。后来，倒是由斯金纳的学生埃斯蒂斯继承和发展了他的理论。

第四节　格思里学习理论的发展
——埃斯蒂斯刺激抽样理论

20世纪中期，学习理论日益变得形式化，许多人试图用比较精确的定量方式来陈述行为，他们日益倾向于采用数学或其他学科的术语和概念。例如，勒温的拓扑学、托尔曼的向量，赫尔和斯彭斯的公式等。一些人甚至把数理分析作为他们理论的核心。①

50年代初，许多人对用统计方法研究学习问题很感兴趣。他们假定：学习过程不是完全可预测的，它们是以某些随机的方式发生变化的，我们可以用统计的方式加以描述，就像保险公司统计员无法预测今年谁会死，但他们可以比较精确地预测到今年会有多少人死去。统计学习理论家也一样，他们并不想预测某一学习者在某一特定情境中会作出什么反应，但他们声称可以预测一个人在许多次尝试中的一般行为（average behavior），或许多人在某一尝试中的一般行为。在这方面，比较有代表性的是埃斯蒂斯的刺激抽样理论。这一理论可以说是“集格思里刺激-反应联结主义观点之大成。

威廉·埃斯蒂斯（William K. Estes，1919— ）出生于美国明尼苏达州的尼亚波利斯市。他在明尼苏达大学主修心理学，先后于1940年和1943年获学士学位和博士学位。1944～1946年在军队里供职。1946～1962年在印第安纳大学任教，1962～1968年在斯坦福大学任教，1968～1979年在洛克菲勒大学任教。1979年后在哈佛大学任教。

埃斯蒂斯在明尼苏达大学攻读研究生期间是在斯金纳指导下从事心理学研究的。他与斯金纳一起研究了惩罚的效果，并且对斯金纳的惩罚理论有过重要贡献。但是，埃斯蒂斯的兴趣是要建立学习的数学模式，这就使他与斯金纳分了手。他在1950年出版的《统计学习理论探索》（Toward a Statistical Theory of Learning）一书中，

---

① 这里需要强调的是，其实并没有什么学习的数学理论。所谓学习的数学理论，是指一种建立理论的方法，而不是指一套单一的和具体的、可称之为理论的基本原理。各种学说的理论家都可以利用数学的方法；所用的数学与利用数学表达的心理学说的内容无关（参见：鲍尔与希尔加德，1987年）。

提出了刺激抽样理论。他的理论假设表明，他更多的是受格思里的影响。这种学习模式体现了大量格思里的学习理论，并大大扩展和澄清了格思里的观点。

一、埃斯蒂斯的基本观点

埃斯蒂斯的理论可以被看做是试图使格思里的某些观念变得更精确，使格思里一部宽泛的、以实践为定向的理论变成一种适合于实验研究的模式。

首先是对反应的解释。如前所述，格思里把学习看做是形成许多特定的刺激-动作的联结。埃斯蒂斯对此加以简化，他把所有可能的反应分为两类：产生某种特定结果的反应（A_1）和不产生结果的反应（A_2）。用格思里的术语来说，埃斯蒂斯关注的是行动（act），而不是动作（movement）。例如，他只关心篮球是否投中篮圈，而不管构成这一行动的大量肌肉动作。换言之，格思里关心的是学习者所作所为，而埃斯蒂斯关心的是学习者达到的结果。所以，严格说来，埃斯蒂斯的两类反应，是指两类反应的结果。

在把反应的问题简化后，埃斯蒂斯就来处理刺激的复杂性的问题了。他认为，任何刺激情境都是由许多小的刺激要素构成的。在任何时候，我们都被大量各种各样的刺激包围着。譬如，我们在看书时受到的刺激有：每一页上的字、书在手上的份量、周围的物品以及室外的声音等，所有这些构成了影响我们行为的刺激复合体（stimulus complex）。然而，如果我们试图把这个刺激复合体分解成具体的组成部分的话，马上就会遇到许多困难。是把书在手上的份量作为一个要素呢？还是把书在10个手指上的份量作为10个要素呢？事实上，埃斯蒂斯并不关心这类问题。他不关心刺激要素是哪些或有多少，也不关心哪一个刺激要素现在消失了或出现了哪一个新的刺激要素。他所想要知道的是学习行动是否受这些要素的影响，而不是这些要素是否以一种可辨别的方式“实际”存在着。

把刺激复合体分解成要素，这意味着刺激要素是独立地起作用的，因此整个刺激情境就不可能有影响力。在埃斯蒂斯最初的理论中，他就是这样假定的。

埃斯蒂斯在把反应分为两类 A_1 和 A_2，把刺激情境分成大量刺激要素后，进一步假定：每一个刺激要素都是与这两类反应中的这一类或那一类反应联系在一起的。换言之，一个刺激要素不可能同时与 A_1 和 A_2 联系在一起，也不可能同时与 A_1 和 A_2 都没有联系。因此，在任何特定时刻，所有要素或者是与 A_1 联系在一起，或者是与 A_2 联系在一起。由此可见，刺激要素总是要促使有机体产生某种反应的。然而，刺激要素与反应之间的联结是会发生变化的，原先与 A_1 联系在一起的刺激要素，现在可以与 A_2 联系在一起，或者相反。实际上，在埃斯蒂斯看来，这种变化即是学习的内涵。

下面，我们就来看看刺激抽样的过程。埃斯蒂斯假定：在任何一次尝试中，一种刺激情境实际上只有一小部分的刺激要素会影响反应。那么，哪些要素会起作用呢？埃斯蒂斯假定：个体是从刺激情境中随机抽取要素的。我们不需要把这种抽样过程看做是有意识的思考过程。刺激抽样可以用环境或个体注意力时时发生的变化来解释。这里需要注意的是，埃斯蒂斯并不试图解释这种抽样过程是如何发生的，他只是假定，这种抽样过程确实是存在的。

在某一特定尝试中，每一个刺激要素都有可能被抽样。无论一个要素在上次尝试中是否被抽样到，这并不影响它在这次尝试中被抽样到的机会。而且，任何刺激要素在这次尝试中无论是否被抽样到，都不会影响到其他刺激要素在这次尝试中被抽样的机会。因此，刺激要素在各相继尝试中是否会被反复抽样，这完全取决于机遇。埃斯蒂斯用“θ”来表示在某一次尝试中被抽样到的刺激要素占整个刺激情境中所有要素的比例。

现在让我们来计算一下两个相继的尝试。为了简便起见，假定刺激情境中被抽样的刺激要素是10%（$\theta=0.1$），这就是说，刺激情境中有$\frac{1}{10}$的要素在两次尝试中都被抽样到了。由于抽样是随机的，因此我们可以通过0.1乘以0.1，获得在这两次尝试中都被抽样到的那部分刺激要素（$0.1\times0.1=0.01$）。就是说，刺激情境中有1%的刺激要素在两次尝试中都被抽样到了。那么，在两次尝试中有多少刺激要素没有被抽样到呢？因为在第一次尝试中有90%的要素没有被抽样到，在第二次尝试中没有被抽样到的要素也是90%，那么，我们可以用0.9乘以0.9得知在两次尝试中都没有被抽样到的要素（$0.9\times0.9=0.81$）。用1减去0.81（$1-0.81=0.19$），我们可以知道，在这两次尝试中有0.19的刺激要素被抽样到了。

在某一尝试中被抽样到的刺激要素，将决定在该次尝试中作出何种反应（A_1 或 A_2）。但是，如果在某次尝试时某些要素是与 A_1 联结在一起的，其他要素则是与 A_2 联结在一起的，那么将会发生哪一类反应（是 A_1 还是 A_2）呢？埃斯蒂斯并不明确告诉我们将会产生何种反应，而是用概率的方式来回答这个问题。A_1 的概率等于与 A_1 联结在一起的那部分被抽样到的要素。如果在某一次尝试中被抽样到的要素有60%是与 A_1 联结在一起的，其他40%是与 A_2 联结在一起的，那么，在该次尝试中，A_1 的概率是60%，A_2 的概率是40%。由于样本是从刺激情境中随机抽取的，因此我们可以说，在每次尝试中 A_1 发生的概率等于与 A_1 联结在一起的所有刺激要素在该刺激情境中的比例（Hill，1971）。

在了解了这些假定的背景知识后，我们现在可以来看看埃斯蒂斯是如何用数字公式来推断行为发生的概率的。假定在第n次尝试时，有产生某种反应的某种概率（P_n）。这个概率与有机体抽样出来的与该反应联结在一起的刺激要素所占的比例是相同的。如果抽样到新的刺激要素，这种反应还是发生了，那么，这种反应在下一次(第 n+1 次)尝试时更有可能再次发生。这可以用“$P_{n+1}-P_n=\theta(1-P_n)$”的公式来推算。例如，如前面所假设的，假定被抽样到的刺激要素占刺激情境全部要素的 10%，即 $\theta=0.1$；假定被抽样到的刺激要素中有 60%是与 A_1 联结在一起的，40%是与 A_2 联结在一起的；A_1 反应在这次（n）尝试中发生了，在下一次（n+1）尝试中发生概率是多少呢？我们可以先把“$P_{n+1}-P_n=\theta(1-P_n)$”转换成“$P_{n+1}=P_n+\theta(1-P_n)$”，然后把这些数字代进去：$P_{n+1}=0.60+0.1\times(1-0.60)$；$P_{n+1}=0.64$。因此，在下一次尝试中，该反应的概率是 0.64。

如果在第 n 次尝试中抽样到一些原来的刺激要素，但该反应没有发生，那么在下一次尝试时，产生该反应的概率就可能下降，这可以用“$P_{n+1}-P_n=-\theta P_n$”这一公式来计算。例如，假定抽样到的刺激要素占刺激情境全部要素也是 10%；被抽样到的刺激要素中也有 60%是与 A_1 联系在一起的，但 A_1 反应在这次尝试中没有发生，在下一次尝试中该反应的概率是多少呢？我们同样可以先把“$P_{n+1}-P_n=-\theta P_n$”转换成“$P_{n+1}=P_n+(-\theta P_n)$”，然后把这些数字代进去：$P_{n+1}=0.60+(-0.1\times0.6)$；$P_{n+1}=0.54$。因此，在下一次尝试中，该反应的概率是 0.54。

如果要进一步推算以后某一次的反应概率，则可以用“$P_n=1-(1-P_1)(1-\theta)^{n-1}$”的公式来推算。

由于对将会发生哪一类行为的预测是以概率的方式来表述的，因此，我们决不能肯定地说将会发生哪一种行为。这种预测的不确定性，可能会使人感到这种理论相当软弱。但实际上，埃斯蒂斯只是说了其他学习理论家也说过的事情，只不过他比较直率些而已。例如，格思里说：“刺激的某种组合趋向于伴随某种动作”时，是用“趋向于”（tend to）一词，而不是像早期学习理论家那样用“必定会”的字样。赫尔是用“波动机制”这个概念来处理这类问题的，而斯金纳也探讨过“制约反射和操作的速率的种种因素”。这表明，新行为主义者确实觉察到行为和刺激的复杂性问题了。

二、埃斯蒂斯对学习的基本问题的解释

我们在了解了埃斯蒂斯对学习的基本观点后，就可以比较容易理解他是如何解释其他各种学习现象的了。

1. 泛化与辨别

如果一个人已从一组刺激中习得某种反应，在出现另一组类似的刺激时，他作出同样的反应，这就是泛化。在埃斯蒂斯看来，“一组类似的刺激”是指这组刺激具有许多与原来一组刺激相同的要素。如果原来一组刺激中所有要素都是与 A_1 联系在一起的，而在第二组刺激中只有一半要素是与第一组刺激相同的，那么，在第二组刺激中至少有50%的要素是与 A_1 联系在一起的。这样，对第二组刺激作出 A_1 的概率为0.5。可见，埃斯蒂斯与格思里一样，把泛化与学习过程紧密地联系在一起的。

同样，埃斯蒂斯的理论在解释辨别时也显得无能为力。如果两组刺激有许多共同的要素，那么有机体是如何学会始终对某一组刺激作出 A_1，对另一组刺激作出 A_2 的呢？若要作出精确的辨别，就必须了解某一组刺激中与 A_1 联系在一起的所有要素，以及另一组刺激中与 A_2 联系在一起的所有要素。而这一条件是无法达到的，因为有一些共同要素同时存在于这两组刺激中。埃斯蒂斯本人也感到了这种解释上的困难。

2. 消退、遗忘与自发恢复

埃斯蒂斯认为，消退仅仅是条件作用的另一个例子。如果在习得过程中，刺激要素是与 A_1 联系在一起的，那么，在消退过程中，这些刺激要素是与 A_2 联系在一起了。在习得和消退过程中，所遵循的法则完全是相同的。这种解释实际上与格思里的解释是一样的。格思里认为，消退是由于习得了其他刺激-反应的联结而造成的。而在埃斯蒂斯看来，任何反应不是 A_1 便是 A_2。在消退过程中，A_1 被其他反应取代了。他只关心被其他反应替代的速率，而不关注其他反应是什么。

对于遗忘的问题，埃斯蒂斯也是用格思里的方式来处理的。为了阐述遗忘的问题，他认为，我们可以把学习期间可能存在的刺激要素分成两类：一类是 S，即在某一时刻被抽样到的所有刺激要素；另一类是 S′，即在某一特定时刻未被抽样到、但在其他时刻有可能被抽样到的所有要素（见图 2-4）。在任何两个时刻，有些要素两个时刻都在 S；有些要素第一个时刻在 S，第二个时刻在 S′；有些要素第一个时刻在 S′，第二个时刻在 S；还有些要素两个时刻都在 S′。

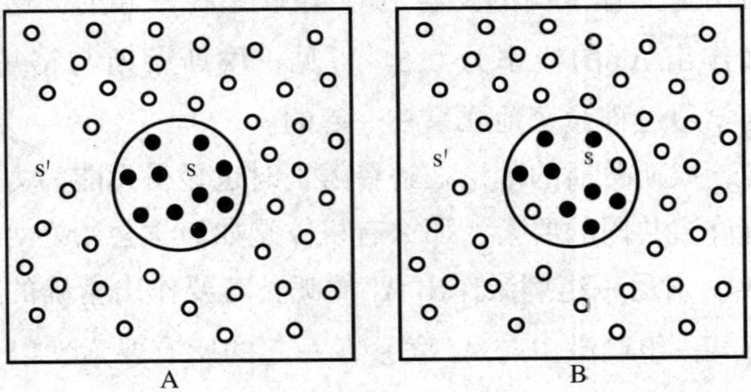

图 2-4　埃斯蒂斯对遗忘分析的图解

资料来源：Hill，1971.

假定在学习情境中，最初被抽样到的所有刺激要素都是与 A_1 联系在一起的（见图 2-4A）。第二天，测验学习者的保持情况。在这时，S 中的 20％的要素已移到 S′中去了，即被遗忘了，而且被 S′中的要素替代了（见图 2-4B）。由于现在 S 中的 20％的新要素是与 A_2 联结在一起的，这就是说，A_1 反应的概率就从第一天学习结束时的 1.00 下降到第二天测验开始时的 0.80。这一下降可以被看做是遗忘了 20%。在第二天测验情境与第一天学习时的条件越是不同，离开 S 的要素就越多，因而遗忘量也就越大。

假定进行若干天的练习，直到 S 与 S′中的所有要素都与 A_1 联结在一起了，那么，除非有涉及一些相同要素的其他练习，否则遗忘是不会发生的。由此，埃斯蒂斯强调了进行一系列练习对防止遗忘的重要性。

3. 强化

在埃斯蒂斯看来，强化物是指被抽样出来的刺激要素会与某一类反应联结在一起的任何事件。强化物可能还有其他属性，如还原驱力等，但这些不是他所关心的。他解释强化的方式类似于斯金纳，但不像斯金纳那样强调强化的重要性。

埃斯蒂斯感兴趣的是**间歇强化**（intermittent reinforcement）。埃斯蒂斯问道：在一系列尝试时，如果有些尝试结束时给予强化（因而使在这次尝试中被抽样到的所有刺激要素都与 A_1 联结在一起了），而在另一些尝试结束时不给予强化（因而使所有被抽样到的要素都与 A_2 联结在一起了），结果会发生什么样的情况呢？他认为，回答这一问题的最好的学习情境是“灯光猜测实验”（light-guessing experiment）。在这里，A_1 和 A_2 不是作不作出某种反应，而是要对两种可能的结果作出某种猜测。被试坐在一块木板面前，木板上有两个灯泡。在每次尝试时，要被试猜两个灯泡中的哪一个会亮。在被试作了猜测后，有一个灯泡确实会亮，至于哪一个灯泡会亮，这与被试的猜测无关，而是随机安排的。两种可能的猜测被归入反应 A_1 和反应 A_2；两种可能的事件（左灯亮和右灯亮）被称为 E_1 和 E_2。这样，E_1 是强化 A_1，E_2 是强化 A_2。埃斯蒂斯假定：不论被试在尝试时作出哪一种反应，E_1 限定了与 A_1 联结在一起的所有要素；E_2 限定了与 A_2 联结在一起的所有要素。换言之，左灯亮强化了猜“左灯亮”的反应，即便被试猜测是“右灯亮”。这也就是说，即便被试在某一尝试时没有作出某种反应（即没有猜到“左灯亮”），然而还是被强化了。这就与强化学习理论通常的假设相背了。

如果在这种情境中 E_1 始终发生，那么被试很快就会一直作出 A_1；如果 E_1 发生 75%，E_2 发生 25%，它们的发生秩序是随机的，以致被试永远不能肯定下一次是哪个灯亮，那情况会如何呢？通常情况下，被试作出 A_1 是 75%，作出 A_2 是 25%。

这一发现使埃斯蒂斯感到满意，因为根据他的模式可以精确地预测行为的发生。但这一发现也使其他许多学习理论家感到意外，因为在他们看来，这样作出反应的方式显然是不合理性的：如果被试想要尽可能多猜对，最佳策略是在所有情况下都猜发生较多的事件。如果他一直说“左灯亮”，那 75 次正确反应一次也不少；而如果他 75%猜“左灯亮”，25%猜“右灯亮”，结果肯定会有不少猜错。但实验结果表明，被试都采取埃斯蒂斯所预测到的那种“不合理的”行为。

埃斯蒂斯根据这类研究结果，对奖励和惩罚会直接加强或削弱有机体行为的强度表示怀疑。他提出了一种信息论的和控制论的方法，认为奖励和惩罚的效果不仅取决于刺激呈现与强化之间的关系，而且取决于有可能影响有机体当时对这种关系的知觉的所有其他信息。他断言，有机体在任何可选择的情境中，都会积极地扫视所有可能的选择，并受预期获得奖励的反馈的指导。一般说来，有机体会作出最有可能导致获得奖励的选择。因此，他强调，事件发生的情境，是有机体预期会发生什么情况的最重要的因素（Hill，1971）。

三、评论

埃斯蒂斯主张用数学方法来预测和描述学习的过程。他的刺激抽样理论也许是学习的数学理论的一个最典型的事例。作为刺激-

反应学习理论的一个变式，刺激抽样理论把学习看做是一个随机的过程，因而可以用概率论来加以分析。在他看来，所有刺激情境都是由大量刺激要素构成的，有机体对之作出反应的，不是整个刺激情境，而是刺激要素的样本。而且，刺激要素是随机抽样的。

这一理论假设对教育过程具有一定的意义。首先，尽管每个刺激要素都有可能被抽样，但人们往往容易抽样出刺激中的某些要素，而不是另一些要素，这就要求教育工作者尽可能鲜明地突出主要的教学内容、排除使人分心的刺激要素。如果学生把注意力放在无关刺激要素上，就不可能觉察应该注意的内容。其次，刺激抽样理论为“知觉系统能量有限”这一假设提供了依据。现代信息加工理论大多都以这个假设为基础，认为人类在某一特定时刻只能摄取和加工数量有限的外部信息。知觉系统是从所有外部信息中抽取样本，如果这一样本不能提供行动的基础，那就进行另一种抽样。

刺激抽样理论有助于我们解释一些常见的现象。例如，对教师的讲解，不同的学生会有不同的抽样：有的听到了这些内容；有的听到了那些内容。这就是说，不同的学生抽样的信息是不同的。知道了这一点，教师在开始讲课前，先把教学目的明确告诉学生，这将会有助于控制学生对刺激要素抽样的范围。

埃斯蒂斯还发展了格思里全或无的学习观，使其成为一种学习模式。他把反应分成相互排斥的两个类别：产生结果的反应（A_1）和没有产生结果的反应（A_2）。在任何特定时刻，每个刺激要素只可能与其中某一类反应产生联系。这种联系是以全或无为基础的。这种“全或无的学习模式”，现已成为刺激-反应学习理论与现代信息加工理论趋同的一个连接点。

最后，刺激抽样理论的一些观点，现在已被同化到其他一些学习理论中去了，主要是被运用于人类学习和记忆的领域。但由于这种理论过于强调定量化，对学习的内部过程不感兴趣，同时又难以用来指导课堂教学实践。因此，现在完全持这种观点的人几乎没有了，甚至埃斯蒂斯本人在新近的著作中也抛弃了他早期理论的正规的数学形式。正如他自己所说的，随着学习理论日趋复杂，数学的精确性已落入歧路。在他看来，形成预测的惟一出路，是在计算机上模拟“理想的有机体”（ideal organism）。看来，埃斯蒂斯是从一个极端走到另一极端去了。

第三章　赫尔驱力还原学习理论

克拉克·赫尔（Clark L. Hull，1884—1952）于 1884 年 5 月 24 日出生在美国纽约州的阿克伦。他童年的大部分时间是在密西根的农村里度过的。他小时候身体一直不好，视力又很差，加上家庭贫穷，所以几次中断了正规教育。在这期间，他曾在密西根一所单室学校里教了一年书。24 岁那一年，他还因病瘸了一条腿。尽管面临众多困难和不幸，但赫尔一直锲而不舍地追求事业，并取得了成功。

赫尔最初的志趣是成为一名采矿工程师，并于 1913 年在密西根大学获得了学士学位。但后来他开始对哲学和心理学发生了兴趣，进入了威斯康星大学攻读研究生，并于 1918 年获得哲学博士学位，时年 34 岁。接着，他在该校任教 10 年。1929 年，他应聘担任耶鲁大学的研究教授，并领导该校"人际关系研究所"的一个小组，专门研究学习在处理人类事务方面的作用。1947 年转任该校心理系教授。在这期间，他于 1935 年当选为美国心理学会主席，1945 年获美国实验心理学协会的华伦奖章。

赫尔早期的研究兴趣相当广泛。他曾系统地调查研究了烟草对理智功能的影响、人与动物态度的测验、概念的形成，以及催眠术等。他整整花了 10 年的时间研究催眠的问题，并发表了许多论文和一本专著。1927 年，赫尔第一次读到巴甫洛夫的著作，对其研究工作的系统性和科学性印象极深，从而对条件反射和学习的问题发生了兴趣。这是赫尔最后一个也是最主要的研究领域。他在这方面的代表著作有:《行为的原理》(Principles of Behavior)(1942)、《行为的要素》（Essentials of Behavior）（1951），以及《行为系统：个体有机体行为理论引言》（A Behavior System: An Introduction to Behavior Theory Concerning the Individual Organism）（1952）。

第一节 赫尔行为系统形成的背景

赫尔关于学习理论的第一批论文(1929~1930年),几乎完全是用巴甫洛夫条件作用的原理来解释学习的。在他看来,托尔曼所强调的行为的目的性(purposiveness)或目的指向性(goaldirectedness),都可以被包括在条件作用的框架内。但他后来发现,条件作用的理论不能令人信服地说明动机现象。为此,他奋斗了多年,于1942年出版了《行为的原理》一书,用定量和演绎的方法建立了一套公设(postulates)。他一共提出了17个公设,大多数是用数学方式来表述的。① 他自信这套公设能够说明有关学习与动机的问题。

赫尔提出数学演绎的理论体系，有两个方面的背景。首先，赫尔坚信，科学的发现虽说大部分是通过观察和实验获得的，但有时通过逻辑推理过程也能有所发现。爱因斯坦通过数学演绎提出相对论，就是一个很好的例子。赫尔认为，真正用演绎提出的解释具有一种逻辑必然性的特征，科学理论体系就是由大量相互关联的演绎构成的。因此，行为理论也应该是从一些基本的行为原则或公设中派生出来的。提出公设的目的，就是要用严谨的逻辑（数学公式）把那些不能直接验证的中介变量相互联系起来，并把它们与它们在环境事件中的落脚点（anchorages）联系起来（Hilgard，1956）。

其次，伍德沃斯（R.S.Woodworth）在1929年出版的《心理学》(Psychology)（修订版）中，建议用“S-O-R”替代“S-R”。这就是说，刺激（S）作用于有机体（O），作为结果而产生的反应

① 有关赫尔的17个公式的详细介绍,可参见章益辑译:《新行为主义学习论》,山东教育出版社1983年版,第108~134页。

(R)，既取决于刺激（S），又取决于有机体（O）。伍德沃斯主张，心理学应该研究整个人的全部活动，而不应该只研究意识或只研究行为。他认为，人的活动包括驱力和机制两个方面。驱力发动机制，机制可以转换为驱力。伍德沃斯的这种观点对赫尔产生很大影响。从某种意义上说，赫尔的理论体系，可以被看做是对“S－O－R”这个公式的进一步加工。

最后，在赫尔之前，托尔曼已引入“中介变量”这个概念。但托尔曼是把“认知”（cognition）、“要求”（demand）、“期望”（expectation）和“目的”（purpose）等作为中介变量来分析的。赫尔认为这些都是主观的东西，不符合行为科学的标准。他试图以纯行为的方式来探讨中介变量。

表 3-1　赫尔行为系统图解

自变量 (1)	中介变量 (2)	中介变量 (3)	因变量 (4)
以前强化过的次数 N→	习惯 $_SH_R$	反应潜能 $_SE_R$ →	反应潜伏期 $_ST_R$
驱力情况 C_D →	驱力 D	波动机制（$_SO_R$）	反应的幅度 A
奖励的份量 W→	诱因动机 K	反应阈限（$_SL_R$）	消退时没有强化的 n 反应次数
刺激的强度 S→	刺激强度的动力机制 V		
反应时所付出的工作量 W →	反应性抑制 I_R		
	条件性抑制 $_SI_R$		
S	O		R

赫尔构建了一个根据各种自变量来预测因变量的体系。通过表3-1，可以大致了解赫尔把各种中介变量组织在一起的方式。

赫尔在《行为的原理》一书中提出的公设系统，体现了上述特征。他把重点放在用数学形式表述中介变量上，把动机机制和学习机制组合在一起，认为学习是建立在驱力还原的基础上的。因此，对学习来说，重要的是“强化”，而不是“邻近”。下面我们就来分析赫尔的学习系统。

第二节 赫尔学习系统的基本公设

一、一级学习系统：$_SE_R = D \times {_SH_R}$

赫尔认为，动物所做出的各种行为，其最终功能是要解决生物学意义上的问题。当一个动物有某种需要时（如需要食物），它对此做出的有用反应是积极的活动。至于它从事什么活动、活动次数多寡，那是无关紧要的，只要这种活动能够增加它生存的机遇就行了。假定这个动物在从事活动时，偶然做出了获得食物的反应，食物消除了它的需要，从而解决了它生物学意义上的问题。在赫尔看来，倘若把这种需要还原过程作为学习系统，那该有多好！事实上，动物成了一个自动的问题解决系统，即：“需要”会促使动物去活动，活动会使动物逐渐习得还原需要的特定行为。动物在解决它生理上的问题的同时，也逐渐学会了适应环境的要求。赫尔把有机体这种不学而能的刺激-反应联结，作为他学习系统的起点。

1. 驱力还原

根据上述分析，赫尔认为，学习系统首先要有驱力（drive，简称 D）。在赫尔看来，当动物处于需要状态时，无论是饥饿、干渴、疼痛，还是其他生理上的问题，都会产生一种动力状态，赫尔称其为“驱力”。驱力会激活并产生行为——不是任何特定的行为，而仅仅是行为。正因为这样，我们才有可能使动物作出我们要它们作出的各种各样的反应。其次，学习系统还要有强化。若要使动物驱力得到还原，并学会某种反应以解决生物学意义上的问题，强化是不可或缺的。经过一系列尝试，动物的行为会越来越有效，并能熟练地解决某种环境中的问题，也就是说，动物形成了作出某种反应的习惯（habit，简称 H）。

这样，我们就得出了赫尔学习系统的两个最基本的概念：（1）与需要相关的动机状态，赫尔称之为驱力（D）；（2）通过强化产生的刺激-反应之间的联结，赫尔称其为习惯（H）。从而也引出了赫尔最基本的假设（Hull，1949）：

$${}_{S}E_{R} = D \times H$$

赫尔这一假设是建立在他的两个学生的实验结果的基础上的。威廉姆斯（Williams，1938）训练几组白鼠按开关以获取食物。每一组白鼠固定强化的次数从 5 次到 90 次不等。当白鼠经过训练后，即撤掉强化物。结果发现，每一组白鼠拒绝消退的速度各不相同（见图 3-1）。佩林（Perin，1942）的实验基本与此相同，结果发现，每一组白鼠的消退速度都比威廉姆斯的白鼠要快些（见图 3-1）。这两项实验之间的惟一区别，或者说导致不同消退速度的主要原因是，威廉姆斯的白鼠在消退测验前禁食 22 个小时，而佩林的白鼠禁食只有 3 个小时。赫尔由此认为，行为强度取决于动物在测验期间的动机状态和以往的学习量。因为实验表明：（1）训练次数越多（或者说，习惯强度越高），消退速度就越慢；（2）禁食时间越长（或者说，驱力越强），消退速度也相应地越慢。

这样，我们就有了一个数学公式，一种定量的方法，可以把行为看做是行为所依赖的两个变量——驱力与习惯——的函数。根据这个公式，单凭驱力或习惯本身都不能告诉我们有机体会有何种行为强度。例如，一只白鼠在迷津里走得很慢，我们不知道到底是由于它有驱力但尚未形成习惯，还是因为它已形成习惯，但没有驱力促使它迅速作出反应。因为在这两种情况下，都有可能产生同样的行为强度。所以，单凭一次观察是不可能对驱力和习惯作出判断的，而是要通过一系列观察，加上使用某些假设，才有可能确定有机体的行为是由哪些因素决定的。

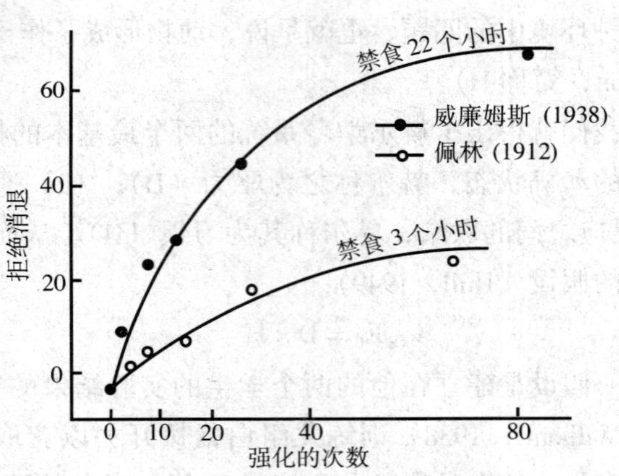

图 3-1　消退速度取决于驱力与习惯

资料来源：Bolles，1979.

赫尔还进一步认为，我们可以把不同的需要看做是不同的驱力来源。倘若有机体对从事某种行为没有偏见的话，那就只需要把驱力的不同来源乘以现有的习惯便可以了。例如，我们可以预测到，一只饥饿的白鼠在习得某种反应后，饥饿并不一定是它作出这种反应的前提条件。如果我们把禁食改为禁水，这只白鼠仍然会继续作出这种反应，因为它现在是受一种新的驱力来源的驱动。这就引出了“类化驱力”（generalized drive）的概念，就是说，通过某一种驱力形成的习惯，也可以被另一种驱力所驱动。

赫尔“类化驱力”的概念还包括另一层意思，即：各种不相关的驱力来源会有助于驱力的增强，从而导致行为强度的增加。例如，一只饥饿的白鼠，如果还加上干渴、惊怕或其他驱力来源，会更有可能迅速作出反应。①

---

①　赫尔的早期实验都证实了这些预测，但后来的实验表明，不同的驱力来源是很难真正独立地予以控制的（事实上，把禁食与禁水分开是不恰当的，因为动物在禁水后，必然是既干渴又饥饿的），而且，不同的驱力来源的总和是极难预测的。

2. 习惯（$_SH_R$）

虽说赫尔把不学而能的驱力还原作为其理论体系的起点，但他只是为了表明，有机体的学习，是为求生存而进行试误的进一步延伸。实际上，他最关注的是后天习得的习惯。

赫尔认为，学习中所包括的基本构成是习惯。习惯有时成了学习的同义词。在赫尔的体系中，驱力是非常一般的、不指向特定行为的；而习惯则是非常具体的。事实上，行为的所有具体性都被归因于习惯。他通过把刺激（S）和反应（R）写在习惯（H）的左右下角（$_SH_R$）来强调这一点。因此，习惯（$_SH_R$）表明了特定刺激引发特定反应的倾向。

赫尔在1943年的公设系统中提出，“习惯是强化次数、强化量以及强化延迟的函数”。例如，如果白鼠在按开关后立即就能得到大一点的食物的话，学习起来就会快一些。但到了1952年，赫尔修正了自己的公设，认为“习惯只取决于强化的次数”。这样，强化的量和强化延迟就不再是影响学习的变量了。

赫尔的另一个公设是：“习惯的形成是驱力还原的结果。”这一观点他一直保持不变。他认为，减轻痛苦、免于饥饿，是用驱力还原进行强化的例子。赫尔在1951年报告了他与同事进行的最后一项实验。他们在狗的食管上安装一根瘘管，使狗只能“假吃”。也就是说，食物进入嘴后，可以咀、可以咽，但不会到胃里去，而是顺着瘘管从颈部漏了出来。他们用“T”字型迷津对狗进行实验。一边是“假吃”；一边是没有吃，但通过管道在狗的胃里放些食物。第一种选择是为狗提供了从事完成性行为（即吃的行为）的可能；第二种选择则为狗提供了驱力还原的可能。据报告，狗最初都选择“假吃”，但经过几次尝试后，都转向驱力还原这一边。可见，驱力还原可以导致学习新的反应。这为赫尔习惯的公设提供了证据。

3. 对驱力还原的修正

赫尔始终认为，科学不仅取决于系统的观察和测量，而且还要求有一些基本的公设（最好是采用数学的方式），根据这些基本公设，可以从理论上演绎出实验的结果。如果演绎与观察到的结果是一致的，那就说明这个公设是可靠的；如果演绎与观察到的结果不一致，那就需要修改公设。赫尔一生也是这样做的，因此，他的理论系统一直在不断地修正。

赫尔在后期发现，动物在没有驱力还原的情况下，有时也会产生学习。这方面最有说服力的证明来自谢菲尔德等人的一系列研究报告。例如，谢菲尔德与罗比（Sheffield and Roby，1950）发现，如果让白鼠在目的箱里喝糖精水，可以使它学会走迷津。他们还发现，喝糖精水所起的强化作用，比吃其他食物的强化作用还大些。然而，糖精水不含任何热卡，不可能还原生理上的需要。因此，谢菲尔德认为，构成强化的不是驱力或需要还原，而是从事完成性行为，即完成吃的反应。所以，与其把强化看做是驱力还原（drive reduction），还不如说是驱力感应（drive induction）。

事实上，赫尔的学生米勒与多拉德（Miller and Dolard，1941）在 20 世纪 40 年代初期就对赫尔的强化理论作了重要修正。因为，在赫尔看来，饥饿的动物吃了食物之后，驱力马上就得到了还原，从而提高了行为强度。但是，从生理学上来看，动物对食物需要的真正还原，必须等到食物被消化并吸收到血液里去以后才能实现。赫尔原来的公设无法说明这个问题，因为事实上动物在吃到食物后立即就强化了反应。米勒与多拉德认为，驱使动物作出反应的，不是生理需要或驱力，而是各种需要所引起的刺激。动物对食物的需要，引起肠胃活动以及饥饿感的刺激，这种强烈的刺激驱使动物作出反应。因而，强化不是还原需要或驱力，而是还原驱力刺激。

赫尔接受了米勒等人的观点，并对自己的公设作了修正。他认为，每一种驱力状态都有一种独特的驱力刺激（drive stimulus，简称 S_D）。当某些方面的需要激活了内部感受器时，这种生理需要就会被转换成一种驱力状态。这种感受器的激活，形成了一种驱力刺激（S_D）。所以，与每一种驱力相联系的，是一种独特的驱力刺激。由于驱力刺激是一种刺激，所以它可以引发反应潜能。换言之，驱力本身不可能直接指向特定行为，但驱力刺激则是可以的。值得注意的是，在1943年，赫尔强调驱力（D）还原，而不是需要还原；到了1951年，赫尔强调驱力刺激（S_D）还原，而不是驱力还原。

在赫尔去世后，米勒（Miller，1957）对类似于赫尔1951年"假吃"实验的各种实验作了概括。他发现，把食物放入胃里是一种强化，但"假吃"也是一种强化，而且有时比前者更甚。例如，有些实验者设计出一种方法，当白鼠按开关时会触动一个打气筒，把一小粒食物通过管道直接送入胃里。结果表明，用这种方式强化极难引发白鼠产生新的学习。此外，奥尔兹与米尔纳（Olds and Milner，1954）发现，对大脑某些部位给予电刺激，是一种很有效的强化。后来，又有许多研究证实，在许多情境里都可以通过给大脑电刺激来强化学习。但是，如果在这些条件下发生了学习，我们就可以问：被还原的驱力来源哪里？对这种刺激的需要来自何方？最后，我们在许多自然情境中还可以看到，在没有明显需要的情况下、在不可能还原驱力的情况下，也会产生学习。例如，白鼠为了进入一个它可以探索的迷津，也会产生学习。这样，探索本身就成了一种强化。遗憾的是，赫尔本人没有看到这些研究结果，否则不知他会如何修正他的公设体系。

二、二级学习系统

赫尔觉察到，在日常生活中和实验室里，常常可以看到在没有任何明显的驱力还原的情况下发生学习的例子。对此，他试图用"二级学习系统"（secondary learning system）来解答这类问题。

赫尔认为，学习的基本动因是驱力，但除此之外，还有一个习得的动机来源，即诱因动机（incentive motivation，简称K）。赫尔的这一观点，来自于他学生克雷斯皮（crespi，1942）的一项经典性实验的结果。

克雷斯皮训练三组白鼠走通道，各组白鼠得到不同的强化量。第 1 组到目的箱后只得到 1 粒食丸；第 2 组得到 16 粒食丸；第 3 组得到 256 粒食丸。经过 20 次尝试之后，各组白鼠的操作水平明显地各不相同（见图 3-2）。原先，赫尔在 1942 年认为，白鼠行为上的差异，是它们习惯强度上的差异的反映。也就是说，食物多意味着强化的作用大一些，因而习惯形成得快一些。但后来赫尔改变了自己的观点，因为克雷斯皮在白鼠尝试了 20 次之后，改变了强化量，每一组都给 16 粒食丸。结果如图 3-2 所示，白鼠的操作水平迅速发生变化，各组白鼠都很快地调整了自己的奔跑速度。尤其是第 1 组和第 3 组，其操作水平与原来的速度有很大的反差。克雷斯皮由此得出结论：强化量本身并不影响学习或习惯的形成，强化量是通过某种动机变量来影响操作水平的。

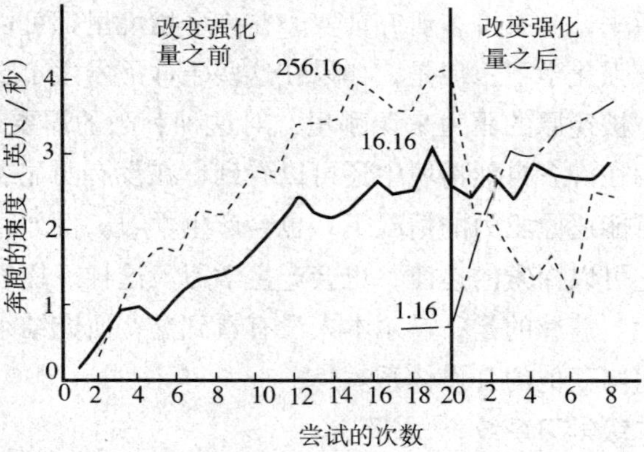

图 3-2　强化量与反应速度的关系

资料来源：American Journal of Psychology，1942．p55．

赫尔接受了克雷斯皮的论点，在他的公式中增加了一个新的构成——诱因动机（K），认为强化量是通过诱因动机起作用的。因为习惯强度是逐渐发生变化的，是相对持久的。强化量的变化引起操作水平迅速改变，这一事实很难用“习惯强度本身削弱”来解释。因此，我们最好还是把强化量与诱因动机联系在一起，用诱因动机来解释因强化量下降而导致的反应强度减弱。这样，赫尔的公式就成了：

$$_{S}E_{R} = K \times D \times {_{S}H_{R}}$$

现在，赫尔的学习系统有了两种动因：原有的一级驱力因素；新加的二级诱因。这样，事实上也就有了两种学习：（1）一级学习系统，即刺激-反应的学习；（2）二级学习系统，即建立在二级强化物和诱因动机基础上的学习。在第一种情况下，有机体习得的是一种刺激-反应之间的联系；在第二种情况下，有机体习得的是原来作为中性刺激的一种新特性。这样就引出了赫尔的另外两个概念：二级驱力与二级强化。

所谓“二级驱力”（secondary drive），就是说“如果一个中性刺激痕迹（s）曾与某些驱力刺激（S_D）的唤起和迅速减弱有过密切联结，那么这个中性刺激（s）就会获得一种引发这些驱力刺激（S_D）的倾向，从而使原来的中性刺激痕迹（s）变成二级驱力的起因（s→S_D）”（Hilgard，1956）。

所谓“二级强化”（secondary reinforcement）就是指“如果一个中性刺激痕迹（s）曾与某些驱力刺激（S_D）的迅速减弱有过密切联结，这个中性刺激痕迹（s）就会有一种引起驱力刺激（S_D）减轻的倾向，从而使原来的中性刺激痕迹（s）具有作为一个强化物的力量”（Hilgard，1956）。

二级驱力与二级强化之间的区别用实际例子是很容易说清楚的。例如，“担心”、“焦虑”是二级驱力的例子；曾放过食物的箱子则是一种二级强化物，虽说二级强化物本身并不能满足生理上的需要，但也能起强化行为反应的作用。不过，若要使一种中性刺激起二级强化的作用，必要条件是把这种中性刺激与一级强化物配对。这实际上就是说，二级强化作用是建立在巴甫洛夫条件作用的原理之上的。换言之，二级学习系统中所涉及的学习，要遵循一级学习系统中所阐述的学习法则。①

三、学习系统中的其他变量

驱力（D）、习惯（$_SH_R$）和诱因动机（K）是赫尔公设系统中最主要的几个变量。除此之外，赫尔还提出了其他一些公设，以表明其他一些因素在学习过程中所起的作用。

1. 刺激强度的动力机制（V）

赫尔认为，对于一定程度上的习惯力量来说，刺激强度越大，反应潜能也就越高。需注意的是，在赫尔的系统中，刺激强度与刺激强度的动力机制（stimulus-intensity dynamism，简称 V）不是同一概念，前者是自变量，而后者是中介变量。刺激强度的动力机制（V）作为反应潜能的一个成分，是刺激强度的一个递增的对数函数。这样，赫尔的方程式就成了：

$$_SE_R = K \times D \times V \times {}_SH_R$$

2. 强化延迟（J）

赫尔早先曾假定，强化延迟（delay of reinforcement，简称 J）会引起较低的习惯力量（$_SH_R$）。后来改为，强化延迟只会引发较低的反应潜能（$_SE_R$）。换言之，强化延迟得越久，反应潜能就越弱。因而，赫尔的方程式又添加了一个构成：

$$_SE_R = K \times D \times V \times J \times {}_SH_R$$

3. 反应潜能（$_SE_R$）

反应潜能（reaction potential）又称兴奋性潜能（excitatory potential），故简称$_SE_R$。在赫尔的系统中，反应潜能与反应不是同一个概念。反应是一个因变量，而反应潜能则是一个中介变量。只有当反应潜能超过反应阈限（reaction threshold，简称$_SL_R$）时，才能唤起

---

① 需要指出的是，赫尔认为，有机体在这类条件下所习得的，不是反应，而是这类中性刺激的一种新的功能属性（functional property）。

反应。此外，如果一个有机体同时有两个或多个互不相容的反应潜能，并且每一种反应潜能都超过反应阈限，那么，只有具有最大反应潜能的反应才会被唤起。赫尔认为，反应潜能的大小，可以根据反应潜伏期（reaction latency，简称$_{S}t_{R}$）予以推断。反应潜伏期越短，反应潜能就越大。

如前所述，反应潜能取决于驱力、诱因动机、习惯、刺激强度的动力机制以及强化延迟，除此以外，还取决于抑制潜能和波动机制。

4. 抑制潜能（I）

前面讨论的都是导致行为反应的兴奋性因素。除了这些，赫尔还假设，存在着一些抑制行为、阻止行为表现的因素或抑制潜能(inhibitory potential，简称 I)。他认为存在着两种抑制：反应性抑制和条件性抑制。这两者都是作为负的反应潜能而起作用的。

所谓“反应性抑制”（reactive inhibition，简称 I_R）是指，在任何时候，只要反应一发生，就会产生反应性抑制，即反应机制开始趋于疲劳。由于反应性抑制具有这种性质，它就会阻碍反应，使其不能重复发生，或者说，它直接抑制反应潜能。赫尔认为，这种疲劳似的机制是随着时间推移而会消失的。当这种抑制消散时，反应潜能就会得到恢复。赫尔把反应性抑制引入他的系统，是为了解释自发恢复的现象。同时，也有助于解释这种事实：有机体在密集训练时比分散训练时操作水平要差一些，这是因为在密集训练时，反应性抑制没有机会消散的缘故。

所谓“条件性抑制”(conditioned inhibiton，简称$_{S}I_{R}$）是指，有机体如果在某种情境中作出一种反应，但没有伴随强化，那就会增加条件性抑制的强度，这就像强化某一反应会增强其反应强度一样。这样，事实上就有了两种学习机制：一种是使受强化的反应更有可能出现；一种是使没有受到强化的反应出现的可能性减少。

如上所述，消退后出现的自发恢复，是由于隔了一定的时间后反应性抑制消散引起的。与此同时，重复反应而没有强化，最终会导致停止反应，这是由于条件性抑制的增强引起的。因此，赫尔的方程式可以变为：

$$_{S}E_{R}=K\times D\times V\times J\times {_{S}H_{R}}-(I_{R}+{_{S}I_{R}})$$

5. 波动机制（$_{S}O_{R}$）

早期的刺激-反应理论一般都主张，有什么样的刺激，便会有什么样的反应。他们不认为行为具有或然性。但赫尔认为（Hull, 1943），即便实验者尽一切努力使习惯力量和驱力水平达到最高限度，使抑制因素减少到最低程度，我们仍然可以看到反应强度的许多变化无常。我们既可以看到一组有机体反应强度各不相同，也可以看到个体在历次反应时的强度各不相同。因此，赫尔认为学习系统中存在着波动机制（oscillation mechanism，简称$_{S}O_{R}$），并用它来解释行为强度的差异。

赫尔假定，波动是一种抑制，是随机变化的。当波动机制处于低值时，反应速度相对快些；当波动机制处于高值时，反应速度就慢些。因此，这种波动机制是反应潜能的一个决定因素。这样，一个完整的方程式应该是：

$$_{S}E_{R}=K\times D\times V\times J\times {_{S}H_{R}}-(I_{R}+{_{S}I_{R}})-{_{S}O_{R}}$$

但是，到了1952年，赫尔把波动机制并入反应潜能之内，作为反应潜能数量化的一个单位，这样，在方程式中就不再有理由保留“$_{S}O_{R}$”这个符号了。

第三节　赫尔系统中派生的中介机制

赫尔一方面注重理论体系的整体性，另一方面他的体系又属于一种还原的体系。还原理论体系有一个特点：先是根据某种行为推导出公设，然后旨在依据这些公式解释表面上与这种行为不同的行为。换句话说，赫尔不是为了系统描述他这套公设所依据的资料，而是试图描述行为的基本规律。由于这些公设所依据的实验室实验，与有机体在适应复杂环境时表现出来的行为之间常常存在着差异，为此，赫尔推导出一些中介机制（intermediate mechanisms），以便填平这两者之间的间隙。有了这些中介机制，就可以为解释多种多样的行为铺平道路。他主要阐述了以下三个中介机制。

一、部分预期目标反应（r_G）

部分预期目标反应（fractional antedating goal reactions，简称 r_G）是赫尔用来作为诱因动机（K）的支撑物的机制。

如前所述，赫尔对学习的解释主要依赖于对强化的解释。从某种意义上说，赫尔的学习理论也可以称为强化理论。赫尔坚持认为，强化是由驱力还原构成的。驱力还原通常是通过有机体作出“目标反应”（goal reaction，简称 R_G）而得到实现的。用赫尔的话来说，目标反应（R_G）是一种完成性反应（例如，吃到食物时的反应），是由有机体在目的箱里的一系列反应（例如，嗅、液涎、咬和咀嚼等）构成的。

根据条件作用的原理，任何刺激，只要经常与强化发生联系，就可以具有强化的属性。因此，我们可以推断，在强化之前出现的刺激，也可以唤起部分预期目标反应（r_G）。因为在获得目标（食物）之前，目标反应（R_G）不可能全部完成，只能是有机体因预期到强化物而产生的反应（如，液涎）。

一种刺激引发部分预期目标反应的程度，决定了这种刺激起二级强化作用的程度。同时，部分预期目标反应也有助于说明行为链索中的各种刺激是如何获得二级强化的属性的。例如，假定有一个简单的实验箱，起点箱是 S_1，通道是 S_2，目的箱是 S_3。当动物进入目的箱（S_3）时，吃的行为（R_G）就发生了。在接下来的尝试中，巴甫洛夫条件作用的原理就在起作用了，即：由于通道（S_2）

总是在导致目的反应（R_G）的目的箱（S_3）之前出现，经过多次尝试，通道（S_2）开始能够唤起一种条件反应——部分预期目标反应（r_G）。同样的过程也发生在起点箱（S_1）与通道（S_2）之间。所以，经过一系列尝试后，刺激情境中的某些刺激要素能够唤起部分预期目标反应，也就是说，可以起二级强化的作用。

赫尔还进一步认为，部分预期目标反应（r_G）本身会产生一种刺激，他称其为"部分预期目标产生的刺激"(stimuli produced by r_G，简称 s_G)，这种刺激来源于部分预期目标反应（$r_G - s_G$），它促使有机体在到达目的地以前行为不止。这样一来，部分预期目标反应成了一种动因，从而可以很容易地作为支撑诱因动机的机制。

二、强化梯度

强化梯度（gradient of reinforcement）是赫尔系统中的第二个中介机制。

赫尔认为，在条件作用实验中，有两类强化的时间梯度。一类是以条件刺激（cs）与无条件刺激（ucs）之间的时距为基础的，这主要表现在经典条件作用中。业已发现，条件刺激（cs）在无条件刺激（ucs）之前有一个短时间隔（约 0.5 秒）效果最好。赫尔在制定刺激痕迹的公设时曾考虑到这种间隔。但是，赫尔更注重的是另一类以反应与强化之间的时距为基础的强化时间梯度，这主要表现在操作条件作用中。

赫尔发现，延迟强化会妨碍学习或使操作水平下降。强化延迟越久，对学习的妨碍也就越大。他通过实验分析后认为，就白鼠来说，一级强化延迟的梯度大约为 5 秒钟，如果延迟 5 秒以上才给予强化，强化的效果就需要依靠强化梯度的机制来说明了。强化梯度就是要说明，为什么实验者在时间上（如反应后隔一段时间才给予强化）和空间上（如延长通道）延迟强化时，有机体的反应速度会放慢。

赫尔在实验中发现，当动物远离目标时，反应速度较慢；当动物接近目标时，反应速度会加快。假定把刺激情境分成5个部分（如 S_1，S_2，S_3，S_4 和 S_5 即目的箱），那么，每一部分都会分别获得一种唤起某种反应（R_1，R_2，R_3，R_4 和 R_G）的习惯力量。这些部分的刺激–反应，离目的箱（S_5）越近，联结越强；离目的箱越远，联结相应减弱（如图3-3所示）。所以，赫尔有时又把强化梯度称为“目标梯度”（goal gradient）。

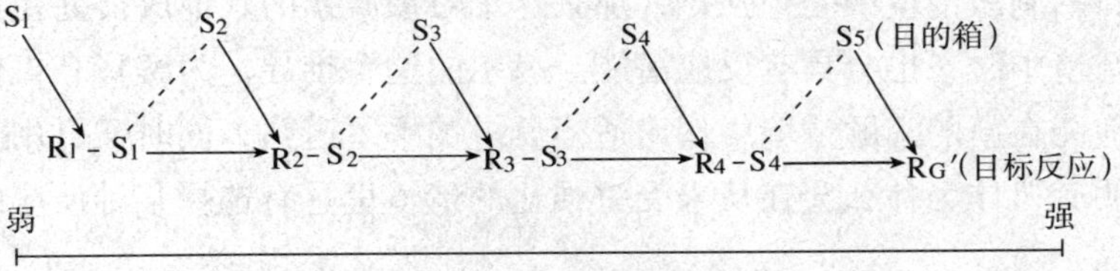

图3-3　反应链索表明，各个反应是被环境刺激（S）和由前一次反应引起的内部的本体感受刺激（s）引发的。

资料来源：Gazda，1980.

图3-3还表明，这一反应链索是通过每一种反应所产生的本体感受刺激(s)来维系的。在反应链索中，每一个反应都是由外部刺激(S)和内部刺激(s)引发的。而且，离目标近的刺激–反应联结，比离目标远的联结更强些，其联结的强度是根据离目标距离远近按顺序递减的。实际上，这是部分预期目标反应(r_G)在强化梯度机制中的运用，因为部分预期目标反应会产生这种刺激(r_G–s_G)。

三、习惯族系等级系统

习惯族系等级系统（habit-family hierarchy）是赫尔系统中的第三个中介机制。

赫尔认为，有机体在形成习惯的过程中，会对同样的刺激作出各种反应。在许多情况下，每一种反应都会导致达到同样的目标。例如，动物可以从好几条通道到达目的箱。这些可供选择的反应构成了一个按等级系统排列的习惯族系。之所以称为“族系”，是因为它们都是根据共同的部分预期目标反应（r_G）整合在一起的；之所以称为“等级系统”，是因为它们是根据以往受强化的优先程度按顺序排列的。换句话说，有机体之所以做出某一种选择，是因为这种反应在以往受强化的机遇比其他反应更大些，因而，与这种选择相联系的反应潜能也比其他选择的反应潜能更强些。

赫尔还进一步推导：如果一个习惯族系等级系统中的一个成员在新的刺激情境中受到强化，那么这个习惯族系的其他成员处在这种情境中时，也会具有反应潜能。赫尔的这个推导，为解释有机体为何能在新的问题情境中作出适当反应铺平了道路，同时又可用来说明有机体为什么会在从未受过强化的情境里具有选择某种反应的倾向。

第四节　评　　论

赫尔的理论对心理学界的影响是巨大的，尤其是 20 世纪四五十年代。据希尔加德的统计，赫尔的著作是在这期间被各种心理学杂志中的文章引用的最多的（鲍尔与希尔加德，1987)。40 年代他所在的耶鲁大学几乎成了学习理论研究的中心，50 年代，赫尔的理论几乎统治了心理研究的文献。在他去世后，又涌现了一批“新赫尔主义者”。当时，有人甚至把“学习理论”与“赫尔理论”作为同义词。也有人把赫尔使用的术语称作“心理学的世界语”。只是到了后来，斯金纳学习理论的出现，才成为赫尔理论的有力的竞争者。

需要说明的是，赫尔的理论从一开始起，就招来大量的批评(这本身就证明它所具有的广泛影响)。事实上，赫尔的学习理论从未彻底完成过，他一生都在根据实验结果不断地修正自己的观点。

如前所述，赫尔主张通过分析由环境提供的客观刺激（自变量）和由有机体作出的行为反应（因变量），来推导制约环境与有机体的相互作用的各种因素（中介变量），并把驱力还原作为他的理论体系的基础，这样，有机体就成了环境中的一个自动化的学习系统。这与当时在美国学术界很有影响的达尔文进化论和机能主义心理学强调对环境的适应是相吻合的。

作为一个行为主义者，他试图把各种中介变量都还原为自然科学的术语，目的是不给意识、映象等心灵主义的概念留有地盘。例如，他提出的 $r_G \to s_G$ 机制，“实际上涉及了从前被看做心灵的核心东西：兴趣、计划、预见、预知、期望和目的等”（Hull，1952）。

由于赫尔把驱力还原作为行为系统的基石，因此，没有驱力这个概念，就无法说明学习的过程。这一观点导致他不重视有机体固有的反应模式，而是重视那些能成功地还原驱力的行为反应。他强调指出，驱力并不指向特定行为，而只是激活行为，行为是受环境刺激指引的。“适应性”、“调节”、“竞争”和“生存”这些观念在这里得到了进一步的体现。

从赫尔把学习理论主要集中在强化的原则上这个角度来看，赫尔的理论与桑代克的效果律较为接近，而与格思里的邻近理论与托尔曼的符号学习理论相对立。

应该承认，赫尔的大多数公设现在看来都是有错误的，但另一方面，由于赫尔提出了一个无所不包的行为系统理论，促使人们从事大量的实验研究，从而使我们现在认识到比以前更多的东西。所以，我们在批评赫尔的理论时要注意到，“尽管它有缺点，但成绩是主要的”（Koch，1954）。

在我们看来，赫尔理论体系之所以经不住时间的考验，主要原因有两条。第一，他试图形成一个包摄一切的理论体系是不切实际的。从当代学习理论发展的趋势来看，趋向于建立一种能抓住学习过程某些特点的学习模式，而不是大一统的理论框架（Atkinson，1968）。第二，赫尔过于醉心于用数学公式来构建行为系统，以致有人认为："在某种意义上说，赫尔成了嗜好数学的牺牲者……只要一有机会，他就把自己的陈述数量化，有时竟把问题弄到荒唐怪诞的程度。"（转自舒尔兹，1981 年）

赫尔最了不起的，是他随时准备根据实验结果修正自己观点的态度。他一生都是这样做的。但是，当实验结果出现不一致，或正好相反时，他的理论体系就处于未完成状态，这在他去世前夕显得尤其突出。正如我们所看到的，赫尔的理论体系中存在着不少矛盾。清理这些矛盾，使其得出合乎逻辑的结论，这一任务落在赫尔的耶鲁大学时的高足斯彭斯的身上了。

第五节　赫尔学习理论的影响

——斯彭斯定量刺激-反应理论

肯尼思·斯彭斯（Kenneth W. Spence，1907—1967）于 1907 年 5 月 6 日出生在美国芝加哥。在他入小学之前，他全家迁到加拿大蒙特利尔。斯彭斯是在那里长大并接受教育的。他在当地的麦吉尔大学读书时，并不想成为一位心理学家，而是主攻体育。直到他进了耶鲁大学作为赫尔的研究生，才开始转向心理学。他 1930 年获硕士学位，1933 年获博士学位。在这之后的 4 年里，他在耶鲁大学与赫尔一起研究学习系统的问题。1937 年他去弗吉尼亚大学任教，1938 年转到衣阿华州立大学任教，1964 年以后在得克萨斯大学任教，直到去世。

尽管斯彭斯后来离开了耶鲁大学，但赫尔对他的影响始终存在。同时，斯彭斯对赫尔的理论体系也作出了很大的贡献，尤其在澄清数学演绎方法的逻辑、诱因动机与部分预期目标反应，以及对辨别学习的研究等，以致人们常常使用"赫尔-斯彭斯学说"这样的提法。斯彭斯在 1953 年获美国实验心理学协会的华伦奖章。他的主要代表著作有：《行为理论与条件作用》（Behavior Theory and

Conditioning）（1956）和《行为理论与学习》（Behavior Theory and Learning）（1960）。

一、斯彭斯的基本观点

斯彭斯认为，研究心理学的最终目的，是要在刺激-反应联结的参照系内，使行为理论在较高水平上得到精确的量化。因而，人们称其为“定量刺激-反应理论（quantitative S-R theory）”（Bigge，1964）。

斯彭斯的基本假设是：行为具有足够的秩序和规则，是可以对行为作出合乎规律的描述的。而对规律的描述，要采用其他学科的科学家在发现其学科规律时所采用的同样的方式，也就是说，要避免形而上学或先验的方法。在他看来，心理科学的任务，是要弄清楚有机体及其环境的关系，即在过去和现在，有哪些因素可用来说明有机体行为反应上的差异。当心理学家们达到这个目标时，就能够预测行为，而不是在行为发生后把它归因于环境因素的某些差异。只有在这时，才有可能系统地阐述一般规律和理论。

为了揭示规律，所有领域的科学家都使用各种最有效的构成（construct）。构成即是指科学家采用的概念。斯彭斯认为，构成既可以是经验性的，也可以是理论性的。在学习理论中，经验性的构成就是可以公开检验的自变量（刺激）和因变量（反应）。理论性的构成就是中介变量，诸如动机、需要、驱力和学习等，这些是无法直接观察到的。

由此可见，学习是一种观察不到的、假设的构成，介于可观察到的自变量与因变量之间。斯彭斯把学习界定为是“习惯的形成”。“学习一方面是个体以往与其环境相互作用的产物，另一方面又是决定他将来行为表现的条件之一”（Spence，1951）。尽管学习本身是观察不到的，但我们可以根据有机体在相继尝试中的行为变化予以推断。斯彭斯对可观察到的行为特征的各种变化都作了记录和测量，并试图说明与这些变化有关的变量或因素。由于他对决定学习情境中行为表现的所有变量都感兴趣（Spence，1956），所以，他在许多方面都为赫尔的学习系统提供了证据和分析，并对有些部分作了修正。

二、斯彭斯对赫尔公设系统的修正

1. 对习惯（H）的解释

斯彭斯曾多次表示，他不是驱力还原论者。他认为，条件作用的过程，可以包括也可以不包括强化。例如，在经典性条件作用过程中，强化对学习的发生起决定作用，因此需要用强化的原理来解释；而在工具性条件作用过程中，反应概率取决于反应之后是否伴随某种刺激，他倾向于用邻近的原理来解释。所以，有人称他的学习理论是一种“半强化和半邻近的理论”。他的这种独特见解，来自于他对习惯强度（H）的解释。他认为：

“重要的是注意，工具性反应的习惯强度（H）是反应在某种情境中发生的次数的函数，它与强化物是否呈现完全无关。因此，如果这种反应发生了，习惯强度便增强，不论这种反应是否导致强化物。这一假设看上去好像是在阐述一种邻近理论，而不是一种强化理论。然而，这种理论同时也意味着，在这类工具性学习情境里这种反应的兴奋性强度（E），确实取决于强化物的呈现及属性，这也是证据所清楚表明了的”（Spence，1960）。

如前所述，赫尔在他后期认为，习惯强度是刺激-反应联结的次数与强化次数的函数，至于强化量是无关紧要的。这样就会使人产生怀疑：如果在巨大奖励与微小奖励之间没有什么不同，那么在微小奖励与无奖励之间就有什么重大差异了吗？斯彭斯对习惯强度的解释可以解决这个问题。因为他认为习惯强度并不依赖于强化。无论何时，只要在某种刺激情境里作出某种反应，这种反应习惯就会得到加强。因此，习惯只依赖于反应的次数或练习，而不是强化。奖励是通过诱因动机（K）起作用的，它与习惯强度并不直接发生关系。

2. 对诱因动机（K）的解释

斯彭斯当初说服赫尔采用诱因动机（K）这个概念，但他认为赫尔没有说清楚诱因动机（K）与部分预期目标反应（r_G）之间的关系。

如前所述，赫尔旨在根据自变量和因变量来界说所有的中介变量。与此同时，作为一个行为主义者，他也一直在推测有机体内部可能发生的生理变化。他认为，习惯强度（$_SH_R$）可能是与接受刺激的感官以及作出反应的肌肉或腺之间的神经联结的某种变化联系在一起的；驱力（D）可能是与生理的需要或内部器官的刺激联系在一起的。那么，诱因动机（K）是什么呢？它是否与身体的某一部分有关呢？赫尔没有回答这个问题。斯彭斯认为，赫尔主要是没有澄清诱因动机（K）与部分预期目标反应（r_G）之间的关系。只要把这种关系讲清楚，上述问题也就迎刃而解了。

斯彭斯认为，部分预期目标反应（r_G）是一种反应，但它不同于其他反应，因为它所引发的感觉具有强化作用。例如，有机体如果在某个地方多次吃过大量食物，那么这个地方就会产生强烈的部分预期目标反应（r_G），无论他是否亲眼看到食物，r_G 都会产生，并引发部分预期目标刺激（s_G）；如果他以前在这个地方只是偶尔吃过一些东西，那么他的 r_G 和 s_G 只会被微弱地唤起；如果他在这个地方从未吃过食物，那么 r_G 和 s_G 就决不可能被唤起。这里，需要注意的是：同样的条件（即食物的量）既决定了 r_G 的强度，也决定了诱因动机（K）的量值。这实际上就是说，K 等于 r_G，或 $r_G \rightarrow s_G$。这样，斯彭斯就把赫尔的诱因动机（K）与部分预期目标反应（r_G）这两个概念合二而一了。这一方面简化了赫尔的理论，另一方面也消除了诱因动机（K）原有的不确定性。

值得注意的是，在赫尔的系统中，尽管 K 与 r_G 在许多方面是共同的。但在一个重要方面是不同的。赫尔认为，诱因动机（K）

是与刺激-反应的联结联系在一起的，也就是说，有机体由于对某一刺激作出某种反应而获得奖励越多，作出这种反应的诱因动机（K）就越强。而部分预期目标反应（r_G）只与刺激有关，也就是说，在某种刺激出现时吃到过的食物越多，这种刺激产生的 r_G 就越强。但在斯彭斯看来，诱因动机（K）等同于部分预期目标反应（r_G），因而诱因动机（K）也只与刺激有关。这样，诱因动机就不再是作出反应的诱因，而是获得某种刺激的诱因。换言之，诱因动机（K）与作为刺激-反应联结的习惯强度（H）没有直接的联系。

由于斯彭斯对赫尔的驱力、诱因动机和习惯的解释作了修正，赫尔的公式系统也发生了变化，尽管斯彭斯也认为反应潜能是由驱力（D）、诱因动机（K）和习惯（H）决定的。斯彭斯的方程式如下：

$$E = H(D + K)$$

因为诱因动机（K）只与刺激有关，与刺激-反应联结（即习惯）没有直接关联；而习惯（H）只取决于刺激-反应联结的次数，与驱力还原没有直接关联。因此就得出了上述公式。① 至于其他构成，诸如抑制潜能（I），也可以进入这个公式，以形成一个完整的公式。

三、赫尔与斯彭斯对泛化与辨别的解释

赫尔对辨别的解释来自于斯彭斯的研究，而斯彭斯对泛化的看法与赫尔没什么不同。为求行文方便，我们把赫尔对泛化的解释和斯彭斯对辨别的研究放在一起陈述。

---

① 需要指出的是，这个公式只适用于工具性奖励条件作用的过程。在经典性厌恶条件作用的过程中，那就需要使用强化或驱力还原的原理来说明。斯彭斯对厌恶条件作用进行了许多研究，有些还是堪称经典性的。限于本章的篇幅，这里不再介绍。读者如感兴趣，可参见：比格著：《学习的基本理论与教学实践》，文化教育出版社 1983 年版，第 174 ~ 178 页。

1. 赫尔论泛化

赫尔是根据刺激的相似性来探讨泛化的。他认为："两个刺激越是相类似，其中任何一个刺激就越有可能代替另一个刺激引起条件反应。这两种刺激在同一维度上的差异，可以被描述为这一维度的泛化梯度"（Hilgard，1956）。反过来说，随着两个刺激相似程度减少，泛化的可能性也相应减少。

赫尔认为，我们可以在任何一个刺激维度上对刺激泛化进行定量分析，并可以从这类测量中得出泛化梯度。在一项实验中，霍夫兰德（Hovland，1937）以人为被试进行了心理物理实验。结果发现，反应强度是以一种有规则的方式，随测验刺激与训练刺激相差的距离而发生变化的（见图 3-4）。

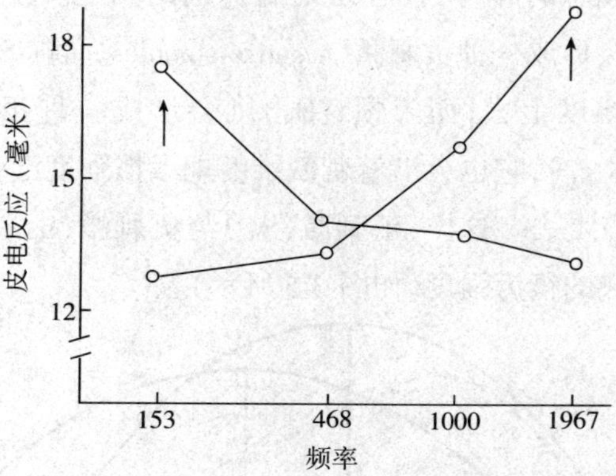

图 3-4　泛化梯度图示

当测验时用不同频率的声音时，条件性皮电反应的振幅也不同。箭头指出的是每一组被试最初用于形成条件反应的频率。被选择出来的频率同样是可辨别的，但在这里它们呈对数曲线。

资料来源：Bolles，1979.

此外，赫尔还强调："习惯强度和反应潜能的泛化是随驱力强度的变化而变化的”（Hilgard，1956）。例如，如果有机体在某一种驱力水平的情况下习得某一种反应，而在另一种驱力水平的情况下测试这种反应，那么这种反应泛化的可能性就会减少。心理学家山口（Yamaguchi，1952）的实验证实了这一点。他在训练动物前禁食3到72小时不等，然后在不同的时间里进行测验。结果表明，在训练前与测验前禁食时间相同的情况下，动物反应最快；在训练前与测验前禁食时间不同的情况下，反应要慢些。

由此可见，赫尔对所有学习问题的解释，都与驱力还原这一基本观点联系在一起的。

2. 斯彭斯论辨别

斯彭斯(Spence,1937)认为,根据赫尔对习惯($_sH_R$)和条件性抑制($_sI_R$)这两个概念的解释,很容易说明辨别的问题。在他看来,条件性抑制($_sI_R$)会形成一种负刺激(negative stimulus,简称 S_-),并会泛化到整个刺激维度上去;而习惯($_sH_R$)则会形成一种正刺激(positive stimuluS,简称 s_+),它也会沿着刺激维度把习惯强度泛化到这一刺激维度的其他点上去。这样,正刺激(S_+)与负刺激(S_-)之间的差异,就构成了最终的行为强度(如图 3-5 所示)。

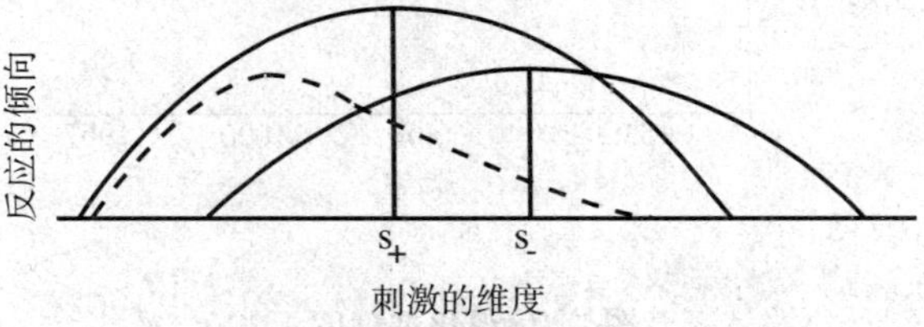

图 3-5　斯彭斯的泛化与辨别理论图示

粗线条表示把 S_+ 泛化到刺激维度的其他点上去的趋势；细线条表示 S_- 引起的抑制的倾向；虚线表示最终产生的对不同刺激发生反应的倾向。

资料来源：Bolles，1979.

斯彭斯这一理论的基本假设是：（1）形成正刺激（S_+）的习惯强度随每一次的强化而增加；（2）形成负刺激（S_-）的抑制性潜能随着每一次不强化而增强；（3）兴奋性潜能和抑制性潜能都会泛化到其他刺激上去；（4）正刺激（S_+）泛化的量值大于负刺激（S_-）泛化的量值；（5）兴奋过程与抑制过程是以代数方式相互作用的；（6）具有相对最强习惯潜能的刺激最有可能产生反应。

四、评论

严格地说，赫尔的行为系统理论从未彻底完成过，他毕生都在修正和完善自己的观点。斯彭斯作为他的学生也为之倾注了大量心血。在赫尔去世之后，他仍然坚持这一传统，成为新赫尔主义的主要代表。

同赫尔一样，斯彭斯认为，学习即形成刺激-反应联结的过程，或形成习惯的过程，但他更强调要通过有控制的实验分析来探索学习心理的规律。在他看来，如要确立一种全面的学习理论，对一些简单行为进行仔细的实验分析是必需的。所以，他本人一直不懈地从事比较严密的、精确的研究计划，并在这个过程中提炼和发展了赫尔的理论体系。

斯彭斯的观点与一些行为主义者既有相同之处，也有不同之处。例如，同斯金纳一样，斯彭斯的理论也可称为“刺激-反应强化理论”，但他试图分析强化的性质，而斯金纳则不讨论这个问题。斯彭斯的理论有时又像格思里的理论一样，被称为邻近理论，因为他的“部分预期目标反应”（r_G）可以被看做是格思里的一种动作-产生的刺激，都是为了说明有机体在达到目的以前反应不止的原因。所以，有人把他的理论说成是“半强化和半邻近的理论”是贴切的。

此外，斯彭斯实际上还探讨了认知心理学家感兴趣的一些现象。例如，他不再把强化作为学习的基石，认为习惯强度不依赖强化，强化是通过部分预期目标反应（r_G）起作用的，从而用 r_G 机制来取代强化。r_G 很容易被看做是对奖励的预期。如果我们把唤起 r_G 的那些刺激，看做是“食物就在眼前的信号”，那就与托尔曼的符号学习理论没有什么大的区别了。所以，有人又把他的理论称为“刺激-反应预期理论”，也是有一定道理的。

第四章 斯金纳操作学习理论

B·F·斯金纳（Burrhus Frederic Skinner，1904—1990）1904 年 3 月 20 日出生在美国宾夕法尼亚州的萨斯奎汉纳镇上。像许多心理学先驱者一样，斯金纳在 1922 年进汉密尔顿学院读书时，并未打算成为一名心理学家，而是专修英文，打算成为一名作家。在毕业后的两年内，从事于写作，结果感到没有什么可写的，于是攻读生物学。在这个过程中，他读了华生和巴甫洛夫的著作，从而开始对人类和动物的行为感兴趣，就进入哈佛大学攻读心理学。1930 年获心理学硕士学位。1931 年获哲学博士学位。接着留校从事研究工作。1936 年至 1944 年在明尼苏达大学任讲师和副教授，1945 年任印第安纳大学心理系教授和系主任，1948 年返回哈佛大学任心理学教授，直到 1974 年退休。在这期间，他于 1958 年获美国心理学会授予的杰出科学奖；1968 年获美国政府颁发的最高科学奖——国家科学奖；1971 年获美国心理学会基金会颁发的金质奖章。

斯金纳的实验和学说最早是在 1938 年出版的《有机体的行为：一种实验分析》（The Behavior of Organisms：An Experimental Analysis）一书中发表的，该书主要是通过对白鼠和鸽子的观察，经验性地描述学习的法则，从而为操作性条件作用原理奠定了基础。他的另一本代表著作《科学与人类行为》（Science and Human Behavior）（1953）着重探讨了人类行为的一些重要方面，如思维、自我和社会化等。1968 年出版的《教学技术学》（The Technology of Teaching）则探讨了他的基本原理在人类学习中的运用。另外，他在 1948 年出版的小说《沃登第二》（Walden Two）和 1971 年出版的《超越自由与尊严》（Beyond Freedom and Dignity）在社会上反响很大。前者是根据人类行为的科学原理，试图形成一种以积极控制的方法加以管理的理想社会；后者则是对他自己观点的总结，并驳斥了他人的种种批评。除此之外，他的主要代表著作还有：《言语行为》（Verbal Behavior）（1957）、《强化的相倚关系：一种理论分析》（Contingencies of Reinforcement：A Theoretical Analysis）（1969）和《关于行为主义》（About Behaviorism）（1974）。

第一节　斯金纳操作性条件作用的基本观点

斯金纳从他专业生涯一开始，就用他自己的程序来研究行为，用他自己设计的仪器来观察行为，用他自己的方法来分析行为，并用他自己的观点来解释行为。

斯金纳把行为作为基本的研究对象。研究行为，并不是因为它有助于解决心理学的问题，而是由于行为本身就是人类生活的一个基本方面。行为是由于其本身的原因而值得研究。所以，斯金纳对通常所说的“理论”不感兴趣。在他担任中西部心理学会主席的献辞——《学习理论是必要的吗?》（Are Theories of Learning Necessary?）一文中，他对学习理论持否定态度。有人因此称他是一个“伟大的反理论者”（Grand Anti-Theorist）（Skinner，1969）。而事实上，斯金纳对“理论”一词有不同的理解。他反对当时流行的赫尔的“假设—演绎”的理论体系，认为理论必须以事实和材料为依据。当然，他也意识到，事实如果不与其他信息结合在一起，只能具有有限的价值，实验研究的最终目的是要构建理论。这样，我们就遇到了一种与众不同的学习理论。

一、行为的实验分析

斯金纳主义者、操作条件作用论者、激进的行为主义者，都被看做是同义词，重点都放在对行为的实验分析上。

斯金纳认为，“学习”即反应概率的变化；“理论”是对所观察到的事实的解释；“学习理论”所要做的，是指出引起反应概率变化的条件。所以，研究行为的目的，是要形成一种分析各种环境刺激的功能的方法，以决定和预测有机体的行为。为此，斯金纳设计了一种特殊的仪器，即一个阴暗的隔音箱，箱子里有一个开关（如用白鼠为被试，即是一小根杠杆或一块木板；如以鸽子为被试，就是一个键盘）。开关连接着箱外的一个记录系统，用线条方式准确地记录动物按或啄开关的次数与时间（见图 4-1）。斯金纳早期都用白鼠作试验，后来大多以鸽子为被试。在实验时，并不是动物每一次按杠杆或啄键盘都给食物，食物的释放方式由实验者决定。除此之外，实验者还可以控制灯光、声音、电击、温度与湿度等。

斯金纳箱的一个特点是，动物可以反复作出斯金纳称为“自由操作的反应”（free-operant responding）。所谓“自由”，即动物的行为不像在迷津里那样受到限制；所谓“操作”，是因为动物的反应是主动作用于（或操作）环境。

在斯金纳看来，行为的实验分析关注的是环境事件（刺激）与有机体行动（反应）之间的关系，即要考察实验操作是如何引起行为变化的。斯金纳认为，可以用三种基本的实验操作来控制环境：呈现刺激、安排结果、信号刺激。

呈现刺激是一种最简单的实验操作。当我们呈现刺激时，就可以观察到它们促使有机体产生的反应。斯金纳认为，呈现刺激的主要效果是要引起特定的反应。例如，给白鼠食物可以引起唾液分泌，如果接着给予电击，就可以使它停止唾液分泌，代之以跳跃反应。

然而，有机体环境中的事件并不始终是自发产生的，有时是有机体促使它们发生的。斯金纳认为，可以安排各种环境，使有机体的反应具有效果或结果。因为，人类与动物的行为，可能取决于前提性事件（antecedent events），也可能取决于结果性事件（conse-

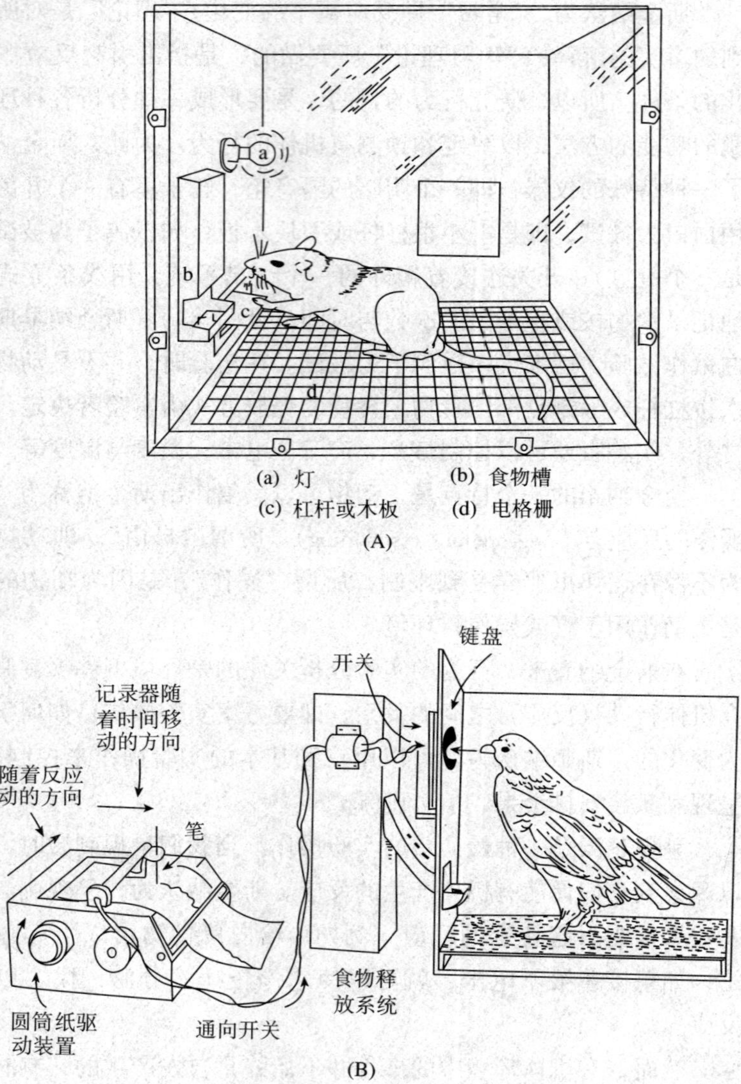

图 4-1　斯金纳箱。A. 白鼠类暗箱；B. 鸽子类暗箱

资料来源：A. Lefrancois，1982；B. Swenson，1980.

quent events)。所以，我们可以安排各种各样的反应结果。反应结果不仅可以是获得刺激（如给予食物），也可以是消除刺激（如停止电击）。有机体的反应一旦具有某种结果，有些反应就会增加，有些反应则会减少，这取决于每一种反应的具体结果。如果有机体由于某种反应的结果，作出这种反应越来越多，那就是说这种反应被强化过了；如果有机体由于某种反应的结果，作出这种反应越来越少，那就是说这种反应被惩罚过了。

但是，如果我们在呈现刺激或安排结果时再给予其他的刺激，那事情就会复杂得多。有机体不是不加区别地对刺激作出反应的。有机体会知道：某些环境刺激是一种信号，它预示着将会发生什么情况，或者说，如果在这时作出反应会带来什么结果。在这类实验中，一种刺激被用来作为预示另一种刺激即将来临的信号，或预示反应是否会得到特定结果的信号。例如，我们可以在铃声响时给予食物，或在灯亮时给予电击，这类实验安排类似于巴甫洛夫的实验。但是，我们也可以为反应结果安排这类信号刺激。例如，白鼠只有在灯亮时站起来才给食物，这样，白鼠就会只在灯亮时站起来，灯不亮时不站起来。又如，我们只在铃响时对白鼠舔尾巴的动作给予电击，这样，白鼠就会在铃响时不舔尾巴，而在没有铃响时照样舔尾巴。

斯金纳认为，这些方法为分析学习过程提供了有效的基础。而这类实验分析也使他得出了与经典行为主义不同的观点。

二、两种类型的学习

斯金纳在解释学习时，已看到了巴甫洛夫、华生和格思里等人对学习的解释。但他认为，经典条件作用只是解释了人类与动物的数量非常有限的行为。具体地说，他坚持认为，这些早期的学习理论只能用来解释这样一种习得行为：用某种刺激可以引发某种反应，这种刺激-反应的联结是该刺激与另一种刺激多次配对的结果。**没有刺激便没有反应**，这成了传统的刺激-反应理论的一句名言。

斯金纳承认这种模式在解释某些行为时是确切的，但他认为，人类与动物显示出来的许多反应并不是明显的刺激引发的。因而，刺激——无论是观察得到的还是观察不到的——并不是在任何情况下都是可以对学习作出精确有效的解释的核心。

斯金纳把由刺激引发的（elicited）反应称为“应答性反应”（respondents）；把有机体发出的（emitted）反应称为“操作性反应”（operants）。前者往往是一种不随意的行为；后者大多是随意的或有目的的行为。在大多数情况下，被动引出的反应在重要性程度上比主动发出的反应要逊色得多。因为，在应答性行为中，有机体是被动地对环境作出反应；而在操作性行为中，有机体是主动地作用于环境。经典条件作用只能用来解释基于应答性行为的学习，斯金纳把这类学习称为“S（刺激）类条件作用”。另一种学习模式，即操作性或工具性条件作用的模式，则可用来解释基于操作性行为的学习，他称为“R（强化）类条件作用”。

斯金纳认为，人类从事的绝大多数有意义的行为都是操作性的。例如，步行上学、读书写字、回答问题等，都是操作性行为的例子。当然，也许有人会说，事实上存在着许多引发这些反应的刺激。对此，斯金纳并不想否认，但他坚持认为，即便存在引出这些反应的刺激，它们在学习中也并不占主要地位。

操作条件作用的模式认为，如果一种反应——不管有没有引起这种反应的刺激——之后伴随一种强化物，那么，在类似环境里发生这种反应的概率就增加。而且，强化物与实施强化的环境一起，都是一种刺激，我们可以以此来控制反应。这样，任何作为强化的结果而习得的行为，都可以被看做是操作条件作用的例子。人们由此把斯金纳的理论称为强化理论。在斯金纳看来，重要的刺激是跟随反应之后的刺激（强化物），而不是反应之前的刺激。若用公式来表示，那就是：S－R－S。

第二节　斯金纳的强化原理

为了简便起见，我们可以把斯金纳所观察的对象分为两类：自变量（即在实验中可以直接控制的因素）和因变量（即实验者无法直接控制、受自变量影响的因素）。与赫尔和托尔曼不同，斯金纳不关心中介变量。他认为中介变量是无效的，而且常常是有害的，因为它们把我们的焦点放在想象的构成上，而不是放在现实上。所以他醉心于发现因变量与自变量之间的各种特定关系，目的是为了加强对因变量的控制。我们可以把斯金纳体系的基本要素概括如下：

自　变　量	因　变　量
强化的类型	习得的速度
强化的安排	反应的速度
	消退的速度

斯金纳体系试图回答的中心问题是：自变量（强化的类型和强化的安排）是如何影响学习的。

一、强化的类型

斯金纳用条件作用的原理来解释学习，是基于这样一种观点：人们通常都是以一种增加愉快、减少痛苦的方式来行事的。但是，“愉快”和“痛苦”都是一种主观性的东西，这在强调客观性和科学性的斯金纳体系中是没有地盘的。斯金纳是以一种相当操作性的方式来界说强化的。强化物是指“使反应发生概率增加、或维持某种反应水平的任何刺激”。也就是说，凡是提高反应概率的任何事件都可以起强化作用。这样，强化物并不一定是一种令人愉快的刺激。而且，在一种情境中起强化作用的刺激，在另一种情境中并不一定起强化作用。同样，对某一个人起强化作用的刺激，对另一个人并不一定起强化作用。

斯金纳区别了两种强化类型：正强化（positive reinforcement，又译积极强化）和负强化（negative reinforcement，又译消极强化）。当在环境中增加某种刺激，有机体反应概率增加，这种刺激就是正强化物。例如，当饥饿的白鼠按开关时给予食物，食物便是正强化物。当某种刺激在有机体环境中消失时，反应概率增加，这种刺激便是负强化物。负强化物即厌恶刺激，是有机体力图避开的那种刺激。例如，当处于电击状态下的白鼠按开关时停止电击，停止电击就是负强化物。需要注意的是，无论是正强化物还是负强化物，它们的结果都是增加反应概率。由此可见，是刺激对反应的结果，而不是刺激本身的性质，决定这种刺激是否是一种强化物。

值得一提的是，在操作性条件作用原理中，强化（reinforce）和惩罚（punish）这两个动词后面所跟的宾语，是反应而不是有机体。也就是说，不能说白鼠被强化了，而应说白鼠按杠杆的反应被强化了。斯金纳认为，这样使用术语的好处是可以防止人们对实验程序作含糊的描述。

我们知道，强化的概念在桑代克效果律中已有阐述。但在斯金纳的行为分析中，强化所扮演的角色发生了重大变化。首先，在桑代克那里，强化是用来解释刺激-反应联结加强的一条主要原理，而在斯金纳体系中，强化只是一个用来描述反应概率增加的术语，如何安排强化才是核心所以。其次，其他学习理论家（如巴甫洛夫）把消退看做是一个主动的抑制过程，而斯金纳认为不能把消退看做是一种与强化无关的独立的过程。事实上，强化可用于消退行为，停止强化可以使反应概率下降。消退过程可用来表明强化效果持续的时间。

除了对正强化与负强化作出区分外，斯金纳还区分了强化的两个来源：一级强化物和二级强化物。一级强化物包括所有在没有任何学习发生的情况下也起强化作用的刺激，如食物和水等满足生理基本需要的东西。二级强化物包括那些在开始时不起强化作用，但后来作为与一级强化物或其他强化物配对的结果而起强化作用的刺激，如斯金纳箱里的灯光。斯金纳认为，对于人类来说，二级强化物包括对大量行为起强化作用的许多刺激，诸如特权、社会地位、权力、财富、名声等，这些大多是由社会文化所决定的，它们构成了决定人类行为的极有力的二级强化物。

二、强化的安排

斯金纳从事实验和研究的主要目的，是要论述和澄清强化的类型和强化的安排对学习测度的影响。学习测度主要包括习得速度、反应速度和消退速度。从某种意义上说，斯金纳在强化安排方面的实验，是他对心理学的最大贡献。

斯金纳认为，在行为实验分析中，最容易控制的、最有效的变量是给予强化的方式。在一种仔细控制的实验情境中，实验者可以精确地决定使用什么类型的强化，以及怎样给予、何时给予强化。也就是说，实验者完全可以控制强化程序。

一般说来，实验者可以有两种选择：（1）连续强化，即每一次正确反应之后都给予强化；（2）间歇强化，即并不是每一次正确反应之后都给予强化（如表 4-1 所示）。

如果实验者选择连续强化，那就没有其他选择了，只要每次正确反应之后都给予强化便是了。如果实验者选择间歇强化，那么他还要进一步作出选择：是根据反应的次数还是根据时间间隔给予强化。例如，实验者可以决定给予强化和不给强化的比例是 1∶5，即每 5 次正确反应给予一次强化，这称为比例强化安排。或者，实验者可以决定每 5 分钟给予一次强化（当然，被试在这期间要作出正确反应），这称为间隔强化安排。

实验者还可以进一步决定，是按一种固定的方式还是变化的方式给予强化。如果采用固定比例强化安排，就要在每若干次（假定是 5 次）正确反应给予一次强化，或者是每第 5 次反应后给予强化，或者是每第3次反应后给予强化。如果采用固定间隔强化安

表 4-1　斯金纳强化安排图示

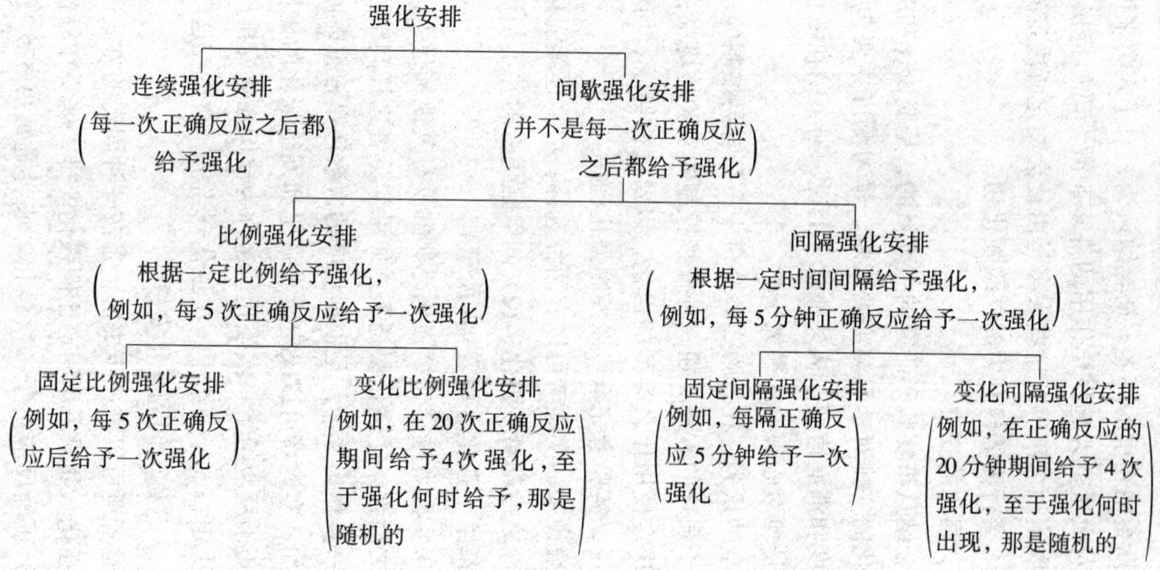

排，就是每隔若干时间（假定是5分钟）对正确反应给予强化。实验者还可以采用变化比例强化安排（例如，20次正确反应给予4次强化，至于哪一次反应后给予强化则是随机安排的），或采用变化间隔强化安排（例如，在20分钟内给予4次强化，至于何时强化，则是随机安排的，被试无法预料）。

需要指出的是，以上任何一种强化安排都可以与其他强化安排结合起来使用。例如，我们可以先采用连续强化安排，然后采用间歇强化的安排。这类安排被称为组合安排。斯金纳与费斯特(C.S.Ferster)合著的《强化的安排》（Schedules of Reinforcement）(1957)一书中，研究了二十多种强化安排的结果。

三、不同强化安排的效果

强化的安排可以有种种不同的结合和顺序，实验设计也可以有所不同，这些并不会限制各种强化安排的实际意义。为了便于使用，我们需要了解这些强化安排对几种学习测度的影响。

1. 对习得速度的影响

一般说来，如果最初学习时给予连续强化，即每一次正确反应都给予强化的话，学习的速度就会比较快些。如果最初学习时使用间歇强化，学习就会困难些，速度也就慢一些。斯金纳在训练白鼠或鸽子之前，一般要禁食24小时或更长的时间，以增强驱力。而且，斯金纳训练动物最初大多是从“箱盒训练”（magazine training）入手的，即先把一种要求习得的复杂的行为反应分成若干比较简单的反应，分别予以强化。例如，先训练动物到食物槽里吃东西，然后学习识别暗箱中发生的声音，最后把这种声响与食物即将到来联系起来。当动物掌握这些“分解了的”反应后，再把它们合起来。这时，所有正确的反应（有时甚至只是近似于所期望的行为）都给予强化，目的是为了使动物尽快地掌握操作技能。

2. 对反应速度的影响

反应速度是对强化安排相当敏感的一个因变量，因此，斯金纳花了相当多精力来研究这个问题。研究结果归纳起来如图 4-2 所示：

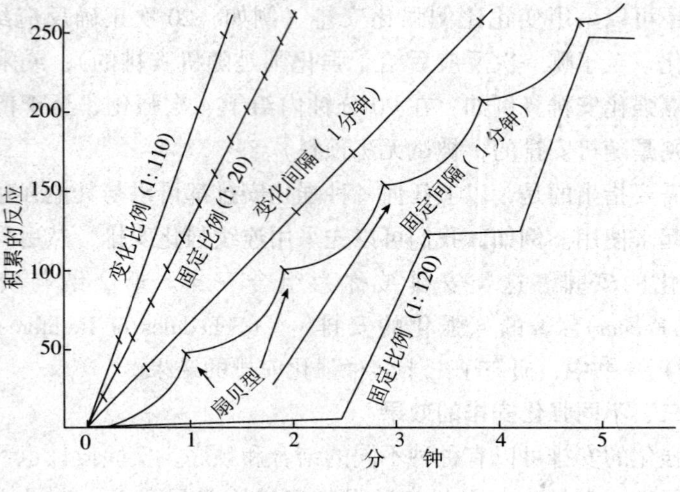

图 4-2 强化安排对反应速度的影响

（给强化物时以短的对角线标明）

资料来源：Hill，1985.

第一，一般说来，比例强化安排比间隔强化安排的反应速度要快些。这种差异并不奇怪，因为在特定时间内，在比例强化安排时，快速蹬反应会增加强化的数量。而在间隔强化中，快速反应只能是早一点获得每一次强化而已。

第二，在两种固定强化安排中，在每次强化后，反应速度立即变慢。原因是由于强化之后即便立刻作出反应，也不可能得到强化。这在固定间隔强化安排中表现得更明显。因为有机体在这个间隔期间，反应得不到任何强化，所以，反应的速度是从这一次强化后到下一次强化前有规则地逐渐加快的。由于这种图解很像海里的扇贝，因此把它称为“扇贝型”（scalloping）效应。斯金纳解释道，有机体在间隔期间反应速度逐渐提高，而不是正好在下一次强化前突然加速，是因为有机体不能精确地辨别时间的缘故。

在固定比例强化安排中，强化次数与反应次数比例的高低，对动物的反应速度有很大关系。一般说来，固定比例低的强化安排，在强化后反应速度不大会减慢；而比例高的强化安排，在强化后反应会有较长时间的暂停。这种暂停往往是在一段时间里反应整个停止。在这之后，以相当同样的速度作出反应，直到得到下一次的强化。因此，这种反应型式不同于固定间隔强化安排时出现的“扇贝型”——逐渐加快反应速度。

最后，在两次强化之间反应速度的这些变式，只表现在固定强化安排中，在变化强化安排中则没有呈现这种现象。因为在变化强化安排中，不论是早是晚，都有机会得到强化，所以反应速度基本上是相同的。

3. 对消退速度的影响

就一般而言，首先，连续强化安排比间歇强化安排习得的速度要快些，但在不给强化后，导致消退的速度也会更快些。其次，固定强化安排比变化强化安排引起的习得速度要快些，但在没有强化时，它引起的消退速度也会更快些。最后，在比例强化（不论是变化比例还是固定比例）安排中，强化次数与反应次数的比例高，反应速度要比比例低快一些，但在不给强化后，消退速度相应地也要快一些。

所以，最佳的训练组合也许是，最初时使用连续强化安排，然后是固定间隔强化安排，最后是变化比例强化安排。此外，随着训练期的推移，比例也可以改变。总体说来，减少强化对不强化的比例，会导致消退速度放慢。

需要指出的是，上面陈述只是就一般情况而言的。事实上，实验的情境比这要复杂得多。就拿比例强化安排来说，1:5 与 1:100，会有相当不同的习得速度、反应速度和消退速度。

四、迷信的强化安排

斯金纳除了详细考察有目的、有步骤的强化对有机体行为所产生的影响外，还注意到，偶发的强化也会增加有机体的反应概率，他称其为“迷信的强化安排”(superstitious schedule of reinforcement)。

斯金纳注意到，只要一种反应偶然伴随过强化，这种反应概率就增加，不管强化是否是由于这种反应而得到的。例如在实验中，无论鸽子在做什么动作，只要在这之后给予强化，这种动作往往就会被习得。他发现，一只鸽子在每次强化前总是绕顺时针方向转一圈；另一只鸽子每次把头对着一个角落摇几下；另两只鸽子则形成一种头和身体不自然的摇摆运动。所有这些动作并不是实验者要它们做的，即这些动作与强化并没有因果关系。

实际上，根据斯金纳操作性条件作用的原理很容易解释这种现象。在斯金纳看来，强化之前的任何反应都会得到加强，至于这种反应与强化是否是有一种因果关系，那是无关紧要的。无论是人类还是动物，单凭反应与强化之间暂时的邻近，就足以加强这种反应。所以，斯金纳认为，人类与动物的许多迷信行为，都可以用迷信的强化安排来解释。这从某种意义上印证了斯金纳的强化原理。但与此同时又引出了另一个问题：人类与动物有多少行为是迷信的，即是不受有步骤的强化安排（这正是斯金纳学说的核心）所制约的？斯金纳对此没有作出回答。

五、负强化与惩罚

在当今许多心理学或教育心理学著作中，往往都混用负强化与惩罚这两个概念。而在斯金纳看来，这两者是有本质区别的。同强化一样，惩罚也是根据其结果来界说的，惩罚是抑制反应发生的概率，而强化则是增加反应概率，其区别如下：

	反应后呈现	反应后消除
奖励性刺激	正　强　化	惩罚（1）
厌恶性刺激	惩罚（2）	负　强　化

斯金纳早期对惩罚的论述，大多是根据在他指导下埃斯蒂斯所从事的一系列研究的结果。埃斯蒂斯发现（Estes，1944），惩罚并不会导致消退期间反应的次数，尽管在惩罚之后反应会有暂时的抑制。而且，我们不可能通过惩罚根除有机体的某种不良行为反应，惩罚的效用至多只是起抑制的作用。此外，间歇惩罚（即并非每次不良反应后都给予惩罚）比连续惩罚（每次反应后都给予惩罚）的效果要更好些，持续的时间也更久些。

斯金纳认为，惩罚有时在改变行为方面是一种有效的方法，但不是一种理想的方法。虽说惩罚会导致反应的减少，但它只是间接地起作用的，它只是抑制而不是消除这种行为。而与此同时，惩罚可能会引起副效应，如攻击性行为。所以，他认为，与其给予厌恶刺激（惩罚 2），还不如不给奖励刺激（惩罚 1）。

在非得给予惩罚时，一定要注意两点。第一，要注意利用惩罚后的反应抑制期。也就是说，要尽可能通过强化加强其他的行为反应。第二，惩罚一定要在不良反应发生后立即给予，延迟的惩罚可能是无效的。

根据斯金纳的观点，人们围绕惩罚的问题展开了讨论。一些人反对采取惩罚的办法，理由是：第一，惩罚不可能导致适当的行为。事实上，惩罚只能使人注意那些不良的行为，但不表明什么行为是合适的。第二，惩罚并不能消除不良行为，而只是抑制它。受惩罚影响的仅仅是不良行为的反应速度。第三，惩罚可能会导致一种消极的情绪状态。这些消极的情绪状态（通过邻近的原理）往往是与实施惩罚者而不是不良行为联系在一起。第四，惩罚有时并不起作用。例如，研究表明，对尿床的儿童进行惩罚，更有可能导致他们尿床；对儿童侵犯行为给予惩罚，更有可能使他们具有侵犯行为。

但是，也有人认为，惩罚至少在抑制不良行为方面是非常有效的。当惩罚看来是减轻危险反应的惟一可行的方法时，惩罚的害处可能要比让儿童自身发展下去产生的后果要小一些。主张适当采用惩罚的人，现在常常采用一种被称为“暂停程序”（time-out procedures）的惩罚办法，即不是通过给予厌恶刺激来惩罚，而是让学习者离开一种有可能会得到强化的环境来惩罚。

因此，斯金纳一方面反对惩罚的合理性，另一方面也不否认惩罚在矫正行为方面所起的功用。对于惩罚的属性的进一步了解，只能来自实验分析。

第三节　斯金纳强化原理的应用

斯金纳的操作条件作用的原理，与他同时代的其他学习理论（如格思里的邻近学习理论、赫尔的驱力还原理论和勒温的场论等）相比，经受了时间的考验，并很快就流行起来，主要原因是，斯金纳的学说不仅在实验情境中获得了成功，而且在广泛的社会实际情境中得到了应用。可以说，斯金纳根据强化原理所设计的各种应用技术，都是建立在“强化相倚关系”（contingencies of reinforcement）这个范式上的。用斯金纳的话来说：“对有机体与其环境相互作用的一种适当的陈述，始终必须具体说明三件事：(1) 反应发生的场合；(2) 反应本身，以及 (3) 强化结果。这三者之间的相互关系，便是‘强化相倚关系’”（Skinner，1969）。下面我们介绍斯金纳根据强化相倚关系设计的、促使有机体行为变化所采用的两种技术：塑造与渐退。

一、塑造：反应的辨别

所谓教育，就是要塑造行为，塑造在不久的将来对个人自己和他人有利的行为。在斯金纳看来，通过各种强化安排来塑造行为，就像雕塑家可以用泥巴塑造任何东西一样。

塑造（shaping）是指通过安排特定的强化相倚关系使有机体做出他（它）们行为库中原先不曾有过的复杂动作。这种技术现在已引起人们极大的注意。例如，如果我们要训练鸽子走“8”字型，要是等它走了“8”字型才给予强化，那需要等待很长时间。也许还没等它作出这种反应，早已饿死了。但如果我们采用塑造技术，就可以很容易达到目的。

通过塑造技术来教有机体从事某种行为反应，主要是采用“相继近似法”（method of successive approximations），就是通过不断强化一系列逐渐接近最终行为的反应来塑造某种行为。换句话说，实验者有选择地对有机体作出的接近最终行为的各种反应给予强化，而不是等待最终期望的那种反应自然出现后才给予强化。就前面的例子来说，实验者不能等到鸽子走了“8”字型时才给予强化。相反，对可能有助于这种最终行为出现的各种反应都要给予强化。譬如，鸽子可能只是转一下头或朝顺时针方向迈出一步就给予强化。根据操作条件作用的原理，得到强化的反应很快就会重复。然后，只有当鸽子作出更为明确的按顺时针方向迈出一、两步时才给予强化，否则不给。然后三、四步……四、五步……。最后，只对一个完整的顺时针转向动作才给予强化。随后开始只强化逆时针方向的反应，具体方法如上。当完整的逆时针转向“塑造”成功后，再恢复顺时针转向。最终，当鸽子能连贯转弯时才给予强化。于是整个行为反应很快就会重复。

斯金纳发现，“塑造”这类复杂的行为反应，大约不超过5~10分钟。因为实验者可以决定给予食物的精确时间，并且可以选择出需要给予强化的那些反应，即席确定强化相倚关系的程序，以便使每一阶段所强化的反应都有可能达到更高一级的阶段。通过这种强化相倚关系的安排，使行为逐渐越来越接近最终要达到的反应。

在斯金纳看来，事实上，甚至一些看上去很简单的行为，如按开关或啄键盘之类的行为，也可以通过这种“相继近似法”来塑造。例如，开始时对白鼠朝开关的方向的动作给予强化，然后只对朝向开关较近的地方给予强化，最后只有等白鼠靠近开关并按开关时才给予强化。这样，按开关的行为就被塑造好了。以后白鼠只要一进暗箱，就有可能去按开关。

实际上，塑造的过程也就是有机体对各种操作性反应作出辨别的过程。有机体正是在不断辨别出哪些反应会得到强化的过程中，逐渐习得最终的行为反应的。斯金纳认为，成功地使用塑造技术的一个最关键的要素是必须控制环境刺激。例如，斯金纳箱是这样构造的：动物除了作出实验者所期望的行为之外，不能作出其他许多反应。同样，一位职业训兽者在一条狗追咬一只兔子时，是不可能对这条狗形成某种条件作用的。他首先要做的是限制狗的行动，确保狗注意他的动作。换言之，要对环境刺激作适当控制，以便促使动物显示出所期望的行为反应。

斯金纳还介绍了用塑造的方法来解决困难的行为问题。一个小孩生下来时就因患白内障而失明，在他尚未达到施行手术的年龄之前，他一直大发脾气。手术之后仍很难管理。让他戴上一副特制的眼镜，说如果不戴，将会永远失明，但他不听。他的这种行为是严重的自我抵毁行为。送到医院后被诊断为“儿童精神分裂症”。结果沃尔夫等人（Wolf，Mees and Risley，1964）根据斯金纳操作条件作用的原理，设计一个强化相倚关系的程序，成功地塑造了戴眼镜的行为。当然，作为一个前提条件，是让这个儿童处于饥饿状态，以便使食物作为有效的强化物。首先将一副空的眼镜架放在桌上，只要出现任何与眼镜架接触的行为，就立即给予食物强化。强化可以按取眼镜架、把眼镜架放在身上等这样一些渐进的序列。当然，在塑造把眼镜架准确地戴在脸上这一行为时还会遇到一些困难。当这一行为反应终于成功之后，再给眼镜架配上规定的镜片。最后这个小孩每天戴眼镜的小时数如图 4-3 所示，最后的斜率基本上表示了这个儿童每天醒着的时间。

斯金纳还进一步认为，人类的许多行为是通过塑造而不是通过人们所意识到的方式形成的。人们在学习任何东西的过程中，都要摒弃大量不合适的或无效的反应，从而使适当的（因而受到强化的）反应比较牢固地确立起来。格林斯庞（Greenspon，1955）通过使用“言语条件作用”技术，用实验证明了这种现象。在一项研究中，实验者仅仅只是同被试交谈，要被试说出几个词。被试不知道要说些什么词，只是随便说出几个名词。每当他们说出一个复数名词时，实验者就用“嗯哼”作为强化。结果在以后的交谈过程中，复数名词明显增加。

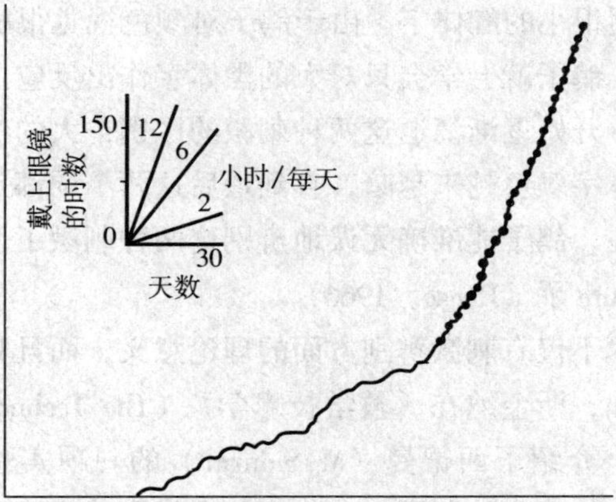

图 4-3　曲线表示每天戴上眼镜的小时数，该曲线为累积制成的曲线；最后的斜率约为每天 12 小时

资料来源：Becker（ed.），1971.

二、渐退：刺激的辨别

正如通过塑造的技术可以使有机体逐渐形成一种新的复杂技能一样，我们也可以通过渐退技术使有机体逐渐学会对类似的刺激作出有区别的反应。

渐退（fading）是指，通过有差别的强化，缓慢地减少两种（或两种以上）刺激的特征，从而使有机体最终能对两种只有很小差异的刺激作出有辨别的反应。斯金纳有时把这种技术称之为**刺激**

控制。

斯金纳认为，通过巧妙地编排程序，可以使动物对微妙的刺激差别作出辨别反应。例如，可以通过渐退技术教鸽子“阅读”两个词：peck（啄）和 ture（转）。如前所述，用塑造的方法训练鸽子去啄写有“peck”的开关，相对来说是一件容易的事。但鸽子很快就会把习得的反应泛化到另一个词上去，也就是说，鸽子在学会对“peck”作出啄的反应后，往往也会对“ture”作出啄的反应。但如果使两个刺激变得相当不同，例如，“peck”这个词用很大的黑体字，“ture”用很小的红体字。由于鸽子对颜色视觉很敏感，只要通过几次尝试，鸽子就会学会只对大的黑体字作出反应。在鸽子学会这个反应后，开始逐渐消退这两种刺激的区别：大的黑体字越来越小；小的红体字颜色越来越暗，直到最后这两个词都是黑的，大小也一样。现在，鸽子能准确无误地辨别这两种刺激了，即学会“阅读”peck 和 ture 了（Reese，1966）。

渐退技术不仅有刺激辨别方面的理论意义，而且具有较大的实际意义。例如，斯金纳在《教学技术学》（The Technology of Teaching）一文中，介绍了西德曼（M. Sidman）的一项实验。西德曼为一名脑异常小的白痴编制了一套作出细微辨别的程序。在实验开始时，这个被试年龄 40 岁，智龄只有 18 个月。他只受过部分排便训练，穿衣服也得别人帮助。根据对她姐姐死后进行的大脑解剖研究来判断，他的大脑可能仅为正常人脑的三分之一。西德曼研究了这个白痴对投射到半透明垂面上的圆形的辨别能力。强化物为一小块巧克力。开始时，只要按一块大垂面（见图 4-4A）便会启动一个开关，从而使一块巧克力落入随手可得的杯中。尽管被试表现出相当差的动协调，但他最终还是完成了这一多少需要有点精巧性的反应。然后用三组较小的格子将这垂面一分为三（见图 4-4B），中心这一黑格子以后不再使用。被试开始时只要按余下八格中的任何一格，便可得到强化。随后随机地照亮其中一格，将圆形投射其上

(见图4-4C),被试学习按有灯光的一格。然后把扁椭圆形投射到余下

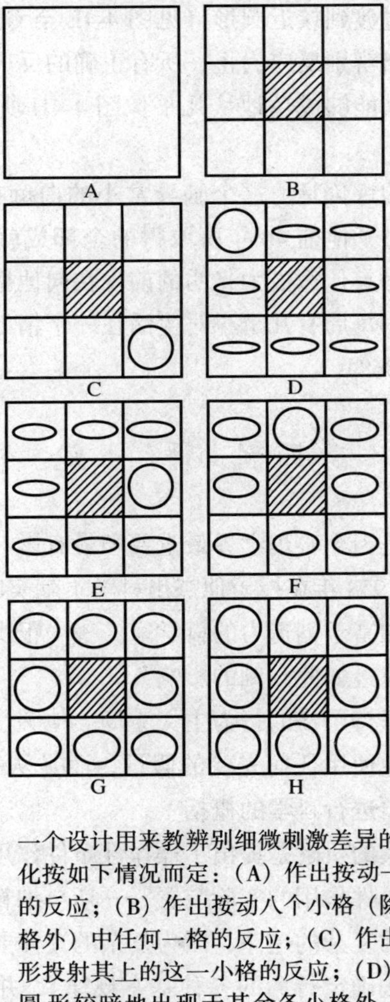

图 4-4　一个设计用来教辨别细微刺激差异的程序。强化按如下情况而定：(A) 作出按动一个大垂面的反应；(B) 作出按动八个小格（除中心一小格外）中任何一格的反应；(C) 作出只按动圆形投射其上的这一小格的反应；(D) 除了扁椭圆形较暗地出现于其余各小格外，同前；(E、F、G) 只对有圆形的小格作出反应，但圆形以随机的位置出现在椭圆之中，椭圆形逐渐变圆；(H) 只对很接近圆形的椭圆中的圆形的小格作出反应。

资料来源：Becker，(ed.)，1971.

七个比较暗的格子上（见图 4-4D）。在以后的实验安排中，使现在照亮的椭圆逐渐过渡到接近圆形（见图 4-4E 至 G）。每一阶段都持续到被试能够作出辨别反应为止，所有正确的反应都用巧克力给予强化。最后，被试能够成功地从几乎像图 4-4H 所示的排列中选出圆形。

斯金纳对此的评价是：这个脑异常小的白痴在他 41 岁时获得的智慧成就，超过了他前 40 年所取得的全部成就。之所以能取得这些成就，并不是有什么极为光明的前程在向他招唤，而仅仅是因为他在这一年里，每周有几个小时生活在一个精心编排好程序的环境里（Skinner，1968）。

第四节　评　　论

斯金纳无疑是当今心理学界最重要和最有影响的人物之一。诚如美国心理学会 1958 年在授予他杰出科学贡献奖时介绍的：“他是一位有想像力的和富于创造力的科学家。……很少有美国心理学家对心理学的发展有过如此深刻的影响”。

斯金纳一生坚持严格的行为主义立场。他关注对行为的描述而不是解释。他避免使用任何先验的假设，而是从经验性资料开始，采用归纳法，逐步进行科学的概括。

他一生中最大的贡献是提出了操作性条件作用的原理，设计了用以研究操作性条件作用的实验装置——斯金纳箱（他反对其他学习理论家所设计的复杂的迷津，因为复杂的迷津要求动物作出复杂的行为，从而无法确定行为的各种基本规律），并对各种强化程序安排的效果作了详细而又比较科学的考察。他根据强化原理所设计各种应用性技术（如塑造和渐退的方法），不仅使实验室动物行为发生了变化，而且被广泛应用于人类的社会情境。例如，在心理治疗、问题儿童的处理、智力迟钝儿童的教育、课堂管理等方面都有一定的成效。

从某种意义上说，斯金纳的强化理论是桑代克效果律的进一步延伸和发展。斯金纳认为，在学习领域内控制有机体行为方面，他主要作了两个改进。第一，严肃地探讨了效果律。实验证明，效果确实是存在的，而且效果是在有利于造成被称为学习的那种变化的条件下产生的。只要我们安排好强化的结果，我们的技术就会容许我们几乎随意地去塑造有机体的行为。第二，采用强化相倚安排的方式，可以使行为在长时间内保持一定的强度水平。在任何时候，要保持行为的强度，强化是必需的。通过对强化安排的不同组合，可以使有机体日复一日地把某种行为保持下去而不发生实质性的变化（Skinner，1954）。

现在，西方有些学者认为，斯金纳的强化理论仅仅是桑代克学说的翻版，这未免言过其实了。斯金纳操作性条件作用原理的独特性，以及他所设计的技术在程序教学、课堂管理和行为矫正方面的有效性，是桑代克的效果律所不能比拟的。然而，斯金纳确实受到许多心理学家的批评，主要批评是两个方面：（1）斯金纳局限在实验室动物的简单学习上，而不是从事复杂思维和问题解决的人身上。（2）斯金纳总是避免涉及有机体的内部状态，所以被人称为是在研究"空洞的有机体"（empty organism）。对此，斯金纳一般采取不理睬的态度。他说："我对我的任何一个批评家的批评从来不作答复。一般地说，我甚至不看他们的批评。我将用我的时间去做一些比清理他们的误解更好的事情。"（转自舒尔兹，1981 年）

但也有人对此为斯金纳抱不平。例如斯内尔贝克尔（Snelbecker，1974）认为，人们长期来对操作性条件作用原理与人类行为关系的质疑，至少有三个问题是要澄清的：（1）动物研究结果对阐述人类操作原理的关系；（2）从较简单的过程外推到较复杂的过程上去的可信度；（3）用外部刺激控制能够说明较抽象的人类学习过程的程度。他分析表明，回答应该是肯定的。

虽说斯金纳对批评持不予理睬的态度，但他对认知学派和人本主义的观点提出了挑战，① 从而使他俨然成为当代行为主义的立言人。但是，由于他用操作性条件作用来解释人类所有的学习（包括行为动作、学术活动和社会关系等），认为只要分析强化的效果并依此设计控制强化安排的技术，就可以塑造或去除人的任何行为，这未免使人怀疑这一结论的合理性了。因为人的认知与情感、思维与行动、个性特征与社会交往等方面的复杂性和微妙性程度，决非用“强化物”这把“万能钥匙”所能一一开启的。若要对人这个复杂的有机体有较全面的了解，我们必须试图打开“斯金纳暗箱”，了解人的内部心理运演过程，而不只是外部行为变化的过程。

---

① 对这方面感兴趣的读者，可参阅斯金纳《认知科学与行为主义》和《自由与幸福的学生》两篇文章。在这两篇论文中，他对认知信息加工理论和人本主义教育方法进行了比较，全面的反驳。见《教育学文集·教学》（上），人民教育出版社 1988 年版。

第五章　早期认知学习理论

——格式塔-场论

当华生在对美国的机能心理学和传统的心理学提出挑战（1913年）的前一年，韦特墨就已经对以冯特(W. Wundt)和他学生铁钦纳(E. B. Titchener）为代表的德国传统心理学提出了挑战（1912年）。[①] 然而，华生和韦特墨这两位反叛者所采取的形式是截然不同的。

在当时，不论是美国的机能心理学还是德国的构造心理学，都主要关注意识的问题，都试图把意识分解成一些基本的单位，如感觉、映象和观念等。华生主张，心理学不应该关注意识，而应该研究行为。他提出要用刺激-反应来清除映象和观念。但他赞同采用分析的方法，并仍然从事对基本单位的研究。当然，这些基本单位已不再是意识的单位，而是行为的单位——刺激与反应。与此相反，韦特墨反对采用分析的方法，在他看来，把意识分解成它的各个部分，会歪曲其中大部分意义。他不像华生那样反对对意识的研究，恰恰相反，他主要关注的正是意识。他所要做的，是从整体上研究意识。

很显然，尽管韦特墨与华生几乎同时在欧美两大陆对类似的传

---

① 就挑战而言，1913年的行为主义可以说比1912年的格式塔心理学走得更远。因为美国对德国构造心理学的挑战，行为主义已属第二个阶段。第一阶段是机能主义。构造心理学要分析的是心理或意识的结构（基本成分），而机能心理学则主张要研究意识的机能，强调心理或意识是有机体适应环境的产物。而在德国，格式塔心理学尚属首次向德国传统心理学提出挑战（见波特，1981年）。

统心理学提出挑战，但他们走的是两条完全不同的道路。华生是用机械的方法（mechanistic approach）研究行为的成分及其联结；韦特墨则是用能动的方法（dynamic approach）研究意识中完整的形式。

第一节　格式塔心理学的主要代表人物

从一开始起，韦特墨就与他的两个学生、助手和同事苛勒和考夫卡分享他的观点。可以说，这三个人的观点和理论几乎是不可分割地联系在一起的。他们三人都毕业于柏林大学，后来又一起成为柏林学派的核心人物。1921 年，他们一起在德国创办了《心理学研究》杂志，发表他们的研究成果。最后，他们三人先后都移居美国。有鉴于此，我们把他们三人的生平、观点和理论合在一起陈述。

一、韦特墨

韦特墨（Max Wertheimer，1880—1943）于 1880 年 4 月 15 日在捷克斯洛伐克的布拉格出生。1900 年进布拉克查理斯学院修习法律，两年后放弃学习法律转攻哲学和心理学，后来又先后去德国柏林大学和符兹堡大学求学。1904 年在符兹堡大学屈尔佩（O. Külpe）的指导下获博士学位。1910 年起先后在法兰克福大学、柏林大学和弗里德里希-威尔海姆大学任教，1929 年回法兰克福大学任教授。1933 年因不满希特勒的统治而离开德国，受聘为美国纽约市社会研究新学院（New School for Social Research in New York city）的教授。

尽管韦特墨被公认为是格式塔心理学的主要代表人物，但由于他兴趣很广，包括写诗和谱写交响乐曲，所以，除了设计一些重要的实验和在讲演中阐述格式塔原理之外，他撰写的论著不多。事实上，他最重要的实验——似动现象——是在 1910 年度假时坐在从维也纳到莱茵的火车上萌发的。眺望远处闪烁的灯光，好似在动。

后来，他与他的助手苛勒和考夫卡对这种现象进行了研究，其结果，就是标志格式塔心理学形成的代表性论文：《似动现象实验研究》（Experimental Studies of Apparent Movement）（1912），他的一本代表著作是：《创造性思维》（Productive Thinking）（1945，1959）。

二、苛勒

苛勒（Wolfgang Kohler，1887—1967）于 1887 年 1 月 21 日出生在爱沙尼亚的雷维尔。他先后在杜平根、波恩和柏林大学接受教育，1909 年在柏林大学获博士学位。1910 年到法兰克福大学任教。他与考夫卡一起作为韦特墨似动现象实验的被试，三人共同奠定了格式塔心理学的基础。

1913 年，他应“普鲁士科学院”的邀请，到非洲沿海的西班牙属的特纳利夫岛进行研究工作。他在那里任猩猩观察站的主任。他到了特纳利夫岛 6 个月之后，战争爆发了，使他无法离开。结果，他在那里呆了 4 年，研究猩猩的行为。他的研究结果发表在他最重要的著作《猩猩的智慧》（The Mentality of the Apes）（德文版 1917 年，英文版 1925 年）一书中。1921 年他又返回柏林大学任教授和心理研究所主任。在这之后，苛勒出版了大量论著，成了格式塔心理学最重要的立言人之一。1935 年，因不满纳粹帝国，被迫永久离开德国前往美国。在美国，他花了相当多的时间进行演讲，并继续撰写了一系列著作。1956 年他获美国心理学会杰出科学贡献奖；1959 年当选为美国心理学会的主席。他的主要代表著作除了《猩猩的智慧》之外，还有《格式塔心理学》（Gestalt Psychology）（1929，1947）、《价值在事实世界中的位置》（The Place of Value in a World of Facts）（1938）、《心理学中的动力学》（Dynamics in Psychology）（1940），以及在他去世后出版的《格式塔心理学的任务》（The Task of Gestalt Psychology）（1969）。

三、考夫卡

考夫卡（Kurt Koffka，1886—1941）于 1886 年 3 月 18 日出生在

德国柏林。他1903年进爱丁堡大学接受教育，1904年开始在柏林大学修习哲学和心理学，1909年在斯顿夫（C. Stumpf）指导下获哲学博士学位。1910年到法兰克福大学，与韦特墨、苛勒合作进行似动现象研究，奠定了格式塔心理学的基础。1911年至1924年，一直在吉森大学任教。1924年去美国，任康奈尔大学、芝加哥大学和威斯康星大学访问教授，1927年他受聘为美国史密斯学院心理学教授，直到1941年去世。

作为格式塔心理学的主要传播者，考夫卡是最早向美国心理学界介绍格式塔心理学的，而且他是柏林学派中最多产的作者，这些都为格式塔心理学的流行起了重要作用。他的主要代表著作有：《心的发展》（The Growth of the Mind）（德文版1921年，英文版1924年）和《格式塔心理学原理》（Principles of Gestalt Psychology）（1935）。后者被誉为是“对格式塔作全面系统的叙述的惟一尝试”（波特，1981年）。

第二节　格式塔心理学的实验研究

在以冯特为代表的德国传统心理学看来，人们所看到的任何事物，都是由各种颜色的小碎片组成的一块拼板，似乎只要把所有这些小碎片合在一起，就构成了我们所看到的情景。韦特墨对此提出了挑战。他坚持认为，我们实际所看到的情景，是一个有意义的整体，只有通过人为的分解过程，才有可能把这一整体分解为各种不同颜色、不同形状的碎片。这同样也适用于思维。传统的心理学把人们所有的思维都看做是由通过联想过程联结在一起的种种映象构成的。韦特墨反对这种观点。他认为我们的思维是一种整体性的、有意义的知觉，而不是各种映象的组合。

一、似动现象

韦特墨上述观点，来自于他对“似动现象”的研究。似动现象是指，两个相距不远、相继出现的视觉刺激物，呈现的时间间隔如果在$\frac{1}{10}$秒到$\frac{1}{30}$秒之间，那么我们看到的不是两个物体，而是一个物体在移动。例如，我们看到灯光从一处向另一处移动，事实上是这只灯息了，那只灯同时亮了。这种错觉是灯光广告似动的基础。在韦特墨之前，人们一般都认为这种现象并没有什么理论上的意义，只不过是一些人的好奇心罢了。然而，对韦特墨来说，这种现象正是不能把整体分解成部分的证据。这种现象的组成部分是一些独立的灯在一开一关，但组成一个整体后，给人造成这些灯在动的印象。

似动现象是形成格式塔心理学的基础。开始时，它主要关注的是知觉，如图5-1，如果你对着它多看一会儿，就会感到这些线条

图 5-1　似动现象。如果你对着它看一会儿，会感到这些线条在移动

资料来源：Lindzey, et al. 1975.

在移动。但倘若把每条线都分开，就不会有似动现象。后来，格式塔心理学还研究了其他方面的课题。它把重点放在整体系统上，在这个系统中，各个部分是以一种能动的方式相互联系在一起的，也就是说，仅根据各分离的部分，无法推断出这个整体。例如，漩涡之所以会那样，并不是由于它所包括的那些具体水滴的原因，而是由于水的运动方式。如果把漩涡分解成水滴，就无法理解漩涡这种现象了。又如曲调，因为曲调取决于音符之间的关系，而不是音符本身。为了强调这种整体性，韦特墨采用的德语“Gestalt”（格式塔，或译完形）一词，可以被翻译成“形式”（form）、“型式”（pattern）、“形态”（configuration）等，意思是指“能动的整体”（dynamic wholes）。由于韦特墨发起的这场运动关注的是这类完形或格式塔，人们把它称为“格式塔或完形心理学”。

二、整体与部分

格式塔心理学家把重点放在整体上，这并不意味着他们不承认分离性。事实上，格式塔也可以是指一个分离的整体。例如，格式塔心理学家特别感兴趣的一个研究课题，就是从背景中分离出来的一种明显的实体。他们是用“图形与背景”这个概念来表述的。他们认为，一个人的知觉场始终被分成图形与背景两部分。“图形”是一个格式塔，是突出的实体，是我们知觉到的事物；“背景”则是尚未分化的、衬托图形的东西。人们在观看某一客体时，总是在未分化的背景中看到图形的。

重要的是，视觉场中的构造是不时地变化着的。一个人看到一个客体，然后又看到另一个客体。也就是说，当人们连续不断地扫视环境中的刺激物时，种种不同的客体一会儿是图形，一会儿又成了背景。说明这种现象的一个经典性例子是图形与背景交替图（见图 5-2）。当你注意白色部分时，图形是一只高脚酒杯，黑色部分成了背景；而当你注意黑色部分时，图形则是双人侧面像，白色部分便成了背景。事实上，这种图形-背景交替的现象在日常生活中到处可见。例如，当一位听众在聚精会神地听报告，报告人的讲话就成了“图形”，周围人的议论便成了“背景”。而当这位听众在与旁人讲话时，那么他俩的谈话就成了“图形”，而报告人的发言则成了“背景”。格式塔心理学家认为，图形与背景关系的这类变化，不仅在知觉中起作用，而且在学习和思维中也起作用。

图 5-2　图形-背景交替图

资料来源：Lindzey, et al. 1975.

由此可见，把一个完整的图形分解成各个组成部分是可以的，但最重要的是要了解部分与整体之间的关系。例如，三个黑点组成了一个三角形（如图 5-3），我们不能说这不是三个黑点，但我们同样也不能说这只不过是三个黑点。在格式塔心理学家看来，三角形是我们所看到的最基本的方面。三角形取决于这些黑点的组合方式，而不是黑点本身。这个完整的图形的内涵，超过三个黑点。这就引出了格式塔心理学的一个警言：整体不仅仅是部分之总和。

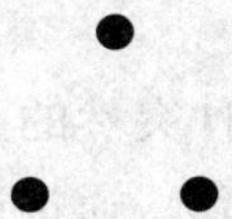

图 5-3　三角形取决于三个黑点的组合方式，而不是三个黑点本身。

三、顿悟

在某种意义上说，格式塔心理学对学习研究的最大贡献，是对顿悟的研究。顿悟是指突然觉察到问题的解决办法。它是通过学习者重新组织或重新构建有关事物的形式而实现的。换言之，有了顿悟的学习者，是用一种新的方式来看待整个情境的。这种方式包括对逻辑关系的理解和对目的与手段之间关系的觉察。由于是真正理解了事物之间的关系，因此这样的学习特别不容易遗忘，而且很容易迁移到其他新的情境中去。

苛勒在特纳利夫岛上对猩猩解决问题的情景作了深入的研究。他给猩猩提出这样一些问题：猩猩能够看到香蕉，但够不着，猩猩惟有通过采用它们经验中不曾有过的新方法才能获得香蕉。例如，把香蕉挂在猩猩跳起来也够不着的铁笼子的顶上，笼子里面有几只纸箱子，猩猩只有把这些箱子移到香蕉下面叠起来，然后爬上去才能拿到香蕉。或者是把香蕉放在笼子外面，只有把笼子边上的两根竹竿接起来才能够着香蕉。苛勒发现，猩猩并不是通过试误方式逐渐学会如何拿到香蕉的，而往往是突然学会解决这类问题的。有时候，猩猩看上去似乎无法通过它所熟悉的方法拿到香蕉，就蹲在那里，好像是在思考问题的解决办法，然后突然觉察到了解决的办法。苛勒认为，用“知觉重组”或“认知重组”可以很贴切地描述这类学习情境。因为猩猩突然意识到，箱子不是随便放在那里的，而是可以用来作为爬上去取香蕉的支撑物。也就是说，猩猩觉察到了箱子与香蕉之间的关系。当猩猩蹲在那里没有作出积极尝试的时候，它在经历着一个知觉重组的过程。一旦完成了知觉重组，就有可能立即找到解决办法。

当然，并不是说只有这种突然的、完全顿悟的戏剧性的例子，才可以用格式塔的术语来解释。通过试误进行的逐渐学习的过程，也可以被解释成一系列小的、部分的顿悟。在苛勒看来，重要的是要作出这样的安排：使有机体可以一下子看到问题解决办法的所有必要的因素，惟有这样，有机体才有可能把这些要素（或者说部分）组成一个适当的完形。用这种观点来分析，行为主义者所设计的实验情境正好与此相反，白鼠在迷津里由于无法看到各种转折与目的箱里食物之间的关系，它只好通过经验（即试误）来发现这种关系。所以，白鼠的知觉重组必然是逐渐的、一点一滴地形成的。因为在这种情境里，不可能产生其他种类的知觉重组。然后，白鼠发现某一转折可通向目的箱里的食物，与猩猩发现箱子叠起来或把竹竿接起来可拿到香蕉，这两种知觉重组的性质是一样的。至于知觉重组的突然性程度，取决于问题的性质和呈现的方式。这样一来，用“知觉重组”或“认知重组”就可以解释各种各样的学习了。

第三节　格式塔学习理论的基本观点

一、学习即知觉重组或认知重组

格式塔心理学家对学习的解释，往往倾向于使用知觉方面的术语。学习意味着要觉察特定情境中的关键性要素，了解这些要素是如何联系的，识别其中内在的结构。所以，学习与知觉、认知几乎是同义词。

与其他学派的心理学家一样，格式塔心理学家也认为，通过学习，会在头脑中留下记忆痕迹，记忆痕迹是因经验而留在神经系统中的。但格式塔心理学认为，这些痕迹不是孤立的要素，而是一个有组织的整体，即完形。因此，学习主要不是加进新痕迹或减去旧痕迹的问题，而是要使一种完形改变成另一种完形。这种完形的改变可以因新的经验而发生，也可以通过思维而产生。格式塔学习理论所关注的，正是发生这种知觉重组的方式。

因此，在格式塔心理学家看来，一个人学到些什么，直接取决于他是如何知觉问题情境的。如果一个人看不出呈现在他面前的问

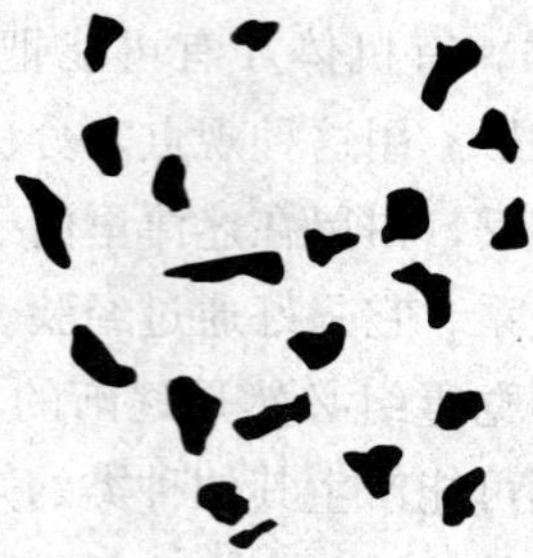

图 5-4　尽管这个图形是由一些
不规则的黑点所组成，
但如果把它颠倒过来后，
仍能识别出它的结构

资料来源：Lindzey，et al.，*Psychology*，1975.

题，看不出各种事物之间的联系，那么他对事物的知觉就还处在无组织的、未分化的状态，因而也就无所谓学习了。一个人学习的方式，通常是从一种混沌的模糊状态，转变成一种有意义的、有结构的状态，这就是知觉重组的过程。例如图 5-4，它们看上去好像是完全没有意义的一些不规则的黑点。但是，如果把它颠倒过来一看，可能会突然明白它是什么，就好像事情突然都到位了。原来无意义的一组东西被知觉重组后，使其有了意义。所以，知觉重组是学习的核心，许多真正的学习都具有类似的特性。

当然学习并不是把以往无意义的事情任意地联结在一起。相反，知觉重组或认知重组注重的是要认清事物的内在联系、结构和性质。

二、顿悟学习可以避免多余的试误，同时又有助于迁移

格式塔心理学家认为，通过对问题情境的内在性质有所顿悟的方式来解决问题，就可以避免与这一问题情境不相干的大量随机的、盲目的行动，而且有利于把学习所得迁移到新的问题情境中去。

韦特墨一开始从事格式塔心理学研究时，就特别关注学生在学校里的学习。如果说苛勒是为了理论阐述而研究猩猩的顿悟学习的话，那么韦特墨是为了学校实践而研究学生的顿悟学习的。韦特墨认为，一些教师过于注重机械记忆，不惜牺牲学生的理解能力。因此，他把自己的研究指向发现使学生能有更多顿悟发生的学习方式。他在《创造性思维》一书中，区别了两种类型的问题解决办法：一类是具有首创性的和顿悟式的解决办法；另一类是不适当地应用老规则，因而不能真正解决问题的办法。韦特墨最喜欢引用的一个例子是，一位在病房里值夜班的护士，到了深夜 11 点时，把一个病号叫醒说："现在到了你该吃安眠药的时候了。"这是不考虑与问题情境有关的特征机械运用规则而导致愚蠢行为的一个典型事例。

顿悟学习的核心是要把握事物的本质，而不是无关的细节。遗憾的是，一些教育工作者看不到这一点。韦特墨在《创造性思维》中举了一个例子。1910 年，一位学校视导员走访一个班级，想对这些学生聪明的程度作一番评估。他问道："一匹马有多少根毛?"一位男孩回答道："一匹马有 132 468 218 根毛。"视导员问："你是怎么知道的?"男孩说："如果你不信，可以自己去数。"全班同学哄堂大笑。该视导员在离开教室时对教师说："我回去把这个故事讲给同事们听，他们一定会喜欢听的。"过了一年后，这位视导员又来到该教室，教师问他，他的同事对这个故事有什么看法。这位视导员说："我是很想讲给他们听的，但我没法讲，因为我忘记了这个男孩所讲的数字了。"韦特墨认为，这个事例中令人惊讶的是这个视导员愚蠢的程度，因为他不理解实质性的东西，不知道这个男孩所讲的具体数字是无关紧要的，只要任何大到令人难以置信的数字都可以起到同样的作用（Wertheimer，1959）。

韦特墨认为，学校学习的目的，是要把习得的内容迁移到校外情境中去。通过机械记忆习得的内容，只能被用于非常具体的情境中去，即应用于类似于最初学习时的情境中去，只有通过顿悟理解的内容才能成为学生知识技能的一部分，随时可用于任何情境中的类似的问题上去。

为了说明这个问题，韦特墨经常用学生学习如何求平行四边形面积为例。他去听一堂课。教师在知道全班学生已学会如何求长方形面积后，开始讲解如何求平行四边形的面积。他先画了一个平行四边形（图 5-5A），为了说明平行四边形的面积也是等于底乘高，教师在左上角往下画一条垂直线，从右上角往下画另一条垂直线，把底线向右边延长（如图 5-5B）。左边的三角形正好等于右边的三

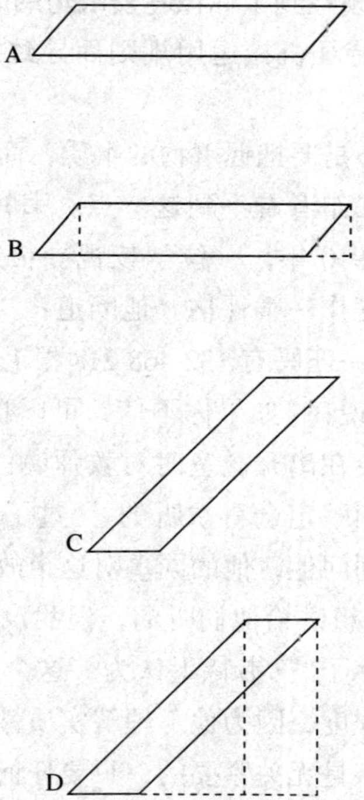

图 5-5　平行四边形面积求法示意图

资料来源：Krech，et al.，1969.

角形，以证明平行四边形的面积等于底乘高。然后教师求了一些大小、形状有些不同的平行四边形的面积。下课前，教师又指定了十多个这类问题作为家庭作业。

第二天上课，韦特墨又去了。课开始时，教师叫一个学生来证明平行四边形的面积是如何求得的。学生正确地解答了。许多人可能认为，这是一堂很出色的课，教学目标已经达到。但韦特墨在想的是另外一些问题："学生们学到了些什么呢？他们进行了一点思考吗？他们已经掌握了论点了吗？他们所做的是否只不过比盲目重复多一点罢了？"他问教师能否向班上学生提一个问题。教师欣然同意，他显然是以这门课为荣。韦特墨走到黑板前，画了图 5-5C。显然有些人吓了一跳。一个学生举手："老师，我们还没有学过这个。"另外一些学生忙碌起来，他们把图抄在纸上，像老师教他们时那样画了辅助线（图 5-5D）。然后，他们看上去不知如何是好。另外有些学生则情况完全不同，他们笑着把纸转了 45 度（转引自克雷奇等，1980 年）。图 5-5D 转过来当然也就是图 5-5A。显然，对许多学生来说，只是机械记忆所学的内容，这是因为他们只有一种狭隘的练习而没有真正理解，因而也就无法迁移。在韦特墨看来，如果教师在刚开始时，把图 5-5A 剪下来，让学生看着处于不同角度的平行四边形，从而对它有个整体了解，然后再加以分析，就不会出现上述情况了。

三、真正的学习是不会遗忘的

格式塔心理学家认为，通过顿悟获得的理解，不仅有助于迁移，而且不容易遗忘。现在几乎每一本心理学教材都提及著名的遗忘曲线，即艾宾浩斯 1885 年的无意义音节的遗忘曲线（见图 5-6）。但在格式塔心理学家看来，人类所学习的内容，都是有意义的。无意义音节的遗忘曲线在人类学习中并没有什么指导意义。恰恰相反，通过顿悟习得的内容，一旦掌握后，永远也不会遗忘（见图 5-6）。顿悟将成为我们知识技能中永久的部分。用现代认知信息加工心理学的术语来说，顿悟的内容是进入了长时记忆，将永远保留在学习者的头脑中。

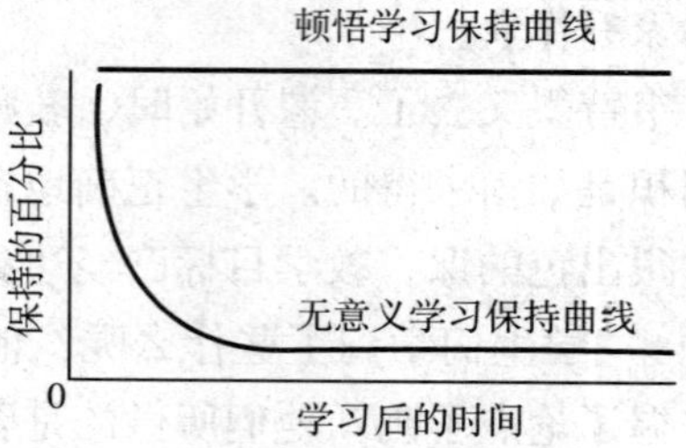

图 5-6　顿悟学习保持曲线与无意义学习保持曲线的比较

资料来源：Gazda，et al.，1980.

在格式塔心理学家看来，只能按学习的顺序告诉别人他学了些什么的学生，实际上是没有理解所学的内容（即没有经过认知重组），因而既无法迁移，也不能保持长久。有人在一项实验中，把 149162536496481 写在一张卡片上，要一组被试看 15 秒钟，然后试图回忆它。这是一项相当困难的任务。在一般情况下，除了记住其中少数几个数字外，没有人能全部记住。但在给另一组被试看这张卡片之前，告诉他们在试图记住它以前，先想一下这些数字为什么这样排列，是否有规律可循。结果不少被试都觉察到，这些数字原是用 1 到 9 的平方排列起来的。这样一来，回忆这些数字就毫无困难，哪怕是在几周或几个月之后也能轻易做到（Katona，1940）。

四、顿悟学习本身就具有奖励的性质

格式塔心理学家认为，真正的学习常常会伴随着一种兴奋感。当学习者了解到有意义的关系、理解了一个完形的内在结构、弄清了事物的真相，会伴有一种令人愉快的体验。例如，一些人对智力拼图、字迷填空玩得津津有味。有时看上去简直不大可能完成，但越是这样，当他们突然发现解决办法时，就越会有一种获到顿悟的快感。格式塔心理学家认为，这是人类所能具有的最积极的体验之一。

基于上述原因，格式塔理论家经常抨击滥用各种外部奖励，诸如使用糖果、好分数、五角星或金钱之类的东西来驱动学习。当然，在没有其他诱因动机时，在不可能用顿悟的方式来理解学习时，也不妨可以使用一些外部奖励。但作为教育工作者要意识到，不加区分地使用奖励物，可能会使学生分心，不把心思用在学习上，而只关心能得到什么奖励上，从而不可能达到对问题情境有顿悟的理解。就一般而言，达到理解水平本身就具有自我奖励的作用。

第四节　格式塔心理学家论学习律与遗忘律

前面一节的分析实际上已涉及格式塔心理学家对学习与遗忘的基本看法。本节是把韦特墨对知觉或学习律的概括，以及沃尔夫（F. Wulf）对遗忘律的概括作一简单介绍。

一、知觉律或学习律

在韦特墨看来，学习即知觉重组，因此，知觉与学习几乎是同义词。他提出的一条最基本的知觉律是孕含律（law of prägnanz，又译包含律）。这就是说，人们有一种倾向，尽可能把被知觉到的东西呈一种最好的形式——完形。如果一个人的知觉场被打乱了，他马上会重新形成一个知觉场，以便对被知觉的东西仍然有一种完好的形式。需注意的是，这种“完好的形式”并不是指“最佳的形式”，而是指具有一种“完整性”。这个过程，也就是前面所说的知觉重组的过程。在这个过程中，伴随着五条知觉律：

1. 接近律（law of proximity）

人们对知觉场中客体的知觉，是根据它们各部分彼此接近或邻近的程度而组合在一起的。各部分越是接近，组合在一起的可能性就越大。例如图 5-7 中，（a）中的线条被组合成 5 对；（b）中的线条组合发生了变化，现在看上去是 4 个方框，两边各多一条边。

2. 相似律（law of similarity）

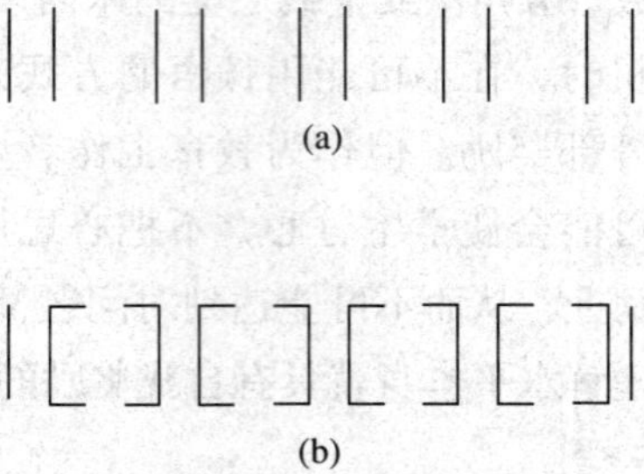

图 5-7　把接近作为组合因素的例证

资料来源：Hill，1971.

人们在知觉时，对刺激要素相似的项目，只要不被接近因素干扰，会倾向于把它们联合在一起。换言之，相似的部分在知觉中会形成若干组。例如图 5-8 中的 40 个字母，各字母间纵横的距离是相等的，但在知觉中看上去是 4 列同样字母的横列，而不是 10 行不同字母的纵行。又如，我们在小组辩论中，往往几个人争着发言，但我们仍然能从嘈杂的声音中听出某个人的讲话，这是因为这个人讲话的音质始终有相似性的缘故。如果他讲话的音质经常在变化，那就很难从噪音声中分辨出他的话来。

a a a a a a a a a a

g g g g g g g g g g

c c c c c c c c c c

x x x x x x x x x x

图 5-8　把相似作为组合因素的例证

资料来源：Lefrancois，1982.

3. 闭合律（law of closure）

闭合是指一种完成某种图形（完形）的行动。我们在知觉中，往往趋向于把图 5-9 中不完整的图形看成是完整的图形——三角形和正方形。前面图 5-7（b）也可以作为闭合性的一个例子。可见，在知觉中，封闭的区域比开放的区域更稳定。

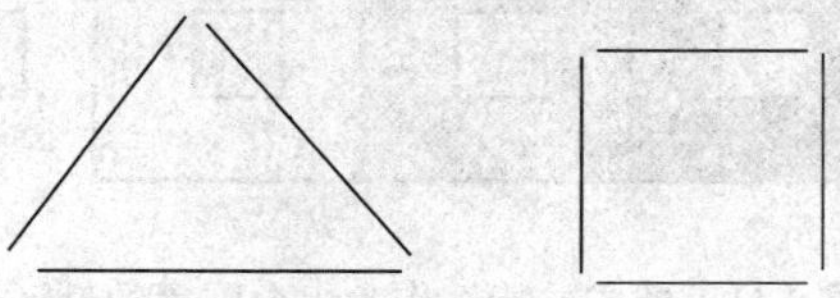

图 5-9　把闭合作为组合因素的例证

资料来源：Lefrancois，1982.

4. 连续律（law of continuity）

在知觉过程中，人们往往倾向于使知觉对象的直线继续成为直线，使曲线继续成为曲线。在看图 5-10（a）时，很容易在知觉上把它看做是一条直线和一条曲线，几乎不会有人把它看做是像图 5-10（b)那样的 7 个半圆形。

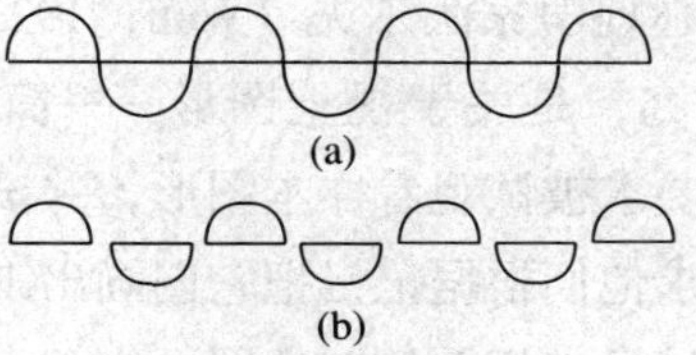

图 5-10　把连续作为组合因素的例证

资料来源：Lefrancois，1982.

5. 成员特性律（law of membership character）

在格式塔心理学家看来，一个整体中的个别部分并不具有固定的特性，个别部分的特性是从它与其他部分的关系中显现出来的。例如，一幅画中某种颜色的鲜明性，是根据它与其他部分的关系，即根据周围的色彩与图案来确定，而不是根据它本身固有的特性来确定的。同样的灰颜色，在一幅画面明亮的图画中可能显得比较暗，而在一幅颜色阴暗的画面中，则可能是属比较明亮的部分。如

图 5-11 所示，画面中的几个小正方形的颜色实际上是一样深，但在不同的背景里，有的看上去深一些，有的浅些。

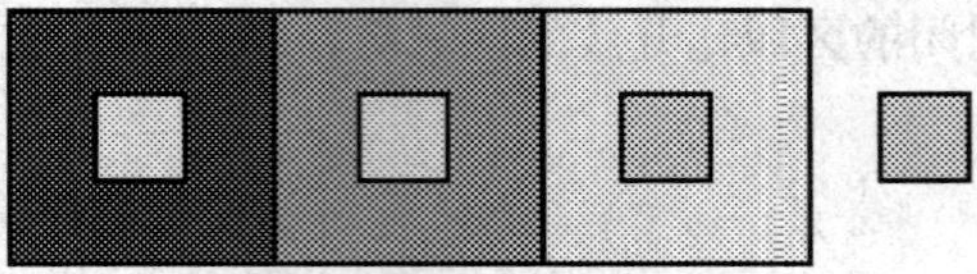

图 5-11　把成员特性作为组合因素的例证

资料来源：Krech，et al.，1969.

由此可见，在世界上，几乎没有什么刺激是孤立出现的。我们知觉的对象，几乎总是被其他刺激所围绕。因而，各种知觉组织方式很可能是联系在一起的。我们所知觉的东西，是与以往已发生的事情或同时发生的其他事情相关联的。而人的知觉，是在各种刺激的对比中形成的。

二、记忆律

另一位格式塔心理学家沃尔夫（Wulf，1922，1938）对遗忘问题所作的经典性研究，是关于视觉图形——简单线条画——的遗忘。他在实验时，要求被试观看样本图形，并试图记住它们，然后在不同的时间里要求他们根据记忆把它们画出来。他发现，当初呈现的样本图形与被试后来相继复制的图画之间存在着许多不同。在有些情况下，再现的图画比原来的图画更简单、更有规则；在有些情况下，原来图画中的某些显著的细节在再现时被更加突出了；在另一些情况下，再现的图画比最初的样本图形更像某些熟悉的物体了。沃尔夫把这三种记忆组织倾向称之为“水平化”、“尖锐化”和“常态化”。

1. 水平化（leveling）

水平化是指人们在记忆中，往往趋向于减少知觉图形中的不规则部分，使其对称；或趋向于减少知觉图形中的具体细节。图 5-12 是水平化的一个例子。左边是样本图形，右边三个图形是被试在后来不同时期相继复制的图形。原来的两条不规则的曲线，最终成了两条平行的曲线。一些心理学家认为，水平化的过程也可以用来说明人们对比较抽象的认知材料的记忆。

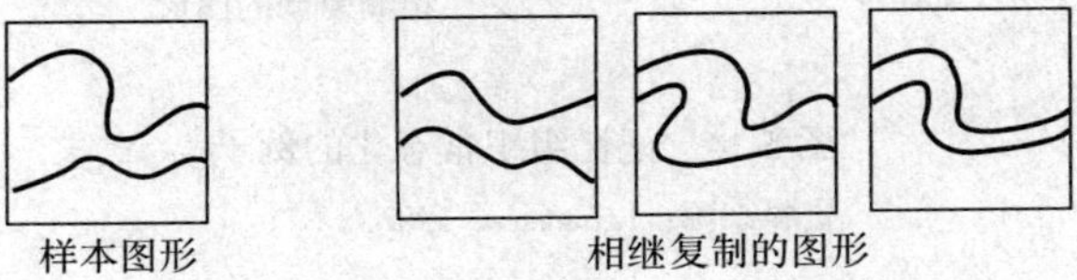

图 5-12　记忆组织水平化的例子

资料来源：Lefrancois，1982.

2. 尖锐化（sharpening）

尖锐化是在记忆中与水平化过程伴随而行的。尖锐化是指在记忆中，人们往往强调知觉图形的某些特征而忽视其他具体细节的过程。在有些心理学家看来，人类记忆的特征之一，就是客体中最明显的特征在再现过程中往往被夸大了。图 5-13 是尖锐化的一个例子。左边样本图形是一个睁大眼睛的人像；右边三个图形逐渐发生了变化，最后演化成一个怒发冲冠的人像了。

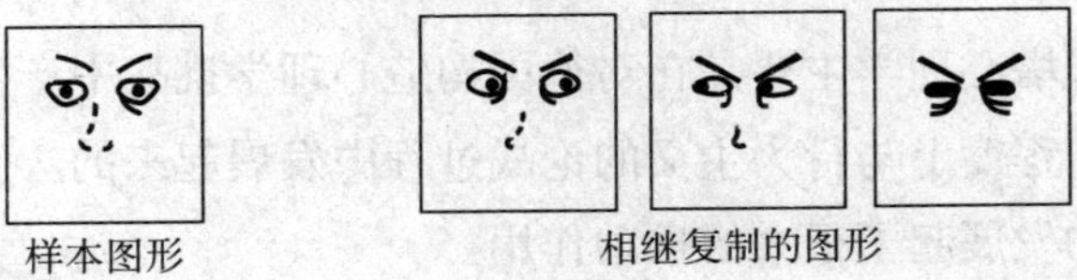

图 5-13　记忆组织尖锐化的例子

资料来源：Lefrancois，1982.

3. 常态化（normalizing）

常态化是指人们在记忆中，往往根据自己已有的记忆痕迹对知觉图形加以修改，即一般会趋向于按照自己认为它似乎应该是什么样子来加以修改的。图 5-14 可以说明这种现象。样本图形——一个空心的 Y 大写字母，最终成了一个牛头骨。

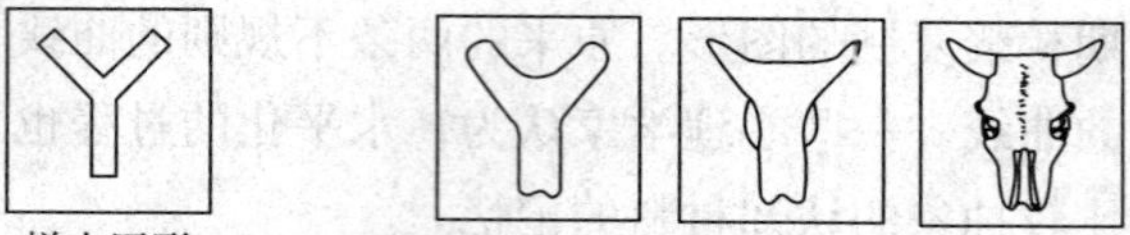

图 5-14　记忆组织常态化的例子

资料来源：Lefrancois，1982.

尽管这些样本图形并不清楚地表示某一物体，但被试都看到它们与自己所熟悉的物体的相似之处。在所有这类实验中，我们都可以看到被试趋向于画出一幅更清楚、更一致的图画。换言之，即趋向于形成一个更好的完形。因此，被记住的东西并不始终是学习知觉到的东西，而常常是比原来图形更好的完形。同样，遗忘不仅仅是失去某些细节，而是把原来的刺激连续不断地变为具有更好完形的其他某件东西。

第五节　评　　论

格式塔心理学主要是在对德国构造心理学挑战中产生的，后来又在一定程度上与行为主义的论战过程中发展起来的。它对整个心理科学的发展起了很大的推动作用。

格式塔心理学家把现象学作为其理论基础，认为心理学的主要任务是对“直接经验予以朴素而又丰富的描写”（转引自杨清，1982 年），因而，他们强调要研究现象的经验。现象的经验是一个整体，不可分解为感觉元素，因为整体不等于部分之总和。任何一个整体都具有其特定的内在结构。学习就是通过认知重组把握这种结构。虽说格式塔心理学就其理论基础来说，属于主观唯心主义的范畴，但他们对知觉和学习等方面问题作了很多有独到见解的研究。他们对似动现象、图形-背景交替等知觉问题，以及对顿悟、认知重组和创造性思维等方面的研究，至今仍是一般心理学教科书所讲述的基本内容之一。

当然，作为学习理论的一个流派，无疑会招致来自各方面的抨击。对这些批评我们都可以从两个方面来看。首先，有些人批评格式塔心理学搞理论太多，以致牺牲了适当的实验研究和有经验支持的资料。但有人则认为格式塔心理学从创始起就是强调实验的（舒尔兹，1981 年）。从韦特墨的似动现象实验到苛勒从事的猩猩实验，有些实验还堪称是经典性的。有人认为，苛勒在特纳利夫岛从事的实验，使学习研究领域中的实验技术和理论解释朝前跨了一大步（Keller，1973）。因为苛勒的目的是向猩猩呈现要它们展示智慧或“顿悟”的问题——这比桑代克等人描述的试误学习要复杂多了。

其次，有人批评格式塔心理学中最根本的同时又是说得最不完善的，是整体与要素的关系（墨菲等，1980 年）。因为格式塔心理学认为，一个整体中的一切要素或组成部分，只有在它们的相互关系中才能被理解，但他们根本就没有分析过要素或组成部分。如果说要素本身是无法解说的，那要素之间的关系又从何谈起呢？对此，苛勒作了反驳。他认为，格式塔心理学并没有否定分析的作用，但这种分析是要发现更为自然的单位，而不是构造主义和行为主义的那种基本单位。遗憾的是，苛勒没有具体说明这种“自然的单位”或“要素”是什么。

再次，有人批评格式塔心理学实验缺乏对变量的适当控制，而且所持的非数量化的资料不适合于作统计分析。确实，格式塔心理学的实验不如有些行为主义者的实验那样精细。但格式塔心理学家认为，他们的许多研究工作确实很少考虑定量的东西。因为格式塔的研究工作常常涉及某一领域的新问题，或者是从完全不同的观点来研究某一领域的老问题，所以往往注重定性的研究结果。这就涉及定性研究与定量研究的关系问题了。

最后，许多作者往往喜欢把格式塔心理学家所注重的“顿悟”与行为主义者关注的“试误”绝对对立起来，以表明其冲突。但格式塔心理学家也并没有只是把像猩猩获得香蕉那样“戏剧性地”解决问题的方式看做是“顿悟”。他们把通过试误进行的学习过程，解释成一系列小的、部分的顿悟。从这个意义上说，顿悟与试误仅仅是不同心理学派，从不同角度，解释同一现象的两个不同的术语而已。

可以说，格式塔的学习理论体系现已成为历史，但它为20世纪50年代末60年代初兴起的认知心理学奠定了基础。

第六节　格式塔学习理论的分支

——勒温认知-场学习理论

勒温（Kurt Lewin，1890—1947）于1890年9月9日出生在普鲁士的莫吉尔诺。他先后在弗雷堡大学和慕尼黑大学攻读数学和物理学，后转柏林大学修习心理学，并于1914年获博士学位。1921年在柏林大学任讲师，1926年升任教授。他在柏林大学期间，他与韦特墨等人一起从事格式塔心理学研究，但他的兴趣是用场论来解释心理学的问题。同韦特墨等人一样，勒温因不堪纳粹暴政，最终也离开德国。1932年赴美国后，先在斯坦福大学任访问教授，1933年至1934年在康奈尔大学任教。1935年他接受衣阿华州立大学的聘请，任儿童福利研究所儿童心理学教授，在那里，他从事了一系列著名的研究。1945年，勒温前往麻省理工学院，主持“群体动力研究中心”（Research Center for Group Dynamics）的工作，并兼任加州大学伯克利分校和哈佛大学的访问教授。

勒温的主要代表著作有：《个性的动力理论》（A Dynamic Theory of Personality）（1935）、《拓扑心理学原理》（Principles of Topological Psychology）（1936）、《心理力量的概念表征和测量》（The Conceptual

Representation and the Measurement of Psychological Forces）（1938）、《社会冲突的解决》（Resolving Social Conflicts）（1948）和《社会科学中的场论》（Field Theory in Social Science）（论文集，1951）等。勒温关于学习理论的阐述，集中反映在他《学习的场论》（Field Theory of learning）一文中，刊发在1942年出版的美国教育研究学会（NSSE）第41期年鉴上。

一、勒温的基本观点

勒温在柏林大学期间，与韦特墨、苛勒和考夫卡等人一起从事格式塔心理学的研究。虽说他比三位奠基人晚了几年，但他很快就成为柏林学派中的一位朝气蓬勃和极富创造性的成员，并迅速证明自己有能力加入格式塔心理学的主要代表人物的行列。

但是，勒温的兴趣在一些方面不同与前三者。韦特墨等人关注的是知觉、认知和思维方面的问题，而勒温感兴趣的是动机、个性和社会心理。传统的格式塔心理学在探讨学习的问题时，认为学习者"渴望达到某些目的"是理所当然的，因而他们关注的是通过知觉重组达到目的的途径；而勒温则把注意力集中在"渴望"和"目的"本身上，并把它们与个性联系起来研究。勒温由此而形成的理论体系，主要不是一种学习理论，而是一种描述系统。当然，在这个系统内可以讨论学习、动机、个性和社会行为等问题。

勒温对行为主义刺激-反应的公式持否定的立场。他认为，人就是一个场（field），人的心理活动是在一种心理场或生活空间里发生的。生活空间（life space，简称LSP）包括个人及其心理环境。一个人的行为（B）取决于个人（P）和他的环境（E）的相互作用，也就是说，行为取决于个体的生活空间（LSP）。这样，勒温的基本公式就是：

$$B = f(P \cdot E) = f(LSP)$$

此外，勒温利用拓扑学和向量分析来解释心理现象。他认为，拓扑学有助于了解个体在某个特定空间可能或不可能发生的事件；

向量分析可以表明个体在某种情境里可能作出的各种行为有哪些将会成为现实。

在勒温的系统中，“场”这个术语的内涵与一般的解释略有不同。“场”不仅仅指知觉到的环境，而且还包括认知意义。它既包括物质环境中的某些事件（即被知觉到的物质环境），也包括个人的信念、感情和目的等。简言之，勒温探讨的是认知场和知觉场。他之所以借用场论的概念，是因为他认为它是一种分析关系的起因和建立科学体系的方法（萨哈金，1991 年）。

勒温的场论旨在预测个体的动机行为。他认为，答案就在“生活空间”这个概念中。如前所述，生活空间包括个体以及他的心理环境，生活空间是“决定个体在某一时间里的行为的全部事件的总和”（Lewin，1936）。对生活空间的理解，关键在于如何理解“心理环境”这个概念。

“心理环境”这个概念比初看起来要复杂些。我们一定不要把它同物质世界混淆起来。心理环境不只是指物质世界，也不是指他人的世界，而是指影响某个个体行为的世界。因此，这个个体没有觉察到的、因而对他行为没有影响的客体，不在他心理环境之内，尽管从物质上来讲，这些客体可能离他很近。同样地，这个个体认为存在的东西，并好像它存在着一样地作出行为反应，那么即便这种东西在物质上是不存在的，它也是在他心理环境之内的东西。例如，一个小孩以为有一只老虎在他床上，并作出惊怕的反应，那么这只“老虎”就是他心理环境的一部分，尽管其他所有人都坚持认为这纯粹是幻觉。

需要注意的是，我们也不能由此认为，心理环境仅仅是由个人觉察到的东西构成的，因为个体可能会受他没有意识到的因素的影响。例如，一个学生说他的目标是要担任学生会领导工作，并感到自己完全能胜任。然而，每当他遇到这类机会时，总是寻找某些理由推托。如果我们根据他的话来判断，可以得出这样的结论：他没有觉察到他与他目标之间存在的障碍；如果我们根据他的行动来判断，则可以得出这样的结论：他确实意识到他与他目标之间存在着障碍，因为他的行动表明了这一点。那么，他实际上到底觉察到这些障碍吗？我们无法回答。在勒温看来，我们无须回答这个问题。倘若个体的行动就像有障碍似的，那就说明是存在障碍的。一些教科书为了方便起见，常常把心理环境说成是“一个人所知觉的环境”，但我们必须记住，勒温真正的意思是指“影响一个人行为的环境”（Hill，1985）。

勒温认为，在生活空间中，最重要的因素是个体所渴望达到的目标或他力图避免的目标（Goal，简称 G），以及限制他追求或避开这些目标的障碍（Barrier，简称 B，用把生活空间的一部分与另一部分隔开的黑线来表示）。凡是一个人追求的目标，说明它有吸引力，勒温称为正诱发力（Positive valence，用“+”表示）；凡是一个人力图避开的目标，说明它有排斥力，勒温称为负诱发力（negative valence，用“-”表示）。正负诱发力都是一种推动力，即是向目标移动或背离的一种力；而障碍则会产生一种与推动力相反方向移动的力，即所谓的约束力。勒温把这些力都称为向量（vector）。向量在这里是表示力的方向和大小。这些力的彼此交互作用而产生的动力结构就构成了个体行为的动力场（见图 5-15）。

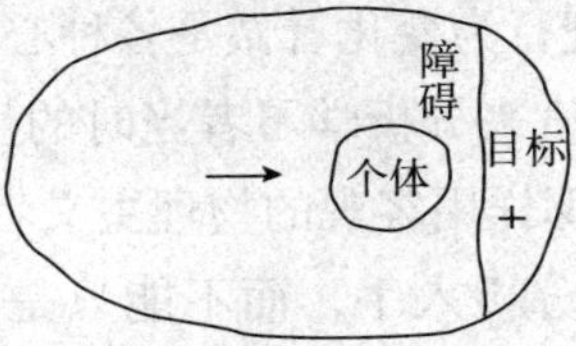

图 5-15　生活空间简图

资料来源：Lewin，1933.

当然，这个简图是高度概括性的。在图 5-15 中，障碍这条线把生活空间分隔成两个区域（regions）。勒温认为，区域的大小以及各区域之间的距离并没有特定的意义，重要的是要了解到，一个人为了达到目标所必须经过的区域，以及从一个区域进入另一个区域时必然会遇到的障碍。考虑到这些因素，勒温认为普通几何学不适宜用来描述生活空间，因而转向用一种特殊的几何学——拓扑学(topology)。拓扑学有时被戏称为“橡胶布几何学”（rubbersheet geometry），因为拓扑学的空间可以向任何方向伸展而没有任何不同，它只关注各区域之间的界线，而不关注各区域面积的大小或形状，也不关心从一个区域到另一个区域之间的距离。这也就是说，我们可以把图 5-15 看做是用一块有高度弹性的橡皮泥制成的，可以任意伸展、揉搓和弯曲，但它所代表的相对关系仍然保持不变。

二、勒温论学习

如前所述，勒温的基本观点是社会心理学方面的，尤其是关于个体的动机。从某种角度来看，这弥补了格式塔学习理论的不足。勒温是从场论的角度来探讨学习理论的，他认为，用场论来研究学习的问题，需要注意以下几个方面。

1. 要使用构成法（constructive method），而不是用分类法或分析法。这就是说，要用心理学中最基本的几个构成来探讨学习的问题。这些基本构成就是生活空间、心理环境、诱发力和约束力等。

2. 要对行为作动态分析，也就说，要了解作为行为之基础的各种力（forces）。他把行为变化看做是各种心理力量的结果。

3. 要从心理的角度来分析学习者当时的生活空间和心理世界，而不能像行为主义者那样用客观的物理主义者的术语来界说刺激。

4. 要从整体情境分析入手，而不能只是从刺激情境中抽取一两个孤立的要素。因为不从整体上考虑问题，是不可能作出正确判断的。

5. 行为是行为发生时场的函数。勒温认为，行为主义者认为行为取决于有机体以往的经验和强化史，这是形而上学的。因为过去的事情现在并不存在，所以不可能直接影响现在的行为。以往的事件对行为的影响只能是间接的。虽说过去的心理场是现在的心理场的来源，但影响现在行为的，毕竟是现在的心理场。

6. 要用数学的方式来表述心理情境。勒温认为，几何学作为数学的一个分支，是所有科学的一种工具，而作为非度量几何学的拓扑学，是表述心理情境的结构的一种最有用的工具。在勒温看来，拓扑学和向量的概念，比当时现有的心理学中的任何其他概念都更优越（Lewin，1942）。

勒温认为，行为主义者仅仅把行为变化看做是学习，事实上，学习这个术语可用来指许多不同的现象。在研究学习时，至少必须区别这样四种变化：第一，作为认知结构（即知识）变化的学习；第二，作为动机变化的学习；第三，作为群体属性和意识形态变化的学习；第四，作为身体肌肉随意控制发生变化的学习。在勒温看来，学习理论要探讨的，主要是学习者认知结构和动机的变化（Lewin，1942）。

1. 学习即认知结构的变化

勒温与其他格式塔心理学家一样，认为学习必然涉及认知结构的变化，或者说，学习包括认知结构的重建。与众不同的是，他是用场论来说明这一点的。

一个经典性的例子是迂回的问题（见图 5-16b）。当一个幼儿从他所在位置到目的地之间出现了“u 字型障碍（B）时，他会怎样做呢？或者说，当幼儿突然有了解决办法的“顿悟”时，他当时的心理会发生什么变化呢？

在问题解决之前，从幼儿所在的 A 区域到目的地（G）去的方向（$d_{A,G}$），等于是朝障碍（B）的方向（$d_{A,B}$），所以，$d_{A,G} = d_{A,B}$。在这时，幼儿朝 C 方向（$d_{A,C}$），等于是背离目的地的方向（d_{A-G}，所以，$d_{A,C} = d_{A,-G}$。作用于幼儿朝目的地方向走的力（$f_{A,G}$）促使他朝有障碍物的方向（$d_{A,B}$）走，但障碍（B）的约束力太大了，以致幼儿不可能达到目的。

当幼儿有了顿悟时，他对该情境的认知结构就发生了变化（见图5-16b）。原来被分隔开来的A和G两个区域，现在作为A，C，

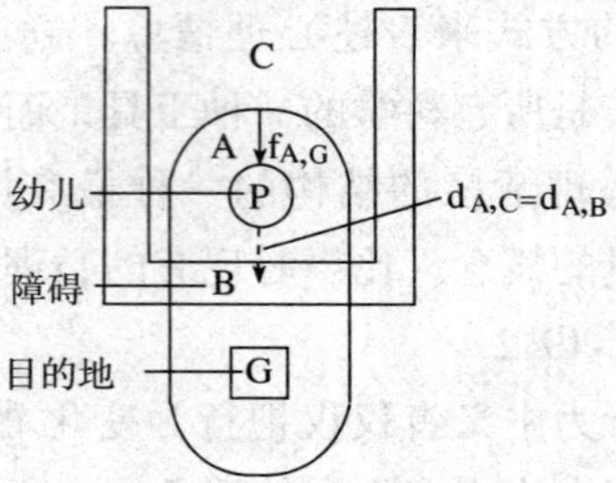

图 5-16a　迂回问题示意图。在还没有“顿悟”之前的认知结构

资料来源：Lewin，1942.

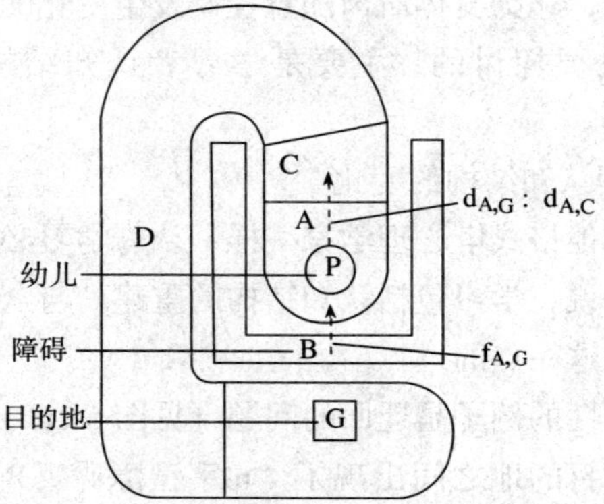

图 5-16b　迂回问题示意图。在有了“顿悟”时的认知结构

资料来源：Lewin，1942.

D，G 的一部分被联结起来了。从 A 向 C 移动，可以被看做是通道（$w_{A,C,D,G}$）的第一部分。相应地，现在朝C走的方向（$d_{A,C}$）等于是朝G走（$d_{A,G}$），而不是背离 G（$d_{A,-G}$）。所以，在“顿悟”前是d_A，$c=d_{A,-G}$，而在“顿悟”后，是d_A，$c=d_{A,G}$。为了与这种方向意

义变化相一致，现在的力（f_A）是推动从 A 走向 C。

勒温认为，这个例子说明，心理方向取决于对特定情境的认知结构。行为是由具有方向性的力（向量）引发的。因此，所有行为都在很大程度上取决于对生活空间的认知结构。在新的问题情境里，个体之所以感到没有把握，是因为他心理方向还没有明确，换言之，是因为他不知道在新的情境里什么行动会导致什么结果。因此，在勒温看来，实际上每一种行为都涉及认知结构的变化。

2. 学习即动机的变化

勒温指出，人们常常用奖励或惩罚作为促进学习动机的手段，但是，如果我们用场论对受惩罚威胁的典型情境作一下分析，就可以明了其实际含义了。如图 5-17 所示。学生不喜欢活动 T，为了使他从事这项活动，就采用另一种更令他讨厌事情（惩罚 P_U）。这样，学生就不得不面临一种两难情境。换句话说，学生处在一种特

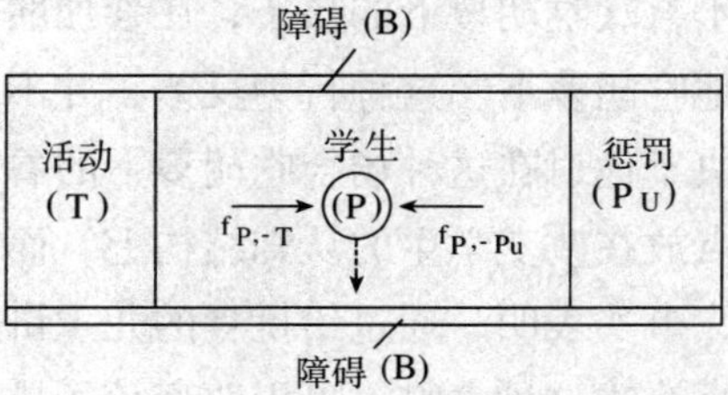

图 5-17　用场论来分析典型的受惩罚威胁的情境

资料来源：Lewin，1942.

殊类型的冲突情境中，即处于背离这两个令人讨厌的区域的力（$f_{P,-T}$和 f_P，$-p_U$）的冲突中。这类冲突会使学生产生“逃离这个场”的倾向（l），即想远离这两种活动。为了使惩罚的威胁有效，必须设立防止他逃离的障碍（B）。这些障碍通常是由权威和各种社会力量构成的，其障碍的强度足以使学生始终处于这种冲突的区域内。在这种情况下，学生会产生因冲突而导致的张力、对抗权威

的倾向或其他各种行为。事实表明，如果要使惩罚的威胁有效的话，学生自由运动的空间必然是很小的，有点类似于监狱的情境。

同样，给予奖励的承诺，也不会成为使学生对所要求从事的活动本身的兴趣发生变化的心理力量。诚然，给予奖励的承诺，比起惩罚的威胁来，不会有监狱般的情境，而会允许学生有更多的自由朝着其他方向。然而，学生除非从事他讨厌的活动，否则奖励始终是被障碍隔开着的。不过，勒温认为需要提及的是，奖励可能会导致学生兴趣的变化，以致原来讨厌的活动现在变得喜欢了；而反复的惩罚通常会使学生更加讨厌所要求从事的活动。

勒温指出，传统的行为主义的错误之一，是在描述某种活动的特性时，只注意它的物理方面，而忽视了心理环境的巨大影响。在勒温看来，个体参与某种活动的诱发力，至少有一部分取决于他对这项活动意义的认识，或者说，取决于他对这项活动的认知结构。例如，一个在家不喜欢吃胡萝卜的孩子，在参加朋友聚会时则像大家一样津津有味地吃胡萝卜。这种行为反差，并不是由胡萝卜本身决定的，而是取决于他对在这种场合吃胡萝卜的看法。所以，在教育中，应该把重点放在改变学生的认知结构上，而不是关注物质的刺激物上。例如，事实表明，通过给挑食的儿童讲述故事，而故事中的英雄人物最喜欢吃这种食物，可以改变孩子挑食的倾向。

不过，勒温也承认，认知结构与诱发力之间的关系还不是很清楚。例如，儿童在托儿所时不在乎吃胡萝卜，而回家后仍然坚持不肯吃胡萝卜。但勒温坚持认为，若要改变这种习惯，关键还是在于改变儿童对这件事情的认识。

此外，勒温还认为，学习与抱负水平有关。抱负水平是指个体所努力追求的目标的难度。个体是否想学习某一事情，在很大程度上取决于他是否想这样去做。所以，决定个体抱负水平的因素，对学习来说也是最为重要的因素。

勒温认为，抱负水平部分是受个体能力（这是通过在以往和现在的学业成败体现出来的）的影响，部分是受某种群体的标准的影响。证据业已表明，个体对自己群体和其他群体的标准的认识，对他实际的水平和希望达到的水平都有一定影响（Festinger，1942）。就一般而言，好学生往往把自己的抱负水平设定在比他们以往成绩略高一些的水平上；而差学生则往往把抱负水平放在相对于他们能力来说太高或太低的水平上。用勒温的话来说，差学生没有学会现实地评估自己学业的成败。所以，对学生来说，“学会认识自己”（learn to take it），作为学生个性发展的一部分，是学习中最重要的一部分（Lewin，1942）。

三、评论

勒温在格式塔心理学的框架结构内，引进“场”、“生活空间”、“拓扑学”和“向量”等概念，另辟蹊径，从而丰富和发展了传统的格式塔理论。尽管他研究的重心放在社会心理学方面，但他对行为、学习和动机等方面探讨，在当时是很有新意的。

作为格式塔心理学的一支，勒温从心理场的角度，对刺激-反应理论提出了挑战。因为在刺激-反应理论看来，一个人的心理环境和物质环境完全是相同的，即包括他周围所有物质的和社会的事件。由于环境是用客观的物理主义的术语来界定的，因此，任何人都可以感受到其他人所感受到的一切。然而，勒温注重的是心理环境，有机体的行为取决于行为发生时的心理环境（比格，1991年）。

应该承认，勒温对学习与动机问题的解释是有独到之处的。他用实验说明了学生头脑中认知结构变化的过程，尽管这类实验所涉及的认知结构是否能用来解释学生学习过程中所发生的认知结构的变化，还是令人怀疑的。他对惩罚与奖励的分析也给人提供了一个新的视角，使人不得不考虑惩罚所会带来的后果，同时对奖励的两重性有了进一步的认识。

勒温的场论有时被称为“黑板心理学”（blackboard psychology），

因为他坚信可以用拓扑学这种非度量的几何形式，表示各种各样的心理现象，可以用“地图来表示生活空间”。在他的场论中，所有行为方式都可以用图形显示出来（舒尔茨，1981 年）。凭借空间概念，用数学方式处理心理学问题，这确实是勒温理论体系的一大特色。然而，由于勒温的“生活空间”是根据影响个体行为的环境来解释的，鉴于没有一个人能用一种完全客观的方式来看待他人的环境，因而也就不可能有人能精确地描述他人的环境。而且，由于生活空间还包括个体没有意识到的同时又影响他行为的因素，所以，个体本身也不可能精确地描述自己的生活空间。这样一来，谁能精确地描述某个人的生活空间呢？最后，勒温关于诱发力、约束力和向量等概念，促使人们考虑个体动机的种种来源，但由于他只是提出了一般的解释，而没有提供比较精确的描述和判断的指南，从而使这些术语在预测行为方面用处不大。因为研究行为最终的目的，是要预测行为发生的可能性并予以指导，而不仅仅是在行为发生后对此加以解释。

第六章　皮亚杰建构主义学习理论

让·皮亚杰（Jean Piaget，1896—1980）于1896年8月9日出生在瑞士纳沙特尔。他从小聪明过人，10岁时就发表了他第一篇“学术性”文章——尽管只有一页纸。还在中学时，他因研究软体动物而得到外国同行的邀请和一个博物馆馆长助理的职位。他于1915年和1918年先后在纳沙特尔大学获学士学位和科学博士学位。博士论文是关于软体动物的研究。在这之后的一年里，皮亚杰周游了欧洲，以便确定自己的职业生涯。在苏黎世时，他在列勃斯（T.Lipps）和雷舒纳（Wreschner）的心理实验室工作，并在布鲁勒（E.Bleuler）的实验室从事精神分析诊断的工作。他听过荣格（C.G.Jung）的讲课，并读过弗洛伊德的著作。1919年他去了巴黎大学，听了皮耶隆（H.Pieron）的讲课，研究病理心理学，并钻研科学史、逻辑学与哲学。1921年，他获得法国国家科学博士学位。继而，他在巴黎的比奈实验室工作，受西蒙（Simon）的指导。他在比奈实验室的工作，是对儿童进行“勃德推理测验”（Burt's reasoning tests），目的是为了使这些试题标准化。这一时期的工作可以作为皮亚杰开始把全身精力投入到儿童思维过程中去的一个标志。

1921年，皮亚杰任日内瓦大学卢梭研究院研究部主任。他曾先后在纳沙特尔大学、日内瓦大学、洛桑大学和巴黎大学执教。1955年创建日内瓦“发生认识论国际研究中心”，并担任主任。1971年退休后，继续任该中心主任，并获日内瓦大学荣誉教授称号。皮亚杰曾当选为瑞士心理学会主席、法语国家心理科学联合会主席、第十四届国际心理科学联合会主席，并长期担任设在日内瓦的联合国教科文组织的国际教育局局长。由于他在学术上贡献卓越，曾被哈佛、巴黎、布鲁塞尔、剑桥、耶鲁和巴西等20余所大学授予荣誉学位，并在1969年作为第一个欧洲学者接受了美国心理学会杰出科学贡献奖，1972年获荷兰伊拉士麻斯奖，1977年获美国心理学会教育心理学分会的桑代克奖。皮亚杰一生著作等身，据统计，他一生中约以1 500多个题目发表过自己的研究成果，著作达70多本（其中20多本是与他人合作）。“他给人们提供了任何心理学家都望尘莫及的从初生到成人的认知发展的蓝图”（皮亚杰，1990年）。

第一节　皮亚杰学说的基本观点

皮亚杰的心理学是不可能与他的认识论分割开来的。他的认识论可以被称为建构主义的（constructivism）。在他看来，知识既不是客观的东西（经验论），也不是主观的东西（活力论），而是个体在与环境交互作用的过程中逐渐建构的结果（Inhelder，1977）。皮亚杰的认识论，也就是所谓的发生认识论（genetic epistemology），这是一种研究认识的结构、发生、发展过程，以及心理起源的学说。它主要研究的内容是知识的起源、知识的形成，以及知识构成的心理机制（邵瑞珍，1990年）。

皮亚杰对认知发展的看法，来自于他对某些有机体生物学上发展的分析。他对软体动物的研究表明，有机体的某些发生论上的变化，既不完全是由遗传决定的，也不完全是环境事件变化的结果。例如，他发现一些软体动物，从平静的水面迁徙到水流湍急的地方后，外型会变得短一些。这种建构对这些软体动物来说是必需的，如果它们要在水流湍急的地方生存下去的话。而且，这种生物学上的变化（即有机体对环境变化作出反应时建构的东西），软体动物会一代一代遗传下去。这是因长时期环境的作用而导致的遗传物质变化的结果。皮亚杰由此得出结论：有机体在发生发展过程中并不是消极被动的。生物适应环境，从而幸存下来，是有机体与环境之间相互作用的过程。有机体在对变化了的环境条件下作出反应的过程中，建构了它所需要的特定的生物学上的结构。

从生物学研究转向心理学研究的皮亚杰，力图把生物学与认识论两者沟通起来。在他看来，心理学（特别是发展心理学）是沟通生物学与认识论的最好桥梁。他的基本观点是，不能把认识的发展与智慧的成长割裂开来。他认为，前面对生物发展的描述，也揭示了人类智慧发展的实质。智慧，就像其他有生命力的系统一样，也是适应环境的过程。换言之，智慧被看作是生物适应的延伸，是后者的一种特殊表现（李丹，1987 年）。同样，认知结构，像生物学上的结构一样，既不是事先就在头脑中的，也不是外部世界所赋予的；个体的智慧和认识是通过与环境相互作用而得到生长和发展的。从某种意义上说，发生认识论也可以被理解为“智慧的胚胎学”（赵祥麟，1992 年）。由此可见，皮亚杰创立发生认识论，与他早年所受的生物学教育有关。

基于这一观点，皮亚杰对于把学习看作是因经验而产生的行为变化的行为主义者持批评态度。他认为，把所有认识都归因于学习，是没有注意到这种观点所隐含的生物学上的困难。用他的话来说，这就是刺激-反应（S→R）这个公式“没有受到生物学革命的影响。如果我们为了方便还愿意保留刺激-反应这一术语，那末对这些概念本身就必将进行一次会完全改变它们的意义的彻底的变革。一个刺激要引起某一特定反应，主体及其机体就必须有反应刺激的能力，因此我们首先关心的是这种能力，……所以我们不从刺激开始，而从对刺激的感受性开始，感受性自然是依存于作出反应的能力。所以这个公式不应当写作 S→R，而应当写作 S⇆R，说得更确切一些，应写作 S（A）R，其中 A 是刺激向某个反应图式的同化，而同化才是引起反应的根源。对 S→R 公式提出这种修改，绝不只是出于单纯追求准确性，也不是为了理论上的概念化；这个修改提出了依我们看来是认识发展的中心问题”（皮亚杰，1987年）。①

由于皮亚杰尤为关注认知结构所起的作用，所以，当他被问及他在勒温的认知模式与斯金纳的行为模式两者之间倾向哪一端时，他毫不含糊地回答：靠近勒温认知模式（Evans，1976）。他在自传中甚至说：“如果我在1913～1915年间早就接触到韦特墨和苛勒的著作，我可能成为一个格式塔心理学者”（皮亚杰，1980年）。

事实上，发生认识论无疑也像其他学习理论一样，试图解释行为的持久的变化。与其他传统观点不同的是，皮亚杰不认为认识的生长仅仅是经验的结果，而是强调个体在认知生长过程中的积极作用（Gallagher and Reid，1981）。

正因为皮亚杰持这种观点，一些学者对皮亚杰学说与学习理论的关系产生了不同的看法。不少人认为，皮亚杰的理论与学习无关，因为他不强调环境的影响、不考察加速认知生长的方式。因为在他看来，儿童对世界的认识，主要取决于他们内部的特定认知结构，而不是客观存在的外部刺激。这与美国传统的学习理论确实有很大差异。甚至还有人认为，如果说皮亚杰不是一个成熟论者，他就更不是一个学习理论家，因为他不相信儿童的思维是由成人的教导或环境影响造成的（格莱因，1983年）。

但也有人认为，皮亚杰形成了一种注重认识论和结构的学习理论。这种学习理论的核心观点是：人的各种内部因素（如同化和顺化的功能），是按照一种先天决定的发展顺序，与影响认知结构发生变化的各种环境因素共同起作用的。尽管皮亚杰主要是从事发展

---

① 有时，皮亚杰提出“S→（AT）→R”公式，这是指：一定的刺激（S）被个体同化（A）于认知结构（T）之中，才能对刺激（S）作出反应（R）（皮亚杰，1980年）。

心理学的研究，但他的关于学习机制取决于发展阶段的理论，以及他提出的有关为儿童提供最佳学习环境方面的建议，使他的理论有资格成为一种学习理论（Swenson，1980）。

我们认为，上述两种看法都是有一些道理的。因为“发展”与“学习”，在皮亚杰看来，“这两个问题是十分不相同的”（皮亚杰，1990年）。皮亚杰的基本假设是：认识既不起因于主体（成熟论者所强调的），也不起因于客体（行为主义者所强调的），而是主体与客体之间的相互作用。但相比之下，学习从属于发展，因为“所有证据都表明，发展比学习更为基本。同样的学习情境对不同发展阶段的人会产生不同的效果”（Evans，1976）。为此，人们又常常把皮亚杰视为成熟论者。皮亚杰也坦诚地承认：“把我归入‘成熟论者’之内是有道理的，因为，我依仗了源于内部的建构。”但与此同时，皮亚杰强调：“我既不是新行为主义者也不是成熟论者，我所关心的重要问题是新结构的不断形成的问题，这些新结构既不是在环境中也不是在主体自身内部在他的发展的各阶段之前预先就形成了的”（皮亚杰，1981年）。

如前所述，传统的行为主义学习理论把学习定义为因经验而引起的行为变化，但如果根据皮亚杰的双向建构理论来看，这个学习定义就显得太狭隘了。因为它忽视了发展的一个最重要的方面——主体内部的逻辑构造。而这正是发生认识论所关注的。从这个意义上说，我们完全可以把整个发生认识论看作是一种学习理论（赵祥麟，1992年）。而且，鉴于皮亚杰提出的一些基本观点和基本概念，如认知结构、认知发展、同化、顺化和平衡过程等，已成为当代许多学习理论所采用的术语，并对全球范围内的学校教育提供了富有成效的建议。因此，本书立专章探讨他的认知发展理论和学习理论。

第二节　皮亚杰的认知发展理论

一、认知发展的基本过程

皮亚杰理论体系中的一个核心概念是图式（schema，在他后期著作中用 scheme 一词）。图式是指个体对世界的知觉、理解和思考的方式。我们可以把图式看作是心理活动的框架或组织结构。在皮亚杰看来，图式可以说是认知结构的起点和核心，或者说是人类认识事物的基础。因此，图式的形成和变化是认知发展的实质。皮亚杰认为，认知发展是受三个基本过程影响的：同化、顺化和平衡。

1. 同化（assimilation）

同化原本是一个生物学的概念，它是指有机体把外部要素整合进自己结构中去的过程。在认知发展理论中，同化是指个体对刺激输入的过滤或改变的过程。也就是说，个体在感受到刺激时，把它们纳入头脑中原有的图式之内，使其成为自身的一部分，就像消化系统将营养物吸收一样。所以，在皮亚杰看来，心理同生理一样，也有吸收外界刺激并使之成为自身的一部分的过程。所不同的只是涉及的变化不是生理性的，而是机能性的。随着个体认知的发展，同化经历下列三种形式：（1）再现性同化，即基于儿童对出现的某一刺激作出相同的重复反应；（2）再认性同化，即基于儿童辨别物体之间差异借以作出不同反应的能力。它在再生性同化基础上出现并有助于向更复杂的同化形式发展；（3）概括性同化，即基于儿童知觉物体之间的相似性并把它们归于不同类别的能力（邵瑞珍，1990 年）。

2. 顺化（accommodation）

顺化是指有机体调节自己内部结构以适应特定刺激情境的过程。顺化是与同化伴随而行的。当个体遇到不能用原有图式来同化新的刺激时，便要对原有图式加以修改或重建，以适应环境，这就是顺化的过程。可见，就本质而言，同化主要是指个体对环境的作用；顺化主要是指环境对个体的作用。

显然，从整体而言，如果只有同化而没有顺化，那就谈不上发展。尽管同化作用在保证图式的连续性和把新的要素整合到这些图式中去是十分必要的，但是，同化如果没有它的对立面——顺化——的存在，它本身也不能单独存在。换言之，不存在纯粹的同化。当然，如果没有与顺化相对应的同化，也就没有顺化可言。皮亚杰用同化和顺化过程来说明认识，旨在表明这样的观点：一切认识都离不开认知图式的同化与顺化。认识既是认知图式顺化于外物，又是外物同化于认知图式这两个对立统一过程的产物（李丹，1987年）。

3. 平衡（equilibration）

平衡是指个体通过自我调节机制使认知发展从一个平衡状态向另一种较高平衡状态过渡的过程。平衡过程是皮亚杰认知发展结构理论的核心之一。皮亚杰认为，个体的认知图式是通过同化和顺化而不断发展，以适应新的环境的。就一般而言，个体每当遇到新的刺激，总是试图用原有图式去同化，若获得成功，便得到暂时的平衡。如果用原有图式无法同化环境刺激，个体便会作出顺化，即调节原有图式或重建新图式，直至达到认识上的新的平衡。同化与顺化之间的平衡过程，也就是认识上的适应，也就是人类智慧的实质所在。因此，皮亚杰认为："智慧行为依赖于同化与顺化这两种机能从最初不稳定的平衡过渡到逐渐稳定的平衡"（皮亚杰，1980年）。

需要重申的是，平衡状态不是绝对静止的，一种较低水平的平衡状态，通过个体与环境相互作用，就会过渡到一种较高水平的平衡状态。平衡的这种连续不断的发展，就是整个认知发展的过程（皮亚杰，1981年）。

皮亚杰认为，平衡是在下列三种不同的认知水平上调节个体的思维过程的：

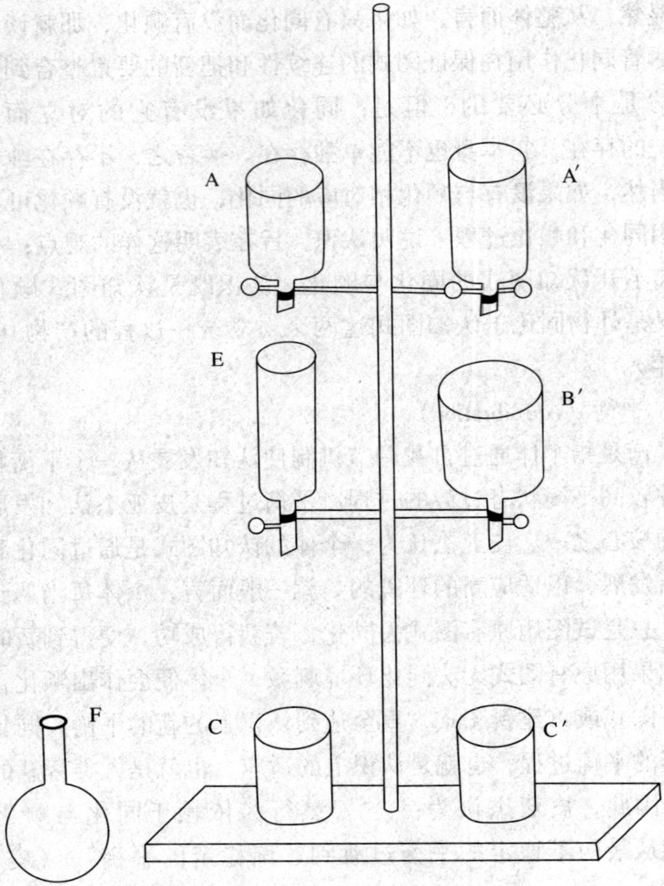

图 6-1　用于研究同化与顺化之间平衡的仪器

资料来源：Gazda，et al.，1980.

第一，调节同化与顺化之间的关系，以防止两者的不平衡。在皮亚杰看来，同化与顺化出现的相对量对个体的适应来说也是重要的。例如，新的刺激使个体的认知图式发生顺化，然后再将它同化到个体的认知图式中去，以达到一种平衡。所以，只有当同化与顺化交替发生、处于一种均势时，才能保证达到某种暂时的平衡。在一项实验中（见图 6-1），实验者要求儿童先在 F 瓶中盛满水（灌到瓶颈为止）倒入 A 杯中；再以同样方式把水倒入 A′杯中，以表明 A 与 A′中的水一样多。然后要儿童打开开关让 A 和 A′流同样多的水到 E 和 B′中去，儿童常常在 E 和 B′杯中的水处于水平线时就停止了，认为 E 和 B′杯中的水一样多，这时让他们把 E 和 B′中的水流入两个相同的杯子 C 和 C′中。显然，儿童会发现自己的想法与观察结果之间的矛盾。这种矛盾的解决过程就是一种平衡的过程。

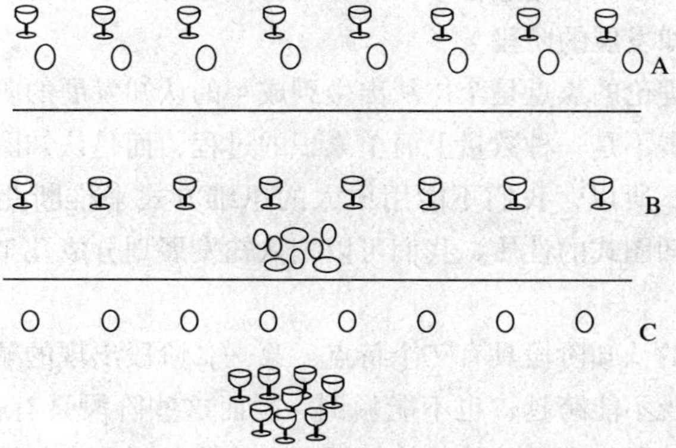

图 6-2　数的守恒实验，幼儿往往能创造两行相等的数目。如果把一行延长或缩短，他们就以为数目有了变化

资料来源：格莱因，1983 年。

第二，调节个体知识中各子系统之间的关系。子系统是指不同领域的知识的结果，例如数、长度、距离和时间等。由于这些子系统是以不同的速度形成的，所以它们之间可能会产生冲突。例如，儿童在思维发展的初级阶段，可能会作出两种对立的判断，但却没有认识到它们的矛盾。在一项实验中，皮亚杰给儿童一排杯子和一

堆蛋，要求儿童取出刚够放入所有杯子的那么多蛋，儿童能够用一一对应的方式，即在每只杯子下面放一个蛋的办法来解决问题（见图6-2A）。但是，当皮亚杰合拢或散开其中的一排时（见图6-2B，C），儿童就会断言有一排多些。也就是说，儿童关于数的知识与长度的知识之间出现了矛盾。随着儿童认识的发展，他们会意识到这两个判断之间的矛盾。这种矛盾导致两个子系统之间的不平衡。解决这种矛盾的过程就是一种平衡的过程。

第三，调节个体部分知识与整体知识之间的关系。在皮亚杰看来，一个人的整体知识始终在被分化成各个部分，然后又把各个部分整合成一个新的整体知识。由此可见，平衡是个体在连续不断地与环境交互作用和变化过程中保持相对稳定性的一个重要因素。

二、认知发展的阶段

皮亚杰理论的焦点是个体从出生到成年的认知发展的阶段。他认为认知发展不是一种数量上简单累积的过程，而是认知图式不断重建的过程。所以，我们不能用成人的思维方式来推断儿童的思维。根据认知图式的性质，我们可以把认知发展划分成几个不同的阶段。

皮亚杰的认知阶段具有三个特点。第一，阶段出现的顺序是固定不变的，既不能跨越，也不能颠倒。因而这些阶段具有普遍性。第二，每一阶段都有其独特的认知图式，这些相对稳定的图式决定了个体行为的一般特征。第三，认知图式的发展是一个连续不断建构的过程，每一阶段都是前一阶段的延伸。前一阶段的图式是后一阶段图式的先决条件，并被后者所取代。

皮亚杰借用逻辑和数学的概念来分析说明思维发展的过程。他把运演（operation）水平作为认知发展阶段的依据。他认为，心理运演具有四个特征：第一，运演是一种内化的动作。内化的动作是相对于使用实物的外显动作而言的。例如，达到运演水平的儿童不用做把瓶子里的水倒入杯子这一实际动作，也能在头脑里想象出这一动作的结果。这种心理上的倒水过程，就是一种内化的动作。第二，运演是一种可逆的内化动作。例如，儿童能够设想：向西走10步，再回头向东走10步，自己的位置不变。第三，运演具有守恒性。运演是以某种守恒性或不变性的存在为前提的。事实上，运演的可逆性已表明了这一点，儿童能够想象到在转换过程中并非一切都变了，即知道自己会回到原地。所以，运演的守恒性与可逆性是密不可分的。没有某种内容的守恒，可逆性就失却了依附。同时，守恒性是通过可逆性而获得的。正是由于运演的可逆性，才使人们对运演过程中某些不变的因素有清晰的认识。第四，运演不是孤立存在的。可逆性与守恒性之间的关系也表明了这一点。皮亚杰认为，任何单独的内化动作都不是运演，各种内化动作必然是相互蕴含，并按一定的规则组成一种整体结构（李丹，1990年）。

皮亚杰把认知发展分为以下四个阶段。

1. 感知运动阶段

儿童从出生到两岁左右，处于感知运动阶段。处于这一时期的儿童主要是靠感觉和动作来认识周围世界的。他们这时还不能对主体与客体作出分化，因而“显示出一种根本的自身中心化”（皮亚杰，1981年）。用皮亚杰的话来说，儿童在这个时期还没有达到运演的水平，他们所具有的只是一种图型的知识（figurative knowledge），即仅仅是对刺激的认识。婴儿看到一个刺激，如一个奶瓶，就开始作出吮吸的反应。图型的知识依赖于对刺激形状的再认，而不是通过推理产生的。

2. 前运演阶段

儿童从2~7岁左右，处于前运演阶段。皮亚杰认为，儿童在两岁时，发生了一种哥白尼式的革命，就是说，他们的活动不再以主体的身体为中心了。这个时期儿童的认知开始出现象征（或符号）功能（如能凭借语言和各种示意手段来表征事物）。正是由于这种消除自身中心的过程和具备象征功能，才使得表象或思维的出现成为可能。但在这个阶段，儿童还不能形成正确的概念，他们的判断受直觉思维支配。例如，唯有当两根等长的小木棍两端放齐时才认为它们同样长；若把其中一根朝前移一些，就会认为它长一些。所以，在这个时期，儿童还没有运演的可逆性，因而也没有守恒性。

3. 具体运演阶段

儿童约在 7～12 岁时，处于具体运演阶段。皮亚杰认为，7～8 岁这个年龄一般是儿童概念性工具的发展的一个决定性转折点。这一阶段儿童的思维已具有真正的运演性质。换言之，他们已具有运演的知识（operative knowledge），这种知识涉及在一定程度上作出推论。例如，我们把一只足球放在一些篮球中间，然后当着儿童的面把足球放在一些排球中间。但这个阶段的儿童能够推理，这是同一只足球，物体不会因为改变地点而变化大小，因此这只足球不会比在篮球中时更大些。就一般而言，运演的知识是考虑事物如何从它们原来的样子改变成现在这个样子的；而图型的知识只考虑某一时刻某一地点中物体的静止状态。在具体运演阶段，儿童的思维已具有可逆性和守恒性，但这种思维运演还离不开具体事物的支持。

4. 形式运演阶段

儿童在 12 岁左右，开始不再依靠具体事物来运演，而能对抽象的和表征性的材料进行逻辑运演。皮亚杰认为最高级的思维形式便是形式运演。形式运演的主要特征是它们有能力处理假设，而不只是单纯地处理客体。而且，儿童在这时已有能力将形式与内容分开，用运演符号来替代其他东西。

皮亚杰在概括他的认知发展阶段的理论时强调，各阶段出现的一般年龄虽因各人智慧程度或社会环境不同可能会有差异，但各个阶段出现的先后顺序不会变。而且，各个阶段作为一个整体结构，它们之间不能彼此互换（皮亚杰，1980 年）。

三、影响认知发展的因素

皮亚杰认为，影响儿童认知发展的主要因素是：成熟、物理环境、社会环境，以及具有自我调节作用的平衡过程。这四个因素都是认知发展的必要条件，但它们本身都不是充足条件。

首先，成熟是指机体的成长，特别是指神经系统和内分泌系统的成熟。成熟是认知发展的一个重要条件，它为形成新的行为模式和思维方式提供了一种可能性。例如，婴儿期出现的眼手协调，是建构婴儿动作图式的必要条件。然而，若要使这种可能性成为现实，必须通过机能的练习和最低限度的习得经验，才能增强成熟的作用。

其次是物理环境。鉴于个体与环境的交互作用是认识的来源，因此，个体必须对物体作出动作。个体在这种动作练习中得到的经验，不同于在社会环境中得到的社会经验。皮亚杰把这种经验分为两类：一类是物理的经验（physical experience），是指个体作用于物体，获得物体的特征；另一类是逻辑-数理的经验（logico-mathematical experience），是指个体理解动作与动作之间相互协调的结果。在皮亚杰看来，知识来源于动作（动作起着组织或协调作用），而非来源于物体。

影响认知发展的第三个因素是社会环境，它包括语言和教育的作用，即人与人之间的相互作用和社会文化的传递。学习者的社会经验可能会加速或阻碍其认知图式的发展。

几乎所有学习理论和发展理论都认识到成熟和经验所起的作用，皮亚杰的独特之处，是另外加了第四个因素，也是最重要的因素，即起自我调节作用的平衡过程。平衡过程调节个体（成熟）与环境（包括物理环境和社会环境）之间的交互作用，从而引起认知图式的一种新建构。正是由于平衡过程，个体才有可能以一种有组织的方式，把接受到的信息联系起来，从而使认知得到发展。正因为此，皮亚杰把平衡作为认知发展的基本过程，这在前面已作了论述。

皮亚杰由此认为：对儿童发展的任何解释，都必须考虑两个方面：一是个体发生的方面，二是社会的方面（即指种系世代的连续传递过程）。但是，这两方面的问题多少有些类似，因为两者的核心问题都涉及到所有建构主义的内部机制（皮亚杰，1981 年）。

四、认识的螺旋

在论及了皮亚杰发生认识论的基本观点、认知发展的基本过程、认知发展的阶段，以及影响认知发展的因素之后，我们现在可以来概括一下皮亚杰建构主义认识论的最实质性的方面——认识的螺旋（spiral of knowing）——了（见图 6-3）。从中我们也可以看到各认知发展阶段是如何与螺旋的动力机制联系在一起的。

皮亚杰勾画的认识螺旋图，是一个倒置的圆锥。螺旋 A 周围被一个外壳包围着。这个外壳表示与环境的交互作用，E 和 E′分别代表经验抽象和反身的“框架”（frames）。螺旋 A 是一种反身抽象或逻辑—数理认识的内源过程。向量 a 表示各相继的、有层次的认知结构的水平。向量 b 表示由于环境的影响而产生的变化，以及所导致的不平衡。需注意的是，尽管在这个图中向量 b 的方向是横向的，但它可能会有一点朝上或朝下。这种方向表明，环境事件可能与同一水平的内源过程交互作用，也有可能与低一级或高一级水平（即处于建构过程中的那一级水平）的内源过程交互作用。根据皮亚杰的定理：学习从属于发展，因此，我们不可能期望这些环境事件会破坏以往的建构，或学习经验会超越某一结构水平发挥作用。向量 c 表示探索，它可能具有试误的性质，它会导致局部的重组或一种完全内源的综合。

值得注意的是，认识的螺旋是开放性的，而且它的开口越来越大。皮亚杰对此的解释是：“任何认识，在解决了前面的问题时，又会提出新的问题”（Piaget，1977）。在解决以往问题的基础上会提出新的问题，这种观点与发生认识论的阶段理论是完全吻合的。

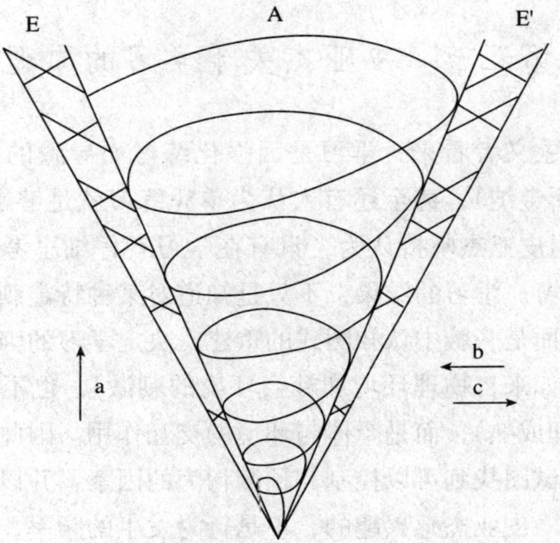

图 6-3　皮亚杰认识的螺旋图

资料来源：Piaget，1974．See Gallagher and Reid，1981．

皮亚杰最初使用认知发展阶段的概念，是为了说明各种相继的、性质上不同的建构过程的形式。后来，他又把发展阶段定义为在连续不断的认知建构过程中的平衡状态，每一种已达到相对平衡状态的建构，都为新的不平衡提供了可能性。因此，在认知发展过程中的每一个步骤，都是后继步骤的前提条件。

在描述认知发展阶段时的一个关键词汇是“开辟了新的可能性”（open up new possibilities）。认知的螺旋表述了认识阶段的开放性和动力机制——这是一条永远向前伸展的、连续的线。这条线没有断裂点，也就是说，各阶段之间不是割离的。同时，也不能把发展还原为仅仅是因为学到了某些东西。这个螺旋上的任何一个点，儿童的学习都取决于他的发展水平，取决于他生物学意义上的能量（competence）。皮亚杰把这种能量界定为是导致有机体对环境刺激作出适应性行为的各种适应性潜能（adaptative potentials）。

第三节 皮亚杰关于学习的原理

在行为主义者看来，学习是因强化练习而导致的行为的变化（如赫尔和斯金纳），甚至还有人认为单凭练习就足够了（如华生、格思里），但皮亚杰坚持认为，只有在学习者仔细思考时才会导致有意义的学习。学习的结果，不只是知道对某种特定刺激作出某种特定反应，而是头脑中认知图式的重建。决定学习的因素，既不是外部因素（如来自物理环境和社会环境的刺激），也不是内部因素（如个体生理成熟），而是个体与环境的交互作用。因此，皮亚杰对行为主义者试图找到可以控制和预测行为的因素，并以此来解释学习感到不满。皮亚杰感兴趣的，不是行为发生的频率，而是儿童思维运演的发展过程，尤其是儿童是怎样学会纠正他们思维中的某些错误的。在他看来，对儿童思维运演变化过程的描述，本身就构成了对学习的解释。

一、学习从属于发展

皮亚杰认为，儿童学到些什么，取决于他的发展水平。并不是儿童看到的每一件事情都可以充作引发儿童作出反应的刺激的。例如，年幼儿童看到实验者移动两根同样长的、并排放着的小木棍之一，但这并不能成为儿童作出长度守恒反应的刺激。儿童往往只注意到朝前移动的那根小木棍突出的部分，以为这根木棍现在比另一根更长些。只有当儿童达到一定的认知发展阶段时，他们才能通过心理运演来推断：如果把这一木棍移回原处，这两根木棍就会一样长，因此，把一根木棍向前移动并不会改变它的长度，尽管它看上去前面突出来了。在皮亚杰看来，还没有掌握可逆性概念的儿童是无法解决这个问题的。即便告诉他答案，他也是无法理解的。因为在儿童能够解决这类问题之前，他必须具有解释这些刺激的心理运演能力。从这个意义上说，儿童的发展制约着他们所能学习的范围。

皮亚杰由此认为，儿童可逆性概念的发展并不是由于经验的结果。可逆性是一种内部调节的形式，它是受反身抽象（reflective abstraction）指导的。反身抽象是指大脑通过对心理活动本身的思考，而不是通过对外部事件的思考，而产生一种前后连贯的信息系统的方式。所以，只有当儿童已具有把各种有关信息整合起来所必备的心理能力时，才有可能习得某种特定的概念（如可逆性和守恒性）。这种能力是反身抽象的结果，而反身抽象又取决于儿童是否已达到某种认知发展水平。因此，认知发展作为一种功能系统（a functioning system），制约了儿童学习的范围。

二、知觉受制于心理运演

皮亚杰不赞同那些刺激-反应学习理论，因为在他看来，刺激不是一个简单的问题。刺激并不是感觉的要素；知觉也不仅仅是有选择地注意有关刺激的问题。皮亚杰认为，刺激是被认识的，而不是被经验的。哪怕是一个最简单的刺激，例如红颜色，也是通过一种比较的心理活动而被认识的。举例说来，远处的一丝灯光，可以被“看做”是暗的或红的，这取决于人们拿什么来与它比较。如果它被看作是红的，那是因为观看者认识到它不是绿的或任何其他颜色。皮亚杰认为，能够思考“某件东西不是什么”的能力，是有意义的知觉的必要条件。通过思考“某一刺激不是什么”来赋予它以意义的能力，所涉及的不仅仅是回忆以往的经验。这种能力是我们生物遗传的一部分，它是通过我们与物理环境的交互作用而激活的，这个过程极为复杂，以至我们不可能根据物理环境中发生的事件予以复演。

因此，知觉是一种主动的、有目的的搜索活动，而不是毫无目的的扫视。知觉者常常凭借进行推理的心理活动，已经知道了自己要看的东西。所以，视觉扫视仅仅是心理活动——推理——的外显。再以两根同样长的小木棍为例，当8岁儿童看到一根木棍前端突出时，马上会去看它的后端，因为他预期到这根木棍的后端会比另一根木棍短一些。由于他根据推理知道木棍的长度不会因移动而有所改变，所以他搜寻自己想看到的东西，而不是不顾一切地扫视所有的刺激。

三、学习是一种能动建构的过程

在皮亚杰看来，学习并不是个体获得越来越多外部信息的过程，而是学到越来越多有关他们认识事物的程序，即建构了新的认知图式。所以，当皮亚杰派学者在研究学习时，他们常常问："你是怎么知道的?"而不是："你知道吗?"在他们看来，如果儿童不能解释他是怎么知道的，就说明他实际上还没有学会。

刺激-反应学习理论给人以这样的印象：学习只是刺激-反应联结的过程，或是说是一种外部信息的机械累积的过程。他们不研究学习者头脑中发生了什么变化。在他们看来，学习都是一样的，变化的只是学习的任务。而皮亚杰则把研究的重点放在学习者在解决问题时，认知是如何发生变化的。例如，为什么一个5岁小孩看到水从一个玻璃杯倒入另一个形状不同的玻璃杯时，会认为水量发生了变化，而在7岁以后就认为水量相等呢?皮亚杰认为，儿童学到的是一种解决问题的程序，或者说，形成了一种新的认知图式。这种新的图式不仅仅是原有图式的延续，因而不能用信息机械累积的过程来解释。这种新的图式是创造性的，它在性质上已不同于原来的图式。从某种意义上说，学习是通过反身抽象和创造的过程，在原有图式的基础上构建新的认知图式。

所以，在皮亚杰看来，通过练习，也许可以教给儿童某种知识，但这种知识很快就会被遗忘的，除非儿童能够理解它，也就是说，除非儿童能够把它同化到他已有的认知图式中去。这种同化只有在儿童积极参与建构时才有可能发生。"儿童越是积极，他的学习就越有可能成功。然而，认知方面的积极参与，并不意味着儿童仅仅是摆弄某种材料；儿童在没有摆弄物体的情况下，可能在心理上积极参与，正如他在实际摆弄物体时心理上可能是消极的一样”（Inhellder，et al.，1974）。所以，学习所关注的，应该是儿童主动的心理建构活动。

四、错误是有意义的学习所必需的

皮亚杰仔细考察了儿童形成新的认知图式的过程。在一项实验中，三个球 B、C 和 D 并排放在一起，用球 A 去击球 B，结果球 B 和 C 还在原来位置，球 D 朝前滚动了。对于这种现象，儿童一会儿认为，是球 A 悄悄地溜过中间两个球击到了球 D。他的推理是：球 D 不可能自己移动，而中间两个球又没有显示出移动。一会儿他又认为，中间两个球也动过了。他的推理是：球 A 不可能击到球 D，而球 D 本身无行动能力。

在皮亚杰看来，第二个错误比第一个错误要高级些。因为第一个错误没有考虑到两个事实：（1）球 A 在击到球 B 之后保持不动；（2）球 C 挡阻了球 A 直接击到球 D。而第二个错误考虑到了这两个事实，但又忽视了另一个事实：即中间两个球的位置没有移动过。所以，皮亚杰认为，儿童即便清楚地看到每一个事件，但可能无法理解这一系列事件之间的关系。如果允许他们通过自我调节去创建这种关系，他们也许会有可能理解所看到的事情。

因此，对于学习者来说，重要的是自己能够提出问题。教师可以提出一些比较一般的问题，例如，在要求学生检验是什么决定了钟摆摆动周期时，只需提醒学生注意线的长度、钟摆的重量以及放开钟摆时的高度就可以了，至于用来发现答案的检验程序，最好是留给学生自己解决。如果学生能够提出合乎情理的问题（如注意到钟摆的重量），那就意味着这个问题已有一部分与学生已有知识联系在一起了，也就是说，这些问题是以他们已理解的某些知识为基础来构建的。由于学生理解自己的问题，因而就更有可能提出各种假设以便检验。因此，学习是一种通过反复思考招致错误的缘由、逐渐消除错误的过程。然而，若要消除这些错误，需要有进行推理的认知能力。这些推理是通过自我调节过程而产生的，而不是通过记住别人所给的答案而发生的。

"错误是有意义的学习所必不可少的"，这一命题与新行为主义的观点是相悖的。在斯金纳看来，通过强化相倚安排，可以使学生在没有任何错误的情况下学习。程序教学就是建立在这一原理基础上的。但是，皮亚杰认为，让学生犯些错误是应该的。为了使学生从事自我调节——这是平衡过程的实质性部分，学生需要经历某些冲突或不平衡。错误会引起学生顺化自己的知识结构，并把所观察到的结果同化到修正过了的知识结构中去。例如，学生由于经历了错误，就可能顺化他已有的关于自由落体的知识，然后把有关钟摆的新经验同化到认知结构中去。

五、否定是一种有意义的学习

皮亚杰认为，通过否定的行动解决矛盾、消除差异、排除障碍或填补间隙，这些都是否定的形式。随着儿童的发展，他们使用不同的否定类型；当儿童学习一个具体的概念时，会表现出不同的否定水平。

在认知发展的不同阶段，儿童会有不同的否定类型。在感觉运动期，儿童可能是通过踢翻障碍物来否定它。例如，一岁小孩想要得到一个玩具，中间有张小椅子挡道，他把椅子推开直接地否定障碍。皮亚杰称这种否定形式为逆向否定（inverse negation）。儿童也可能用间接的方式（如绕过椅子）走过去拿到玩具，皮亚杰称之为互反否定（reciprocal negation），因为移动自己身体与移动挡道的椅子是互反的。这两种否定形式都是感觉运动期的否定。

4岁儿童能够使用前运演类型的否定。例如，小孩在面粉里放了太多的水，他想到倒掉一些水（逆向否定）。当他发现这样做不可行时，他再加一些面粉（互反否定），从而解决了问题。这一任务超越了感觉运动图式，因为儿童必须预见到两个物体（水和面粉）相互作用的结果，而不只是像前一阶段那样简单地预见到一个物体的位置。

在具体运演和形式运演阶段，儿童会继续发展新的否定类型。例如，数目相减是否定加法的具体运演；而命题“在没有P的情况下有时也会产生Q”，可以用来否定命题“P是Q的必要条件”。皮亚杰指出，这些高级的否定类型，是儿童在感觉运动期、前运演期习得的那些否定的继承和发展，每一种否定类型都是前一阶段否定形式发展的结果。

皮亚杰还认为，在每一类否定内，儿童会显示出三种不同水平的理解，这取决于他们是如何使用否定的：第一，否认失调或矛盾；第二，承认失调，但还不能补偿它；第三，既承认失调，又能够补偿它。例如，在一项实验中，给儿童看A至G 7个一排的圆圈，圆圈A的直径是10毫米，每个圆圈直径递增1毫米。儿童很容易看出圆圈A与G大小不一样。但每个毗邻的圆圈太相似了，以致儿童不能辨别出其直径相差1毫米。主试问：“A比G小?”儿童答：“是的”，没有任何困难。主试问：“A比B小?”儿童答：“不”，这表明他看不出任何差异。提问一直进行下去，直到儿童感到答案出现了矛盾，即：没有哪一个毗邻的圆圈是不同的，但A与G却是不同的。儿童是怎样来解释这个矛盾的呢?

最初，儿童否定这两个事实（即“所有圆圈都是相同的”与“A与G是不同的”）之间的矛盾。例如，他可能会说：“所有这些圆圈（从A至F）都是相同的，但G较大些。”换言之，儿童否定G与看上去相似的其他6个圆圈的关系。通过把G作为一个特例，这样就消除了失调的来源。皮亚杰称之为“α行为”(Alpha behavior)。

稍后，儿童开始对这样的答案感到不安，并发现不能那么容易地把G作为无关的东西来对待。一旦儿童感觉到，“A与G的比较”是“A与B的比较”的延伸，“A与B相同”与“A与G不同”之间的矛盾就显露出来了。儿童不再满足于对这种失调的α补偿了。他至少会考虑到这样两个变式:(1)这些圆圈是不同的;(2)这些圆圈是相同的。儿童可能会说："你看，它们有时大些，有时一样大。我猜想它们中间有些圆圈的大小在变。"皮亚杰认为，这个儿童的理解，无论怎么说，已把所有圆圈都放在一个组里进行比较，但他还没有把不同之处整合起来。他称这种否定为"β行为（Beta behavior)"。β行为比α行为高级些。

最高级的互补形式称为"γ行为"（Gamma behavior)，它同时考虑到"A与B的关系"与"B与G的关系"。儿童的推理是：如果A=B，B=C，……那么必然是A=G。然而G大于A，这使得AB，BC，CD，……之间的等同变得不可能了。只有在儿童能够理解毗邻圆圈之间一系列重复相似性与所看到的AG不同性之间所具有的意义时，才能得出合理的结论。儿童必须同时协调这两个变式。只有在这时，对矛盾的γ互补才会导致儿童得出结论：相似性实际上是一种错觉。所有的圆圈都是不同的，并不是有时相同有时不同。

皮亚杰认为，这三种否定形式中，后者是建立在前者的基础上的，直到儿童能用最经济的方式否定矛盾、保持事物的整合性（Gazda，et al.，1980)。

第四节　评　　论

皮亚杰无疑是当今世界上最有影响的心理学家之一。他一生勤于研究和创作，论著浩繁，为心理科学的发展作出了卓越的贡献。尤其是皮亚杰关于儿童认知发展阶段的理论，现已成为一个完整的心理学体系的核心（墨菲与柯瓦奇，1980年)。

正如皮亚杰最亲密的合作者英海尔德所指出的："皮亚杰一直在寻找一种可以说明生物适应与心理适应之间的连续性的模式。他的这种努力可追溯到他的早期研究，并成为贯串其全部研究的一条主线"（Gallagher and Reid，1981)。皮亚杰从生物学中引申出的一个重要观念就是结构与机能的对应。所以，有的心理史学家把皮亚杰归入“机能主义者”范畴（波林，1981年）。且不说这一归类是否合理，但我们从中可以看到达尔文进化论的某种影响。虽说早期的刺激-反应学习理论在某种意义上说，是达尔文生物进化论在心理学上的延伸，但皮亚杰与刺激-反应理论对学习的解释完全不同。刺激-反应理论强调学习是因环境（刺激）而引起的行为变化，但皮亚杰认为，客体在作用于主体的同时，主体也作用于客体，因此，主、客体之间是一种双向的关系：s⇆o。s是指刺激；o是指有机体。在皮亚杰看来：“一种刺激，只有当它有意义时，才成其为刺激。使刺激变得有意义的条件是，存在一个能够同化它的结构，一个能够融合这个刺激并同时作出一种反应的结构”（柯普兰，1985年）。所以皮亚杰认为，用刺激-反应模式去解释认知学习，在任何情况下都是无能为力的，因为它忽视了发展的一个最主要的方面——认识主体的能动作用。这对于我们全面地认识学习的性质和学习的过程是有启示的。

尽管皮亚杰的学说在20世纪50年代之前就已形成了体系，但只是在60年代后才被“重新发现”。这主要是因为本世纪上半叶，心理学界几乎成了行为主义的一统天下，而皮亚杰的理论显然是与其相悖的。只是由于美国50年代末兴起的课程改革运动，促使人们为新课程改革寻找理论依据。事实上，皮亚杰理论为编制适合于学生思维的新课程提供了理论基础。这就使我们不难理解为什么美国科学院在伍兹霍尔召集本国学者讨论中小学课程改革时，破例邀请日内瓦学派的代表人物之一英海尔德参加会议了。

可以说，皮亚杰学说的最大贡献是，他认为：“儿童的智慧和道德结构同我们成人不一样。因而新的教育方法应尽一切努力按照儿童的心理结构和他们不同的发展阶段，将要教的材料以适合不同年龄儿童的形式进行教学”（Piaget，1970）。虽说卢梭早就说过“儿童不是小成人”的名言，但皮亚杰用大量实验材料证明了这一点。所以，在他看来，我们应该注重学生内部的认知重组过程，而不能像行为主义者那样把学习速度作为学习的惟一指标。学生掌握解决问题的程序和方法，比掌握知识内容更重要。他对有意义的学习所提供的建议，是很值得我们思考的。

应该说，皮亚杰对影响认知发展的因素——成熟、物理环境、社会环境以及平衡过程——的分析，在理论上是比较全面、辩证的。他对行为主义的外因论、格式塔心理学的先天论和成熟论者的预定论，都作了不同程度的批评，而且是有说服力的。相比之下，他对社会环境的解释比较单薄。有人认为，皮亚杰把社会因素理解得很狭窄，因而实质上是忽视了社会因素在儿童智慧发展中的重要作用。由于他忽视了社会过程和认知过程之间的任何因果关系，认为儿童的认知发展有它自己的规律，只能让儿童自己去探索，自然而然地发展，“有计划的教育”并不能促使儿童超越发生和发展的时间表。这实际上是轻视了教育和教师的作用（皮亚杰，1990年）。这个分析是比较中肯的。

第七章　布鲁纳认知结构学习理论

杰罗姆·布鲁纳（Jerome Seymour Bruner，1915—　）于 1915 年 10 月 1 日出生在美国纽约。1937 年在杜克大学获文学学士学位，随即在杜克大学注册成为心理学研究生，第二年转学到哈佛大学心理学系，在著名实验心理学家拉什利（K.S.Lashleg）指导下，于 1941 年获博士学位。这时他的主要兴趣是动物和人类的知觉过程心理学。第二次世界大战期间应召服兵役，先后在美国战争情报署和同盟远征军最高统帅部心理战部门工作，主要是研究公众的态度和纳粹德国的宣传技术。1945 年返回哈佛大学任心理学讲师，1948 年任副教授，1952 年任教授。1960 年，他与米勒（G·Miller）一起创办了"哈佛认知研究中心"，1961 年起任该中心主任直至 1972 年。1972～1980 年在英国牛津大学任实验心理学瓦茨（Walts）教席。1980 年返回美国任纽约大学的人文学科新学院院长之职。

布鲁纳在众多领域进行了富有成效的研究，是一位在西方心理学界和教育界都享有声誉的学者，他在 1959 年任美国科学院科学教育委员会主席，主持了著名的伍兹霍尔中小学课程改革会议；1960 年任总统教育顾问；1962 年当选为社会心理学研究会理事长；1965 年当选为美国心理学会主席。1962 年获美国心理学会颁发的杰出科学贡献奖。布鲁纳论著甚丰，主要代表著作有：《思维之研究》（A Study of Thinking）（1956，与人合作）、《教育过程》（The Process of Education）（1960）、《论认识》（On Knowing）（1964）、《教学理论探讨》（Toward a Theory of Instruction）（1966）、《认知生长之研究》（Studies in Cognitive Growth）（1966，与人合作）、《教育的适合性》（The Relevance of Education）（1971）、《超越所给的信息》(Beyond the Information Given)（1973）、《儿童的谈话：学会使用语言》（Child's Talk：Learning to Use Language）（1983）、《心的探索》(In Search of Mind)（1984）。

第一节 知觉与归类理论

布鲁纳认为，学习包括三个几乎同时发生的过程：（1）习得(acquisition) 新信息——这种新信息常常是与一个人已有信息相背的，或是已有信息的一种替代，或者是已有信息的提炼。(2) 转换(transformation)——这是一种处理知识以便使其适应新任务的过程。人们可以通过外推（extrapolation)、内插（interpolation）或变换(conversion) 等方法，把知识整理成另一种形式，以便超越所给予的信息。(3) 评价（evaluation）——检查我们处理信息的方式是否适合于这项任务，如概括是否合适？外推是否恰当？运演是否正确？如此等等。布鲁纳由此认为，学生不是被动的知识接受者，而是积极的信息加工者。他的这种观点，是与他从事的一系列认知方面的研究密切相关。

布鲁纳在第二次世界大战前主要从事知觉的研究，战争期间从事了一系列社会心理方面的研究，战后则把主要精力放在对认知过程的研究。1956 年，布鲁纳与古德诺（J.J.Goodnow）和奥斯汀(G.A.Austin) 一起完成了一项重大的研究计划，并以《思维之研究》为书名发表了研究的结果。该书力图通过实验研究来揭示认知过程中的一个最简单而又最普遍的现象：归类或概念化(categorizing or conceptualizing)。皮亚杰称这本书是“思维心理学的一场革命。……它完全重新恢复、重新解开了这一领域中最重大的问题”（Bruner，et al.，1956)。该书所涉及的知觉编码和分类、概念获得及其策略，对解释学生的认知过程很有启迪。

一、知觉理论

布鲁纳从事知觉与认知研究时，正值行为主义在美国心理学界占支配地位的时期。但布鲁纳强调人类思维的策略性和目的驱动性。他认为，人类是有系统地对环境信息加以选择和抽象概括的。这种观点在形成知觉研究的“新看法”（new look）的过程中起了重要作用。长期以来，人们一直认为，客体的物理特征（如客体的大小和形状）和观察情境的条件（如光线和观察者离开客体的距离），是人类知觉物体的最为重要的决定因素。但“新看法”认为，观察者在知觉客体的物理特征时，会受个人因素的影响，不同的人对同一事物的知觉会有相当大的差异。例如，布鲁纳等人的实验表明，儿童对硬币大小的估计，与他们对钱的感受直接有关，并且间接地受他们家庭社会经济条件和个性特性的影响。一般说来，来自贫穷家庭的儿童把硬币估计过大，这是由于钱对贫穷儿童具有更大价值的缘故。

在布鲁纳看来，知觉过程是把感觉到的东西转换成意识、知识、情感或其他东西的行动。他认为，知觉具有两个特征：第一，知觉具有归类和推理的性质。所谓知觉，就是人们根据刺激输入的某些确定的或关键的属性，有选择地把它们归入某一类别；然后根据这一类别的已有知识加以推论（关于这一点，下文进一步再详述）。知觉过程的这一主要特征，也是一般认知的特征。因此，布鲁纳断定：“像认知理论所需要的一样，知觉理论需要一种能够归类和推理的机制”（Bruner，et al.，1956）。因此，布鲁纳赞同赫布（D.O.Hebb）的论断，认为知觉的某些基本单位或认同性（identification）是天生的、内源的，而不是习得的。事实上，皮亚杰也认为，用某种特定方式归类的某些基本的能力，取决于某些更为基本的能力是否存在。这也就是说，要识别某种事物，首先要存在把该事物归入其中的类别，那么，在儿童认识的最初期，必然已存在某些最基本的、非习得的类别。而随着形成比较复杂的类别，归类就涉及到学习的过程，即要学会如何识别、权衡和使用关键属性。

第二，知觉具有各种不同的真实性。前面提及的儿童对硬币大小有不同的估计，就是一个例子。布鲁纳认为，人们所知觉到的东西，实际上多少是以不同程度的精确性来预见该物体事实上应是什么样的。换言之，当人们把某一物体归入某一类别时，就会对该物体必须具备的、但现在还没有知觉到的属性作出预测。这里，布鲁纳引用了美国实用主义哲学家皮尔斯（C.S.Peirce）的观点。皮尔斯认为，一个命题的意义，是人们对与该命题有关的属性或结果作出的假设性的陈述。布鲁纳由此推断：一件事物的意义，在于把它置于假设性推理的网络中，然后对它的特征和效应作出的推理。

在布鲁纳看来，“我们在学习知觉时，实际上是在学习我们所遇到的物体和事件的各种特征之间的关系，学习适当的类别与类别系统，学习预测和检索什么东西与什么东西是合拍的”（Bruner, et al.，1956）。因此，他认为知觉过程涉及四个相继的步骤：

（1）**初步归类**（primitive categorization）；这是在作比较复杂的推理活动之前进行的。在这一阶段上，环境事件在知觉上是孤立的，只是注意到它的某些特征，事件本身还没有什么意义。

（2）**搜寻线索**（cue search）；这一阶段是寻找可以用来辨别该事件的那些属性，以便把它较为精确地归入某一类别。在这一阶段上，人们对刺激采取开放的态度。

（3）**证实检索**（confirmation check）；搜寻线索是为了进一步作出尝试性的分类，在这之后，情况发生了变化，人们对刺激的开放性骤然缩小，往往只是搜寻那些可以用来证实该事件的线索，以检索原来的归类是否确切。

（4）**结束证实**（confirmation completion）；这是知觉认同过程的最后一个阶段，它是以终止搜寻线索为标志的。这一阶段的特征是，对其他线索基本不开放了。因为当人们认为已把某一事件归入很合适的类别后，就不大可能再对其他线索作出反应了。

由此可见，知觉过程是以对刺激输入开放、选择、关闭为特征的。

最后，布鲁纳还强调，对刺激输入归类的精确性，在很大程度上取决于知觉准备状态（perceptual readness）。知觉准备状态是指某一类别的可接受的程度，而可接受性是根据某一类别对刺激输入加以编码的难易程度来界定的。某一类别越是容易被接受，所需要的刺激输入就越少，而将被接受的刺激输入的范围就越广，不大可能被接受的类别就越有可能被掩盖起来。

因此，一种合适的类别的可接受性，在知觉的真实性方面起重要作用。布鲁纳认为，有两个因素决定类别的可接受性：个体的期待与需要。例如，我们在需要吃些东西时，对饮食店特别敏感；如果我们期待某人到来时，他一出现就会立即被认出来。在这两种情况下，识别人和物只需很少的刺激输入，但犯错误的可能性也较大。就是说，如果这一类别的可接受性程度很高（我们在车站等待某人），另一类别就可能被掩盖起来（没有发现恰好坐这班车的其他朋友）。

二、归类理论

如前所述，在布鲁纳看来，知觉过程也就是对客体加以归类的过程。所以，从某种意义上说，知觉与归类是同一回事。这里之所以再进一步陈述归类理论，是因为布鲁纳从对归类的分析中引出了他最重要的认知学习观——超越所给的信息。布鲁纳认知结构学习理论的基本观点是：为了促进学生最佳地学习，提供信息是必要的；但是，掌握这些信息本身并不是学习的目的，学习应该超越所给的信息。这一观点来源于他的归类理论。因为在他看来，所有认知活动都涉及类别的问题。

布鲁纳认为，人类世界是由大量可辨别的不同物体、事件和人物组成的。据估计，光是可分辨的颜色，就不下 700 多万种。没有哪两个人看上去是完全不同的，甚至我们看到的同一物体，也是随着时间、地点的变化而有所不同。在他看来，人类是由于具有归类能力，才不被周围环境的复杂性所压垮的。

举例说来，当我们看到前面站着一位留着长发、穿着花衣服的人时，我们是否仅看到了这些呢？从字面上说，是的，我们看到的就是这些。但是我们所得到的，可能远远超越了所给予的这些简单的信息。我们可以推断，这人是个女子——她有两只手、两条腿……然而，我们不可能直接知觉到这些。所以，我们必须超越所给的信息。首先，我们要作出决策：这是个女子；然后，我们根据已知的有关女子的知识作出推断。布鲁纳由此认为，只有通过使用类别（在这个例子中，女子是个类别），才有可能作出推理。

所谓类别，就是平等地对各种事物加以归类的规则。用布鲁纳的话说："归类，就是要分别对待各种相同的事物，对周围的各种物体、事件和人进行分类，并根据它们这一类别的成员关系而不是它们的独特性对它们作出反应"（Bruner，et al.，1956）。因此，类别是人类认知的工具。学习和利用类别，是一种最基本、最普遍的认知形式。人类是通过这种认知形式来适应环境的。

布鲁纳认为，人们在能够用某种方式对事物加以分类之前，必须知道这些事物所具有的属性。根据属性在归类或推理过程中所起的作用，把那些用来作为客体的定义的属性称为关键属性，其他属性都是无关属性。例如，性别特征是"女子"这一类别的关键属性，而头发长短与衣服颜色则是无关属性。所以说，类别是具体说明我们正在对之作出反应的事物的规则。以"小轿车"这一类别为例：（1）类别是根据关键属性来下定的。小轿车的关键属性包括车身、引擎、排档和控制装置等。（2）类别不仅具体说明关键属性，而且还指明把它们组合在一起的方式。如果小轿车的所有部件乱成一堆，谁也不会视其为汽车的。这就是说，它们必须按指定的方式予以组合。（3）类别要权衡各种不同的属性。例如，小轿车即便没有油泵、窗户，甚至没有轮子，仍可被归入小轿车这一类别去；但要是没有引擎和车身，那就要被归入其它类别（如汽车部件或废铁）中去了，因为引擎和车身是小轿车这一类别所必需拥有的属性。(4) 类别要确立公认的有关属性的限制条件。属性允许各事物之间有所差别，例如，小轿车的颜色可以是非常不同的；但是，小轿车只能有四个轮子，这是公认的限制条件。因此，三个或五个轮子的车子都不能归入小轿车这个类别（Lefrancois，1982）。

可见，人们是根据类别或分类系统来与环境相互作用的：或者是借助已有的类别来处理外来信息，或者是由外来信息形成新的类别。无论是哪一种情况，信息加工的最终产物，是要对刺激输入的认同性作出抉择，或对与刺激输入相联系的物体或事件作出各种推理。布鲁纳的论点是：人们同周围世界的所有相互作用，都涉及对与现有类别有关的刺激输入进行分类。因此，如果刺激输入与人们已有的类别全然无关，那么，它们是很难被加工的。换言之，人们不大可能知觉全新的刺激输入。

在布鲁纳看来，人们不仅通过归类来加工所有信息，而且所有决策都涉及分类。首先，要确认一件物体，就要对它是否属于某一类别作出决策。其次，一旦把这一物体置于某一类别，即被确认后，就要根据这一类别固有的特性，对应该怎样对该物体作出反应进行决策。因此，他认为，所谓探究（inquiry），实际上“并不是发现（discover）对世界上各种事件分类的方式，而是创建（invent）分类的方式”。

第二节　概念获得的理论

布鲁纳认为，人们是通过把刺激输入置于某一类别来加工它们的。一个类别，实际上也就是一个概念。因此，概念是思维过程的核心。在布鲁纳看来，帮助学生有效地习得概念，是学校教育的基本目的之一。但以往许多教育家都没有意识到需要对概念学习与其他学习类型作出区别。事实上，尽管许多教学模式在有些方面很有效，但在概念学习方面并不有效。布鲁纳对学生概念学习过程的实验研究，是对认知学习理论的一个重大贡献。他最早系统地提出了概念假设-检验理论（hypothesis-testing theory）。

布鲁纳对概念形成与概念获得作了区分。概念形成（concept formation）是指学生知道某些东西属于这一类别，其他东西不属于这一类别；概念获得（concept attainment）则是指学生能够发现可用来区别某一类别的成员与非同一类别的事物的各种属性。例如，当学生知道有些蘑菇可以吃，有些蘑菇不能吃时，就已经形成了可吃与不可吃蘑菇的概念。但是，形成了这种概念并不意味着他们现在可以到野外去采蘑菇吃了。只有当学生精确地了解可吃蘑菇与不可吃蘑菇之间的区别时，才能说是获得了这一概念。当然，学校学习不止是形成概念，而且要使学生获得概念。

一、概念的类型

布鲁纳认为，人们一般不会只凭一种属性就作出推断。例如，教师不会只根据某个学生一次测验成绩下降，就断定他学习不用功，而是根据他的各种表现才会作出推断。那么，人们是如何组合各种属性以便作出推断的呢？这是本节所要探讨的。

布鲁纳根据概念的关键属性与概念的定义之间的关系，区分了三种类型的概念，每种概念类型都涉及到不同的组合属性的方式。

1. 合取概念（conjunctive concept）

合取概念是一种根据同时呈现两个或两个以上的属性来下定义的概念。这就是说，当学生根据事物具有两个或两个以上共同特征来对它们分类时，他们形成的就是合取概念。例如，“笔”是一种可以握在手里和用来书写的工具，如果一样东西要成为笔，必须满足这两个条件，因此，“笔”是一个合取概念。

2. 析取概念（disjunctive concept）

析取概念是一种根据同时呈现两种或两种以上的属性，或只呈现一种相关属性来下定义的概念。换言之，析取概念可以有许多不同的属性，但其中没有一种属性是同其他任何概念有共同之处。例如，“罪犯”可能同时犯有抢劫、偷窃、凶杀等罪，也可能只犯其中一项罪，因此，“罪犯”这个概念是析取概念。

3. 关系概念（relational concept）

关系概念是根据各种属性之间特定的关系来下定义的概念。例如，“长方形”就是个关系概念。长方形不仅仅只是四条边，而且有两对边的长度必须是相等的，两条边需比另两条边长些，同时必须有一个内角是直角。这里，长方形的大小或颜色都是无关属性。

二、概念获得的策略

布鲁纳对概念获得的研究是以这样两个假设为前提的。第一，人们形成概念，是为了简化来自环境的信息，并知道如何对其作出反应。因此，概念的获得等同于类别的确立（这在前面已论述过）。第二，为了减轻认知的张力，确保精确而又迅速地获得概念，人们必定会采取某些策略。策略是指学生为达到某种目的，在习得、保持和利用信息的过程中决策的方式（这是本节要探讨的）。

为了调查学生在概念获得过程中采用些什么策略，布鲁纳等人编制了一套卡片（见图 7-1），其中每一张卡片都可以被用来作为合取概念、析取概念和关系概念的例子。

实验时，告诉学生要获得的是合取概念，还是析取概念或关系概念，并拿出其中一张卡片作为该概念的一个例子。从图 7-2 中可以看到，每张卡片都涉及四个属性：图的数量、边框的数量、图的形状和颜色（如图 7-2 所示）。假定实验者拿出的卡片是：2 个图、圆形、2 个边框、红色（如图 7-3 所示）。那么，所有 2 个图、2 个边框；或圆形、红色；或 2 个图、2 个边框、红色，都可以作为合取概念的例子。所有圆形；或所有红色，都可以作为析取概念的例子。所有具有同样数量的圆形和边框，或图的数量与边框数量相等

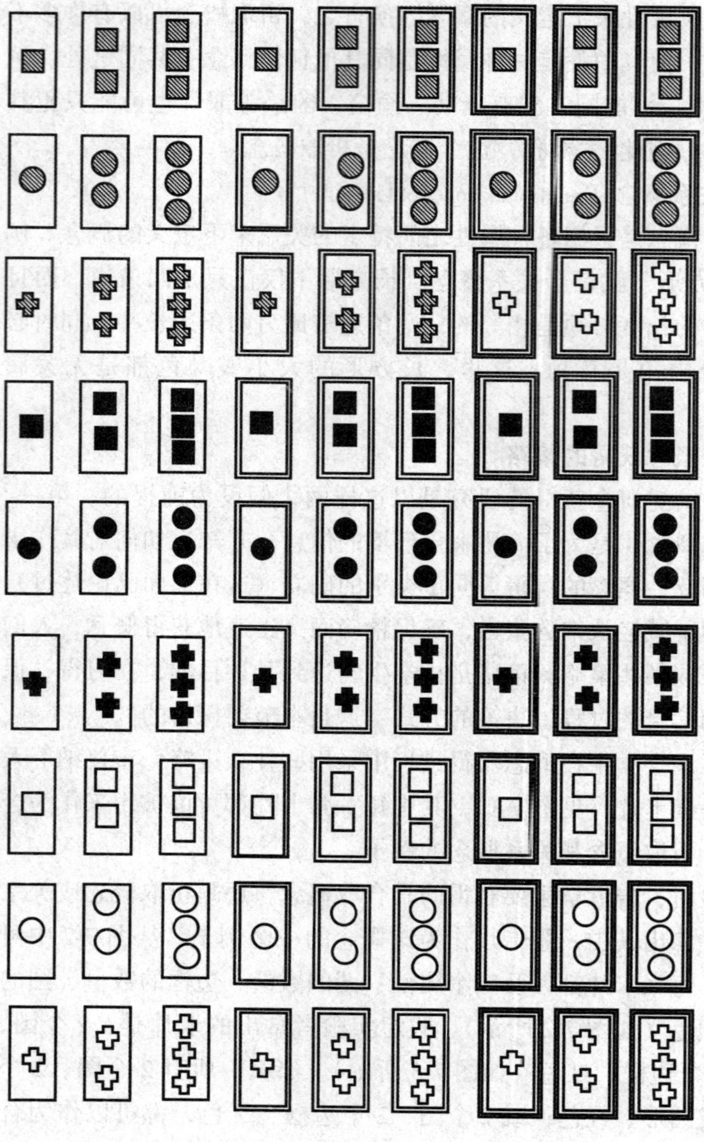

图 7-1　布鲁纳等人用来调查概念获得的策略的卡片

资料来源:Bruner,et al., 1956

图的数量	边框数量	图　形	颜　色
1	1	□	红
2	2	✚	蓝
3	3	○	黄

图 7-2　每张卡片所涉及的四个属性

资料来源：Bruner，et al.，1956.

图 7-3　作为要形成的概念的一个例子

资料来源：Bruner，et al.，1956.

的卡片，都可以作为关系概念的例子。这些都取决于实验者要想形成什么样的合取、析取或关系概念。

限于篇幅，这里只讨论获得合取概念的策略，而且只局限于选择策略，即在实验中，实验者拿出一张卡片作为所需形成的概念的一个例子，然后要学生在其余 80 张卡片中选择该概念的例子。每次选择后，实验者告诉他们这是不是该概念的例子。这一实验的要求是：(1) 尽快获得正确的概念；(2) 尽可能少出形成错误概念的差错。布鲁纳发现，学生在形成合取概念时，一般采取以下四种策略。

1. 同时扫视（simultaneous scanning）

同时扫视的策略是指，学生根据实验者所给予的例子，制定所有可能站得住脚的假设。这里，还是以 2 个图、2 个边、圆形、红色为例，学生可以据此提出 15 种可能成立的假设。例如，是否包括所有圆形和红色，或所有 2 个图和 2 个边，如此等等。由此可见，同时扫视实际上是指学生用所有卡片一一作为该概念的例子，同时检验各种假设是否能成立。因此，学生必须应付许多独立的假设，并把它们贮存在记忆中，而学生一般很难同时考虑到这么多的假设。

2. 相继扫视（successive scanning）

相继扫视的策略是由一次只检验一个假设构成的。因此，这种策略一般不会增加认知的紧张性。例如，学生先提出一个假设：红颜色可能是该概念的属性；等到能够确定后，再提出第二个假设：图的数量可能是该概念的属性；以此类推。采取这种策略的学生，把他们的选择限制在那些能直接验证自己假设的卡片上。这种策略有时可能很快就能获得概念，但也有可能长久得不到，因为它没有一种逻辑推理。

3. 守恒聚焦（conservative focusing）

相对于其他策略而言，守恒聚焦策略最合乎逻辑，它对记忆和推理能力只施以少量的紧张性，但又能保证获得该概念。采取这种策略的学生，每次提出的假设都集中在一个属性上。例如，当实验者提供的例子是2个图、2个边、圆形、红色时，学生先检验边框数量是否是关键属性（如选择2个图、3个边、圆形和红色），然后检验颜色（如选择2个图、2个边、圆形和蓝色），如果实验者给予肯定的答复，那就说明边框和颜色都是无关属性，下一个假设便是有关图形或图的数量了。在一个属性得到明确地肯定或否定之后，再检验另一个属性，由此肯定可以获得所需要的概念。

4. 聚焦投机（focus gambling）

这种策略与守恒聚焦的不同在于：守恒聚焦策略每个假设都只涉及一个属性，而聚焦投机策略则每个假设同时检验二个或二个以上的属性。例如，实验者提供的例子是2个图、2个边、圆形、红色。学生选择的卡片是3个图、3个边、圆形和红色。如果实验者的回答是肯定的，那么，学生一下子就同时解决了两个属性（图的数量和边框的数量），从而大大加快了获得概念的过程。但是，如果回答是否定的，那么，学生就不知道是由于边框的数量还是由于图的数量引起的，这就反而大大减慢了获得概念的速度。可见，这种策略带有一些投机冒险的性质。

布鲁纳的概念假设—检验理论被公认为是对认知心理学的一个重大贡献，他用实验的方式考察了思维的一个重要方面——概念获得的过程，因而被皮亚杰誉为是“思维心理学中的一场革命”。

第三节 编码系统

布鲁纳在解释思维过程时，除了探讨概念和概念获得过程外，还对编码系统作了深入的研究。所谓编码系统，就是“一组相互联系的、非具体性的类别”（Bruner，1973）。编码系统是人们对环境信息加以分组和组合的方式，它是不断地变化和重组的。

根据布鲁纳的观点，人们若要超越直接的感觉材料，那么，所涉及的不仅仅是把感觉输入归入某一类别，并根据这一类别进行推理，而且还要根据其他相关的类别作出推理。正是这些相关的类别构成了编码系统。编码系统的一个重要特征，是对相关的类别作出有层次结构的安排。较高级的类别比较一般些；较低级的类别比较具体些。换言之，当人们从具体事例往上移时，上面的类别离具体性更远些（如图 7-4 所示）。

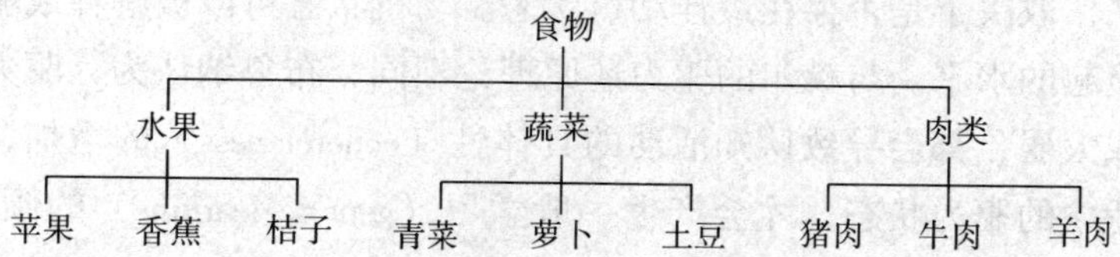

图 7-4 编码系统图示

在布鲁纳看来，编码系统的非具体性（nonspecificity），在知识的保持和迁移中起重要作用。人们在回忆某一具体事物时，通常要回忆起它作为其中一个成员的编码系统，然后重新形成这一具体事物的详细细节。所谓迁移，可以被看作是把习得的编码系统应用于新的事例。正迁移就是把适当的编码系统应用于新事例；负迁移则是把编码系统错误地应用于新事例。因此，在研究学习时，最重要的事情，是要系统了解学生已有的编码系统（Lefrancois，1982）。

布鲁纳认为，影响编码系统形成的条件主要有以下四个方面。

1. 定势（set）

定势是指学生用某种方式作出反应的心理倾向，这种心理倾向直接影响知觉和学习。布鲁纳认为，通过教学或以往的学习，可以使学生在学习时感到，新的学习内容是与以往学习相联系的，是可以根据基本结构加以组织的。很显然，这种定势或心理倾向，比那种认为新的学习内容是没有结构的、与以往学习无关的态度，更容易获得一般的编码。布鲁纳的结论是：对新习得的知识加以一般编码的方式和程度，是受教学和学生以往经验影响的。学生对学习的心理定势，将决定他们能在多大程度上掌握适用于新情境、并能使他们超越新情境的编码系统。布鲁纳不无感叹地认为，很少有人试图系统分析定势的各个方面，阐述有关定势在认知学习中所起的作用。

2. 需要状态（need state）

布鲁纳认为，编码系统的普遍性，即新习得的信息是否被组织起来，取决于是否存在最佳动机状态。动机状态可以被解释成驱力被唤起的水平。与赫尔的驱力还原理论不同，布鲁纳认为，驱力太强或太弱，都会导致认知活动的具体性（concreteness）的增加，只有适中的驱力状态，才会产生一般学习（generic learning）的倾向。后者才是我们希望学生获得的。

为了支持这一论点，布鲁纳以实验为证。在实验中，训练两组白鼠走迷津，正确的走法是“左——右——左——右”。在白鼠掌握正确的走法后，再进行 80 次过度学习。然后，对一组白鼠禁食 36 小时，另一组禁食 12 小时。当把这两组白鼠迁移到另一种迷津（正确的走法是“右——左——右——左”）时，驱力适中组（禁食

12小时）显示出正迁移，学走新迷津的速度明显地比学走第一个迷津快得多；而驱力太强组（禁食36小时），则显示出负迁移，即学习得反而比第一次还慢。布鲁纳由此认为，在驱力太强的情况下，所习得的仅仅是达到目的的某一种途径，而不是把它作为比较一般的方式的一个例子来编码。因此，当出现新情况时，驱力太强者就没有一种可使自己超越所给予的信息的一般的编码系统。

布鲁纳认为，学生的驱力状态也会影响到他们能否把已习得的编码系统运用于新情境。在另一项实验中，实验者先让两组学生在一般实验条件下再认迅速闪现的卡片，卡片上有用三个单词组成的简单句子。然后，给紧张组（即实验组）学生从事一项不可能完成的知觉再认任务：要他们讲出一张复杂图片的详细细节。由于呈现时间极短，他们无法辨认。紧张组学生经过一系列尝试，虽竭尽一切努力，但成绩极糟。在这期间，给另一组（即控制组）学生一项简单的任务：只需评判这幅图画的亮度。最后，再给这两组学生再认另外一些句子（形式上同最初再认的句子一样）。结果表明，紧张组学生没有显示出任何进展，而另一组学生则有很大改进（Bruner，1973）。可见，需要状态在习得和应用编码系统中起重要作用。让学生始终处于紧张状态，不利于产生一般学习。

3. 掌握具体的知识（mastery of specifics）

布鲁纳认为，学生能否形成一般的编码，是受学生对被编码的事例的掌握程度影响的。我们再以前面提及的白鼠走迷津的实验为例。白鼠在掌握了第一种走法（左——右——左——右）后，禁食12小时的白鼠，过度学习越多，它们在另一种迷津（右——左——右——左）中正迁移也就越明显。需注意的是，只有过度学习的白鼠才显示出这种正迁移。换言之，禁食12小时、但没有过度学习的白鼠，不会表现出这种正迁移。而所有驱力太强的白鼠，不论是否有过度学习，都表现出同样的负迁移。布鲁纳由此认为，如果动机不是太强烈的话，过度学习或熟练掌握知识，会有助于一般编码。

此外，布鲁纳还认为，练习或过度学习的性质和效果，与学习内容如何编码有关。例如，学生要记住58121519222629这样一串数字，所需练习的次数，取决于学生对这些数字重新编码的方式。如果学生把它们分成5—8—12—15—19—22—26—29这么几组，每一个数字是5，随后的数字是相继加3、加4，那么，只需要很少的练习。这同机械地死记硬背所需的练习量是不同的。

由此可见，在还没有完全掌握某种具体知识之前，学生往往不可能把所学内容转换成一种一般的形式。只有熟练掌握了具体知识，才能发现较低层次的规则，从而有可能把它们重新组合成较高层次的规则。后者就是布鲁纳所讲的一般编码系统。一旦形成了这种编码系统、信息被凝聚在一般编码中时，掌握知识的问题就成了掌握编码系统的问题，而不再只是掌握原来的具体知识的问题了。同样，练习或过度学习的性质，不能像刺激-反应联结说那样根据简单重复来界说，而是必须具体说明练习发生的条件：是有意识地寻找一般编码系统，还是只图机械重复。最后，还需具体说明学生是在何种需要状态下练习的，因为驱力太强的话，是不可能产生一般学习的。

4. 训练的多样性（diversity of training）

这一因素是与掌握知识的程度紧密相关的。学生在其中经历某件事情的情境越是多样，就越有可能把该事情与其他事件联系起来。一般编码是建立在各种具体事物的共同性与独特性基础上的。很显然，多种多样的训练，有助于增强各事物之间的共同之处，指出每一事物的独特之处。

布鲁纳指出，除非学生经历某些变化，否则是难以形成一般编码的。例如，要理解社会过程的性质，最好的方式是试图改变它。因为，只有在面对各种事件的变化中，人们才会掌握从中抽取一般特征所必需的知识。布鲁纳对以往研究学习的方式深为不满。他认为，如果我们要研究一般学习发生的条件，那就需要彻底改变目前行为主义研究学习的方式。因为行为主义学习理论都把研究重点放在学习的速度或引起消退的条件上，而没有注意到，早期的多样化训练，是产生理智行为的条件之一。在布鲁纳看来，应该使用前面提到的训练迁移范式来研究一般学习的条件。

第四节　智慧生长与表征系统

布鲁纳探讨知觉与思维的目的，是为了能更好地帮助和促进学生智慧的生长。他常常把智慧生长与认知生长作为同义词，把它们看作是形成表征系统（representation systems）的过程。

一、智慧生长

布鲁纳十分重视生长（growth）的问题。在他看来，如果教育工作者忽视已有的有关生长的知识，那是会误人子弟的。他甚至相信，总有一天会建立起一门综合性的“生长科学”（the growth sciences）。在他看来，事实上，每一个科学家都从他自己所擅长的角度来探讨生长的问题。布鲁纳对考察人类智慧生长的方式提出了自己的看法。

布鲁纳认为，尽管对智慧生长的考察方式可以是多种多样的，但必须遵循四条基本准则：（1）必须以某种精确的形式来描述心理运演的特点；（2）必须考虑到各种自然的思维方式；（3）必须考虑到人们所处的社会文化的性质；（4）必须考虑到人类的演进对人类生长形式的影响。因此，对人类智慧生长的看法，要考虑到思维产物的种种特性、考虑到思维的工具性质、说明智慧对社会文化的模仿性，并把人类置于演进的背景中加以考察。更重要的是，这种人类智慧生长观还要有助于我们理解“怎样教育人们，才能使他们充分利用自己的智慧的遗产？”这一问题。如果智慧生长的理论没有考虑到上述四项准则，也无助于我们对教育的理解，那是注定要失败的（Bruner，1973）。

那么，生长过程涉及哪些方面，我们应该根据什么来衡量一个人智慧生长的程度呢？他认为可以根据以下六个方面来衡量。

1. 生长是以反应日益独立于刺激的直接性为特征的。也就是说，如果儿童能够通过中间过程（mediating processes）——即在作出反应之前转换刺激，从而不受刺激的控制，那就说明他生长了。例如，儿童能够在刺激不断变化的环境中作出一种固定不变的反应，或在一种不变的环境中作出不同的反应，这就表明他掌握了这种中间过程或转换过程（transformations），这是生长的一个标志。

2. 生长取决于把事件内化到与环境相应的“贮存系统”中去。正是由于这种贮存系统，才使儿童有可能愈益能够超越在某种场合所得到的信息。因为儿童可以根据所贮存的知识作出预测和推断。

3. 智慧生长涉及愈益能够用文字或符号对自己或他人说清楚他已做了些什么或将要做些什么。这种自我说明或自我意识的能力，使儿童能够从一种只是按顺序进行的行为，转换成一种合乎逻辑的行为。正是由于这种过程，导致最终认识到逻辑的必要性，并超越经验的适应（empirical adaptation）。

4. 智慧发展有赖于指导者与学习者之间系统的和偶发的相互作用。因为指导者拥有教给儿童的知识技能。强调指导者的作用，并不否认社会文化的作用，因为每一种社会环境都提供诸如家庭、教师、英雄人物等指导者与被指导者的关系。

5. 通过语言媒介可以大大促进教学；语言媒介不仅是为了交际的目的，而且还可以成为有条理地理解环境的手段。因此，在布鲁纳看来，语言的性质和语言所起的功能，必须成为任何认知发展理论的一部分。

6. 智慧发展是以愈益能够同时处理一系列不同的事物、在同一时期能顾全到若干序列，以及用一种适当照顾到多种要求的方式分配时间和注意等为标志的。这主要涉及的是思维方式的问题

（Bruner，1966）。

布鲁纳认为，在谈到认知发展时，皮亚杰无疑是一个最著名的人物。“然而，皮亚杰常常为人们所误解，认为他做的主要工作是属于心理学的。其实不然。他的工作是认识论方面的。他深切关注知识本身的性质，……他很少关心促进使知识增长的过程”（布鲁纳，1989年）。而后者正是布鲁纳所关心的问题。他认为，智慧生长的主要目的，是为学生提供一个现实世界的模式，学生可以借此解决生活中的一切问题。这个模式涉及贮存信息的内部系统。而信息是通过人与周围环境的相互作用获得的。因此，探讨智慧生长的一个最有用的概念是表征或表征系统。

二、表征系统

表征或表征系统，是人们知觉和认识世界的一套规则。布鲁纳认为，在人类智慧生长期，有三种表征系统在起作用，这就是“动作表征、肖像表征和符号表征——即通过动作或行动、肖像或映象，以及各种符号来认识事物。这三种表征系统的相互作用，是认知生长或智慧生长的核心”（Bruner，1973）。在他看来，这三种表征系统，实质上是三种信息加工系统，人类是凭借这三个系统来认识世界的。

布鲁纳把儿童认知生长与人类演进过程作了比较。在初始阶段，人类远不是食肉动物中最凶猛、最强壮的动物，人类最终能成功地征服其他所有动物，是因为具有理智和智慧。这些智慧来源于人类演进过程中经历的三类重大发明，这三类发明起着三种不同的功能。

第一类发明是制造出能够扩展人类动作能力（motor capacities）的器具，包括简单的工具（如杠杆、轮子、斜面等），以及由各种简单工具组合而成的器具（如刀、弓箭等）。通过扩展动作能力，人类变得强有力了。第二类发明涉及扩展感觉能力（sensory capacities）的工具，包括简单的烟熏信号到望远镜、显微镜、收音机和电视机等，从而使人们能看到、听到或感受到本来无法感觉到的东西。第三类发明包括那些扩展人类推理能力（ratiocinative capacities）的东西，如语言、学说和对事物的种种解释，直到现代的计算机系统。

布鲁纳认为，儿童使用的表征系统，与人类发明创造的历史演进过程极为相似。在儿童发展初期，他们是根据对客体的直接感受来表征客体的，用布鲁纳的话来说，是“用肌肉来表征”客体的。这种动作表征是与人类演进中注重扩展动作能力的阶段相吻合的。在儿童发展的早期，他们从完全采用动作表征过渡到肖像表征，即开始能够使用“心理映象”作为某些客体或事件的代用品。这同人类创造发明指向扩展感觉能力的时期也是一致的。最高级的表征形式是符号表征。符号表征与肖像表征的根本区别在于：肖像表征同它的指称物在形式上完全是相似的，而符号表征则完全是任意性的。尽管符号表征是以任意性为特征，但我们一般都能理解它们所包含的意义。同样，符号表征是与人类旨在扩展推理能力的时期相平行的（Bruner，1973）。

布鲁纳始终对刺激-反应理论（无论是邻近理论还是强化理论）持怀疑的态度。但他承认，刺激-反应理论可以恰当地用来说明学习者是如何利用动作表征来学习的。同样地，格式塔理论可以极好地说明肖像表征系统。但布鲁纳在考虑智慧发展的性质时，把语言（即符号）放到了中心的地位（Bruner，1966）。

在布鲁纳看来，人类智慧发展始终是沿着这三种表征系统的顺序前进的。然而，虽说动作、肖像和符号表征是按顺序发展的，但它们并不能相互取代。事实上，我们每个人一直在连续不断地使用这三种表征系统。也就是说，我们至少有三种显然不同的方式来表征我们的学习经验和思维，如果我们以此来设计教学，就能达到促进学生智慧或认知生长的目的。

第五节 发现学习

在布鲁纳看来，学生的心智发展，虽然有些受环境的影响，并影响他的环境，但主要是独自遵循他自己特有的认识程序的。教学是要帮助或形成学生智慧或认知的生长。他认为，教育工作者的任务，是要把知识转换成一种适应正在发展着的学生的形式，而表征系统发展的顺序，可作为教学设计的模式。由此，他提倡使用发现学习的方法。

一、发现学习的例证

布鲁纳最著名的也是引起争议最多的论点是："任何学科都可以用理智上忠实的形式教给任何年龄阶段的任何儿童"（Bruner, 1960）。所谓"理智上忠实的形式"，是指适合于学生认知发展水平的学科的基本结构，或基本概念和基本原理。而发现学习，是一种最佳的学习方式。

举例说来，代数中的变换律、分配律和结合律等，是代数这门学科的基本结构，小学低年级学生完全能够掌握这些最基本的原理。事实上，儿童在幼儿园玩跷跷板时就知道，如果对方比自己重，自己就得往后移；如果对方比自己轻，就得往前移，否则就不可能玩跷跷板。根据这个原理，布鲁纳设计了一个天平，让 8 岁儿童借助动手操作、视觉映象和符号来掌握代数中的基本结构。

布鲁纳认为，小学低年级学生往往能够像鹦鹉学舌似地说出"几乘以几等于 18"，但他们对"9×2"与"2×9"，或"6×3"与"3×6"有没有不同常常感到吃不准。但是，如果让小学生自己先动手操作，在天平（图 7-5）一边钩子 9 挂上 2 个小环，让学生在天平的另一边寻找各种能保持天平平衡的各种组合，并把它们记录下来。小学生根据以往玩跷跷板的经验，很快就能知道在钩子 2 上挂 9 个小环；在钩子 3 上挂 6 个小环；或在钩子 6 上挂 3 个小环……，都能保持天平的平衡。这样，学生掌握的不只是“9 × 2 = 18”，而是代数的基本结构——交换律。

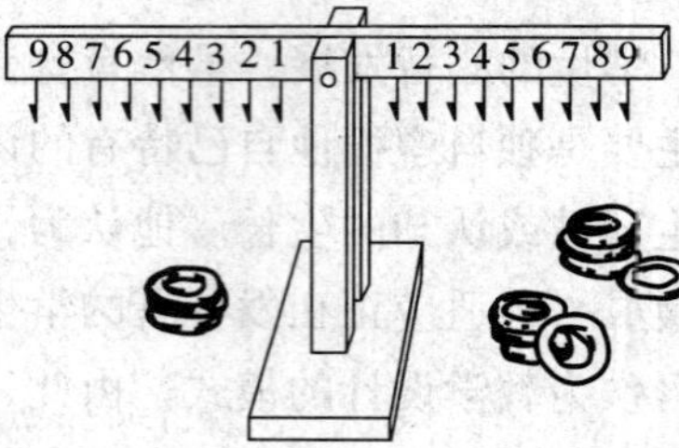

图 7-5　天平实验

资料来源：Bruner，1973.

在学习过程中，开始时，让学生动手操作；接着，移去天平，让学生凭借头脑中形成的视觉映象来运算；最后，学生熟练掌握运算规则，不用实物和视觉映象，用符号也能自如地运算了。布鲁纳由此认为，教师只要把握每门学科的基本结构，根据学生表征系统形成的特点来设计教学，那么，任何年龄阶段的学生都能掌握各门学科的基本结构。

注重掌握学科的结构，而不是现成的正确答案，必然会强调学习的过程，而不是学习的结果。因此，布鲁纳认为，学生在掌握学科的基本结构的同时，还要掌握学习该学科的基本方法，其中发现的方法和发现的态度是最为重要的。所谓发现，当然不只局限于发现人类尚未知晓的事物的行动，而是包括用自己头脑亲自获得知识的一切形式。这里，我们以布鲁纳自己多次引用的数学教学实验为例：

先给 8 岁儿童摆弄一些扁平的积木，形状如图 7-6。告诉儿童，大的正方形的边长还不知道，可以用 x 表示；长方形的长为 x，宽为 1；小正方形的边长为 1。在开始时，教师要使学生相信，大正方形的面积确实不知道，而且不必关注它倒底有多大，用 x^2

来表示很有趣。如果用尺子去量，下面的“游戏”就没什么意思了。然后问学生，能否搭出一个比“x 正方形”更大的正方形。这对学生来说并不难。他们早已有许多搭积木的经验。学生很快就会搭出一系列正方形（图 7-7)。在搭积木的同时，要求学生记下每

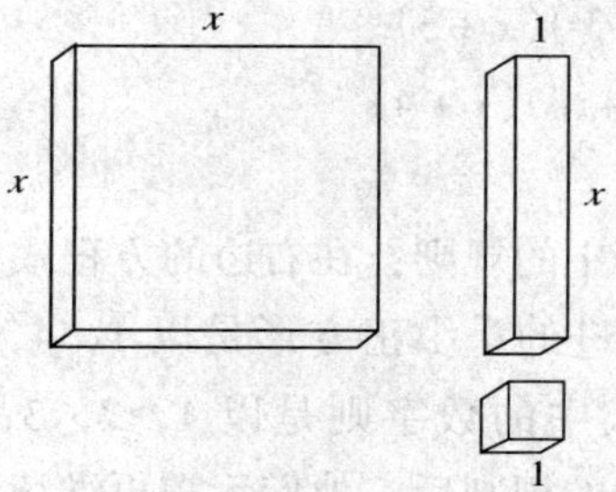

图 7-6　布鲁纳教发现学习时使用的积木

资料来源：Bruner，1973.

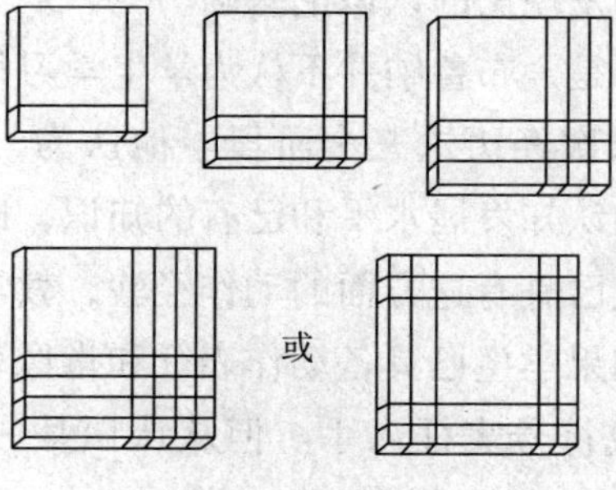

图 7-7　学生搭出的大正方形

资料来源：Bruner，1973.

个大正方形需用多少块积木，每边有多长。学生在作记录时，一般也不大会有困难：x^2+2x+1；x^2+4x+4；……。有些学生还能用另一种方式来表示：$(x+1)(x+1)$；$(x+2)(x+2)$；……这样的表述比实际采用的程序简化多了。

学生继续拼搭更大的正方形，并记下推导出来的方程式。教师

耐心地让学生自己去操作、探究、对照。到了一定的时候，学生逐渐会领悟到隐藏于其中的重要规则或结构：

$x^2+2x+1=(x+1)(x+1)$

$x^2+4x+4=(x+2)(x+2)$

$x^2+6x+9=(x+3)(x+3)$

$x^2+8x+16=(x+4)(x+4)$

……

学生终于发现了其中的规则：在右边的方程式中，长方形是以2，4，6，8，10……递进的；小正方形是以1，4，9，16，25……递进的；右边的方程式中的数字则是以1，2，3，4，5……递进的。等到学生悟出其中的规则后，他们无需再继续动手搭更大的正方形了，仅凭视觉映象就能立出方程式。最后，当学生熟练掌握规则后，仅凭符号就能运算了。由此可见，布鲁纳对表征系统的研究，成了他提倡的发现法的认识论基础。

这里需注意的是，布鲁纳并不认为学生学习每一事物都必须从动作表征入手，依次经历这三个阶段。他认为，教学活动如何进行，取决于学生的认知发展水平和已有的知识，即取决于学生的认知结构。如果学生已具有这方面的动作经验，教学可以从唤起学生视觉映象开始；如果学生已具备动作表征和肖像表征的经验，那么就可以直接从形成符号表征入手。但从认识某一事物的整体上来看，学生必须具有这几方面的经验。

二、发现学习的特征

前面已列举了布鲁纳提倡的发现学习在数学教学中具体运用的范例。这里需要指出的是，布鲁纳并不是发现学习的创始人，就“发现”、“探究”等观念来说，杜威早就提出同样的看法，如果说联系到启发法，那还可以追溯到古希腊的苏格拉底。但是，我们得承认，布鲁纳比其他人更注意发现法的理论依据，使之具有科学的基础。这里，我们来分析一下布鲁纳发现法的一些特征。

1. 强调学习过程

布鲁纳认为，在教学过程中，学生是一个积极的探究者。教师的作用是要形成一种学生能够独立探究的情境，而不是提供现成的知识。我们教一门学科，不是要建造一个活着的小型藏书室，而是要让学生自己去思考，参与知识获得的过程。“认识是一个过程，而不是一种产品。”可见，学习的主要目的不是要记住教师和教科书上所讲的内容，而是要学生参与建立该学科的知识体系的过程。所以，布鲁纳强调的是，学生不是被动的、消极的知识的接受者，而是主动的、积极的知识的探究者。

2. 强调直觉思维

除了注重学习过程之外，布鲁纳的发现法还强调学生直觉思维在学习上的重要性。他认为，直觉思维与分析思维不同，它不根据仔细规定好了的步骤，而是采取跃进、越级和走捷径的方式来思维的。不论在正规的学科领域还是在日常生活中，不论是科学家还是小学生，都需要也都可以使用直觉思维，所不同的只是程度问题，其性质都是一样的。

布鲁纳认为，大量事实都表明，直觉思维对科学发现活动极为重要。直觉思维的形成过程一般不是靠言语信息，尤其不靠教师指示性的语言文字。直觉思维的本质是映象或图象性的。所以，教师在学生的探究活动中要帮助学生形成丰富的想象，防止过早语言化。与其指示学生如何做，不如让学生自己试着做，边做边想。

3. 强调内在动机

在布鲁纳看来，学生在一般教学条件下，学习的动机往往很混乱。有些学生谋求好成绩，是为了一些外来的动机，如为了得到或避免教师和家长的奖励或惩罚，或为了与同学竞争。而布鲁纳更重视的是形成学生的内部动机，或把外部动机转化成内部动机。而发现活动有利于激励学生的好奇心。学生容易受好奇心的驱使，对探究未知的结果表现出兴趣。所以，布鲁纳把好奇心称之为“学生内部动机的原型”。

布鲁纳认为，与其让学生把同学之间的竞争作为主要动机，还不如让学生向自己的能力提出挑战。所以，他提出要形成学生的能力动机（competence motivation），就是使学生有一种求得才能的驱力。通过激励学生提高自己才能的欲求，从而提高学习的效率。事实表明，对自己能力是否具有信心，对学生学习的成绩有一定影响。

但是，布鲁纳在强调学生内部动机时，并没有完全否认教师的作用。虽说“教这个字眼现在不很时髦，但我还是准备谈教”（布鲁纳，1989年）。在他看来，学生学习的效果，有时取决于教师何时、按何种步调给予学生矫正性反馈，即要适时地让学生知道学习的结果，如果错了，还要让他们知道错在哪里以及如何纠正。让学生有效地知道学习的结果，取决于：(1) 学生在什么时候、什么场合接受到矫正性信息；(2) 假定学生接受的矫正性信息的时间、场合都是合适的，那么学生在什么条件下可以使用这些矫正性信息；(3) 学生接受的矫正性信息的形式。

例如，学生在发现学习过程中，要经历尝试、检索、检验等阶段。那么，反馈信息应在学生将自己试验结果与目的要求作比较时给予，才是最有效的。如果在此之前给予反馈，学生要么不理解，要么变成学生记忆的额外负担；如果在这之后给予，那么就不能为学生下一轮问题解决提供指导。布鲁纳把这种反馈形式称为“中介反馈”。

布鲁纳还认为，学生利用矫正性信息的能力与他们的内部状态有关。如果学生因驱力太强而处于焦虑状态，那么，提供矫正性信息不会有多大用处。另外，如果学生有一种妨碍学习的心理定势的话，学习往往会显得异常困难，这时，学习的每一步骤都需要及时给予反馈。布鲁纳称这种反馈为“即时反馈”。

此外，若要使矫正性信息有效用，必须用一种能帮助学生解决问题的方式来表现。如果仅仅告诉学生“对”，这并没有什么用处；如果仅仅告诉学生“不对”，反而有害而无益，因为这样做除了伤害学生的心情之外，对学生毫无帮助。

最后，布鲁纳提请人们注意，教学的目的在于使学生能独立学习、独立解决问题。提供矫正性反馈也有可能会产生负作用，即会使学生一直依赖于教师的指正。因此，教师必须采取适当措施，使学生最终能自行地把矫正机制引入学习中去。

4. 强调信息提取

布鲁纳对记忆过程持比较激进的观点。他认为，人类记忆的首要问题不是贮存，而是提取。尽管这从生物学上来讲未必可能，但现实生活要求学生这样。因为学生在贮存信息的同时，必须能在没有外来帮助的情况下提取信息。提取信息的关键在于如何组织信息，知道信息贮存在哪里和怎样才能提取信息。

布鲁纳在一项实验中，让一些学生学习 30 对单词，对一组学生说，要他们记住单词，以后要复述的；而要其他学生设法把每对单词造成一个句子。结果发现，后者能复述其中的 95%，而第一组学生的回忆量不到 50%。所以，学生如何组织信息，对提取信息有很大影响。学生亲自参与发现事物的活动，必然会用某种方式对它们加以组织，从而对记忆具有最好的效果。

第六节　评　论

布鲁纳的教学理论，对我国广大教育工作者来说并不陌生。他的《教育过程》一书已成为教育界人士的必读书之一。他在教学理论上提出的一些主张之所以有力度，是因为它们都是建立在他对学生认知和发展的研究结果上的，然而我国教育界人士对布鲁纳关于知觉和思维方面的研究，似乎没有引起应有的注意。

从学习理论的角度来看，布鲁纳对刺激-反应联结说始终抱不以为然的态度。他认为这种学说至多只能用来说明儿童用动作表征学习的过程，而动作表征仅仅是人类加工信息的初级阶段。此外，刺激-反应说只注重学习的结果——最终的行为反应，而不关注学习的过程——学生头脑思考过程或认知结构重组过程，但后者才是布鲁纳关注的焦点。然而，布鲁纳对行为主义的刺激反应说并不持全盘否定的态度，这从他对强化形式和步骤（《教学理论探讨》）的分析，以及对教学辅助手段（《教育过程》）的观点中可略见一斑。

从布鲁纳对知觉和思维的研究中，我们可以看到格式塔心理学对他的影响。布鲁纳的学习和教学理论的一个核心问题，是如何使学生超越所给予的信息。而韦特墨关于知觉的原理和沃尔夫关于记忆组织的原理，似已涉及到这个问题。尽管我们不能说布鲁纳的知识基于结构的观点，与格式塔心理学"整体不仅仅只是部分之总和"有任何直接的关联，但我们似也不能否认两者之间没有任何渊源关系。在布鲁纳看来，格式塔心理学是分析肖像表征的一种很好的理论。

现在人们论述最多的是布鲁纳与皮亚杰理论之间的关系。对此，人们有不同的看法。有人认为，布鲁纳的三个表征系统的理论，是皮亚杰认知发展阶段的继承与发展；有人则认为，这两种理论恰恰是对立的，理由是：布鲁纳关于"任何学科都可以用某种形式教给任何年龄阶段的任何人"的假设，是以表征系统的理论为依据的；但皮亚杰强调认知发展的年龄阶段性，具体说来，5岁儿童是不可能掌握诸如"可逆性"和"守恒性"之类的概念的。关于这个问题的孰是孰非，布鲁纳本人实际上已作了说明。他在承认皮亚杰在认知发展领域所做的开拓性工作的同时指出，皮亚杰只关注知识（认识）本身的性质，很少关心促使知识增长的过程。而布鲁纳关于表征系统的理论正是想在这两者之间架起一座桥梁。在布鲁纳看来，学习理论与发展理论是描述性的（descriptive），它告诉我们儿童是怎样学习的，在学习过程中会发生些什么情况；而教学理论是处方性的（prescriptive），它要提出掌握知识的最佳途径方面的规则，并为评价各种教与学的方式提供准则。此外，教学理论还要确立各种标准，陈述达到这种标准的条件，从这个意义上讲，教学理论又是规范性的（normative）。布鲁纳对三个表征系统的阐述，使得学习和发展理论与教学理论之间有了连结点。在我们看来，这是布鲁纳高出皮亚杰的地方。

布鲁纳强调学生的学习应是主动发现的过程，而不是被动接受知识。这一观点虽然并非布鲁纳首创，但由于他以自己对知觉和思维过程的独到研究，使发现学习有了科学的基础，因而更令人信服。遗憾的是，布鲁纳只详细阐述了发现学习，而对其他各种学习方式既没有谈及也没有比较，这势必使人会产生疑问：学生在学校里学习任何内容都采用发现法，那合适吗？时间上允许吗？

最后，布鲁纳本人在 70 年代时也承认，他当初在论述儿童的生长时忽视了社会方面的因素。他自己说："如果我现在有权选择，那么为 70 年代而进行的'课程设计'，应是寻找一种我们能借以使社会恢复它的价值观念和生活优先权的手段"（布鲁纳，1989 年）。当然，他不可能有这个"权"，因为时代已经过去。但这从一个方面提示我们：任何一种理论都是时代的产物，如果要考察它或评价它，那就应该把它放在当时的历史条件下。

第八章　奥苏贝尔认知同化学习理论

戴维·奥苏贝尔（David P. Ausubel，1918—　），1939 年在宾夕法尼亚大学获学士学位，1940 年在哥伦比亚大学获心理学硕士学位。1943 年获布兰迪斯大学医学博士学位，1950 年获哥伦比亚大学哲学博士学位。1950 年后先后在美国伊里诺斯大学教育研究部、加拿大多伦多大学教育学院和安大略教育研究院（OISE）应用心理学系任教，1968 年后在美国纽约市立大学任教，曾在该校师范教育部任研究和评价的主管，后来又在该校的研究生院和大学中心工作过。

奥苏贝尔主要关注学校学习理论的研究，同时在理论医学、临床医学、精神病理学和发展心理学等领域也有研究。他曾在美国心理学会、美国教育协会、美国医学协会、全国科学院农业教育部、白宫吸毒问题研究小组、生物学课程研究委员会等组织里参与工作，并在 1976 年获美国心理学会颁发的桑代克教育心理学奖。他的主要代表著作有：《自我发展与个性失调》（Ego Development and the Personality Disorders）（1952）、《青少年发展的理论与问题》（Theory and Problems of Adolescent Development）（1954、1977，第二版时与人合作）、《儿童发展的理论与问题》(Theory and Problems of Child Development)(1958)、《意义言语学习心理学》(The Psychology of Meaningful Verbal Learning)(1963)、《教育心理学：一种认知观》(Educational Psychology：A Cognitive View)(1968、1978，第二版时与人合作)、《学校学习：教育心理学导论》(School Learning：An Introduction to Educational Psychology)(1969，与人合作)、《自我心理学与精神障碍》(Ego Psychology and Mental Disorder)(1977，与人合作)。

第一节　意义学习

奥苏贝尔对传统的学习理论持批评的态度。他认为，这些学习理论并不探讨在课堂里发生的学习，而只是根据实验室里的学习不加分析地外推。在他看来，“一种真正实在的、科学的学习理论主要关注在学校里或类似的学习环境中所发生的各种复杂的、有意义的言语学习。并对影响这种学习的各种因素予以相当的重视”(Ausubel，1967)。

在他最有影响的著作《教育心理学：一种认知观》两版的扉页上，他写道：“如果我不得不把教育心理学的所有内容简约成一条原理的话，我会说：影响学习的最重要的因素是学生已知的内容。弄清了这一点后，进行相应的教学。”可以说，这一条原理是奥苏贝尔整个理论体系的核心，他所论述的一切，都是围绕这一原理展开的。

奥苏贝尔教育心理学中最重要的观念之一，是他对意义学习(meaningful learning)的描述。在他看来，学生的学习，如果要有价值的话，应该尽可能地有意义。为此，他仔细区分了接受学习与发现学习、机械学习与意义学习之间的关系。

一、接受学习与发现学习

接受学习与发现学习之间的区别并不难理解。在接受学习中，学习的主要内容基本上是以定论的形式传授给学生的。对学生来讲，学习不包括任何发现，只要求他们把教学内容加以内化（即把它结合进自己的认知结构之内），以便将来能够再现或派作他用。发现学习的基本特征是，学习的主要内容不是现成地给予学生的，而是在学生内化之前，必须由他们自己去发现这些内容。换言之，学习的首要任务是发现，然后便同接受学习一样，把发现的内容加以内化，以便以后在一定的场合下予以运用。所以，发现学习只是比接受学习多了前面一个阶段——发现，其他没有什么不同。

二、意义学习与机械学习

多少年来，人们往往把接受学习和讲授教学作为批评的对象，甚至作为“旧教育传统的残余”，但在学校的教学实践中，它们仍然是传授科学文化知识的一个主要手段，这就值得我们追究其中的缘由了。

奥苏贝尔反复强调，认为接受学习必然是机械的，发现学习必然是有意义的，这是毫无根据的。在他看来，无论是接受学习还是发现学习，都有可能是机械的，也都有可能是有意义的。如果教师讲授教学得法，并不一定会导致学生机械接受学习；同样，发现学习也并不一定是保证学生有意义学习的灵丹妙药。如果学生只是机械地记住解决问题的“典型的步骤”，而对自己正在做什么、为什么这样做却稀里糊涂，他们也可能得到正确的答案，但这并不比机械学习或机械记忆更有意义。奥苏贝尔的合作者之一诺瓦克（J. A. Novak）在《教育理论》（A Theory of Education）一书中，用双维坐标的图解方式说明了接受学习、发现学习与意义学习、机械学习之间的关系（见图 8-1）。

奥苏贝尔认为，意义学习有两个先决条件：(1) 学生表现出一种意义学习的心向，即表现出一种在新学的内容与自己已有的知识之间建立联系的倾向；(2) 学习内容对学生具有潜在意义，即能够与学生已有的知识结构联系起来。这里要特别注意的是，这两个“联系”一定要是一种非任意性的、非字面上的联系；也就是说，这种联系不能是一种牵强附会的或逐字逐句的，而应是实质性的联系。

任何学习，只要符合上述两个条件，都是意义学习。此外，需注意的是，意义学习与机械学习并不是绝对的，而是处在一个连续体的两个极端上。学校中的许多学习，往往处于这两端之间的某一点上。

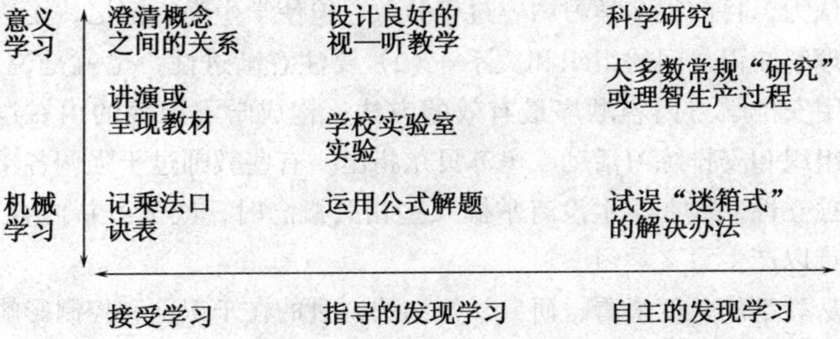

图 8-1　接受学习与发现学习

资料来源：Novak，1977.

在课堂里的意义学习中，接受学习与发现学习之间的对比，由于各种原因，总是偏重于接受学习。首先，由于发现学习费时太多，一般不宜作为获取大量信息的主要手段；其次，在一些学习情境里，学生必须用言语来处理各种复杂的、抽象的命题。诚然，纯粹言语形式的学习会使学生在理解方面带来一些问题。但只要在讲授教学中提供各种具体的经验，就可以弥补这方面的不足。因此，奥苏贝尔认为，学校主要应采用意义接受学习，尤其是意义言语接受学习（Ausubel，1977）。

三、认知结构在意义学习和讲授教学中的作用

奥苏贝尔认为，当学生把教学内容与自己认知结构联系起来时，意义学习便发生了。所以，影响课堂教学中意义接受学习的最重要的因素，是学生的认知结构。所谓**认知结构**，就是指学生现有知识的数量、清晰度和组织方式，它是由学生眼下能回想出的事实、概念、命题、理论等构成的。

因此，要促进新知识的学习，首先要增强学生认知结构中与新知识有关的观念。从安排学习内容这个角度来讲，要注意两个方面：（1）要尽可能先传授学科中具有最大包摄性、概括性和最有说服力的概念和原理，以便学生能对学习内容加以组织和综合。奥苏

贝尔认为，目前很多学习内容过于分散，迫使学生强行记忆，无法真正理解知识之间的组织和关系。(2）要注意渐进性，也就是说，要使用安排学习内容顺序最有效的方法；构成学习内容的内在逻辑；组织和安排练习活动。奥苏贝尔指出，有些教师过于强调各单元的独立性，或在学生没有掌握某些相关概念时，就学习新内容，因此难以产生意义学习。

从教学的角度来看，研究认知结构，目的在于识别和控制影响意义接受学习的变量。奥苏贝尔认为，下列三种变量是须关注的：(1）学生认知结构中能与新教材建立联系的有关概念是否可利用。如果可以利用这些概念，就为学习和记忆新教材提供必要的固定点(anchorage)。(2）这些概念与要学习的新概念之间区别的程度如何，即：要防止新旧概念的混淆，使新概念能够作为独立的实体保持下来。(3）认知结构中起固定点作用的概念是否稳定、清晰。这将既影响到为新知识提供的固定点的强度，也影响学生能否对新旧概念作出区别。

可见，学生是否具有起固定作用的概念（anchoring ideas)，对学习是否有意义起重要作用。在奥苏贝尔看来，对教材进行机械学习的主要原因之一，就是在学生还没有具备起固定作用的概念之前，就要求他们学习新内容。由于学生认知结构中还没有可以同新知识建立联系的有关概念，因而使得新知识也失去了潜在意义(Ausubel, et al., 1978)。

第二节　意义学习的类型

从上述分析中可以看到，意义本身并不是意义学习过程的产物。因此，很自然地就会遇到这样一个问题：“整个意义学习过程是怎样开始的?”奥苏贝尔由此考察了一套有层次组织的学习，从最底层次——表征学习，到最高层次——创造能力的形成，目的是为了考察有意义的学习材料是如何被同化到学生的认知结构中去的。

一、表征学习（representational learning）

对儿童说来，最主要的理智任务之一，是要学习各种符号的意义。儿童最初学到的符号，是家长对他们所讲的词汇。我们的任务是要了解，儿童开始时是怎样赋予这些符号以意义的，以及构成这些符号的意义的认知内容的性质。例如，当年幼儿童正注视着一条狗时，家长说："这是一条狗。""狗"这个词最初对幼儿来说是没有意义的，但在听到家长的话时，儿童认知结构中的两种内部刺激同时被激活了：一是狗的视觉映象；一是听到"狗"这个词引起的内部刺激（图 8-2a)。通过讲话和手势（如，手指着狗)，家长向孩子表明，"狗"这个词代表实际的狗。因此，儿童给"狗"这个词赋予的意义，就是由实际的狗引发的认知内容（视觉映象)。在符号（"狗"这个词）与实物（实际的狗）多次配对后，只出现符号，也会引起对狗的视觉映象（图 8-2b)。这时，"狗"这个词引发的认知内容，与实际的狗引发的认知内容基本上是一致的。到了一定的时候，儿童会注意到，环境中不同的客体有不同的名称；同一类客体的不同的成员（如，"狗"这一类别包括各种不同的狗)，可以有同样名称（都称为"狗")。

在儿童掌握这种一般概念之后，名称学习不再是一种完全任意的学习了。如果儿童听到"猫"这个词，尽管他实际上没有看到猫，但他也会认识到，这个符号是某一物体的名称，"猫"这个词的意义，是由实际的猫引起的视觉映象。因此，尽管言语符号与该客体没有任何内在联系，但对每一物体的命名也不完全是任意的。我们不能把实际的猫称为"狗"。在奥苏贝尔看来，正因为儿童不能任意地给客体命名，这就符合了意义学习的一条准则，即符号与客体之间有实质性的联系。所以，虽然表征学习（或名称学习）在意义学习和机械学习这一连续体上，相对说来处于机械学习一端

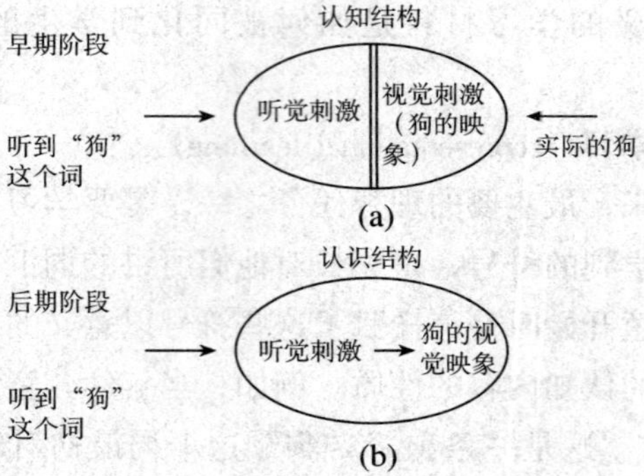

图 8-2　表征学习的阶段

资料来源：Ausubel and Robinson，1969.

(因为物体与名称必须完全对应)，但也并不完全是任意性的，因而也具有意义学习的性质。

二、概念学习（concept learning）

概念具有逻辑的和心理的意义。从逻辑上讲，概念是指在某一领域中因具有共同特征而被组织在一起的特定事物。例如，“三角形”这一概念是指与其他几何图形明显不同的一类客体。学生一旦掌握了某一概念的关键属性，即区分某一类别与其他类别的一组特征，就能确定他所见到的东西是否属于这一概念。

幼儿在概念学习中的主要问题，是要找出他所面对的一类物体的关键属性。显然，儿童所发现的关键属性（他自己赋予某一概念的心理意义），与作为概念的定义（逻辑意义）的关键属性之间，可能会有相当大的差异。例如，认为“会飞的都是鸟”。

奥苏贝尔为了说明概念学习，以儿童学习“立方体”这个概念为例。儿童见过或玩过许多大小、颜色、质地不一的立方体。作为经验的结果，他们归纳出了立方体的关键属性。这些属性是置于立方体的表征映象之中的，这种表征映象是儿童从经验中形成的，在没有实物时也能回想出来。奥苏贝尔把儿童通过归纳发现一类物体的关键属性的过程，称为概念形成。尽管这时儿童可能还不知道这一概念的名称，但已有了这一概念的意义（图 8-3a）。

儿童入学以后，开始学习概念的名称。学习概念的名称也是一种表征学习，在这种学习中，儿童学会用符号（如：立方体）代表他已习得的概念。在学习过程中，学生把“立方体”这个词的意义等同于已有的表示这个概念的意义的表征映象（图 8-3b）。

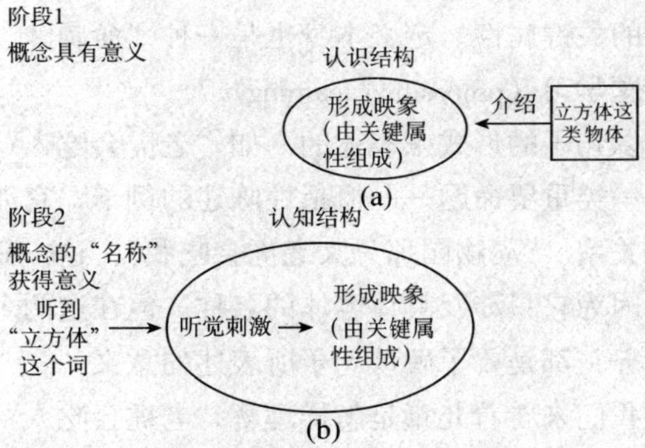

图 8-3　学习概念名称的两个阶段

资料来源：Ausubel and Robinson，1969.

奥苏贝尔认为，儿童现在已经习得了这个概念的外延意义（denotative meaning），但是，每个概念还具有内涵意义（connotative meaning），概念的心理意义。内涵意义是指概念名称在儿童内部唤起的独特的、个人的、情感的和态度的反应。儿童的这类反应，取决于他们对这类物体的特定经验。当然，像“立方体”这类名称对大多数儿童来说只具有很少的内涵意义，但像“国家”或“朋友”这类概念有重要的内涵意义，对不同的人来说，显然会唤起某种不同的情绪。

奥苏贝尔指出，概念学习一般来说要经历上述两个阶段：（1）形成概念；（2）学习概念的名称。但在有些场合（如前面所列举的

“狗”的名称学习），概念的名称是在一开始就告诉儿童的。奥苏贝尔认为，在任何情况下，对形成概念与学习概念的名称这两者作出区分，都是很重要的。例如，我们常常遇到这样的情况：可能忘记了概念的名称，但仍然记住了这个概念本身的意义；有时可能记住了该概念的名称，却忘记了它的意义。

上述概念的形成过程，是学龄前儿童的一种典型学习。但对学龄期儿童说来，大多数概念的意义是通过定义习得的，定义为学生提供了概念的关键属性。定义本身也是一种“命题”。

三、命题学习（proposition learning）

命题是以句子的形式来表述的。如“老虎会吃人”就是一个命题，而且是一类重要命题——概括性陈述的例子，它涉及两个以上概念之间的关系。“动物园那只大老虎会吃我”，这一命题就不是概括性陈述，因为它只涉及具体客体的名称。但在这两个例句中，命题学习的任务，都是要了解该句子所表述的意义。

现在让我们来看看儿童是怎样理解“老虎会吃人”这一命题的意义的。开始时，儿童只理解个别单词，并能产生适当的映象，他根据对句法的直觉的认识，知道“老虎”这个词表示吃人的动物，“人”这个词代表被吃的客体。因此，儿童已经有了一套把由言语信息引起的映象转化为构成该命题意义的表征映象的规则。

当儿童有意义地学习命题时，所学习的句子与儿童认知结构中已有概念会建立起联系。奥苏贝尔认为，新学习的命题与学生已有命题之间的关系有以下三种类型。

1. 下位关系（subordinate relationships）

这是新教材与学生已有概念之间最普遍的一种关系，即新学习的内容从属于学生认知结构中已有的、包摄性较广的概念。

下位关系有两种形式，一种是派生的下位（derivative subsumption），即新的学习内容仅仅是学生已有的、包摄面较广的命题的一个例证，或是能从已有命题中直接派生出来的。例如，儿童已知道

“猫会爬树”，那么“邻居家的猫正在爬门前那棵树”这一新命题，就可以从属于已有的命题。在这种情况下，学生已有的、构成一般命题的意义的表征映象，只需稍作修改，就能产生新命题的意义。可见，这种具体命题相对来说比较容易学习，而且只需少量认知活动就能领会其意义（见表 8-1）。

另一种下位关系是相关的下位（correlative subsumption）。当新内容扩展、修正或限定学生已有的命题，并使其精确化时，表现出来的就是相关的下位，例如，儿童已知“平行四边形”这一概念的意义，那么，我们可以通过“菱形是四条边一样长的平行四边形”这一命题来界定菱形。在这种情况下，通过对“平行四边形”予以限定，产生了“菱形”这一概念（见表 8-1）。

2. 上位关系（superordinate relationships）

当学生学习一种包摄性较广，可以把一系列原有概念从属于其下的新命题时，新学习的内容便与学生认知结构中已有概念产生了一种上位关系。奥苏贝尔在 1969 年认为，这种命题学习相对说来很少见，因为教科书和教师一般都先介绍比较一般的、包摄性较广的命题，然后提供具体实例，不断加以扩展和修正。但在 1978 年，他的观点发生了变化，认为这类命题学习比其他命题学习更常见，例如，儿童往往是在熟悉了“胡罗卜”、“豌豆”和“菠菜”这类下位概念之后，再学习“蔬菜”这一上位概念的（见表 8-1）。

奥苏贝尔认为，在教学生掌握一般的、包摄性较广的命题时，除了要唤起学生已有的有关概念之外，还需为学生提供一些他们还不曾了解的事例，以便使学生较全面地掌握该命题。例如，假定学生已知正方形、长方形和平行四边形内角之和等于 360°，现在教师要让学生掌握“任何四边形内角之和等于 360°”这个一般命题。那么，如果教师再提供一些不规则四边形（学生还不知其内角之和等于 360°）作为例证，会有助于学生形成该命题的意义。

3. 组合关系（combinational relationships）

当学生有意义地学习与认知结构中已有概念既不产生下位关系，又不产生上位关系的新命题时，就产生了组合意义。许多新命题和新概念的学习，都具有这类意义。

奥苏贝尔认为，学生在各门自然学科、数学、社会学科和人文学科中学习的许多新的概念，都可以作为组合学习的例子，例如，质量与能量，冷热与体积，遗传与变异，需求与价格之间的关系。这类关系的学习，虽然既不从属于学生已掌握的有关概念，也不能总括原有的概念，但它们之间仍然具有某些共同的关键特征。根据这些共同特征，新学习的内容与已有知识的关系是并列地组合在一起的，从而产生了一种新的关系——组合关系（见表 8-1）。

四、发现学习（discovery learning）

奥苏贝尔对发现学习的解释有些与众不同。他认为，发现学习是指学习内容不是以定论的方式呈现给学生的，而是要求学生在把最终结果并入认知结构之前，先要从事某些心理活动，如对学习内容进行重新排列、重新组织或转换，因此，发现学习可以在前面提及的三种学习类型中发生。除此之外，发现学习还涉及其它三种学习类型：运用、问题解决、创造。这三种学习是有层次的。

表 8-1　意义学习与同化过程

1. 下位学习	a. 派生的下位 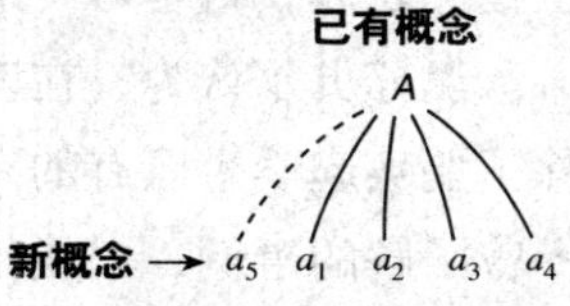 在派生下位中，新知识 a_5 是与上位概念 A 相联系的，a_5 是 A 的另一个事例，或进一步扩充。A 这一概念的关键属性没有改变，但新的例子与它们有关。

续表

1. 下位学习	b．相关的下位 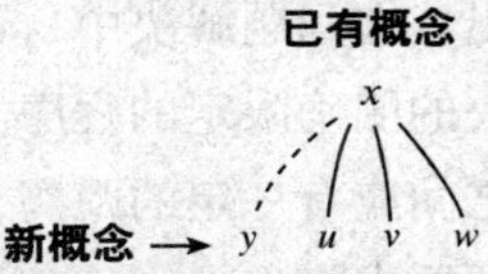 在相关下位中，新知识 y 不仅与上位概念 x 相联系，而且是 x 的扩充、修饰或限定。下位概念的关键属性可能因新的相关下位而得到扩充或修饰。
2. 上位学习	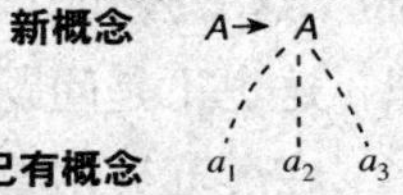 在上位学习中，已有概念 a_1，a_2，a_3 被认为是新概念 A 的具体事例，因此也是与 A 相联系的。上位概念 A 是根据一组新的、能包摄这些下位概念的关键属性来下定义的。
3. 组合学习	在组合学习中，新概念 A 是与已有概念 B、C、D 相联系的，但 A 并不比 B，C，D 包摄性更广些，或更具体些。在这种情况下，新概念 A 具备某些与这些已有概念共同的关键属性。

资料来源：Ausubel，et al．1978．

奥苏贝尔认为，**运用**是把已知命题直接转换到类似的新情境中去，有点类似于我们通常所讲的“练习”。**问题解决**是指学生无法把已知命题直接转换到新情境中去，学生必须通过一些策略，使一系列转换前后有序。学生已有的知识可能是与问题解决办法有关的，但需经过多次转换，而非直接运用或练习所能解决的。**创造**则是指，能把认知结构中各种彼此关系很遥远的观念用来解决新问题，而且，认知结构中哪些命题与该问题有关，事先是不知道的，各种转换的规则，也是不明显的。

鉴于问题解决的定义各式各样，其内涵各不相同，奥苏贝尔指出，在问题解决中，不应该有一种引导学生把已有知识用于问题解决的明确限定的程序。换句话说，学生现有知识与所要学习的知识之间应有一定的距离，以便让学生求得问题解决的办法。例如，教师要求学生发现三角形内角之和是多少，经过教师指导学生通过测量求得了结果。在奥苏贝尔看来，这一过程是直进的，还不能称为问题解决过程。同样，如果学生已知“三角形面积 = 1/2（底 × 高）”这一公式，要学生求出他们从未见过的其他类型的三角形面积，这也不是问题解决，至多只能说是运用。

在奥苏贝尔看来，“创造”的定义是指能产生某种新的产品。不甚明确的是，这个产品对学生来说是新的，还是在人类认知意义上来说是新的，奥苏贝尔认为，能生产这两种产品的，都应该被视为创造性行为；但只能产生后一种新产品的人，才能被认为是具有创造性的人。而且，创造性行为本身，应表现出一定的综合水平，即能够把各种要素组合在一起，形成新产品，这种综合水平应超过问题解决中所需要的水平。

奥苏贝尔通过对意义学习类型的分析，对加涅的“学习层次说”提出了批评。他认为，加涅强调由简单学习向复杂学习递进，最简单、具体的学习是刺激-反应的联结。这种学习层次对于机械学习无意义的材料来说，也许是有用的，但对学习有意义的材料来说，情况并非如此。因为任何一种意义学习类型，都涉及到心理内部复杂的同化过程。而且，有效的学习往往是从学习最一般的概念然后逐渐分化出较具体的概念的。

第三节　意义学习的心理机制

奥苏贝尔在 1963 年出版的《意义言语学习心理学》一书中提出的同化理论，成了他后来几本教育心理学专著的基础。他认为，同化是意义学习的心理机制。

同化这一概念，最初是由皮亚杰提出的。皮亚杰用同化和顺化来说明儿童认知发展的内部机制。同化是个体把客体纳入已有的图式之中，这只能引起图式的量的变化；顺化是指个体因环境作用而引起的原有图式的变化，以适应外界环境的过程。奥苏贝尔对同化这个概念赋予了特定的内涵。

在奥苏贝尔看来，同化理论属于认知学习理论的一个部分，是要探索学生内部的心理机制。因而，他对行为主义持批判态度，认为这种理论在本质上是种外周论，那只关注外部刺激和可观察到的反应。而且，由于行为主义学习理论起源于对动物的研究，推广到人类学习之后，注重的是机械性的学习任务。

虽说奥苏贝尔也不赞同皮亚杰和布鲁纳等人主张学生在学习中犯些错误是必不可免的观点，但他也反对以斯金纳为代表的程序教学所强调的学习步骤要小，使错误的可能性降低到最低限度。因为这种方式不仅要花费太多的时间，而且对学习有潜在意义材料来说，也是不必要的（Ausubel，1968）。他认为，认知心理学探讨的是儿童内部心理过程以及对知识本质的理解。下位学习、上位学习和组合学习，都是学生内部认知过程的典型事例，即都涉及到对新知识的同化（参见表 8-1）。

奥苏贝尔认为同化理论的核心是：学生能否习得新信息，主要取决于他们认知结构中已有的有关概念；意义学习是通过新信息与学生认知结构中已有的有关概念的相互作用才得以发生的；由于这种相互作用的结果，导致了新旧知识的意义的同化。

举例说来，在下位学习中，新知识（用“a”来表示）与学生认知结构中已有的概念（“A”来表示）相互作用的结果，不仅使新知识获得了新的意义（用“a′”来表示），而且已有的概念在重新组织的过程中也获得了新的意义（用“A′”来表示）。也就是说 a 被 A 同化了，a 与 A 相互作用的结果，使 a 与 A 都发生了变化，即获得了新的意义，从而使 a 与 A 成为a′与A′。更重要的是，新、旧知识相互作用的产物——a′与A′之间仍然保持着关系，它们一起形成一种复合的意义（用“A′a′”来表示）或者说形成了一种新的复合观念。

同化理论假定，当 a 被 A 同化，产生A′a′以后，遗忘的过程也同时开始了。因为原来的 a 已成为a′，所以，在有意义地学习新知识之后，学生只能回忆出它的实质性内容，而不能逐字逐句地全部回忆。因为逐字逐句地照原文回忆，必然会鼓励学生机械学习，所以奥苏贝尔把这种遗忘称为“有意义的遗忘”。

学生在习得新的意义后不久，还能够从A′a′中把a′分离出来，即a′还没有被遗忘。但是，如果学生在学习后不再复习，过一段时间后，a′就无法从A′a′中分离出来；再过一段时间，学生认知结构中就只剩下A′，而a′被遗忘了。如果要使新知识习得后能保持下去，就要有一个连续同化的过程，使新知识逐渐分化，从而使其意义越来越精确。也就是说，只有连续不断地把新知识作为后继的意义学习的固定点，才能使新习得的知识保持下来。

由此可见，在意义学习后，同化过程并没有结束，只有通过知识不断地改组和重新结合，才能习得并保持知识。

奥苏贝尔对概念形成的过程与概念同化的过程作了区分，他认为，前者主要是在学龄前儿童中进行的；而后者是学生学习概念的主要形式。**概念形成**需要的是对物体或事件的直接经验；学龄前儿童是通过发现学习的形式，从这些物体或事件中抽象出它们的关键属性的。例如，他们看到各种各样的鸟，头脑中逐渐形成鸟的概念，但这些概念往往是不确切的。学生则是通过**概念同化**习得新概念的（见表 8-1），新概念的关键属性一般都是由教师指出的，不需要学生自己去发现。奥苏贝尔认为，尽管对学生学习某些概念来说，提供直接经验可能是有助益，但是，学生一般都可以利用早期习得的语言和概念来同化大多数新的概念。言下之意，教师不必为学生提供直接经验而操心，重要的是在于使学生把新知识与头脑中已有的有关知识联系起来。

奥苏贝尔认为，同化理论之所以可以用来解释学习和保持，是因为它有助于说明有意义地习得的知识被保持的时间，以及在认知结构中组织知识的方式。同化是以三种不同的方式增强知识的保持的：(1) 通过把已有的有关概念作为固定点，从而使它们成为认知结构中高度稳定的、比较精确的观念。同时又使新知识也可以分享这种稳定性，获得新的意义；(2) 由于在贮存阶段中，新知识与已有概念一直保持着实质性的联系，因而，这些起固定作用的概念可以防止新知识受以往的知识、目前的经验和将来遇到的类似概念的干扰；(3) 由于新知识贮存在与认知结构中的有关概念的相互关系中，这就使得提取信息成为一种较有条理的过程，较少带有任意的性质。

此外，同化理论还有助于我们了解学生是怎样把知识组织在认知结构中的。一般说来，新知识是贮存在与认知结构中相应的有关概念的相互关系之中；其中的一个概念（不论是新习得的还是已有的）势必是另一个概念的上位概念，而且，这个上位概念必然比另一个概念更稳定。

第四节　学习组织的原则

在分析学生的学习时，强调学生头脑中的认知加工过程，在这一点上，奥苏贝尔与布鲁纳的观点是一致的，但是，奥苏贝尔对布鲁纳从事的知识结构的分析基本上持否定的态度。他认为，合适的结构确实能顾及到学生的认知发展水平，以及学生对教材理解的程度，但布鲁纳对结构的描述太复杂了，这种结构所起的障碍作用比促进作用更大些。此外，对教师合适的结构，对学生并不一定合适。

我们知道，布鲁纳的教育观点是在所谓的“知识爆炸”的背景下形成的。知识的急剧增长，促使布鲁纳等人考虑如何使学生将来能适应瞬息万变的信息社会，因此，他把使学生学会学习作为教育目标，注重学习的过程，而不是学习的结果。但奥苏贝尔指出，学生“应该知道的知识”与“需要知道的知识”之间总是存在着一定的间隙。他引用一位医学院教授的话：“我们现在所教的内容，过10年后有一半会过时。然而，10年后医生所需知道的知识，有一半至今尚未被发现。”因此，如何协调和整合学生学习的内容，仍是当今学校教育中的重要课题。

一、逐渐分化的原则

根据逐渐分化的原则（principle of progressive differentiation），学生首先应该学习最一般的、包摄性最广的观念，然后根据具体细节对它们逐渐加以分化。奥苏贝尔认为，这种呈现教学内容的顺序，不仅是与人类习得认知内容的自然的顺序相一致的，而且也是与人类认知结构中表征、组织和贮存知识的方式相吻合的。他由此提出两个基本的假设：（1）学生从已知的包摄性较广的整体知识中掌握分化的部分，比从已知的分化部分中掌握整体知识难度要低些。这实际上就是说，下位学习比上位学习更容易些；（2）学生认知结构中对各门学科内容的组织，是依次按包摄性水平组成的。包摄性最广的概念在这结构中占据最高层次，下面依包摄程度下降而逐渐递减。

奥苏贝尔假定，作为信息加工机制的神经系统也是这样构成的，即习得和保持信息的过程是与逐渐分化的原理相吻合的，那么，教师有意识地用这种方式来安排教学内容的话，就能使学生的学习达到最佳水平。换言之，当学生认知结构中已有的、包摄性较广的、与新知识特别有关的概念能被用来作为理想的固定点时，学习和保持新知识就最为有效。

奥苏贝尔颇有感叹地认为，尽管这一原则是不言自明的，但在教材的安排上以及实际的教学中，人们往往都不遵循这一原则。比较常见的典型做法是，把各种具有不同特征的内容置于相互割裂的章节中，各章节之间的序列只根据它们的相关性，而没有考虑到它们的抽象性、普遍性和包摄性等方面的程度。这种做法与大多数学科的实际的结构必然是不一致的，同时也是与意义学习的过程以及学生认知结构的特点不符合的，结果势必会迫使教师和学生用机械的方法去对待本来可能有潜在意义的教学内容，从而增添了学生在学习和保持知识时的不必要的难度。

那么，如何安排教学内容、按什么序列教学才能使学生的认知结构逐渐分化呢？奥苏贝尔认为，每门学科的教学单元应按包摄性程度由大到小依次呈现，这样就可以为每一教学单元提供理想的固定点。如果每一教学单元里的内容也是逐渐分化的，那么，学生在面临任何新的教学内容时，都已具有理想的固定点了。反过来说，后面学到的新知识也不断地扩充、巩固和分化前面学过的知识。当然，这是理想中的情景，事实上，教材并不都是如此编排的。奥苏贝尔认为，在这种情况下，教师只需使用一系列按层次结构排列的先行组织者便可解决这一问题。关于先行组织者，我们将在下文予以论述。

二、整合协调的原则

整合协调的原则(principle of integrative reconciliation)是指如何对学生认知结构中现有要素重新加以组合。奥苏贝尔认为,所有导致整合协调的学习,同样也会导致学生现有知识的进一步分化。因此,整合协调是在意义学习中发生的认知结构逐渐分化的一种形式。

整合协调主要表现在上位学习和组合学习中。例如，学生可能已经知道把豌豆、西红柿、萝卜和土豆归入“蔬菜”一类。当告诉学生食物的营养学上的分类与植物学上的分类不一样时，学生开始时可能会有些混淆。一旦知道豌豆和西红柿等既属于蔬菜又属于植物的果实；萝卜和土豆之类既属于蔬菜又属于植物的根，也就是说，他们对新的植物学知识经过整合协调后，原有的概念和命题得到了修饰，认知结构中被加上了新的意义。由此可见，如果教师能识别出学生产生混淆的根源，就能促使他们产生整合协调的最佳效果。

奥苏贝尔指出，这一原则往往与实际的做法形成了对照。一些教科书的编撰者对各课题的编写只求自成体系，不考虑与其相关的有关观念。这种做法即便符合教材的逻辑，却违背了学生认知的规律。由于没有明确指出各种概念之间的异同之处，对各种不同提法没有作出协调，因而必然会带来不良的后果：(1) 用不同的术语来表述本质上相同的概念，因而增加了不必要的认知紧张、认知混淆，从而促使学生机械学习；(2) 在各相关课题之间制造人为的障碍，使学生不能了解它们之间内含的共同特征，因而，通过识别其共同性而获得顿悟成了不可能的事；(3) 原来已有的有关概念不能被适当地用来作为新的学习内容的基础；(4) 由于没有明确交代貌似相同的概念之间的不同之处，因此，这些概念往往被作为相同的概念而被学生习得和保持。

奥苏贝尔认为，当教材内容无法按纵向序列的形式，而只得用横向并列的形式组织教材时，整合协调的原则也是适用的，在这种情况下，教学内容不是呈累积的形式，后面的学习不取决于前面的学习内容是否掌握，例如，在介绍各种理论流派时，第二部分的内容并不以第一部分的内容为先决条件。但是，这并不是说它们之间没有关系，通过对认知结构中已有的知识加以类推、分析、比较和综合，明确指出它们之间的区别和联系，可以消除可能引起的混淆，从而促进学习和记忆。①

---

① 除上述两条主要原则之外，奥苏贝尔还提出了序列组织（sequential organization）和巩固（consilidation）这两条原则。序列组织的原则强调前面出现的知识应为后面出现的知识提供基础。巩固的原则强调在学习新内容之前必须掌握刚学过的内容，确保学生为新的学习作好准备，为新学习的成功奠定基础。这两条原则的基本内涵，都可以被包容在逐渐分化和整合协调的原则、以及对先行组织者的论述之中。

在奥苏贝尔看来，在学习和记忆过程中，学生的主要困难不在于对新旧知识的辨别，而在于新旧知识之间的矛盾。在这种情况下，他们往往认为新命题是无效的，或试图把它们与已有的知识分割开来，使新命题成为孤立的实体，其结果，只能通过许多过度学习，以求通过考试，而其中的意义，从一开始就丧失殆尽了。如果采用先行组织者的策略，可以消除这类弊病。

第五节 先行组织者策略

奥苏贝尔就如何贯彻“逐渐分化”和“整合协调”的原则，提出了具体应用的策略：先行组织者（advance organizer)。

先行组织者是从“组织者”一词演化而来的。奥苏贝尔认为，促进学习和防止干扰的最有效的策略，是利用适当相关的和包摄性较广的、最清晰和最稳定的引导性材料，这种引导性材料就是所谓的组织者。由于这些组织者通常是在呈现教学内容本身之前介绍的，目的在于用它们来帮助确立意义学习的心向，因此又被称为先行组织者。奥苏贝尔认为，先行组织者有助于学生认识到：只有把新的学习内容的要素与已有认知结构中特别相关的部分联系起来，才能有意义地习得新的内容。

先行组织者在三个方面有助于促进学习和保持信息：首先，如果设计得恰当，它们可以使学生注意到自己认知结构中已有的那些可起固定作用的概念，并把新知识建立在其之上；其次，它们通过把有关方面的知识包括进来，并说明统括各种知识的基本的原理，从而为新知识提供一种脚手架；第三，这种稳定的和清晰的组织，使学生不必采用机械学习的方式（Snelbecker，1974)。

组织者比起将要学习的新内容来，抽象性、概括性和包摄性的水平要更高些，以便为学生即将学习的更分化、更详细、更具体的材料提供固定点。除此之外，组织者的另一个功能是，清楚地表明同新的学习内容之间的联系。这一点很重要，因为仅凭认知结构中具有起固定作用的概念，并不能保证学习任务具有潜在意义。若要使学习有意义，除非学生能觉察到它们之间的联系。

由此可见，组织者的主要功能是在学生能够有意义地学习新内容之前，在他们“已经知道的”与“需要知道的”知识之间架设起桥梁。

奥苏贝尔在1960年进行了一项先行组织者的实验。在实验中，120名大学高年级学生被分成两个组，学习一份由2 500字组成的关于钢材特性的知识材料（采用这种材料，是为了被试对此都不熟悉的缘故）。在学习之前，两组被试各学习一份500字的先行材料。实验组学习的是抽象和概括水平高于正式学习材料的内容，以便学生把新材料纳入其中；给控制组则提供与新材料没有内在联系的知识（有关钢铁加工工艺历史演变过程方面的知识）。然后两组被试学习正式材料35分钟。3天后进行测验。结果表明，在学生学习不熟悉的但有意义的新知识之前，人为地采用先行组织者，可以促进知识的学习和保持（吴文侃，1990年）。

近些年来，奥苏贝尔的先行组织者的观点，在北美心理学界褒贬不一。有些人认为，组织者的定义含糊不清，而且对学生的学习和记忆丝毫没有直接作用。另一些人却指出，组织者对学生的学习能发挥重要的作用，能使学生平均成绩提高10%～18%。奥苏贝尔也进一步发展了这一概念，认为：组织者既可以在学习材料之前呈现，也可以在学习材料之后呈现；在抽象性、概括性和包摄性水平方面既可以高于学习材料，也可以低于学习材料。

奥苏贝尔还区分了两类组织者：一类是**说明性组织者**（expositive organizer），用于提供适当的类属者，它们与新的学习内容产生一种上位关系。另一类是**比较性组织者**（comparative organizer），既可用于新观念与认知结构中基本类似概念的整合，又可用于增加本质不同而貌似相同的新旧概念之间的可辨别性。由于在学校学习中，学生对学习内容完全陌生的情况是很少见的，学生对新学内容往往是既感到熟悉又感到陌生，因此很容易引起新旧知识的混淆，比较性组织者可以起提高新旧知识可辨别性的作用，从而保证学生获得精确的知识。

奥苏贝尔在1961年进行的另一项实验中，把155名大学生分成三个组，分别学习一份由2 500字组成的关于佛教的知识材料。在正式学习材料之前，第1组学生学习500字关于佛教与基督教教义的相同与不同之处的比较性组织者；第2组学习字数相同的说明性组织者，即在抽象和概括水平较高的层次上描述佛教的基本教义；第3组则是学习一种佛教历史的材料，与新材料没有直接关系。然后学习正式材料35分钟。在3天和10天后分别进行两次测验。结果表明，比较性组织者（第1组）在3天后测验时成绩较好；而说明性组织者（第2组）在10天后的测验时成绩较好。奥苏贝尔认为，这是因为第2组学生由于已经获得了新知识的重要概念，在整个保持期间他们能够将新知识进行内部的比较，因而保持效果较好（吴文侃，1990年）。

由于组织者具有抽象性、概括性和包摄性等特征，因而，组织者对事实材料的学习，比抽象材料的学习更有促进作用。也许这是由于抽象材料本身已具有内在的组织者的原因。因此，在教学中，先行组织者的作用，部分取决于学习材料本身是如何组织的，如果学习内容本身已有内在的组织者、编排顺序是逐渐分化的（包摄性程度由高至低），那么就不必采用先行组织者了。

事实上，教材往往并不是像奥苏贝尔所设想的那样编排，但奥苏贝尔坚持认为，不论学习内容是如何组织的，只要使用包摄性水平适度的先行组织者，肯定能促进大多数学生的学习和记忆。不过，奥苏贝尔提醒人们注意：若要得到好的效果，组织者本身应是学生能够掌握的，因而必须用学生熟悉的语言来陈述。

第六节 学习中的动机因素

前面几节探讨的都是意义学习的性质和条件，以及影响它的认知因素。事实上，奥苏贝尔认为，许多情感因素和社会因素都对课堂学习有影响，如动机、个性、群体、社会和教师的特征等，都会影响学生的学习。限于篇幅，这里不再展开，而只是集中分析奥苏贝尔的动机观。

奥苏贝尔对赫尔驱力还原和斯金纳的反馈的动机效应都持否定的态度。在他看来，动机的作用与相对重要性，取决于学习的类型和学生的发展水平。例如，与机械学习相比，动机对意义学习说来并不那么重要。在意义学习中，学生只需付出较少的努力便可有意义地习得新知识；而机械学习要求强记各种无关联的知识，通过反复练习才能习得，因此要求学生具有强烈的学习动机，否则很可能半途而废。此外，动机因素在学习中的重要性，是随学生年龄增长而逐渐递减的，随着学生的认知能力、注意广度和集中注意的能力的增长，学习相对来说比较容易。而且，认知结构的变量在学习中日趋重要。

奥苏贝尔主要关注的是成就动机，即学生试图获取好成绩的倾向。与众不同的是，在奥苏贝尔看来，成就动机主要由三方面的驱力所组成：(1) 认知驱力；(2) 自我-增强驱力；(3) 附属驱力。

一、认知驱力

认知驱力（cognitive drive）是成就动机三个组成部分中最重要、最稳定的部分，它大都是内在于学习任务本身之中的。所谓认知驱力，就是指学生渴望认知、理解和掌握知识，以及陈述和解决问题的倾向。简言之，即一种求知的需要。这是意义学习中最重要的一种动机。它发端于学生好奇的倾向，以及探究、操作、理解和应付环境的心理倾向。

这里需要指出的是，这些心理倾向最初都是潜在的动机因素，它们本身既无内容也无方向。这些潜在的动机因素之所以变为实际的动机因素，一方面是成功学习的结果，学生预期到未来的学习可能会得到满意的结果；另一方面是家庭和社会中有关人士影响的结果。例如在美国，社会文化是以功利、竞争和成就为定向的，随着学生年龄的增长，这些动机来源对学习的影响越来越大。由此可见，作为内部动机的认知驱力的活力，因竞争分数、计较名誉或担心失败等外部动机而削弱了。因此，奥苏贝尔提出，如果要形成学生的认知驱力，使它成为学生在校学习的动机，必须抛弃这样一种教育学说：使课程适应于当前大家关注的问题以及学生适应生活的问题。也就是说，我们必须重视认知和理解的价值，并以此为目的，而不应把实利作为首要目标。

奥苏贝尔认为,动机变量对认知学习和记忆过程的影响与认知变量的影响有所不同。动机变量一般不直接涉及认知学习的过程。它们是以增强努力、注意和学习准备等为中介来影响认知过程的。实验结果表明,对成就要求较高的学生,在学习时更有毅力,学习更富有成效,而且在问题解决过程中比成就要求较低的学生更渴望得到解决办法。学生学习的毅力是与认知驱力的强度相关的。对注意的研究表明,仅仅指导学生注意教学内容的某些方面,不论学生是怎样注意的,也不能提高学习成绩。因而,若要提高学生的认知驱力,最好的办法之一,是使学习情境具有吸引力。至于说对学习是否作好准备与学习成绩之间的关系,则是早就为大量研究证实了的。

同样，动机变量对记忆的影响，一般是以有选择地抑制再认和再现为中介来影响信息保持的，因此，动机变量只影响特定信息的提取。例如，会引发内疚感的记忆信息往往会被抑制住。但这种情况在一般课堂学习中不会经常发生。

由此可见，动机是引发认知学习的原因，但更多的是认知学习的结果。教师的职责是使学生对认知本身感兴趣，最好的办法是让新的学习内容与学生认知结构之间有适当的距离，这对引起认知驱力最为有效。但如果学生尚无学习动机，则无须等学生有了动机后再学习，只要教师能够使学生有意义地学习，让他们在学习中得到满足，那么，他们会显示出学习动机的。

二、自我-增强驱力

成就动机的第二个组成部分是自我-增强驱力（ego-enhancement drive）。自我-增强驱力反映了一个要求凭自己的才能和成就获得相应的社会地位的愿望。随着学生年龄的增长，这种需求日益加剧，这与社会文化的影响是密不可分的，因而，这是一种外部动机。

学生的自我-增强驱力，既指向获得眼前的学业成绩和名次等等，也指向未来的学术或职业生涯，而将来能获得什么工作，取决于他们的学业成绩。因此，自我一增强驱力中一个很重要的成分是焦虑——担心因学业失败而失去社会地位和自尊。

奥苏贝尔认为，自我-增强驱力对学业成就的影响已为大量研究结果所证实，因此，强调学习的内部动机，并不意味着贬低形成外部动机的重要性。对自我增强、社会地位和凭成就获得褒奖的需要，以及对职业的抱负，历来被认为是个性成熟的标志。因此，除了鼓励学习的内部动机之外，还必需从个性成熟的角度培养学生的自我增强的动机。事实上，很少有人能形成足以推动他掌握大量学科内容的强烈的认知驱力。

奥苏贝尔还认为，担心学习失败以及与此相联系的惩罚——失去地位和自尊，这对于学生为维持学业成就而长期努力来说，也是一种必需的动机。尽管许多教育家在理论上否认这类动机的作用，但实际上他们都在依赖于这种动机：使学生为分数、学位和文凭而学习。因为他们也知道，仅凭学生的认知驱力和对奖励的期望，还不足以使学生始终为学业付出艰苦的努力。以为大多数学生无需严格要求便会努力学习、按时完成作业、顺利通过考试的教师，在现实生活中是找不到的。可以说，考试的动机力量在于失败的威胁，而不是成功的希望。正是由于这一原因，失败的威胁，是教师引起学生学习动机的一种方式。

遵循“物极必反”的规律，这类动机可能会使学生产生极大的焦虑，从而厌恶学习，同时也有可能使学生形成不切实际的学业和职业抱负，最终因失败而使自尊丧失殆尽；另外，过分强调自我-增强动机，会使学生以功利为目的，一旦得到或失去了获得功利的机会，这种动机也就寿终正寝了。因此，那些主要以外部因素为学业动机的学生，往往只能觉察到他们所学课程中很好一部分价值，或在得到分数和学位后很少继续学习，好像这些知识与他们以后的学业或职业生涯的成败无关似的。换句话说，当他们不必一定要学习时，就不再有学习的愿望了。

三、附属驱力

成就动机的最后一种成分是附属驱力（affliative drive）。这种驱力是指学生为得到家长和教师的赞扬而学习的需要。随着学生年龄的增长，这种动机的重要性日趋降低。

附属驱力既不是为了完成学习任务，也不是为了自我增强，它不是指向赢得社会地位的学业成绩，而是指向能博得教师、家长或他人褒奖的那类成绩。如果说这类成绩也能使学生获得一定的地位，那么，这种地位不是由他的成就水平决定的，而是由别人的认可所决定的。

显然，附属驱力是一种外部动机。一些研究结果表明，附属驱力强的学生，因对教师具有高度的附属感，在班上的成绩一般比较好；反之，则成绩较差。

奥苏贝尔认为，每个学生的成就动机都包含认知驱力、自我-增强驱力和附属驱力这三种成分，但是，这三种成分的比重是各不相同的，这取决于年龄、性别、社会文化、社会阶层、种族和个性结构等方面的因素。在儿童早期，附属驱力最为突出，他们主要寻找的东西，是家长的认可或赞许。儿童在这期间为学业成绩而努力，实际上是满足家长期望的一条途径，借此继续得到他们所渴望的赞许和褒奖。如果因成绩不好而没有受到奖励，会推动他们更努力地学习，以求重新获得赞许。

因此，附属驱力在儿童期是学生学习动机的重要来源。学生往往把教师看作是家长的代理人，以上述同样方式看待教师的赞许。到了儿童后期和青少年期，不仅附属驱力的强度减弱了，而且开始从获得家长的赞许转向得到同伴的认可。因此，与异性组和其他年级学生的学习竞争，成了一个强有力的因素。然而，如果同伴小组对学业成绩看得很轻的话，那么，对同伴赞许的渴望可能会降低学业成绩。

由此可见，学生的认知学习是受内部和外部动机影响的，而动机本身既受认知学习结果的影响，又受身心发展和社会文化诸因素的影响。教师的艺术，在于如何认识、控制和调节这些因素，使学生始终充满学习的动机。

第七节　评　　论

奥苏贝尔对接受学习与发现学习、意义学习与机械学习之间的区别提出了独到的见解，并在此基础上阐明了意义接受学习的准则和条件。这在我们对传统的教学方法进行反思时，是有借鉴意义的。把接受学习与机械学习等同起来是缺乏依据的；把发现学习看作是意义学习的同义词也是站不住脚的。同样，认为教师用言语系统传授知识必然会使学生处于被动地位，也是不确实的。奥苏贝尔用同化理论，从学生内部的心理过程的角度，对此作了论证。学习是否有意义，取决于新知识与学生已有知识之间是否建立了联系；学生认知结构中新旧知识的相互作用导致新旧知识的同化，从而不仅使新知识获得了意义，而且旧知识也因得到了修饰而获得新的意义。这种同化过程是学生内部积极从事学习的过程。教师只能影响这一过程，但无法参与这一过程。我国一些教育工作者在几何概念与规则教学中，以及在小学低年级掌握汉语句法、词性概念和规则的教学中等，采用先行组织者的策略，取得了较好的效果（邵瑞珍等，1990 年）。

事实上，奥苏贝尔强调的新旧知识同化过程的观点，在教育学史上也并非首创。我国古代教育家主张的“以其所知，喻其不知，使其知之”，以及 19 世纪德国教育家赫尔巴特（J. F. Herbart）所主张的新旧观念联想，都已涉及这个问题了。但奥苏贝尔对新旧知识在认知结构中是如何组织的提供了一种较有说服力的解释。

尽管布鲁纳在概念形成方面的实验称得上是经典性的，但由于离课堂教学太远，难以为教师实施。虽说皮亚杰早已对同化与顺化问题有过透彻的阐述，但皮亚杰并不关注同化在课堂教学中的问题。相比之下，奥苏贝尔更加关注把心理学原理运用于课堂教学实施，他对概念学习和概念同化的阐述，更具有指导意义。他对概念学习中的下位关系、上位关系和组合关系的分析，使概念教学具体化了，教师可以根据他提出的概念学习的模式进行各种尝试。

此外，奥苏贝尔对先行组织者、逐渐分化和整合协调等原则的分析，有助于教师设计教学内容、安排教学序列，以适合于学生认知结构的组织特点，从而有助于学生对知识的学习、保持、迁移和运用。

奥苏贝尔对学习动机的看法也有与众不同之处。他认为动机诚然是引起学习的原因，但更多的是学习的结果。学生对学习的态度，是由以往学习的经历决定的。我们重视学生内部动机，同时，并不要求否定外部动机的重要性。学习毕竟是一件需付出一定努力的事情，一味要求学生（尤其是小学生）自觉努力地学习，这看来是行不通的。采取适当的奖惩手段，不是可有可无的事情。

这里需指出的是，奥苏贝尔的发现学习与布鲁纳所讲的发现学习的内涵有所不同。奥苏贝尔认为在各类学习中都可以使用发现法，甚至在表征（名称）学习中也是这样。例如，事先不告诉儿童这一物体叫什么，要学生自己寻找正确的答案。但布鲁纳提倡的发现学习是要学习通过参与探究活动发现基本的原理或规则，使学生像科学家那样思考问题。因此，在对他们的发现法作比较时，要予以区别对待。

在评价奥苏贝尔时，有一点是值得提及的。奥苏贝尔自 1963 年提出意义言语学习理论以后，长期得不到重视和尊重，在美国心理学会和美国教育学会办的官方杂志中，甚至在《教育心理学杂志》中，几乎完全不发表依据意义学习理论撰写的论文和报告。奥苏贝尔在 1977 年的一篇文章中气愤地说道："尽管我 27 年来一直是美国心理学会教育心理分会的一名成员，但是我回想不起来在这些杂志的编委会里曾有过支持我的理论见解的心理学家。"不仅如此，而且这类研究往往得不到研究经费，文章只能在"无人问津、无人关心的二、三流杂志上发表。"所以，他对在美国心理学界进行研究到底有多少真正的自由、平等和民主表示怀疑（Ausubell，1977）。

而事实上，根据本书作者在 1984 年底所作的一项研究数据表明，奥苏贝尔的学说已得到越来越多的学者的关注。这项研究是对当时西方较为流行的 5 本教育心理学教材引证一些主要心理学家学说的情况作了分析。奥苏贝尔被引证 75 次，加涅 76 次，皮亚杰 55 次，斯金纳 49 次，布鲁纳 45 次，布卢姆 34 次；从引证材料的多寡来看（以行为计），奥苏贝尔 1 486 行，皮亚杰 4 602 行，斯金纳 2 461 行，布鲁纳 1 410 行，加涅 1 284 行，布卢姆 867 行。也是在这一时期，美国两位学者在对随机抽取的 24 本教育心理学教科书（1979～1983 年出版）作了分析，奥苏贝尔被引用的次数比例占 100%，而布鲁纳则占 96%（Goetz and Chatman，1985）。但在事实上，奥苏贝尔的学术地位和影响，在常人眼里要远次于布鲁纳。例如，加拿大安大略教育研究院1992年5月授予了布鲁纳荣誉称号，但却没想到给在这个机构工作过的奥苏贝尔授予任何荣誉称号。这可能是由于奥苏贝尔行文比较晦涩，且缺少可靠的实验根据而造成的，这使他在历来注重科学实验的美国心理学界只能屈居低人一等的学术地位。此外，奥苏贝尔在行文时，常常不失时机地批评与他观点相左的人，且措辞激烈，这也许也是造成这种结局的原因之一。看来，要在学术上真正形成自由、平等和民主，这确实不是一件容易的事。

第九章　信息加工学习理论

许多认知心理学家把人看作是信息加工的机制，把认知看作是对信息的加工。当代认知心理学奠基人之一奈瑟（Neisser，1967）认为："认知是指转换、简约、加工、贮存、提取和使用感觉输入的所有过程。"认知心理学家常常用计算机处理信息的过程作比拟，来说明人类的学习和人脑加工信息的过程，因而把研究的焦点放在追溯、描述心理运演的顺序和它们的产品上。

对信息加工和记忆的研究，原本是心理学中最活跃的领域之一。早在1868年，荷兰心理学家唐德斯（F.C.Donders）就发表了有关信息加工研究方法的论文。他认为，反应时（reaction time）反映了神经冲动传导速度这类基本因素，因此，可用来作为分析比较复杂的行为反应的基本成分。这种反应时测量方法，成了现代信息加工研究的一种重要方法，因为对心理过程所经历的时间的研究，可以有助于对这些过程的性质和特点的理解。此外，艾宾浩斯1885年对无意义音节记忆的研究，也是这方面的探索。他通过分别测量被试在第一次学习一系列无意义音节与第二次学习这些音节所花的不同时间，来推断学习的过程。但在19世纪末20世纪初，这类仔细的实验方法被内省法所取代。内省论者不是通过实验来测量行为，而是通过观察有机体所从事的活动来推测内部心理过程。

当年华生的行为主义革命把内省法逐出心理学，心理学的重点是要研究有机体可观察到的行为。尽管与此同时的格式塔心理学家主张研究心理过程的组织结构，但在行为主义占主导地位的心理学界（尤其是在美国），信息加工和记忆这类课题被忽视了。

20世纪50年代后，计算机科学的蓬勃兴起，为心理学家分析和推断心理过程提供了一个重要的工具。因为计算机的出现，使得人们有可能分析人的内部心理状态和过程。有人甚至认为，计算机已使心理学家们再次恢复了信心：认知过程就像构成行为的肌肉反应一样实在。西蒙（H.Simon）等人在50年代后期发表了一系列论文，以表明可以利用计算机模拟各种心理现象，因而，心理学中的许多问题都可以根据信息加工系统予以阐明。人被看成是信息加工者。凭借信息加工模式，能把格式塔心理学关于认知和记忆重组的某些推测，用一种类似计算机程序的方式编制出来。这就为研究心理过程和心理结构提供了物质基础。

这里需要指出的是，信息加工理论与其他学习理论不同，它不是以某一位理论家的研究或某种特定的研究方法为特征的。由于没有哪一个理论家的研究工作可作为信息加工理论的典型代表，所以本章的阐述方式与前面各章不同，我们将介绍大家普遍认可的、或具有代表性的若干研究者的理论观点。

第一节　信息加工理论概述

从信息加工的角度来研究学习，起自不同的来源。有人认为（Ellis，1978），是受了格式塔记忆理论的影响，这种理论强调，有机体如何组织他们记忆的内容，反映了他们是如何主动地组织知觉的方式。也有人（Norman，1970）区分了对当今信息加工理论有影响的三种理论：（1）由埃斯蒂斯和斯彭思等人最早提出的学习的数学理论（mathematical learning theories）；（2）强调以选择性注意为起点、长时记忆痕迹为终点的信号探示理论（signal detection theories）；（3）注重人工智能和计算机模拟的计算机模型理论（computer-model theories）。

按照斯奈尔贝克（G.E.Snelbecker）的观点，目前，被认为属于信息加工理论范围的，大致可以分成以下三类：（1）侧重于数理统计分析的信息论；（2）侧重于计算机模拟的信息加工理论；（3）侧重于实际应用的认知信息加工理论。下面作一简单介绍。

一、信息论与信息分析

美国学者香农（C. Shannon）被公认为是信息论之父。作为贝尔电话公司的技术人员，香农为了解决信息编码的问题，提高通信系统的效率和可靠性，在研究过程中对信息进行了数学处理。他舍弃通信系统中消息的具体内容，把信息源发生的信息仅仅看作一个抽象的量。他把数理统计方法运用到通信领域，提出了信息熵的数学公式，从量的方面来描述信息的传递与提取的问题，并提出了信息量的概念。他设计出了一套在各种不同条件下测量信息的方法，从而奠定了现代信息理论的基础（王雨田，1986年）。

简单说来，香农的测度主要集中在输送与接收的消息之间的相似性，以便计算送话者与受话者双方能够得到多少信息。香农把消息的交换作为通信的特征。因此，信息论关注的是可能已被输送的消息的影响，以及实际被传送的信号。

心理学家们改编了香农的信息测度和理论。呈现给被试的刺激是与通讯系统中的**信息源**和**传送者**（sourceand transmitter）相应的。**通道**（channel）被作为人类被试的特征；被试对信号加以编码和作出正确反应的最大精确度，被称为是他的**通道能量**（channel capacity）。

信息分析把主要焦点放在被试在一系列尝试中对所呈现的刺激作出反应的一致性程度上。例如，我们可以向被试呈现音高不同但其他各方面（如声响和持续时间）完全相同的4种音调，要求被试作出4种不同的反应，这样，我们不需要详细计算，也可以确定被试是否加工了在这种情境中所有可得到的信息。

当向成人被试呈现单维刺激（即除了一个刺激维度不同外，其他方面都完全相同）时，会出现一种有趣的现象。一旦被试有了足够的练习，从而清楚知道对每一种刺激应作出何种反应时，他们的精确性达到了一种渐进线，并在操作时一直保持精确性。而且，即便刺激只是通过不同的感觉通道被感知的，或刺激的排列方式有所不同，但能被正确识别的刺激项目的数量变化是很小的。1956年，米勒（G. Miller）发表了一篇文章，题目是：《神奇的数字，7±2：我们信息加工能量的一些限制》（The Magical Number Seven，Plus or Minus Two：Some Limits on Our Capacity for Processing Information），他回顾了近二十项研究，发现人类处理信息的能量是有限的。米勒提出，我们要用金子而不是废品来填补这7个左右的记忆狭孔。米勒的文章发表后，心理学家们从事了数百项这类的研究。尽管有人对这种人类通道能量的计算程序抱有疑问，但许多心理学家接受了这一发现，从而对学习与记忆的研究产生了一定的影响。还有些人从另一个角度认为，我们可以把信息组织成“组块”（chunks），从而可以增加人类的信息加工能力，因此应该把重点放在人们组织信息的方式上。

就一般而言，心理学家认为，信息论有助于我们形成一种把人类作为信息加工者的模式。这个模式强调人在对刺激作出反应时的积极选择的作用，而不是像在刺激-反应理论中所看到的那种起被动作用的人。与此同时，也有人认为（Simon，1979），把研究焦点放在狭窄的实验室分析，对了解人类解决问题的过程没有很大的帮助。

二、计算机模拟

把人视作信息加工者，这一观念是与计算机技术的发展联系在一起的。计算机技术是在第二次世界大战期间，主要是因为要处理大量军事数据而发展起来的。心理学家们发现，计算机程序也可以用来描述人类思维和学习的方式。一些研究人员用计算机来模拟人类问题解决过程和学习过程。这样，心理学家就不再只是推测在“暗箱”内部所发生的事情了。

关于计算机与人类信息加工方面，有两个主要的发展：一方面，尽管许多信息论专家对人类认知过程不感兴趣，但他们对改进计算机加工信息的方式很关注。所以，他们可以用人类思维过程作为改进计算机处理数据的程序的指南。因此，人工智能（artificial intelligence）这个术语常常只是用来指计算机所遵循的信息加工步骤，而不管这些步骤是否模拟了人类加工信息的实际的方式，这与这个术语本身的含义是有矛盾的（Simon，1969）。人工智能中一个最实际的目标，是要发现计算机贮存、提取、运演和使用信息的最佳方式，至于人类在解决问题时是否遵循这些步骤，这不是他们所关心的。

但另外一些学者对计算机加工的兴趣，集中在模拟人类问题解决过程上。计算机模拟（computer simulation）通常是指利用计算机和计算机语言来描述人类信息加工过程时所采用的方法。这方面最典型的人物是西蒙。① 他认为，人的认识活动与计算机是一一对应的（见图 9-1）。

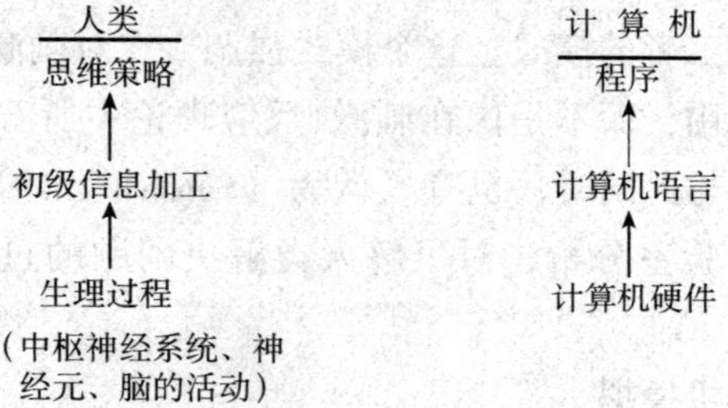

图 9-1　人类认知活动和计算机的比较

资料来源：司马贺，1986 年.

最初用计算机成功地模拟人类思维是由纽厄尔与西蒙（Newell

---

① 即 Herbert A. Simon，他给自己取了个中文名字叫司马贺。为行文一致，本书仍用英文名字。

and Simon）设计的。这个程序称为“逻辑理论家”（Logic Theorist）的程序，能用来证明形式逻辑中的各种定理。“逻辑理论家”采用了人类在问题解决活动中所使用的一些处理方法，但它只能解决一些特定类型的问题。

纽厄尔与西蒙在 1972 年又设计了一种更为精细的问题解决系统，称之为“一般问题解决者”（General Problem Solver）。这个程序把据认为是人类问题解决活动之基础的大量策略组合在一起。这个程序不但能证明逻辑定理，而且还能下棋、谱曲等。由此，他们提出了一个问题解决行为所涉及的基本结构，他们称之为“信息加工系统”或“IPS”。问题解决者的接受系统（或感受器，即神经末梢和把感觉传送至大脑的通道），是与信息加工器相联结的，信息加工器则需利用记忆。记忆也为信息加工器提供信息，而信息加工器则为效应器提供信息。效应器就是指实施问题解决过程中的决策的动作过程。图 9-2 是纽厄尔与西蒙信息加工系统的图解。

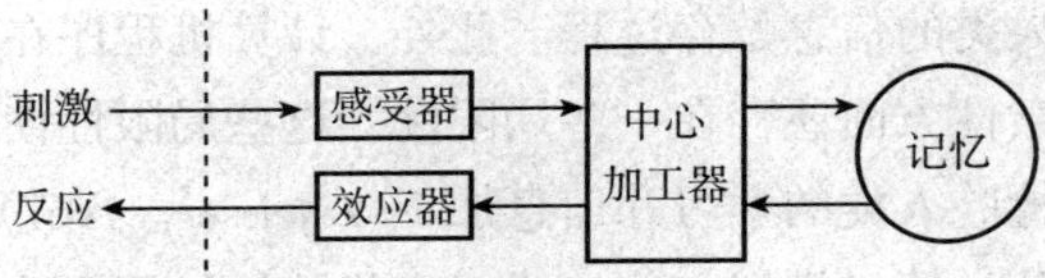

图 9-2　信息加工系统

资料来源：Lindzey，et al．1976．

纽厄尔与西蒙用收、发摩尔斯电码① 作为信息加工系统的一个例子。感受器听到作为字母符号的滴答声，经信息加工器对这些符号的加工，把有关符号的内容送入短时记忆。短时记忆中与这些

---

① 即用点和划（发出的声音为“滴”和“答”）来表示字母和数字的电码。如 A 是·—（滴答），B 是—···（答滴滴滴），C 是—·—·（答滴答滴）。

符号相一致的一些单位被激活了；这些符号被传递到长时记忆，那里贮存着相应的字母。这个字母被反馈到短时记忆，再到效应器，效应器把这个字母写下来。

在研究人类问题解决时，纽厄尔与西蒙使用的一类问题称之为“密码算术”（Cryptarithmetic）。例如：

$$\begin{array}{r} \text{S E N D} \\ +\quad \text{M O R E} \\ \hline \text{M O N E Y} \end{array}$$

每一个字母代表一个不同的数字。当然，M 在不同的地方也代表同样的数字。他们记录下被试在演算这类题目时的每一个步骤，并根据这些资料，试图形成一种人类怎样解决问题的理论。

三、认知信息加工理论

另外有些心理学家，在承认计算机模拟对心理学发展所起的作用的同时，认为计算机不能实际模拟人类的认知过程。例如，认知心理学家奈瑟认为，计算机程序编制一般只涉及心智的因素，忽视了情绪或情感方面的因素；计算机程序中的记忆太完美了，以致不能用来代表人类的信息贮存过程。此外，计算机程序在类推人类信息加工的复杂性方面还存在一些局限性，这些局限性使得它不能适当地描述和检验人类的学习和信息加工（Neisser，1967）。

奈瑟承认计算机模拟与信息论对当代认知过程理论和研究的影响，并从信息论和计算机模拟方法中借用了许多方式，但他仍然在一定程度上与这两种方法保持一定的距离。奈瑟理论观点中最重要的一个术语是建构（construction）。在他看来，研究认知过程必须注意以下几个方面。

（1）认知过程是建构性质的。贮存信息涉及到以前各种心理活动和外显行为的痕迹。

（2）认知建构包括两个过程。第一个是基本过程（primary process），它是在受外部事件或内部经验刺激时马上发生的。这个过程还只是粗略地转换信息，以便根据贮存信息形成想法，这一阶段基本上是自动地发生的。第二个是二级过程（secondary process），它涉及有意识的控制，是比较精致地转换和建构观念和映象。相比之下，这一过程受贮存信息、个体的意图和期望的影响程度较大些。

(3) 思维有一种执行控制的机制，就像计算机程序中有一种执行程序一样。

(4) 二级过程的认知运演是习得的，尽管它们部分是受遗传结构因素影响的。记忆的内容，以及转换和重建内容的策略，也是习得的。

(5) 可以通过对视知觉的类推，来描述和解释记忆和遗忘的过程（Snelbecker，1974）。

由此可见，信息加工理论内部本身也有一定的分野，有人注重信息分析，有人注重计算机模拟，有人则注重实际问题的解决。这也是为什么在同样的“信息加工理论”的标题下，人们所探讨的问题会有很大出入的原因之一。但这些并不妨碍我们从一般的角度来探讨信息加工理论的基本假设和学习的原理。

第二节　信息加工理论的基本假设

几乎所有信息加工论者都认为，学习实质上是由习得和使用信息构成的。他们的一个基本假设是：行为是由有机体内部的信息流程决定的。由于这种信息流只是一种猜想，是永远不可能直接观察到的。所以，心理学家们构建了不同的模式来推导这种信息流；这取决于理论家想要说明哪一种内部过程。也许，可供选择的许多信息流程图都是站得住脚的。但就一般而言，信息加工论者主要关注的是这样两个问题：(1) 人类记忆系统的性质；(2) 记忆系统中知识表征和贮存的方式。

一、人类记忆的性质

长期以来，心理学家们从各个角度对人类记忆系统作了探讨。

自20世纪60年代以来，人们开始把记忆系统看作是一个有复杂结构的系统，它加工和组织一个人拥有的全部知识；它是一个起组织作用的活跃的系统。换言之，人类的记忆积极地选择将要被加工的材料；把它们转变成有意义的信息，并贮存许多信息供来日使用。

近年来，心理学家和教育家最感兴趣的，是两种记忆信息加工模式：阿特金森-希弗林模式（The Atkinson-Shiffring Model）和克雷克-洛克哈特模式（The Craik-Lockhart Model）。

1. 阿特金森-希弗林模式

阿特金森-希弗林提出的记忆信息加工模式，由三个结构成分组成：（1）感觉登记；（2）短时记忆；（3）长时记忆。如图9-3所示。这三个成分有时又被称之为三种贮存。在他俩看来，重要的是，这三种记忆贮存不应被看做大脑中所占的特定部位，而应把它们看作是记忆过程中的三个方面或运演的特征。

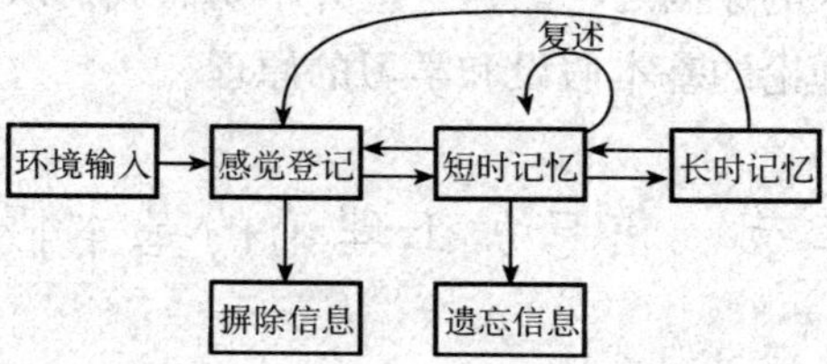

图9-3 阿特金森—希弗林记忆信息加工模式

资料来源：Zanden and Pace，1984.

外来信息首先进入感觉登记，在这里，信息只停留几分之一秒，然后要么进入短时记忆，要么消退或消失。短时记忆是一种工作记忆，它接受从感觉登记和长时记忆中选择出来的信息。一般说来，短时记忆中的信息在20~30秒之内完全消失。通过复述信息，可以防止短时记忆中的记忆痕迹的消退，以便使信息能够按照我们所希望的那样保持下来。当信息停留在短时记忆中时，长时记忆便“复制”其中的一部分，长时记忆是一个相当永久的信息库。

阿特金森和希弗林认为，在整个记忆系统中，短时记忆极为重要，因为，一方面，它的主要职能是支配记忆系统中的信息流；另一方面，它是在我们意识的直接控制之下的。正是由于后一方面的特征，我们可以在学习与记忆过程中相当随意地处理信息。在此期间，对信息的操纵是在临时性基础上进行的。

阿特金森与希弗林设想：我们在许多学习过程中都使用复述缓冲器，这是一组能够把信息保持在短时记忆中的记忆痕迹。当复述缓冲器中的信息已满时，新信息的进入，必然会取代缓冲器内已有的信息。例如，当我们在短时记忆中已有了一个电话号码，别人又告诉我们一个新的电话号码时，原来电话号码的一部分就会被取而代之。

阿特金森与希弗林强调，我们在很大程度上可以控制这三个记忆贮存系统的信息流。例如，我们可以有选择地把感觉登记中的新信息、长时记忆中已有的信息引入短时记忆。举例说来，我们常常遇到这样的事情：一位学生在课堂上做小动作，教师讲课的内容全然没有“听进去”，但如果教师叫他的名字，他马上就会“听到”。这说明，教师讲课的内容他也在“听”，只是没“听进去”，可能是由于上课的内容与他眼下关心的事相距甚远。事实上，他还是在有选择地注意教师的讲话。此外，长时记忆也有助于促进对感觉登记中的信息的确认。如果遇到已学过的内容，学生很快就会把这信息从感觉登记引入短时记忆。

阿特金森与希弗林认为，感觉登记、短时记忆与长时记忆这三者之间，存在着许多连接。在短时记忆阶段，当我们复述时，我们通过各种线索搜寻长时记忆中的有关信息，直到获得合意的信息为止。

2. 克雷克-洛克哈特模式

对阿特金森-希弗林模式的最大挑战，来自克雷克与洛克哈特提出的加工水平的模式。他俩的基本观点是：短时记忆与长时记忆，与其说是由于信息贮存在大脑中的“地方”产生的，不如说是由于它们获得的加工类型产生的。这也就是说，短时记忆与长时记忆仅仅是不同加工水平上的差异。他们把记忆看做是一个加工的连续体，而不是一系列不同的阶段，或者说在各阶段之间存在着一个信息迁移的问题，因此，克雷克与洛克哈特否认可以把记忆分割成几种不同的阶段。

克雷克与洛克哈特的阐述，是建立在一种广泛被公认的观点的基础上的：知觉涉及在不同层次上对刺激作出迅速的分析。在加工知觉输入信息的最初一些阶段上，是根据物理特征或感觉特征（如线、角、亮度、音高、音量等）来分析刺激的，在后来的一些阶段里，是根据它们的意义来考虑这些刺激的。最初的信息主要被用来与已有信息相对照，以便引起再认。在对外来刺激输入加以组织后，这些刺激输入还要经历其他的加工过程（例如，在新信息和已有经验之间形成联想）。因此，应该把记忆看做是一系列加工阶段，每一阶段都涉及认知分析的逐渐加深。

以图 9-4 为例，学生学习 dog 这个单词时，要通过一系列阶段的加工，即从听刺激或视刺激的外表感觉特点，到它的发音或语音，再到它的语义或联想意思的加工过程。他俩还进一步认为，一个单词在一个特定水平上的加工，便在记忆中留下那种加工水平的痕迹。而且，痕迹越深或越是语义化，那么，它的消退速度也就越慢。图 9-4 右边呈现了三种不同记忆水平的不同的消退速度。（鲍尔与希尔加德，1989 年）。

因此，克雷克与洛克哈特认为，记忆是随着加工深度而增长的。鉴于我们主要关注的是从刺激中抽取意义，因此，只有那些经过比较精致复杂的或较深层次的认知分析的产物，才容易得到贮存。由于我们几乎不需要贮存最初分析的产物，因此，这些材料被遗忘掉了，可见，信息保持基本上是随着刺激加工的深度而变化的。当然，加工的深度是同外来刺激与分析的结构之间的和谐性相

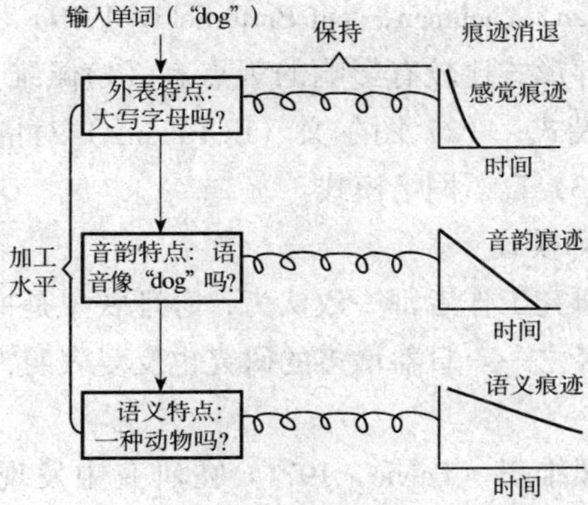

图 9-4　"dog"这一单词在视觉、音韵和语义三种加工水平的图示

资料来源：鲍尔与希尔加德，1989 年.

关联的。例如，像图片、诗歌这类刺激，一般很快就会在较深的水平上得到加工，这样，它们也就比较容易保持住，因为它们本身就包括比较有意义的刺激。可以想见，影响加工深度的还有其他各种变量，如注意刺激的时间、可用于加工信息的时间等。

由此可见，每一种记忆模式都有不同的侧重点，并在解释某些方面比其他模式似乎更合理些。例如，克雷克-洛克哈特模式能够说明：为什么我们回忆机械习得的内容比在较有意义的情境里习得的内容更困难些；而阿特金森-希弗林模式则能相当清楚地解释：为什么我们难以同时记忆一定数量以上的信息。

二、信息贮存的方式

信息加工理论除了主要关注人类记忆系统起作用的机制外，还探讨了一个同样重要的问题：记忆信息贮存的方式，或者说，知识表征的方式。在记忆系统中被贮存的信息，不是与刺激输入一一对应的直接复制，因为，感官接受的物理信号并不是对外部世界的完美表征，为了便于回忆，人们须以某种方式转换物理信号。转换或重新编码会增加以后回忆信息的可能性，但这是以失去某些细节为代价的（Lachman，Lachman，and Butterfield，1979）。

对信息贮存形式比较有影响的观点有：(1)佩维奥(A. Paivio)提出的双重编码模式；（2）图尔文（E. Tulving）对情节记忆与语义记忆的区分；(3）言语网络模式。

1. 双重编码模式

许多记忆研究工作者都一致认为，心理映象是把信息引入记忆中去的基本途径之一。日益增多的研究也反复表明，图片比文字更容易记忆。

心理学家佩维奥（Paivio，1971）在研究中发现，在具体性文字中的信息，比用抽象性文字传递的信息，学起来更容易一二倍。据他认为，这是由于具体的名词能产生心理映象的缘故。例如，黄狗比狗具体些，狗比动物具体些，动物比有机体具体些，因而，黄狗比有机体更容易在学生头脑中形成映象。文字的相对具体性（即文字唤起映象的品质），是学习言语材料的能力的一个决定因素。实际上，历来被教育工作者归结于各种言语因素的东西，如文字的意义性，都可能是映象效应的产物。研究表明，视觉映象与文字的意义性和联想到的文字的数量高度相关。总之，想象力（容易产生视觉映象的能力）和文字的具体性，影响学生对言语信息的记忆。

佩维奥是用双重编码（dual-coding）这一假设来解释上述研究结果的。在他看来，信息既可以用言语-序列贮存（verbal-sequential store）来编码，也可以用映象-空间贮存（imaginal-spatial store）来编码。例如，学生在听教师讲课时，是根据教师讲话的顺序，逐字逐句对言语进行编码的，这是言语-序列贮存。与此相反，视觉映象涉及空间领域的信息，是一次性处理所有这些信息的，佩维奥推测，像“民主”和“真理”这类抽象文字，是用言语-系列贮存的方式进入记忆痕迹的；像“黄狗”和“苹果”这类较具体的文字，可能既会形成言语记忆痕迹，又会产生视觉记忆痕迹。正是由于凭借这种双重表象，具体性文字才能够比较容易回忆，因为它们可以使用两种方式来提取。而且，映象系统一般说来比言语系统更不容易遗忘。

这类研究的重要性，在于它们对教学实践的意义。在小学阶段，教师经常使用映象、图片和各种其他视听手段来帮助学生学习。研究表明，即便对7岁的儿童来说，通过映象的教学也可以有助于他们掌握简单的文字，而一些四年级学生尽管已具有适当的编码技能和词汇，但仍然是糟糕的阅读者，这是由于他们不能使用适当的组织策略对阅读材料加以整合的缘故。研究人员发现，如果教师在教学中提供视觉映象（如要求学生在阅读每一句句子时，在头脑里想象其情景），可以提高学生阅读保持的技能。但是，如果要求阅读成绩较好的学生在阅读每句句子时都想象一番，则没有什么益处。若要取得最佳教学效果，最好是要求学生在阅读一段文章之后，想象其情景。所有这些都表明，图画比句子更容易用表象来编码。在课堂教学中，教师很容易对学生进行心理映象方面的训练，而且可借此提高学生对阅读材料的记忆力。

然而，如果由此得出结论，认为映象编码优于语义编码，那似乎太轻率了。有人做过实验，呈现给学生一对对本来毫无关联的单词，要学生用每对单词造句，把这两个单词联起来，结果发现，实验组比控制组的回忆量多一倍，这意味着，不论是用句子还是用映象来联系每一对单词，都可望增强记忆力。

2. 情节记忆与语义记忆

图尔文总结了有关的记忆研究，对情节记忆（episodic memory）和语义记忆（semantic memory）作了区分。这种区分现已为大多数心理学家所接受，因而这两个术语也很流行。

情节记忆是指我们具有的有关以往经历过的某些特定事件方面的信息，它主要用来贮存人生中印象比较深刻的事情。我们每个教师都可以回想起第一次走进教室上课的情景，这种情景深深地印刻在脑海里，甚至连一些细节及当时的心情都历历在目。这就是情节记忆的一个例子。它是指在特定的时间、空间的背景里发生的特定的事件。

语义记忆是语言运用所必需的记忆，它涉及有组织地贮存我们对整个世界以及语言及其用法方面的知识。语义记忆是指语法规则、化学公式、运算规则等方面的有组织的知识。用图尔文的话来说："语义记忆并不录下输入信息的可觉察的属性，但它却录下了输入信号的认识对象。语义系统使不直接贮存在该系统的信息可以检索，而且使该系统中检索出来的信息内容保持不变……语义系统也许比情节系统不易受不随意转换与失去信息的影响"（Tulving, 1972)。简言之，语义记忆涉及那些不依赖于特定时间或特定地点的事实。

情节记忆与语义记忆是很容易区分的，因为这两种系统之间存在着明显的差异。人们随时可以获取语义记忆中的概念，例如，我们在回想某些单词和词组，并把它们组织成句子时，很少会遇到困难。再者，语义记忆不登记输入信息的具体的、可感知到的属性，它保持的是抽象的内容。这些都是与情节记忆的不同之处。总之，情节记忆与语义记忆之间的重要区分，在于贮存在记忆系统中的信息的性质和信息组织的方式。情节记忆中的信息是在现象学层次上的，是用一种视觉映象或其他映象的形式贮存起来的，因而是一种事件知识贮存（eventknowledge store)。语义记忆则是保持从经验中抽象出来的或从经验中获得的概括，是一种概念贮存（conceptual store)。

这里需要提及的是，情节记忆与语义记忆之间存在着相互作用。举个简单的事例来说明；当教师问某一个学生："××同学在教室吗?"该学生回答时所依据的是情节记忆提供的信息。如果教师反复问这一问题，该学生的回答就会越来越快，这意味着被问到的情节正在逐渐变成语义信息，因而不再需要回想该情景就能回答出来。

3. 语义网络模式（semantic network models）

当今有不少心理学家坚持认为，人类只是以言语形式贮存信息的，所以他们支持“言语贮存系统”这一概念。尽管他们并不怀疑映象在记忆信息加工中的重要性，但他们坚持认为，信息的最终的表征是言语形式，映象是根据言语代码重建的。

语义网络模式是用一种交节点来描绘概念与从属概念的层次结构关系的（如图 9-5 所示）。

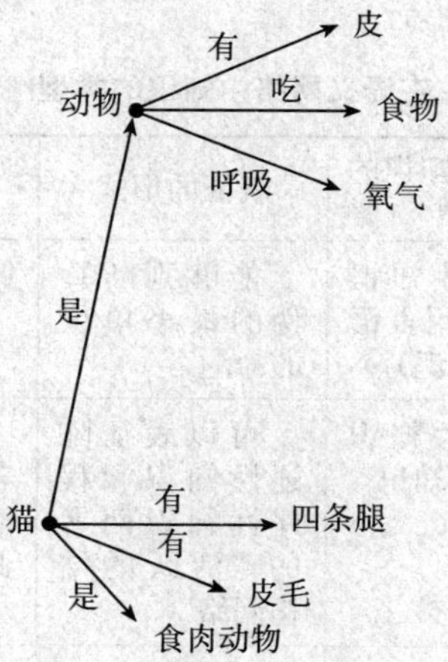

图 9-5　记忆结构早期网络模式的例子

资料来源：Bell-Gredler，1986.

目前，主要有三种语义网络模式：（1）安德森（Anderson，1976，1980）提出的命题网络（propositional network）；（2）诺曼与鲁梅尔哈特（Norman and Rumelhart，1975）提出的活跃的结构网络（active structural network）；（3）组厄尔与西蒙提出的产品系统（production system）。见表 9-1。

这三种模式都对陈述性知识（declarative knowledge）与程序性知识（procedural knowledge）作了分析。安德森坚持认为，程序性知识是不可能用言语精确表征的。例如，一个精于打绳结的海员，能够识别打得差和打得好的绳结，但用言语形式来表示如何打绳结是不精确的和不完善的。但诺曼与鲁梅尔哈特认为，陈述性知识与程序性知识的表征没有什么不同。因此，“卡西是个聪明人”与“给汽车换机油的必要步骤”，是以同样方式贮存的。而纽厄尔与西蒙则认为，陈述性知识与程序性知识都是以条件-行动配对（他们称其为产品）的形式贮存的。例如，医生察看症状会有助于回想起适当的处方。

表 9-1　在语义网络中知识的类型

模　式	所包括的知识的类型	表征的形式	例　子
安德森（1980）	陈述性知识（指能够用言语表述的知识）	能够判断真伪的最小单位的命题	圆圈是圆的
诺曼与鲁梅尔哈特（1975）	陈述性知识与程序性知识	可以表征陈述性知识和程序性知识两者的“活跃的结构网络”	卡西是个聪明人；若要换轮胎，首先要拿出千斤顶，如此等等
纽厄尔与西蒙（1972）	陈述性知识与程序性知识	由“条件-行动”配对（如果那么的陈述）构成的产品系统	如果主语是复数，那么“是（to be）”这个动词就要改成复数形式“是（are）”

资料来源：Bell-Gredler，1986.

我们可以说，在长时记忆中信息的不同表征方式，是研究者研究不同现象的结果。这就是说，不同类型的信息对表征系统有不同的要求。在现代认知心理学的术语中，语义记忆的种种要素往往也被称为图式。因为，在认知心理学家看来，人们是根据这种图式赋予事件的意义，来理解语言和解决问题的。例如，当我们要理解乔姆斯基的一个著名的例句——“正在飞行着的飞机是危险的”时，我们不仅仅是对这一句子加以编码和推演句子的涵义（确切地说，这些文字只是提供了一组信号，激活了语义记忆中的图式），而且是根据这些图式试图为这句子赋予结构上的意义。事实上，这个句子至少可以构建成两种意义，例如，飞机上的乘客面临危险；飞机有可能掉下来危及地面上的人。因此，这个句子的意义在于构建的行动之中，而不在于句子本身的文字。

可见，图式之重要，并不仅仅是充作信息的仓库，而是在长时记忆中也发挥功能。这些功能是：（1）提供一个格式（formate），新的材料必须适合于这个格式，以便被领会；（2）作为指导注意和从事有目的搜寻环境刺激的指南；（3）填补从环境中接受的信息中的间隙。

巴特利特（F. Bartlett）1932年从事的一次经典实验，说明了图式在领会信息中的影响。在实验中，每一个被试阅读一个他不熟悉的社会文化中的民间故事，然后根据记忆再现这个故事，并把它写下来给第二个被试；第二个被试阅读第一个被试再现的材料，然后根据回忆写下情节，传给第三个被试。如此传下去，等到第十个被试时，已经完全不是原来的那个民间故事了。每个人对故事的解释，都去掉一些细节，夸大另一些细节。巴特利特发现，重复的故事是以系统的方式变化的：不熟悉的信息被略去了，少量细节被保持下来了，故事越来越像阅读者预期的故事了。换句话说，信息是被改变了，以适应现存的图式。这从一方面证实了信息加工理论的基本假设：人类的记忆系统就是一个信息的积极的复杂的组织者和加工者。

第三节　信息加工的过程

信息加工的研究，包括对人类习得信息期间所从事的各种活动的描述。当然，不同的信息加工模式对信息加工过程的描述会有所不同，为了简便起见，我们可以把学习过程分成三个阶段：(1) 注意刺激；(2) 刺激编码；(3) 信息的贮存与提取。

一、注意刺激

当物理信号被感觉登记时，人类的记忆系统就开始加工信息了。这些物理信号只停留极短暂的时间，一般只停留百分之几秒，其职能是在相当短暂的时间内保持信息，以便予以加工。没有感觉登记，我们会由于没有时间加工许多持续时间极短的刺激，而在感知世界时会有更多的困难。据认为，每一种感觉都存在着感觉登记，但在目前还只能说这是一种猜测，因为研究结果表明只存在着视觉登记和听觉登记，至于其他感官是否存在感觉登记，现在还缺乏有力的证据。

对感官施以影响的大量物理信号中有一部分被选择出来进一步加工。对选择过程，现在有两种观点。一些人认为，所有刺激最初都被加工了，然后把不需要的刺激从这个系统中“过滤掉”(Broadbent，1958)。但有的则认为，只有那些与长时记忆中的图式有关的信息才会被注意到。这就是说，记忆系统只选择有用的信息；而不是接受所有信息，然后再过滤掉其中一部分的（Neisser，1976）。

加工信息的一个重要部分是识别选择出来的物理信号。这个特定过程被称作型式识别（pattern recognition）。型式识别是指学习者经历了一个把新输入的刺激与记忆中已有的映象或“图样”相比较的过程，当两者适当匹配时，这种刺激就被识别出来了。

但也有人认为，这种图样匹配（template matching）的过程太累赘了，以致不能说明识别的迅速性。他们认为，型式识别是通过特征分析（feature analysis）发生的。这就是说，人们是根据刺激的一些重要特征以及它们之间的重要关系来识别它们的。例如，对刺激“E”，“ε”和“*E*”的识别，只需要识别三条横线与一条把它们连在一起的垂直线就可以了。如果根据图样匹配理论，这成了三种不同的图样。

型式识别是受两个过程指导的。这两个过程有时共同起作用，有时独立地起作用。一种是自下而上的加工（bottom-up processing），这是一种受资料或感觉刺激驱动的加工过程，结构是在输入刺激中发现的。另一种是自上而下的加工（top-down processing），这种过程是受动机、目的等支配的。换言之，为的是使输入刺激适应于期望。

在论及信息加工的方式时，一个重要的概念是注意。有些加工过程不要求注意，因为它们已练习过多次，以至不需要意识控制也能完成。这类过程称之为自动的过程（automatic process）。例如，一个有文化的人阅读时对字母的识别就是这种过程。与此相反，有些识别任务要求集中注意，这称之为审视的过程（deliberat process），因为它们要求意识控制。例如，在做三位数乘法时，就要经历这样的过程。换言之，对熟悉型式的识别是自动的过程，而对不熟悉型式的识别则要求有审视的过程。

二、刺激编码

当人们注意到刺激时，这些刺激就处于短时记忆中。据认为，短时记忆处理信息的能量是有限的，只能局限在我们能够注意到的观念上。除非我们不断地思考或复述某些信息，否则信息很快就会从短时记忆中消失。外来信息要被习得的话，必须由感觉登记进入短时记忆，当我们在短时记忆中对其进行加工时，我们学习其他信息的能量就减弱了。所以，人们通常又把短时记忆称作“工作记忆”（working memory）。

例如，当我们在电话号码本上寻找某一电话号码时，这是注意刺激的过程；一旦找到了这个电话号码，我们可能需要也可能不需要对它加工以便来日回忆。如果找到号码后打完电话就完事了，那么这个电话号码也就被遗忘了。但如果我们以后还要经常与对方联系，即要把它保留在长时记忆中，那就需要进一步加工。这种加工被称为编码（encoding），即要转换刺激，以便贮存，便于来日回忆。

编码主要有两种策略：维持性复述（maintenance rehearsal）和精致性复述（elaborative rehearsal）。一遍又一遍地背诵电话号码，是维持性复述的一个例子。换言之，这种策略只是重述要记忆的信息。与此相反，精致性复述是要以某种方式转换信息。它可以是：(1) 改变信息，以便把它与已贮存的信息联系起来；(2) 用另一种符号来替代它；(3) 增加些其他信息以便回忆。

三、贮存与提取信息

编码过程的目的，是为了把信息贮存在长时记忆中。信息的回忆，在很大程度上取决于信息贮存的形式，以及该信息与长时记忆中以往的内容的关系。例如，职业棋手与初学者在看了一盘棋布局几秒钟后，回忆的能力相差很大。棋手大多能回忆出 80%～90%，而初学者只能记住几个棋子的位置。这两者之间的差异，一是由于长时记忆中贮存的信息“组块”大小不同，二是由于对新信息编码的方式不同。因此，初学者的回忆只能凭借机械记忆个别棋子的位置，而棋手则能用一种整体的方式对信息加以编码，回忆时只需要回想出某种布局就可以知道这些棋子的具体位置。

一些心理学家们认为，记忆痕迹得到贮存后，提取或恢复这些记忆痕迹，主要取决于两个因素：(1) 记忆痕迹的强度；(2) 与提示线索的联系。

研究表明，如果学生对某些信息的记忆痕迹的强度很大，该信息的提取有时是自动的，毫不费力的。换句话说，我们不能“阻止”提取非常熟悉的信息。例如，心理学家让学生检查像“5 + 3 = 8”，或“4 + 3 = 12”这类简单的加法运算是否正确，要求学生尽可能快地对每道题作出“对”或“错”的回答。他们发现，学生在回答“错”时，两类题目所花的时间是不同的。也就是说，学生在回答答案是两数之积(如：4 + 3 = 12)，比不是这种情况（如：4 + 3 = 11）时，要用更多的时间。这说明，尽管学生意识到这是加法题，但脑子里却在自动地“检索”积与和。

当然，记忆的恢复并不总是自动的，人们常常会出现部分恢复的情况。例如，我们发现自己的一串钥匙不见了，一时又想不起放在什么地方，一般所采取的策略是，先回忆最后用过钥匙的时间和地点，然后依次往前推想自己曾去过什么地方，做过什么事，直到找到钥匙为止。这样做是为了重新形成当时的线索，以便用来恢复记忆。

不能当即成功地提取信息的另一种现象被称为“欲言难吐现象”（tip-of-the-tongue phenomenon)，例如，我们明明知道在什么地方见过某人和他的名字，但一时就是想不起来，即便别人说大概是张三或李四，自己知道他不叫这些，却还说不出他的名字。这也说明，在欲言难吐的情况下，提取不出来的信息，并不是由于它在记忆贮存中不存在，有时只需过一会儿，突然会自发地得出正确的答案。

由此可见，在提取贮存的信息时，提取线索起着重要作用。提取线索与记忆痕迹越接近，提取便越有效。这已为心理实验所证实。例如，让学生记忆一份单词表。其中有些是具体动物的名称，如“狗”和“猫”；有些是具体水果的名称，如“苹果”和“桔子”，如此等等（表 9-2a)。在学生回忆时，给一组学生提供提取线索，如水果、动物等（表 9-2b)，另一组学生则没有。结果表明，有提取线索的一组学生回忆出来的单词量比没有提取线索的学生要多些。在后来的实验中，两组学生都给予提取线索，则两组学生回忆出的单词量一样多。因而可以推断，两组学生回忆的差异，是由于没有适当的提取线索引起的。

表 9-2　提取失败研究所用的单词表和提取线索

(a) 要记忆的单词表				(b) 提取线索	
狗	匕首	餐刀	医生	动物	餐具
猫	手枪	调羹	律师	水果	工具
马	步枪	叉子	教师	家具	燃料
牛	炸弹	盘子	牙医	武器	职业
苹果	棉花	锄头	橄榄球	布	运动
桔子	木头	锯	棒球	颜色	衣着
梨	丝	钉子	篮球		
香蕉	人造丝	螺丝刀	网球		
椅子	蓝	石油	衬衣		
桌子	红	煤气	袜子		
床	绿	煤	裤子		
沙发	黄	木头	鞋子		

资料来源：Hilgard，1979.

从理论上来讲，把信息加工过程分成注意、编码、贮存和提取这几个阶段是得到广泛公认的。但是，心理学家和教育学家还不能在实验上对它们划出一条明确的界线。也许，这是永远做不到的。因为从目前已有的大量研究结果看来，信息加工所涉及的几个成分之间存在着某种重叠。一个人的编码、贮存和提取信息，不可能是孤立进行的。

第四节　信息加工学习原理

一、信息流是行为的基础

信息加工理论的实质，是要探讨有机体内部的信息流。根据这种观点，心理学不仅必须能够复制和控制行为，而且必须能够揭示有机体内部隐含着的信息加工的细节。他们把人看作是一架非常复杂的机器，并试图发现这个“暗箱”内所发生的情况。因此，信息加工论者常常把人类认知系统表述为代表信息加工和贮存的一系列方框（或称箱子），是它们在来回传送信息。每一个方框都代表一种在人头脑中发生的信息转换。随着我们对心理学了解得越多，每一个方框所表示的详细程度就越精细。这些小方框通常被称之为信息加工的阶段。

认知心理学家试图通过从其他学科（如计算机科学）使用的方法来勾勒有机体内部的信息流程图。然而，技术人员可以进入他们的暗箱并置入某种测量器，但心理学家则不能。尽管生理心理学技术可能为遥远的未来带来希望，但眼下我们还不可能直接进入有机体内部的信息加工流程。所以，目前我们只能推测各种可供选择的信息流程，然后确定哪种假设的流程更符合所观察到的行为。有时我们会发现两种信息流程图看上去差异很大，但在预测行为方面都是等值的。因此，信息加工论者通常把重点放在检验各类模式上，而不是放在某一模式的具体细节上。例如，我们可以把系列模式（serial models，即认为各阶段只是在某一时刻发挥作用，如阿特金森-希弗林模式）与平行模式（paralle models，即认为各种成分是同时对同一信息进行加工的，如克雷克-洛克哈特模式）相比较，这可能会有助于了解哪一种模式更有利于解释某一种学习。

二、人类加工信息的能量是有限的

这一论点也许是用信息加工方式来研究学习过程的最有成效的成果。如前所述，这一论点原先是从香农等人设计的电话通讯系统的模式中产生的。一根电缆在某一时刻只能从事那么多的通讯系统，也就是说，它传递信息的能量是有限的。信息加工论者由此认为，人的信息加工能量是有限的。

这种人的能量有限观，对注意与记忆领域的研究影响最大。例如，人们在某一时刻只能把焦点集中在某些刺激上，因而必然会摒弃其他刺激。而短时记忆与长时记忆之间的区分，主要是基于能量的差异。据认为，长时记忆贮存信息的能量是无限的，而短时记忆一次只能记住 7±2 个项目。

尽管许多心理学家都在研究人类能力有限的问题，但最明确赞同这种观点的是布罗德本特（Broadbent，1958，1971）。他对人类信息流的看法，强调了与注意有关的两个重要机制：第一个机制是通道本身能量有限。这一观点有时被解释成一个人在某一时刻只能做一件事。这种解释是错误的。布罗德本特的观点是，一个人在每一时刻只能加工数量有限的信息；这就是说，受限制的是信息加工的速率。这种限制被称为通道能量，是可以通过每秒接受的信息量来测量的。如果一组任务的总体要求低于通道能量，那么一个人就能同时完成不止一项任务。第二个是过滤机制，这是为了防止能量有限的通道拥有过多的刺激。在他看来，惟有成功地通过过滤器的信息，才允许进入能量有限的通道。所以，过滤器可以被认为是知觉加工的早期阶段。

尽管心理学家们对除了早期阶段外，在其他阶段是否也同样存在信息过滤或选择的问题还存有争议，但对人类加工信息能量有限，因而需要有过滤阶段的这一假设，是大多数心理学家所认可的。

三、记忆取决于信息编码

记忆信息加工有点类似档案分类系统，即首先要对外来信息的轻重缓急加以分类整理，而且，所使用的分类方法和程序必须始终一致。

编码是一个涉及觉察信息、从信息中抽取一种或多种分类特征，并对此形成相应的记忆痕迹的过程。信息编码的方式对以后提取该信息的能力有很大影响。如果我们知觉有误，或分类特征不清，或形成的记忆痕迹与客观事物相差很远，那么，我们在提取信息时就会非常困难。

对信息编码的方式往往取决于学习任务的性质。如果学生知道某门学科的要求，他们会以最能满足这一要求的方式来编码。例如，教师如果告诉学生这门课的考试形式是选择题，学生就会以便于再认的方式来编码的，而不是以有助于问题解决的方式来编码。

编码还涉及组块问题。所谓组块，就是在记忆中把许多小单位组合成较大单位的信息加工过程。假定我们给学生看“委-民-华-教-共-会-中-和-育-国-员-人”这12个字，然后要学生立即复述出来，可能是很困难的。但是如果把它们组成“中华人民共和国教育委员会”，就很容易记住。又如，让学生记忆“1491625364964”这样一个数目是很困难的，但如果告诉学生这是由1～8的平方数构成的，记忆就会很方便。所以，心理学家们认为，尽管我们记忆同时出现的一系列信息的能力是有限的，但如果把一些信息组织成块，就可以大大提高记忆能力，而且，组块中所包括的信息量可以是很不同的。另外，如果把信息组织成有意义的组块，不仅可以增加信息摄取量，而且还有助于保持记忆。

大量研究表明，编码过程常常涉及信息的积极转换或改变。有时需要把听觉信息转换成语义代码，如此等等。因此，我们不能设想，编码仅仅是一种消极的过程，似乎只是消极地把环境事件机械地记录在某种记忆痕迹上。

此外，心理学家们发现，映象有助于记忆。例如，实验表明，容易唤起映象的单词（如血、桌子、犀牛等），比不易唤起映象的单词（如真理、美丽、民主等），更容易回忆，即便这些单词在其他方面（如单词的长短、日常出现频率等）都相同，也是如此（Paivio，1971）。

四、回忆部分取决于提取线索

前面探讨的是信息贮存方式，但是，对贮存的信息进行适当编码，仅仅是问题的一半，如果没有适当的提取信息的线索作为补充，一个人是难以回想起某一事件的。例如，我们可能常常有这样的体验：试图想回忆某件事情，但开始时就是想不起来，就把它搁在一边；后来再试，似乎当时也没有什么新信息，但成功地回想起来了。很显然，这方面信息是贮存在记忆中的，最初回忆失败是由于提取的失败，因为我们在第二次回忆时成功了。研究这类简单事件（例如回忆一系列图片或单词）的心理学家已观察到同样的现象。当给被试对同样信息进行重复测验时，常常可以看到，被试当时不能马上回想起来的信息最终被回忆起来了。

在一项著名的实验中（Tulving and Pearlstone，1966），实验者为中学生提供一列单词供记忆。这些单词都是同一类别的成员，并以适当方式把它们组织在一起。例如：鸟——鸽子、麻雀；家具——沙发、床；颜色——黄、蓝，如此等等。告诉被试，他们只需记住单词，不需记住类别的名称。第一组被试听到 48 个单词，每个类别 2 个单词，共 24 个类别。第二组被试听到的是与第一组完全相同的。所以，我们可以假定，他们贮存数量和种类大致相同的信息。惟一的不同是两组被试回忆的条件有所不同。只要求第一组被试用任何秩序（自由回忆 free recall）回想这些单词；要求第二组被试也是按任何秩序回忆，但除此之外还给他们类别的名称作为提取线索。

自由回忆组（即第一组）平均回想起 18.8 个单词，给类别名称作为提取线索的第二组，平均回忆起 35.9 个单词，几乎是第一组的一倍。由于这两组是在同样情况下贮存信息的，因此，很显然，两组之间的差异是由于在提取时的不同条件引起的。提取线索可使人们回想起如果没有帮助就回想不起来的许多单词。

可见，提取线索在决定回忆方面是一个强有力的辅助工具。

第五节　评　论

信息加工学习理论可以用来解释人类的许多思维过程，使得人类的高级心理过程不再那么神秘了。借助合理的科学方法，我们将对这种心理过程有更多的了解。例如，通过对选择性注意、编码、贮存和提取等信息加工过程的分析，有助于我们进一步了解人类学习的内部过程，这是行为主义和传统的认知学派所不能比拟的。

但是，信息加工理论并不是一切从头开始的，它吸收了行为主义和传统认知理论的有益成果。从某种意义上说，是两者的结合。信息加工理论不只是把环境或心理作为学习和行为的来源，而是认为，学习和行为起源于环境与学生已有知识的相互作用。① 学生既对环境作出反应，又作用于环境。信息加工理论，像传统的认知理论一样，认为一个人的心拥有一种由加工（贮存、提取、转换和使用）信息的各种成分和使用这些成分的程序构成的结构；但又像行为主义一样，认为学习有一部分是由形成的联结构成的，当然，联结的类型和性质是各不相同的，而不是行为主义的那种简单的联结。此外，被联结在一起的，不是“刺激与刺激”或“刺激与反应”之间的联结，而是各种心理结构或图式之间的联结。除了习得各种图式之间的联结之外，学习还包括习得新图式。但新图式必须与已有图式存在某种联系，否则，建立新的图式只能成为一种空中楼阁。

对信息加工理论说来，探究学生头脑中发生的加工过程是至关重要的，它试图解释被行为主义者作为“暗箱”的内部认知活动。但对这些内部过程的探讨，是用一种比传统的认知理论远为精确的方式进行的。它要求描述假定的心理运演的每一个具体步骤的程序，如果描述这一过程能详细到可以用计算机来模拟的程度，那就更理想了。另外，信息加工理论，一方面采取行为主义者所持的重视实验的态度，即不仅要假设心理过程，而且必须予以实验验证；另一方面则又像传统的认知理论家一样，为了便于假设，常常采用非正规的观察法和对心理活动的逻辑分析，然后再用实验予以检验

---

① 例如，西蒙认为，认知运演（X）的变化，是有机体的状态（S），即有机体的生理和心理状态，以及脑子里的记忆贮存等和外界刺激（R）的函数。所以，$X=f(S, R)$，（司马贺，1986 年）。

假设能否确立。

从学习理论的角度来看，信息加工理论在以下几方面是有启迪的：(1) 刺激选择不像埃斯蒂斯所说的那样是一种随机的过程，因此，不能仅仅考虑到刺激的特征，而且还要关注学习者已有的信息或认知图式。(2) 短时记忆加工信息的能量是有限的，如果一味要求学生在短时间内掌握大量的信息，不给他们留有加工或思考的时间，结果必然会像狗熊拣苞米一样，拣一个丢一个。(3) "组块"理论，为了尽可能使学生在短时间内学习较多的知识，我们必须把知识组织成有意义的块状，减少机械学习。(4) 信息编码不仅有助于学生的理解，而且也有助于信息的贮存和提取。教师在帮助学生使用各种策略来编码方面，是可以大有作为的。

与此同时，我们必须清醒地认识到，信息加工理论注意系统、编码系统和记忆系统的分析，是建立在推测的基础上的。计算机科学的发展，还无法使"认知过程就像构成行为的肌肉反应一样实在"。正因为这样，在信息加工理论中涌现了众多模式，有些甚至是相对立的，阿特金森-希弗林记忆模式与克雷克-洛克哈特模式，就是一个例子。但这与其说是信息加工理论不成熟，还不如说是信息加工理论发展的一个标志。要穷尽对内部心理过程的探究是永远不可能的，我们所期望的，是涌现出更有说服力的模式。

第十章　早期折中主义学习理论

——托尔曼信号学习理论

爱德华·托尔曼（Edward C. Tolman，1886—1959）于 1886 年 4 月 14 日出生在美国麻省纽顿的一个贵格会教徒的家庭。1911 年在麻省理工学院获电子化学学士学位，然后从那里去哈佛大学攻读心理学，并于 1912 年和 1915 年获心理学硕士学位和哲学博士学位。同年，他开始在美国西北大学任讲师。但 3 年后他被免职了，名义上说他缺乏教学能力，实际上则是由于他在当时战争期间持贵格教的绥靖主义态度。1918 年他受聘于加利福尼亚大学伯克利分校，任心理学教授。他的学术生涯主要是在那里度过的。1950 年，他由于拒绝麦加锡泡制的忠诚宣誓而被解聘。在这之后，他曾先后在芝加哥大学和哈佛大学任教。在这期间，托尔曼作为美国公民自由联盟（American Civil Liberties Union）的一名成员，为促进学术自由而作了不少努力。这种努力的结果之一，是他于 1953 年重新回到伯克利分校任教，恢复原职，一年后退休。

托尔曼在 1937 年当选为美国心理学会主席。1953 年在第 14 届国际心理学大会上当选为两主席之一。1957 年获美国心理学会颁发的杰出科学贡献奖。1951 年还被耶鲁大学授予理学博士学位，以奖励他“勇敢捍卫自由的精神”。托尔曼的著作有：《动物与人的目的性行为》（Purposive Behavior in Animals and Men）（1932）、《战争的驱力》（Drives toward War）（1942）和《心理学论文集》（Collected Papers in Psychology）（1951）。托尔曼有时也受到学术界人士的指责，认为他在阐述理论时不很严肃。事实上，他的论著中常有些离奇的想法和趣闻。也许，至少他在把自己最重要的著作“献给挪威的白老鼠”时，表明他缺乏诚意（Bolles，1979）。

第一节 托尔曼的认知-行为观

一、背景

托尔曼与格思里同岁，在20世纪30年代又与格思里齐名，是学习理论流派中的重要一支。但是，他与格思里并不是站在同一站线上。他俩的许多观点是相悖的。首先，托尔曼的行为观是克分子的，而不是分子的。也就是说，他强调行为的整体性，注重从宏观的角度来分析行为。在他看来，动物在为逃脱迷箱时所做的具体动作，比起这些动作都朝向目的这一事实来，其意义要小得多。而格思里的行为观是分子的，他把行动分解成许多具体的动作，强调从微观上来分析行为。简言之，托尔曼注重的是行动（act）而不是动作（movement），格思里则恰好相反。其次，格思里与其他许多行为主义者一样，坚持刺激-反应联结的观点，但托尔曼则试图另辟一种体系，这个体系注重的是行为的适应性、创造性和理智性等方面。因此，他的体系是以认知为特征的。由于他的著作和许多研究都是在加利福尼亚大学伯克利分校的实验室里完成的，因而，多年来，这个实验室一直是认知心理学的中心。

托尔曼自称：他“总的立场是行为主义的立场，但是一种特殊的行为主义”（Tolman，1932）。他之所以会形成这种行为观，其主要动力是由于华生的行为主义在当时相当盛行。早期的行为主义者都试图从心理学中清除唯心主义，并试图使心理学成为采用客观方法的自然科学的一个分支。他们都反对探讨人的头脑是怎样思维的。尽管托尔曼也赞同这一观点，但他注意到，早期行为主义者把机械论的哲学观与科学的客观方法混为一谈了。在他看来，要客观地研究行为，并不一定要成为机械论者。

托尔曼认为，华生在许多地方都用简单的刺激-反应联结的概念来描述行为，并用构成行为的严格的物理的和生理的肌肉抽搐来给行为下定义，但事实上他常会滑到一个不同的、自相矛盾的见解上去（章益，1983年）。在托尔曼看来，刺激-反应的联结并不是一种经验的事实，也不是客观的资料，而只是对行为发生的生理机制的一种推论或猜测。所以，尽管托尔曼与早期行为主义者一样都注重行为，但他认为在解释行为时引用机械论哲学既无根据又不理想。用刺激-反应联结来解释行为，并不比用思维和意愿来解释行为更好些或更科学些。因为这两种情况都是把一种哲学观附加在对行为的系统观察和分析之上。在他看来，哲学肯定会使我们在观察行为时带有偏见。对一个行为主义者来说，所要做的全部事情，就是要观察行为，并试图识别出行为的规律性。所以，托尔曼是一个与众不同的行为主义者。他主张要对行为的原理作出解释，但反对采用其他行为主义者所使用的机械论的框架。他拒绝把刺激-反应作为描述和解释行为的手段，并拒绝以联结主义为特征的其他各种假设。

托尔曼在形成自己独特的行为观时，博采众多心理学流派的长处。他自己承认，除了受华生的影响外，还受麦独孤（W.Mc－Dougell）策动心理学①、伍德沃斯的动力心理学②、格式塔心理学和精神分析学派的影响，其中尤其是受格式塔心理学的影响。所以，托尔曼理论总的倾向是行为主义兼格式塔论。

二、行为的目的性与整体性

托尔曼认为，对行为的观察表明，行为一般都指向某种目标。饥饿白鼠把行为指向食物，它的行为看上去是有目的（purpose）

---

① 策动心理学（hormic psychology）的基本假设是：行为是以目的为特征的，即行为具有寻找目的的倾向。

② 动力心理学（dynamic psychology）强调要研究有机体动机与驱力中的因果关系。

的。然而，看上去有目的，并不意味着动物有一种有意识的目的、计划或意图，即并不意味着动物觉察到了这种目的。而只是说，行为本身看上去是聚焦于某种目的（如食物）上的。托尔曼造了一个新词目的（purposive）来描述动物似乎有的那种目的，以示与通常作为一种假设的心理事件的目的（purpose）的区别。由于行为是受目的指导的，托尔曼常把这种行为观称为是一种描述性目的论（descriptive teleology）。

托尔曼认为，行为中最主要的特征之一是它的可塑性。行为不是固定不变的。诚然，有机体对某些刺激会作出一些固定的反应，即所谓的“反射”，但它们仅仅是有机体整个行为中的一小部分，托尔曼对此并不感兴趣。他认为，在大多数情况下，行为的细节是无法预测的。我们不知道动物在下一次会作出什么反应。因此，行为具有一种内在的可塑性。“既然行为具有可塑性，那么行为具有目的性和认知性两个方面就是不言而喻的了”（Tolman，1932）。在他看来，“刺激引发反应”这种观点，隐含着一种必然性、强制性或机械的动作。除了在某些场合（如在巴甫洛夫实验室中），这类必然会发生的机械动作并不是行为的特征，因此不能代表一般的行为。例如，我们在观察鸟筑窝时会看到，鸟飞出去找到一根树枝，把它叼到窝边，用许多不同的方式摆弄它，直到把它正好放在恰当的位置。然后再飞出去寻找另一根树枝，叼回来后再用不同的方式把它放在恰当的位置。鸟一般要查看六七根树枝后才选中一根。在整个过程中，鸟的行为看来是极为灵活的，看上去不像是固定的反射。鸟飞到有合适的树枝的地方，然后选择大小正好的树枝飞回鸟窝。在这过程中，它要躲开掠夺者，飞越障碍，寻找食物，防御入侵者等。托尔曼指出，我们看到的属于固定本能行为的惟一的东西是最终的产品，即筑好的窝，生儿育女。在本能行为中，目的是固定的，而达到目的的手段则是可变的、灵活的。

因此，在托尔曼看来，只有当我们考察具有某种固定的和可预测的目的的各种行为的整个序列时，才有可能理解行为。只有考察整个过程，了解总体行为模式是如何组成的，以及动物是如何达到目的的，从而才有可能理解行为。托尔曼认为，以往的学习理论家都是原子论者（atomists），他们都相信可以把复杂的行为序列分解成大量简单的刺激-反应的单元。这实际上是化学家们所采取的策略，他们把宇宙中无数化合物还原成一百多种元素的不同组合。在托尔曼看来，华生就是用行为中所包含的严格的物理的和生理的细目——即感受器过程本身、传导器过程本身、效应器过程本身——来给行为下定义的。这是行为的分子性定义。但是，行为之作为行为，不只是它的生理零件的总和，也不同于这个总和（章益，1983年）。托尔曼认为，行为是整体性的（holistic）。举例说来，如果我们把水仅仅看做是氢原子和氧原子的化合，就很难理解水的各种特性，如湿度、流动状态等各种物理的和化学的特性。因而，我们必须根据行为可观察到的整体特征来认识和解释行为。这里，我们似乎可以看到格式塔心理学的影子。

三、中介变量

托尔曼与他以前的行为主义者不同，还在于他最早把中介变量引进心理学（赫尔对中介变量进行系统分析要比托尔曼晚 10 年）。托尔曼引进中介变量这个概念的主要依据是，一个完整的行动总是包括三个方面：（1）由外部环境或内部生理状态所激发；（2）经过某些中介过程（如对目标的期望）；（3）为此而表现出的行为。①如果要对整体行为进行心理学的分析，就应该推导出中介过程，即介于刺激输入与行为输出之间的过程。要做到这一点，托尔曼认为

① 在波林看来，托尔曼的公式是 $B=f(S, A)$，即行为（B）是情境（S）和其他先行原因（A）的函数。心理学的任务在于观察某一个 A 变化而 S 不变或某一个 S 变化而 A 不变时的行为（B），用以决定这些函数的关系。S 和 A 都是先行因素，B 是后果，在 S 和 A 与 B 之间，可以有中介变量，用以填补情境和其他先行因素之间的相关的缺乏（波林，1981 年）。

必须考虑到个体的认知，即个体对外部世界的知觉和信念。这有点类似于勒温对“生活空间”的分析，与勒温不同的是，托尔曼要以客观的方式来探讨“认知”。在他看来，认知实质上是行为本身的一个抽象的特征，是根据刺激与反应来界说的，因为它介于这两者之间。所以，他把认知作为中介变量。

由此可见，托尔曼不同于前辈行为主义，他主张进行心理学的分析，而不是进行生理学的分析；他是中枢论者（centralist），而不是外周论者（peripheralist）。他一方面强调中枢的重要性，另一方面又强调学习是通过与外部刺激的经验而导致的认知的改变。从这个意义上讲，托尔曼是一个刺激-反应论者，但不是联结主义者；他的理论体系是一种认知理论，但他又把重点放在外部刺激上，即根据客观的外部刺激来推导内部的认知（Hilgard，1956）。

托尔曼前前后后曾列举过各种中介变量，直到在他晚期论著中也还没有固定下来。这里，根据他在 1937 年就任美国心理学会主席时就职演说中使用的一套术语加以整理（见表 10-1）。

表 10-1　托尔曼列举的环境变量与中介变量

环境变量（自变量）	中介变量	反应（因变量）
M——供给的时间安排	要求	
G——目标物体的适宜度	欲望	
S——所提供的刺激的类型和方式	辨别	各种反应的速度和方式
R——所要求的动作反应的类型	动作技能	
Σ——尝试的累积性质和尝试的次数	假设	
P——先行的和后继的迷津单元模式	偏向	

资料来源：根据 Hilgard（1956）改编。

托尔曼提请人们注意，自变量除了环境变量外，还有个别差异的变量。他认为，个别差异的变量包括：（1）遗传（H）；（2）年龄（A）；（3）以往所受的训练（T）；（4）特定的内分泌（E）。

尽管上述中介变量看上去好像都是主观的东西，但托尔曼认为，对每一个中介变量都可以下客观的定义，并通过实验予以客观测量。例如，“要求（demand）”是托尔曼谈论得较多的、在许多场合都起作用的一个中介变量。某些生理需要会产生对获得某些目标物体的要求（如禁食会产生对食物的要求）。“要求”强烈与否，是同禁食时数连在一起的，但禁食与“要求”之间的关系不是一种简单的关系，必须通过实验研究才能予以说明。在做实验时，只要对与“要求”相关的环境变量作系统的变化，其他变量保持不变，就可以对“要求”作出客观的测量。

第二节　信号学习的实验与理论

托尔曼很少系统地阐述自己的学习理论。事实上他一生只写了两本专著。他最大的特点是把自己对行为的独特看法转换成实验室的实验，而对这些实验结果的解释，似乎只有用他那种认知的方式才能解释通。所以，本节先介绍他的几项经典实验，然后再分析他的信号学习理论。

一、位置学习

关于托尔曼的行为观如何被转变成各种实验的一个有趣的例子，是他的学生麦克法兰（Macfarlane，1930）报告的位置学习（place-learning）与反应学习（response learning）的实验。麦克法兰训练白鼠在迷津里游泳。这种迷津与心理学家们通常训练白鼠的迷津没什么不同，只是里面灌满了水。白鼠在通道里只能游泳摸索，游到目的箱后可爬上去获得食物。白鼠学会游到目的箱后，就产生了一个问题：白鼠学到的是以往行为主义者所说的一系列刺激-反应联结，还是像托尔曼所说的是认知方面的内容呢？为了回答这个问题，麦克法兰把迷津里的水抽干，然后把白鼠放进去。这样，白鼠是跑到目的箱，而不是游到目的箱。结果发现，所有白鼠都能很顺利地把游泳迁移到奔跑上去，即白鼠都丝毫不错地跑到目的箱。

托尔曼提请人们注意，游泳与奔跑是两种完全不同的反应，它们所涉及的肌肉系统也是不同的。当然，刺激也是不同的：现在的迷津是干的而不是湿的；温度是温和的而不是冰冷的；脚下是地板而不是支撑着身体的水。很显然，白鼠学到的不是一系列动作，即不是对特定刺激作出的特定反应，而是某种比较抽象的和整体性的东西——迷津本身的空间布局。也就是说，白鼠习得的是迷津的地图。托尔曼造了一个词——认知地图（cognitive map）——来表明动物在这类实验中所习得的东西。白鼠学到的是：食物在哪里；哪几个通道不通；哪些通道通向目的箱。一旦白鼠把这些信息同化到它的某种认知地图中去，它就知道目标在哪里以及应该怎么走，而不需要凭借任何一种固定的位移系统来做到这一点。这实际上是要用位置学习来替代反应学习。为了进一步证实这一点，在另一项实验中，实验者先训练一些白鼠走迷津，然后通过手术使白鼠因小脑受伤而无法行走，但这些白鼠仍能缩成一团滚动身体，准确无误地到达目的箱。在这类学习中，有机体都不可能依靠原来习得的一系列动作习惯来完成，但它们都正确地到达了目的箱，这说明有机体学会的是目的箱的位置。

托尔曼等人在40年代时进行了一系列有关空间习惯（spatial habit）与动作习惯（movement habit）的实验。这类实验使用的是一种简单的“T”字型迷津（见图10-1）。白鼠从南面的起点箱出发向东走就能吃到食物。只需几次训练，白鼠就能完全学会。但我们可以问：白鼠学到的是向右转弯的习惯，还是知道食物在东边？也就是说，我们现在还不知道白鼠习得的是动作习惯（向右转弯）还是空间位置（食物在东边）。为了回答这个问题，测验时把“T”字型迷津颠倒过来，起点在北面。如果白鼠习得的是动作习惯，它应该向右转弯，走向西边；如果习得的是空间习惯，它应该走向东边。实验结果表明，绝大多数白鼠都走向东边，即习得的是空间习

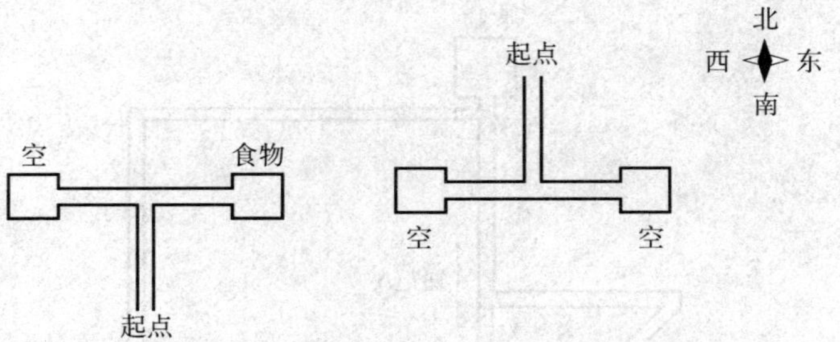

训练的迷津　　　　测验的迷津

图 10-1　托尔曼位置学习实验之一

资料来源：Bolles，1979.

惯，而不是动作习惯。后来曾有人对此作了进一步的验证（Kendler and Gasser，1948），结果发现，如果给白鼠训练 20 次以下，白鼠习得的是“空间习惯”；如果训练 20 次以上，白鼠习得的则是“动作习惯”。这里的要点在于，位置学习确实发生了。这一事实本身就是对传统刺激-反应学习理论的一个挑战，并表明托尔曼提出的位置学习是有根据的。有机体最初倾向于作出空间反应；如果反复训练，就会使这种行为成为一种自动化的动作，从而作出动作反应。

托尔曼等人从事的第三类位置学习的实验，是在白鼠训练过的迷津中阻塞某些通道，迫使白鼠改道，以便了解白鼠是否习得整个迷津的认知地图。一个典型的实验如图 10-2 所示。在这个迷津中，从起点箱到目的箱有三条通道：A，B，C。A 道最近，B 道其次，C 道最远。经过几次训练后，白鼠最喜欢走 A 道。当在 x 点上阻塞后，白鼠走 B 道。当在 y 点上阻塞后，白鼠不是走 B 道，而是径直选走 C 道。在托尔曼看来，白鼠已获得迷津的认知地图，在 y 点阻塞后，直接去走 C 道，说明它们已有一种顿悟，去走惟一剩下的通道（Tolman and Honzik，1930）。

托尔曼等人在 1946 年还做了另一项有关位置学习的实验，证明有机体具有定向和走捷径的能力。训练的迷津如图 10-3a 所示。

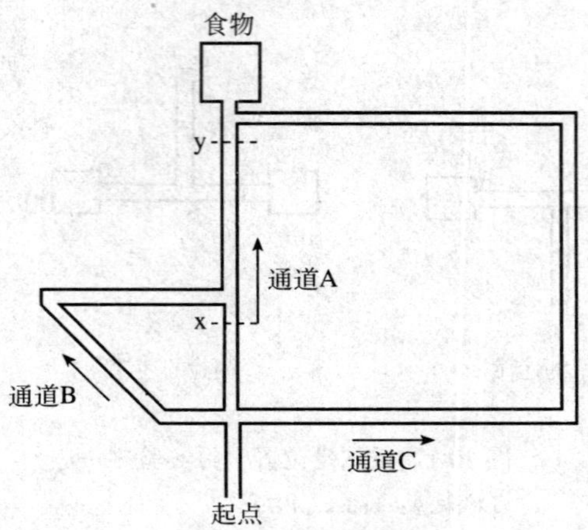

图 10-2　用于证实白鼠“顿悟”的实验迷津

资料来源：Bolles，1979.

训练白鼠走迷津 4 天，每天尝试 3 次。第 5 天开始测验（如图10-3b 所示），测验迷津把原来迷津的通道阻塞了，另外开通了 18 个通道。结果发现，有 36%的白鼠走通道 b，即最直接指向原来目的箱的位置。没有白鼠走通道 13～18。其他白鼠所走通道分布情况如图 10-4 所示。托尔曼提醒人们注意，照理说，通道 9 和 10 应该是与原来训练迷津的通道最相近，但走这两个通道的白鼠加起来也不到 10%。很显然，白鼠习得的是目的箱的位置。托尔曼认为，有机体在实验中显示出来的这种方向性行为，与在传统的条件作用实验中显示出来的行为是不同的。他的结论是：（1）白鼠学会预期目标在什么地方；（2）这类行为类似于人类的符号行为（symbolic behavior）；（3）这种类似性证明，可以用预期（expectation）这个术语来描述动物的某些行为倾向（Goldstein，et al.，1965）。

二、对奖励的预期

托尔曼把欲望或预期作为一个重要的中介变量，强调它们在学习中所起的作用。这一观点得到了廷克尔波的奖励预期（reward

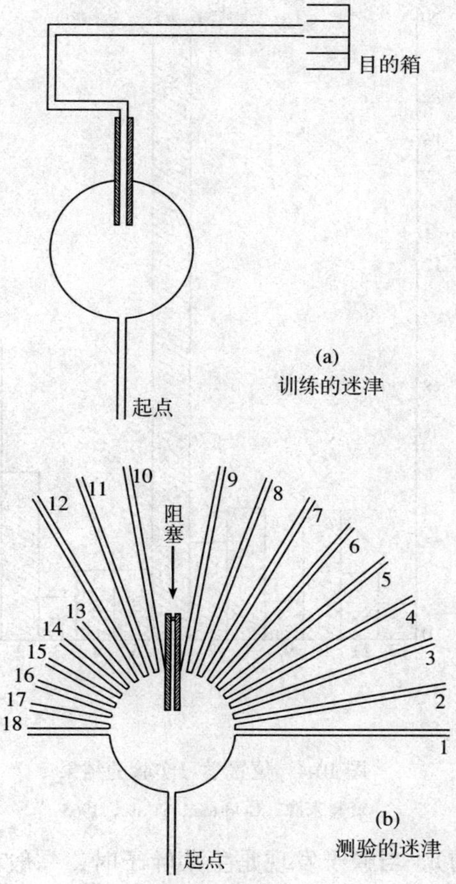

图 10-3 托尔曼等人关于位置学习实验的迷津

资料来源：Goldstein，et al.，1965.

expectation）实验的支持（Tinklepaugh，1928）。他训练猴子从事一项辨别任务。他当着猴子的面把它们喜欢吃的香蕉用两个容器中的一个盖住。隔一会儿，让猴子走近，让它们选择打开其中的一个容器。猴子很快就学会了这种游戏。然后，实验者当着猴子的面用一个容器把香蕉盖好后，又偷偷地把香蕉换成生菜叶子（这是猴子不

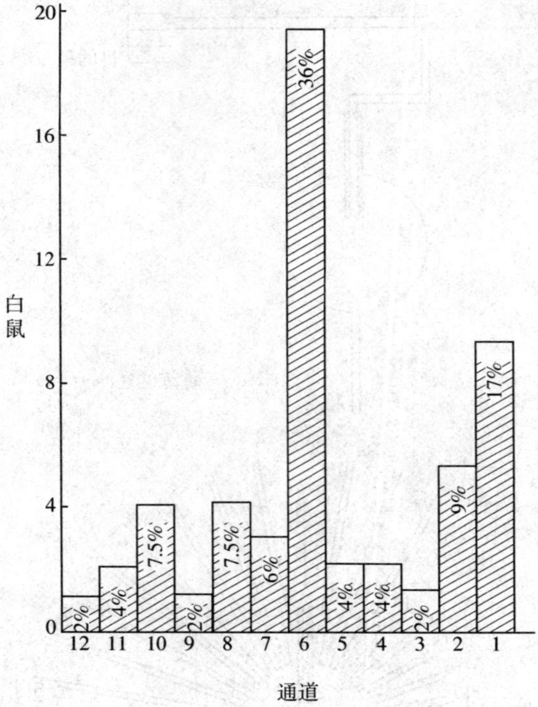

图 10-4　位置学习实验的结果

资料来源：Goldstein, et al., 1965.

喜欢吃的食物)。当猴子发现是生菜叶子时，一般都拒绝吃它，而是仔细察看容器内外，然后观看房顶和房间四周，寻找预期的香蕉。在寻找失败后，感到十分沮丧，对着房间里的人大声叫唤。托尔曼解释道：猴子预期的不仅仅是食物，而是某种特定的食物。改变食物的结果表明，有机体的行为不是受它们行动的直接结果支配的，而是受它们预期行为将会带来什么结果支配的。

有机体对特定食物的预期在学习中的重要性，在托尔曼的实验室里也得到了证实。爱略特（Elliot，1928）训练两组白鼠走迷津。甲组白鼠到达目的箱后得到的是葵花子；乙组白鼠得到的是麦芽糖。看来，麦芽糖比葵花子更受欢迎，因为乙组白鼠跑得比甲组更快些。但训练 10 天后，实验者把两组白鼠的食物对换了一下，即现在甲组获得的是麦芽糖，而乙组获得的是葵花子。结果出现的情况如图 10-5 所示，表现出一种明显的对比效应（contrast effect），即原来吃得好、现在吃得差的乙组比原来跑得慢了；而原来吃得差、现在吃得好的甲组比原来跑得更快了。这表明，在有机体的预期没有实现的情况下，即奖励物不如预期的奖励物时，不仅不能保持原有的操作水平，而且还会降低操作水平。在托尔曼看来，有机体对特定目标具有某种预期，这几乎是没有什么疑问的。

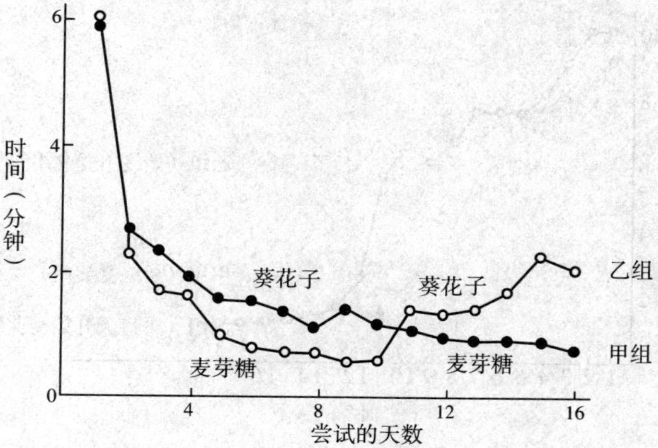

图 10-5　食物的转换引起的操作水平的变化

资料来源：Bolles，1979.

三、潜在学习

在托尔曼看来，除了位置学习和奖励预期的实验外，潜在学习（latent learning）的实验结果也证实了信号学习理论。

托尔曼并不认为强化是学习所必需的。当然，他承认在迷津里投放食物会使动物的行为发生变化，但他坚持认为，不能把这种行为变化看做是食物引起了学习。他认为，白鼠在迷津实验中，学习的是迷津的布局，哪些通道是死胡同，哪些通道能通向目的箱，如此等等，简言之，是对迷津的探索。学习是由对环境有关信息的组合构成的。有机体一旦能够把这种信息组合起来，在饥饿时就会利用这些信息来获得食物。

为了检验这种学习观，托尔曼与他的学生进行了许多称之为**潜在学习**的实验。在一项典型的实验里，托尔曼把白鼠分成三组，训练它们走出一个复杂的迷津。甲组是在正常条件下训练，跑到目的箱后总是能获得食物；乙组白鼠始终没有食物；丙组白鼠在开始10天里不给食物，在第11天时给予食物。结果如图10-6所示。有

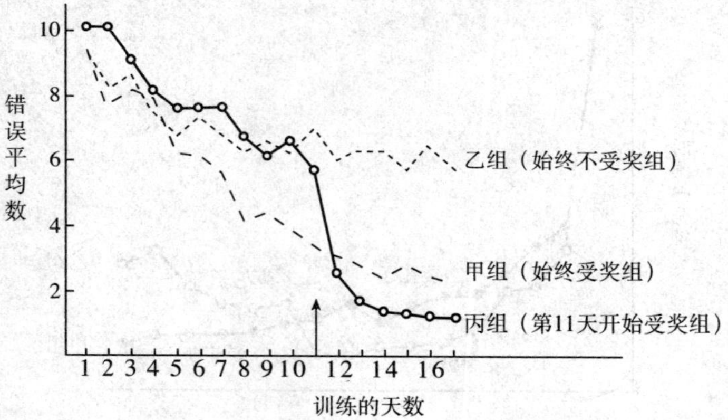

图 10-6　潜在学习实验

资料来源：Hilgard，1956.

食物组的操作水平持续上升；没有食物组的操作水平一直不佳；丙组白鼠在没有食物时操作水平像乙组一样差，但一旦有了食物，操作水平骤然提高，就像甲组的操作水平一样好，甚至更好些。托尔曼由此认为，这三组白鼠的学习实际上是同样的，没有受到强化的白鼠也在学习，不过是“潜在学习”。在目的箱里没有食物时，它们不显示出来。换句话说，这三组白鼠在前面几天的尝试时都已获

得了这个迷津的认知地图，但由于目的箱里没有食物，所以没有理由要表现出来。托尔曼认为，若要显示出高的操作水平，有机体不仅需要有知识（knowledge），而且还要有走出迷津的要求（demand）。操作水平是知识（即迷津的认知地图）和对某种特定目标的要求（即动机）的函数（Tolman and Honzik，1930）。这实际上就是说，学习不一定外显在行为中。

潜在学习的现象是非常重要的。它表明了这样一个事实：操作水平的变化并不是学习的同义词。学习不仅仅是外显行为的改变；学习还包括其他某些东西，即托尔曼所说的那些中介变量。

四、信号学习理论

在托尔曼看来，以上各种实验的结果都是与信号学习理论相吻合的。如果我们把这些实验结果组合在一起，就可以看到一种前后联系的观点。托尔曼信号学习理论的出发点是：所有行为都指向某种目的，即有机体都要求获得某种目标（如食物等）。实验情境都是安排好了的，让有机体处于饥饿状态，为的是更好地控制变量，使有机体的行为指向实验者所提供的目标。

在托尔曼看来，在操作性条件作用或工具性学习中，实验者安排的情境是要使有机体必须作出某种特定的行为，即有机体必须走某一通道，按某一杠杆，或作出某种特定反应，才能获得食物。当实验者为有机体安排这样一种相倚程序时，实际上是在安排这样一种情境：某一事件后必然会伴随另一事件。学习所涉及的，是这些按顺序排列的不同事件的意义。前面事件（如迷津中的刺激）成了最终事件（如食物）的信号（sign，或译符号）。如果某一事件之后必然伴随另一事件，或者说，食物始终在某一特定信号线索（sign cue）出现之后呈现，那么，有机体学到的实际上是“食物伴随在信号之后”。用托尔曼的话来说，可以用预期一词来描述这种学习。

经过一系列尝试之后，有机体的行为变得更可预测、更有秩序和更有组织了。有机体的所作所为，就好像在看到信号线索时预期到食物一样。需注意的是，托尔曼对预期所下的定义，与对目的定义的方式一样，它并不是动物头脑里所作出的一种猜测，而是用预期来描述动物的行为。托尔曼并不用它来指动物的思维或对目的的觉察。说动物预期到食物，实际上是说动物的行为组织得好像它预期到目标似的。

托尔曼认为，用预期可以解释各种情境中的学习。如果我们把食物放在迷津的某个地方，动物的行为就好像预期到食物放在那里一样，跑向那个地方。如果我们要动物作出操作性行为之后才给食物，动物就好像预期到作出某种动作可以获得食物一样，作出按杠杆或要求它作出的其他反应。因此，托尔曼认为，学习是由对某一特定事件将会伴随某一特定结果的预期构成的。预期的最一般的公式是：$S-R-S^{*}$。动物预期某一特定信号（S）出现时作出某种特定反应（R），就会得到某种特定结果（S^{*}）。

在托尔曼从事的各种实验中，有关环境的信息是按空间方式组织的，即有机体必须学会表明食物在何处的空间信号（spatial sign），知道如何才能到达目的箱。但托尔曼认为，如果把信息按时间方式组织也是可以的，例如在巴甫洛夫的实验中，条件刺激就是无条件刺激的信号：铃声是食物到来的信号，用托尔曼的话来说，铃声使动物预期到食物的到来。

因而，托尔曼认为，刺激可以唤起某种预期，它可以传递这样一种信息：如果以某种方式作出反应，就可以得到某种结果。无论刺激传递什么信息，有机体都能够学会这个线索意味着什么。在进行任何一种实验时，我们都可以确立信号，实施相倚安排。我们把白鼠放在“T”字型迷津里，白鼠若要获得食物，就必须向左转。这就是说，我们怎样安排实验情境，白鼠也就怎样知觉它。白鼠仅仅是知觉我们所安排的实验情境的规则，并根据它对某种目标物体（如食物）的要求对此作出反应。

五、学习的动机

托尔曼是最早系统地探讨学习动机的心理学家之一。他认为，当有机体对某种特定目标物体有某种要求时，就会急于行动。要求是受两种因素支配的：剥夺（deprivation）和诱因动机（incentive）。关于诱因动机的两项有趣的实验，在介绍“奖励预期”的实验中已提及。当猴子得到的食物与它预期的食物不一样时，它会感到很沮丧；当白鼠发现获得的食物不是麦芽糖而是葵花子时，操作水平明显下降。

托尔曼与洪吉克（Tolman and Honzik，1930）在实验中也发现，动物的操作水平是受奖励与驱力这两个因素影响的。他们把白鼠分成4组：甲组是不饥饿也不给奖励；乙组是饥饿但不给奖励；丙组是给奖励但不饥饿；丁组是既饥饿又给奖励。实验结果表明，丁组白鼠奔跑速度最快，甲组几乎没有表现出操作水平的改进（见图10-7）。

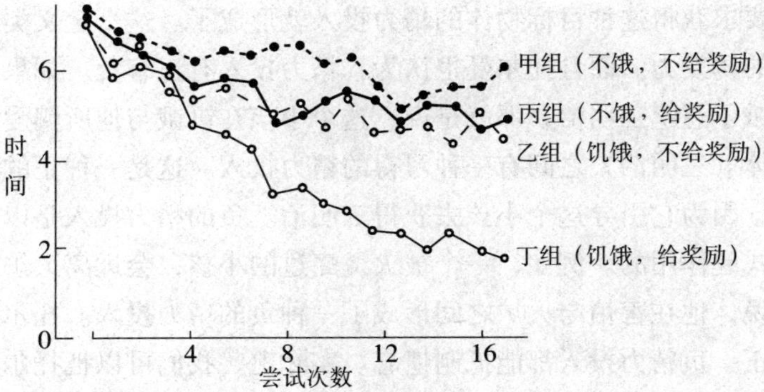

图 10-7　操作水平受奖励与驱力影响的实验

资料来源：Bolles，1979.

托尔曼由此认为，动机因素显然是受两方面因素制约的：驱力和目标物体的诱因价值。正是这两个因素决定了动物对目标物体的要求，使用预期、认知地图或其他认知结构，以及显示适当行为的程度。

第三节　学习的类型

托尔曼在20世纪三四十年代期间，主要精力放在信号学习的实验及其分析上。作为一个折中主义学习理论家，他认为学习不只有一种，而是有多种类型（Tolman，1949）。从他对六种学习类型的分析中，我们可以看到他的理论体系来自不同的理论流派。他提及的六种学习类型如下。

一、形成精力投入

精力投入（cathexes）这个术语是从弗洛伊德精神分析学的动机理论中借用过来的，是指有机体在体验到某种驱力时寻找某些目标而不是寻找其他目标的倾向。换言之，精力投入是指在某种驱力与某种目标物体之间形成的关系。当某种目标物体满足了某种驱力时，要求获得这种目标物体的精力投入就形成了。这个定义类似于勒温的诱发力。而且托尔曼也认为，精力投入有正有负。如果一个小孩饿了想吃三明治，那就是说，这个小孩在饥饿与他所偏爱的目标物体（三明治）之间有一种习得的精力投入。这是一种正的精力投入，因为它引导这个小孩去获得三明治。负的精力投入是以另一种方式起作用的。例如，一个被火烫痛过的小孩，会远离火炉。这就是说，他在害怕与火炉之间形成了一种负的精力投入。托尔曼认为，正、负精力投入都能抵制遗忘。实际上，我们可以把托尔曼在前面所讲的要求，看做是驱力与精力投入的组合，因为，饥饿的驱力加上对某种食物的精力投入，就形成了对这种食物的要求。

二、形成等值信念

等值信念（equivalence beliefs）类似于其他学习理论家所说的二级强化或条件强化，但托尔曼的解释有些与众不同，他认为，等值信念不仅仅只是相信在某种情境里会得到奖励或惩罚，而是认识到这种情境等同于奖励或惩罚，因而这种情境本身就具有奖励或惩罚的作用。例如，在社会学习中，小孩得到一个五角星，与得到一块巧克力可能是等值的。在心理治疗中，我们常常也可以看到许多不正确的等值信念，例如，看到某件东西就会产生某种幻觉，这种等值信念常常是由创伤经验引起的。

三、形成场的预期

场的预测（field expectancies）实际上就是托尔曼所说的信号-格式塔-预期（sign-gestalt-expectations），我们通常称为“知识”的东西几乎都可以被说成是场的预期。在托尔曼看来，正是因为有了场的预期，有机体才会走捷径、迂回绕道，并使潜在学习有可能发生。当有机体学习从一个地方走到另一个地方的路线时，当有机体学习为达到某些目的可以使用哪些手段时，这就是在形成场的预测。认知地图大多是由场的预期组成的。勒温所讲的生活空间中的通道和障碍就是场的预期。这些场的预期是通过对客观世界的经验而形成的。“要求”和“奖励”可以通过改变有机体注意的焦点间接地影响场的预期，但场的预期不一定与“要求”和“奖励”联结在一起。

从这里可以看到，托尔曼在论述精力投入和等值信念时，是一个强化论者，但在分析场的预期时，认为主要是认知的作用，强化并不是一个重要条件，因而他声称自己是认知论者。形成场的预期是托尔曼信号学习理论体系的核心。

四、形成场-认知方式

场-认知方式（field-cognition modes）是指学习的方式，或对学习某些事物抱有的偏向。托尔曼认为，场-认知方式部分基于遗传素质，部分基于以往习得的场的预期。因此，场-认知方式是一种形成场的预期的心理倾向或准备状态，它比场的预期高一个层次，因为是场-认知方式，才使有机体有形成场的预期的可能。例如，迷津学习本身是一个形成场的预期的问题，而学习走迷津的方式则取决于场-认知方式。

托尔曼认为，智商和在不同文化中成长的人的个性差异，也可部分归因于场-认知方式的不同，因为正是这方面的不同，导致了人们在同样的经验中学到的东西会有所差异。可见，托尔曼所说的场的预期与场-认知方式，实质上就是我们现在所说的认知与认知方式或认知风格。在所有学习理论家中，托尔曼是最早涉及这个领域的人。

五、形成驱力辨别

驱力辨别（drive discrimination）实质上就是指赫尔所讲的区别各种不同驱力的能力。例如，有机体必须学会区别饥饿与干渴之间的差异。实验表明，动物能够学会在饥饿时朝一个方向走去，在干渴时朝另一个方向走去。但如前所述（见第三章第二节），从严格的意义上说，要把禁食与禁水分开是不恰当的，因为动物在禁水后，必然是既干渴又饥饿的。而且，驱力辨别是一种非常细小的学习类别，托尔曼没有说明为什么把它列为一种独立的学习形式。

六、形成运动方式

尽管托尔曼不赞成刺激-反应联结说，但他感到需要有一些特殊的原理来说明运动方式（motor patterns）是如何习得的。他认为，可以用格思里对条件作用的解释来说明这个问题。有人认为，托尔曼列出这种学习，实质上是对格思里的一种让步（章益，1983年）。格思里曾讽刺托尔曼，说他只关注个体的认知（即认识到某些行动会达到某些目的），而不关注行动本身。这就好像在说，白鼠是否吃到食物，这是白鼠的事情，而不是你托尔曼所关心的事。托尔曼接受了这种批评。他承认，一种完整的学习理论必须考虑到运动方式。但在托尔曼的信号学习理论中，实际上是不考虑有机体是通过什么肌肉动作达到目的的（Hilgard，1956）。

第四节　评　　论

托尔曼在 1922 年发表的《行为主义的一种新程式》（A New Formula for Behaviorism）一文中，最初发表了他的新见解。1932 年出版的《动物与人的目的性行为》一书则已形成了他的理论体系。当时美国心理学界正值华生行为主义“甚嚣尘上”的时候（章益，1983 年），托尔曼打出了目的性行为主义的旗号，后又改称为信号学习理论，这是需要有相当大勇气的。

首先，托尔曼强调行为的整体性，也就是说，行为是指向一定的目的的；行为具有认知的性质；行为不是机械的、固定的，而是适应性的。从而把各种各样的心理现象包容在行为主义的框架内。其次，托尔曼引进了中介变量这个概念，填补了介于作用于有机体的刺激和有机体作出反应之间的空白。虽说中介变量不能直接观察，但可以借助科学的手段间接地推导出来。赫尔正是借助了中介变量，建立了他庞大的行为系统理论的。但需要指出的是，他俩选择的中介变量是不同的。赫尔是“纯”行为主义者，试图把各种中介变量都还原为自然科学的术语；而托尔曼则把“要求”和“预期”这类具有明显的认知特性的中介变量作为主要研究对象。最后，托尔曼的信号学习理论对认知性质的强调，被认为是认知心理学的起源（邵瑞珍，1990 年）。托尔曼坚持认为，行为主义必须回答认知过程中所存在的问题。

托尔曼的理论不仅主要受行为主义和格式塔心理学的影响，同时也顾全到勒温的场论和弗洛伊德的精神分析学派，可以说是博采众长。他把各方面的观点组合在一起，又不失自己独特的理论体系在众多学习理论中的地位。尽管他自己谦虚地认为：“我一直只是提纲挈领地讨论，至今还不曾试图提出任何一种精确的公设和推理的体系”（Tolman，1949）。美国心理学家希尔加德对此下了一个很好的注脚：“托尔曼兼收并蓄的风格和他对新见解的友好态度，使他不能建成一个‘严密的’或‘完美的’理论体系，尽管他素来不断建议一个完美的体系应该如何如何。由于他善于发现重大问题，工于设计巧妙的实验方法，又常能给旁人以启发鼓舞，他始终保持着学习理论家最前列的显赫地位”（章益，1983年）。

也许，托尔曼的最大贡献是富有创造性地设计了各种精密的实验，并用实验的方式来探讨认知的问题，从而促使人们为承认比格式塔心理学更激进的认知主义作好了准备。这为当代认知心理学，如布鲁纳、皮亚杰、乔姆斯基和信息加工理论的出现打开了通道（Swenson，1980）。难怪许多人把托尔曼称为认知心理学的鼻祖。

但是，托尔曼行为-认知观，当时受到来自行为主义和格式塔心理学两方面的批评。例如，格思里批评他只关心有机体对目标物体的认知，而不关心行动本身；考夫卡则批评他对整体行为和分子行为的区分还不够彻底（Hilgard，1956）。相比之下，当代学习理论中认知与行为的趋同往往受到人们的青睐。这也许是由于他一方面声称自己是行为主义者，另一方面又善于挑出一些行为主义难以解释的问题，而他自己却又没有对这些问题提供系统的解释而造成的。事实上，托尔曼一生中只发表了一本学习理论的专著，即1932年出版的《动物与人的目的性行为》，这在所有学习理论家中，他是仅有的一个。

然而，如果我们考虑一下托尔曼是怎样把行为主义与认知理论结合在一起的，他所探讨的各种变量的范围，他提出的中介变量对学习理论发展的意义，以及（或许是最为重要的）他最早提出认知方式的问题，我们就会客观地认识到托尔曼在学习理论中的地位。

第十一章　加涅累积学习理论

罗伯特·加涅（Robert M. Gagné，1916—　）出生在美国麻省的北安多弗。1933 年入耶鲁大学主修心理学，受到了新行为主义的严格训练，1937 年获学士学位。毕业后进布朗大学攻读实验心理学，于 1939 年和 1940 年分别获理科硕士学位和哲学博士学位，旋即在康涅狄格学院任教。第二次世界大战期间应征入伍，作为航空心理学家从事测量、选拔和训练飞行员的研究工作。战后，曾在宾夕法尼亚州立大学和康涅狄克学院短期任教，后又在美国空军从事实验技术方面的研究。1958 年离开部队后，1959 年在普林斯顿大学任心理学教授，1962 年至 1965 年出任美国科研工作协会研究主任，1966 年在加利福尼亚大学伯克利分校任教，1969 年以后一直在佛罗里达州立大学任教。

加涅在教育心理学方面作出了很大贡献。他所关注的重点，是把学习理论研究的结果运用于教学设计。他曾当选为美国心理学会教育心理学分会主席、美国教育研究会主席。曾获美国心理学会颁发的桑代克教育心理学奖和杰出科学贡献奖。

加涅的主要代表著作《学习的条件》（The Conditions of Learning）使他饮誉全球。该书自 1965 年首版以来，于 1970 年、1977 年和 1985 年分别出了修订版，每版的体系与内容都作了相当大的调整和充实，被认为是“关于学与教的最重要的著作之一”。此外，他的《教学设计的原理》（Principles of Instructional Design）（1974，1979，1988，与人合作）和《教学的学习要素》（Essentials of Learning for Instruction）（1974）注重教学实践的改革，日益受到心理学界和教育界人士的重视。

第一节　学习的概述

加涅被公认是行为主义与认知心理学派的折中主义者。他自己也坚持认为，他实际上不是在系统论述一种新的学习理论，而是从各理论流派中汲取所需要的成分。加涅一方面承认行为的基本单位是刺激与反应的联结，另一方面又注重探讨刺激与反应之间的中介因素——心智活动。尤其是在70年代后，他在对学习理论的探讨中，试图阐明学生的认知结构，并着重用信息加工模式来解释学习活动。在他看来，信息加工学习理论代表了人类学习研究方面的重要进步。

加涅认为，心理学的目的，就是要观察学习发生的条件，并对它们加以客观地描述。所以，他一直把自己看做是一位对学习采取自然主义态度的观察者。因此，他在阐述何谓学习时，注重对学习的内部条件和外部条件的描述。而他对八种学习类型的描述，实质上是提出了一种累积学习的模式。

一、学习及其条件

每一位教育学家和心理学家，不论属哪一流派、持何种观点，几乎都要对“学习是什么?”作出回答。因此，学习的定义各式各样、五花八门。但其中被人公认的、引用最多的，当推加涅所下的定义。加涅认为：“学习是指人的心理倾向和能力的变化，这种变化要能持续一段时间，而且不能把这种变化简单地归结于生长过程”（Gagné，1985）。

我们知道，学习本身是一种内部过程，是无法测量的。要了解学习是否发生过，只能根据学生在学习前后行为表现的变化才能推断出来。这种行为变化常常是指从事某项任务的能力的增长，但也可能包括态度、兴趣或价值观等方面（即加涅所讲的心理倾向）的变化。而且，这种变化不止是短暂的（如疲劳、药物反应引起的），而必须能够持续一段时间。再者，这种变化与因身体成长或成熟而引起的变化是有区别的，它强调的是因经验的结果而引起的变化。

加涅认为，人的发展取决于两个因素：生长与学习。这两个因素是相互作用的。但是，我们不能忽略生长与学习之间最重要的区别：影响生长的因素绝大多数是由遗传决定的；而影响学习的因素则主要是由学生所处的环境中的各种事件决定的。这些事件将决定学生学什么，而且在很大程度上将决定他成为什么样的人。

加涅反复强调，引起学习的条件有两类：一类是内部条件，即指学生在开始学习某一任务时已有的知识和能力，包括对目前的学习有利的和不利的因素。这对即将进行的学习需要哪些外部条件起重要作用。另一类是外部条件，这是独立于学生之外存在的，即指学习的环境。它涉及怎样安排教学内容，怎样传递给学生，怎样给予反馈，以使学生达到理想的教育目标。学生的内部条件不同，要求学生掌握的知识技能不同，外部条件也应作相应的改变。在加涅看来，教师在一定程度上是可以改变学习条件的，尤其是外部条件。教学是由教师安排和控制这些外部条件构成的。

由于学习的条件各不相同，学习的类型也有所不同。不同类型的学习，可根据构成各种学习条件的因素予以区别。由于每一种学习类型都是以学生内部的知识技能为基点的，因而，要使学习得以有效地发生，需要有不同的外部条件（这是本章第二节要探讨的内容）。

二、学习的要素

学习是如何引起的？我们可以抽取哪些与学习有关的要素？加涅认为，学习的要素包括以下四种。

第一，学习者。加涅主要探讨人类的学习。人类学习者拥有感官，他们通过感官接受刺激；他们拥有大脑，通过大脑以各种复杂的方式转换来自感官的信号；他们拥有肌肉，通过肌肉动作显示已学到的内容。学习者不断接受到的刺激，被组织进各种不同形式的神经活动中，其中有些被贮存在记忆中。在作出各种反应时，这些记忆可能被转换成外显的行动。

第二，刺激情境或刺激。刺激学习者感官的所有事件被统称为刺激情境；可以区分的单一的事件被称为刺激。

第三，记忆。对学习者来说，一个重要的输入是学习者从记忆中提取的内容。当然，这些内容是根据以往学习活动已经加以组织过了的。

第四，反应。由于感觉输入及其后继的各种转换而引发的行动称之为反应。相对说来，我们可以用比较具体的方式来描述反应，因为，反应常常反映在操作水平上（Gagné，1985）。

加涅认为，当刺激情境与记忆内容以某种方式影响学习者的操作水平时，学习便发生了。操作水平的变化，是根据学习者在学习之前和学习之后操作水平的差异来界定的。我们判断学习是否发生，主要是根据操作水平是否发生了变化来推断的。

在对学习的定义和学习的要素作了分析后，有两个问题需要注意的，第一，学习者学到了些什么，或者说，学习的结果是什么(这是第三节要讨论的)。第二，学习的过程是如何展开的（这是第四节讨论的内容)。

三、学习原理的局限性

加涅在1970年版《学习的条件》中承认，他所阐述的学习原理，无法解决教育上的一些重大问题，例如，师生之间的人际互动关系的许多方面，严格地说来，与获得通常作为课程内容的知识技能没有什么关系。这些人际互动包括引发学习的动机、说服学生，以及形成态度和价值观等。形成这些心理倾向，对现代社会的教育来说是极为重要的。从广义上来说，论及学习时，也必须考虑到动机与态度等问题。但他不试图探讨这些问题，而是把讨论局限在理智内容或教材内容的范围之内。

加涅还承认，不论我们对如何通过学习初步形成能力的过程了解多少，但很显然，目前还没有人知道这种形成能力的过程是如何达到其最高水平的。所以，目前看来还不可能详细说明达到最高级、最复杂的行为表现（如科学发明与艺术创造）所需具备的必要条件。换言之，我们现在对产生爱因斯坦或达·芬奇的必要条件还不那么清楚。但现在可以肯定的是：天才的产生并不是基于“诀窍”，而是以习得各种各样的具体能力为基础的（Gagné，1970）。

但是，自加涅在70年代后采用信息加工模式来解释学习过程之后，他不再谈论这些局限性了。而且，他花了相当的篇幅来讨论态度与动机的问题，并试图解释在各种广泛情境中发生的人类学习。看来，加涅对用信息加工理论来揭示人类学习的一般规律是抱有信心的。

第二节　累积学习的模式

加涅意识到，人类学习的复杂性程度是不一样的，是由简单到复杂的。据此，他按八类学习的复杂性程度，提出了累积学习的模式，一般称之为学习的层次理论。他的基本论点是，学习任何一种新的知识技能，都是以已经习得的、从属于它们的知识技能为基础的。例如，学生学习较复杂、抽象的知识，是以较简单、具体的知识为基础的。学生心理发展的过程，除基本的生长因素外，主要是各类能力的获得过程和累积过程。加涅通过描述八个学习层次来研究学生理智技能的累积方式。这八类学习如下。

一、信号学习

这是一种最简单的学习。说它简单，一方面是因为控制这类学习的条件很容易确立，另一方面是由于这类学习的先决条件很大程度上取决于有机体天生的神经组织。信号学习最典型的例子，是巴甫洛夫经典条件反射。例如，狗在每次吃肉前听到送肉者的脚步声，以后听到他的脚步声（信号）就会流唾液；人看到红灯（信号）就会止步，这些都是信号学习的例子。

信号学习的条件是：第一，信号刺激（脚步声）与无条件刺激（肉）必须几乎同时出现，据实验证明，两者相隔 0.5 秒最易引起反应。第二，信号刺激与无条件刺激必须多次配对重复出现。重复次数越多，信号刺激与反应之间联结得越牢固。

二、刺激-反应学习

这是另一种基本的学习。斯金纳的操作性学习或工具性学习是这类学习的代表。例如，鸽子为得到食物，得先做出某种动作（如啄箱子里的红灯）；小学生为了得到教师的表扬而做作业，这些都是工具性学习的例子。信号学习与刺激-反应学习的区别是：前者是“不随意反应”，后者是“随意反应”。

刺激-反应的条件是：第一，学生作出特定的反应后必须给予强化。第二，学生作出反应之后立即给予强化，反应与强化之间时间越短，学习发生得越迅速。第三，刺激情境必须多次出现。学生的行为是逐渐习得的；反应在学习过程中渐趋精确。

三、动作链索

链索是指一连串刺激-反应联结。链索可长可短，凡按顺序地将两个或两个以上的刺激-反应联结组合成一系列行动，都可称之为动作链索。例如，学生听到老师叫他名字（刺激），走到黑板前（反应），看着黑板上的题目（刺激），用粉笔写出答案（反应），教师请他坐好（刺激），学生回到原来位子坐下（反应）。这就是动作链索的一个典型的例子。

从学生的内部条件来看，学生习得动作链索，是以事先习得每一个刺激-反应联结为先决条件的。形成动作链索的主要外部条件，是要让学生按适当顺序反复练习。此外，学生在对第一次刺激作出反应后，第二个刺激最好紧接而上，否则要形成动作链索比较困难。最后，强化也是必需的，尤其是在整个动作链索完成后。推迟强化会增加学习的困难。

四、言语联想

这实际上是一种言语链索学习，即根据言语刺激与反应行为的顺序组合而成的反应。例如，将单音节联成复合音节；将单词组成句子；翻译外文单词；这些都属于言语联想学习。

学生从事这种言语联想学习需具备一些内部条件：事先已知道这个单词意味着什么；已经习得被联想到的单词；已经掌握连接词。当学生已具备这些条件后，言语联想学习是相当简单的。教师需安排的条件包括：(1) 按适当序列呈现单词；(2) 学生积极地作出所要求的反应；(3) 利用外部刺激提供线索，以帮助学生学习；(4) 如果言语链索中有些单词是学生未曾学过的，那么，最佳的长度是七个左右的单词；(5) 在学习过程中必须对正确的反应予以肯定。

五、辨别学习

在日常生活和学校学习中，习得辨别的能力极为重要。辨别学习实质上是一种知觉学习，即作出知觉的分化。例如，小学低年级学生对图画和符号的辨别，是一项很重要的理智技能。辨别学习关注的往往是客体的明显特征，儿童要根据这些特征作出不同的反应。辨别包括简单辨别（如对物体的形状、大小和颜色等分别作出反应）和多重辨别（如把容易混淆的单词放在一起让学生辨认）。学生在进行多重辨别时，由于涉及到的刺激较多，容易受到干扰，辨别起来比较困难。一般可采取两种解决办法：一种是连续不断地、一个一个地学习单一的辨别，然后再打乱顺序让学生一个一个地辨别，最后让他们回想；另一种是在开始时夸大这些刺激之间的不同之处，然后逐渐缩小差别直到变成正常差别为止。有证据表明，这两种办法结合起来用效果最佳。

学生要显示出已会辨别，必须具备再认或再现各种不同的反应链索的能力，这是辨别学习的内部条件。从外部条件来看，由于被辨别的刺激容易混淆，学生的反应时常有错，需及时给予反馈；由于存在着干扰，因而需要有较多的对比练习；此外，为了学生能够保持，须采取措施减少干扰。

六、概念学习

最能体现人类智慧的一个方面，就是把世上千变万化的事物分成类别，并根据各类别作出反应。学生学习根据类别对各种事物作出反应的过程，即概念学习的过程。加涅把概念分成两类：具体概念和定义概念。具体概念（concrete concept）是指可以通过具体对象来表示的，是直接观察得到的，如桌子、椅子、房子、树、猫、圆等。定义概念（defined concept）不是凭少数事例可以识别的，它们都包含一些关系，是抽象的，因而必须通过定义来学习，例如障碍物、温度、质量、平方根等。

具体概念学习的前提条件是学生已具备了辨别能力，因为概念学习通常涉及到对基本辨别的概括。作为外部条件，教师需同时呈现该概念的例子和不属该概念范畴的例子，要求学生辨别该概念的特征。此外，还需提供必要的强化和练习。

定义概念学习要求学生事先掌握作为定义的组成部分，如主语和宾语（名词），谓语（动词）。同时还需掌握语法规则。从外部来说，教师需用口头的或书面的形式呈现概念的定义，以便定义的各组成部分按适当顺序进入学生的工作记忆。同样，定义概念学习也需给学生各种例子，包括不属于该概念的例子，以供学生识别该概念的特征。

七、规则学习

理智技能中最典型的形式是规则。实际上，一个定义概念就是一个特殊的规则，一个分类的规则。学生掌握一条规则后，就会在任何情况下对某一类刺激作出正确的反应。因此，规则学习涉及推理能力的形成，是学校教育内容中最普遍、最重要的一部分。例如，$a \times b = b \times a$，就是一种规则学习。学生掌握这一规则后，不论用什么数字来替代 a 和 b，他们都能把那些数字转换成这一公式。

规则一般是由几个概念组成的。由于规则的内容不同，规则的类型也多种多样，规则学习实际上就是学习各种定理、定律或原理。

学生要掌握规则，首先要理解构成该规则的概念，否则就不可能充分理解该规则的含义。教学的失败往往与学生习得不适当的规则有关，而真正的起因则是由于学生没有掌握构成规则的某些概念。作为教师来讲，主要在于如何用言语来指导学生习得规则。一般而言，在学生已经知道该规则的内涵之后再陈述规则，效果会更好些。当然，在这之前，教师需引导学生回忆组成该规则的一些概念、提供该规则的一些事例。在陈述规则之后，要让学生做些练习，以证实学生是否已学会了这个规则。最后可采用间隔复习的形式，这对增强保持有明显的作用。

八、问题解决或高级规则学习

学习规则的目的，是利用它们来解决问题。人们为了解决问题，常常需要把一些简单的规则组合成复杂的、高级的规则。而且，许多问题可以有一系列可能的解决办法。因此，学生在获得行之有效的解决办法的过程中，也形成了一种新的能力，即把他们学到的东西用于解决其他类似的问题。这意味着他们已经习得了一种或一组新的规则——迁移的规则。例如，假定学生已习得单项式相加，如 $2x$ 与 $5x$，$3x^2$ 与 $4x^2$，$2x^3$ 与 $6x^3$，现在要求学生计算“$2x+3x^2+1$”或“$2+3x+4x^2$”，求出这两个多项式之和。学生需要能回忆出较简单的规则，并把它们组合起来，才能找到解答的办法。

由此可见，为了解决问题，学生必须识别问题的基本特征，并能够回忆起已学过的有关规则以及有关的信息。学生不可能凭空解决问题。至于这些规则如何组织，那是认知策略的问题。从教学的角度来看，学生所面临的问题应是他们以前未遇到过的，但问题解决所需要的从属规则应是他们刚学过的，这样，学生遇到问题时，很容易回想起这些规则，因而，教师的引导往往是必需的。由于问题解决过程可能包括许多步骤，因此整个过程需要有一定的时间。

加涅把上述八类学习看做是学生理智技能的八个方面。其中前四类学习是基础性的，相对说来比较简单；而且有相当一部分是在学龄前就已习得的。因而，学校教育更关注的是后面四类学习。但这并不意味着前四类学习不重要。加涅学习层次说的一个重要特征是：学习是累积性的。较复杂、较高级的学习，是建立在基础性学习基础上的。每一类学习都是以前一类学习为前提的。

因此，我们不难看出，迁移是累积学习模式的一个重要特征，甚至可以说是这个模式得以存在的关键。加涅区分了两种迁移：纵向迁移与横向迁移。纵向移迁（vertical transfer）是指把某种理智技能作为更高一级理智技能的基础。换言之，把较简单的理智技能作为一个组成部分加入到较复杂的理智技能中去。如把整数乘法迁移到除法和分数乘法中去，就属纵向迁移。由此可见，学习较复杂的技能，主要取决于是否已掌握较简单的技能。基本技能掌握得越熟练，提取时越容易，同时也就越有可能迁移到学习较复杂的技能中去。所谓横向迁移（lateral transfer），就是把习得的内容应用于类似的新情境中去。因此，让学生在各种不同情境中运用某种技能，有助于学生形成横向迁移的能力，从而为纵向迁移打好基础。

学习层次说或累积学习模式对教学序列的设计有重要意义。因为每一层次的学习，都是以前一层次的学习结果为前提条件的。就是说，前一层次的学习为后一层次的学习作好了准备。这也就是加涅所讲的学习的内部条件——学生是否掌握前一层次的学习内容。这样，教师在设计教学前，可通过分析前一层次学习的结果，确定学生的内部条件，以保证教学工作的顺利进行。学生的内部条件不再是虚无飘渺的了，凭借学习层次，可以实实在在地确定学生是否已作好新的学习的准备。必要时，可采取个别教学或能力分组等方法，以帮助学生先获得必要的技能。

因此，加涅在《教学设计原理》中认为，前述八个学习层次在设计课程结构中起关键作用的理由有两条：第一，它们决定了学生将会形成哪些能力，从而把学习过程与学习结果紧密联系起来了；第二，这些学习层次呈累积的性质，是以一种可预测的方式一级一级建立起来的。因而，在设计教学策略时，可以此为基础，构成一种最有效的教学模式（Gagné，1979）。

第三节　学习的结果

加涅认为，设计教学的最佳途径，是根据所期望的目标来安排教学工作，因为教学是为了达到特定的教育目标。对教学目标的分类，也就是对学习结果的分类，即根据学生在学习后所获得的各种能力来分类。学生要习得哪些能力，与他们所处的社会发展水平有关。例如，在原始社会，狩猎可能是最主要的教育目标之一；社会越发展，要求学生掌握的技能越复杂，教育目标也就越复杂。教育目标是通过有计划的教学来达到的。

由此可见，在设计教学之前，必须先确定学生要习得哪些能力。加涅提出了五类学习结果：理智技能、认知策略、言语信息、动作技能、态度。下面予以分别陈述。

一、理智技能

理智技能是指能使学生运用概念符号与环境相互作用的能力，它们是学校中最基本、最普遍的教育内容，包括最基本的语言技能到高级的专业技能。理智技能学习与言语信息学习不同，前者关注学会如何做某些理智的事情；后者关注知道某些事情或某些特征。例如，运用运算规则解答习题，是理智技能学习的例子；学习“先乘除后加减”这一规则，则是言语信息学习的例子。

理智技能还可以被进一步分成若干子类别。第一节提到的八类学习，都可以作为理智技能学习的子类别。在学校教育中，尤其以辨别、概念、规则、问题解决（高级规则）的学习为主。我们已经知道，这些理智技能是由简单到复杂排列的；学习每一种理智技能，都是以前面较简单的技能为先决条件的（见图 11-1）。

问题解决（高级规则）
要求以规则为先决条件

↑

规则
要求以概念为先决条件

↑

概念
要求以辨别为先决条件

↑

辨别
要求以下列学习为先决条件

↑

学习的基本形式： 言语联想；动作链索 刺激-反应联结；信号学习

图 11-1　理智技能的层次：由简单到复杂（自下而上）
资料来源：Gagné，1985.

二、认知策略

认知策略是种特殊的、非常重要的技能，是学生用来指导自己注意、学习、记忆和思维的能力。认知策略的性质与理智技能不同，理智技能指向学生的环境，使学生能处理“外部的”数字、文字和符号等；而认知策略则是在学生应付环境事件过程中控制自己“内部的”行为。在认知信息加工学习模式中，认知策略起执行控制的作用，对下列几方面起调节作用：（1）注意哪些特征；（2）如何编码以便于提取；（3）如何从事问题解决过程；（4）怎样才有利于迁移。由此可见，要把学生培养成独立的思维者，认知策略作为教育目标是很重要的。

加涅指出，学生能否解决问题，既取决于是否掌握有关的规则，也取决于学生控制自己内部思维过程的策略。学生在选择和使用认知策略方面存在着个别差异。即便所有学生都掌握了同样程度的理智技能，但由于有些学生采取的认知策略较合适些，因而表现出来的问题解决能力就更强些。这里需注意的是，理智技能与认知策略往往是同一学习过程的两个方面，学生在学习理智技能的同时，也形成了调节学习、记忆和思维的方式。因此，脱离了具体内容的学习，就既不可能习得也不可能运用认知策略。认知策略不可能在真空中活动。

三、言语信息

教学的目标之一，是向学生传递各种言语信息。学生一般是通过听和看习得的。言语信息与理智技能密切相关，但又不是同一回事。例如，学生通过讲述某件事，把要传递的信息表述出来了，这就表明他已具有言语信息的能力；但讲述的技巧和造句的优劣（有时这并不妨碍传递信息），则属于理智技能的范畴。

学校教育主要是通过言语信息把人类千百年来累积起来的知识一代一代传递下去的。当学生能够用命题（句子）的形式来陈述他已习得的内容时，我们就可以说他已具有言语信息的能力了。各种言语信息的复杂性程度不同，加涅把它们区分成三种类型：(1) 命名，就是给物体的类别以称呼；(2) 用简单命题（句子）表述事实；(3) 知识群，即各种命题和事实的聚合体。

实际上，加涅所讲的言语信息，即我们通常所讲的知识或书本知识。加涅认为，言语信息对学生来讲具有三种功能：(1) 它们常常作为进一步学习的必备条件，不知道基本的知识，就不可能习得复杂的规则；(2) 它们将直接影响学生将来的职业和生活方式，在现代社会中尤其是这样；(3) 有组织的知识是思维运行的工具。当学生试图解决一个新的问题时，他往往先要思考头脑中已有的这方面的知识，然后再作出选择。

四、动作技能

我们要求学生掌握的另一种能力是动作技能。这是种大家熟悉的能力，如幼儿穿衣、吃饭；小学生写字、爬梯、打球等。但我们不能把动作技能看做只是小学生的目标，在职业技术教育科目中，有许多动手操作的程序，也属于动作技能的范畴。尽管动作技能在学校教育中不占中心地位，但始终是一个重要方面。

动作技能的一个显著的特点是，只有经过长期不断地练习，才能日益精确和连贯。只有当学生不仅能完成某种规定的动作，而且这些动作已被组织成一个连贯的、精确的和在一定时间内完成的完整的动作时，才能说他已获得了这种技能。

五、态度

态度是一种影响和调节一个人行动的内部状态，也是一种学习的结果。一般把它归入情感领域。事实上，我们对不同的事物、人物和情境有许多不同的态度。人们采取什么行动，显然是受态度影响的，但是，态度与人们行为的关系不是直接的，而是曲折复杂的。

表 11-1　五种习得的能力

能力的种类	例子	功能	表现的范畴
理智技能	用隐喻来描述某一物体	进一步学习和思维的成分	在具体应用时，能表现出知道如何进行理智的操作
认知策略	采用“磁场”这个概念	控制学生学习和思维的行为	用有效的手段解决各种实际问题
言语信息	“水的沸点是 100℃”	(1) 为学习提供指导 (2) 帮助学习的迁移	陈述信息，或用其他方式传递信息
动作技能	打字	调节动作表现	在各种情境中从事动作活动
态　　度	喜欢在闲暇时听音乐	调节对行动的选择	对某一类物体、人物或事件选择某种行动方针

资料来源：Gagné，1979.

我们的许多态度是通过与他人相互作用的一系列结果习得的，而且往往是附带习得的，不是预先计划好的。态度一般要经过相当长的时期才能逐渐形成或改变，而不是作为单一经验的结果突然发生的。一个人对某件事情态度强烈的程度，往往是由他在各种不同情况下选择这件事情的频率决定的。形成或改变学生态度的最佳方法，是利用“榜样”的作用。加涅不仅对这五类学习结果的表现形式作了区分，而且还分别阐述了它们各自所需的学习条件。由于每种能力具有不同的特点，因而所需要的条件也各不相同。加涅认为把学习结果作为教育目标，有利于确定达到目标所需要的学习条件。而且，从学习条件中还可派生出教学事件，告诉教师应注意些什么。因此，只要通过对学习结果的分析，便可为教学设计提供可靠的依据，从而为达到教学目标铺平道路。表 11-1 是五种学习结果的概要。

第四节　学习过程

加涅在论述学习的类型和学习的结果时，都把学习作为一个过程，每一过程都有开端和结尾。因此可以把这些过程分成若干阶段，每一阶段需进行不同的信息加工。在各加工阶段中发生的事情，即学习的事件。在他看来，这种学习的加工，形成了学习的信息加工理论的基本结构。这些都是学生内部加工的过程。与此相应，教学过程既要根据学生内部加工过程，又要影响这一过程。因而，教学阶段与学习阶段是完全吻合的。在每一教学阶段中发生的事，称为教学事件，这是学习的外部条件。教学就是由教师安排和控制这些外部条件构成的。而教学的艺术，就在于学习阶段与教学事件是否完全匹配。

一、学习的模式

加涅认为，学习的模式是用来识别学习的结构与过程的，它对于理解教学和教学过程，以及如何安排教学事件具有极大的应用意义。现有的学习模式各式各样，加涅认为，最典型的学习模式是信息加工的模式，如图 11-2 所示。

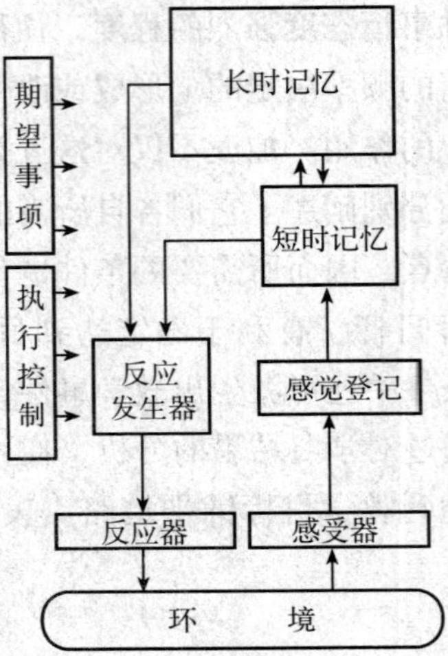

图 11-2　学习的信息加工模式

资料来源：Gagné，1988.

从图 11-2 中可以看到信息从一个假设的结构流到另一个假设结构中去的经过：

学生从环境中接受刺激，刺激推动感受器，并转变为神经信息。这个信息进入感觉登记，这是非常短暂的记忆贮存，一般在百分之几秒钟内就可以把来自各感受器的信息登记完毕。有些部分登记了，其余部分很快就消逝了，不再影响神经系统。为什么有些信息登记了，有些消逝了，这涉及到注意或选择性知觉的问题。

被感觉登记了的信息很快进入短时记忆。信息在这里可持续二三十秒钟。短时记忆的能力很有限，一般认为只能贮存七个左右的信息项目。一旦超过了这个数目，新的信息进来，就会把部分原有信息赶走，若欲保持信息，就得采取复述的策略。但复述只能有利于保持信息以便编码，并不能增加短时记忆的贮存量。

当信息离开短时记忆进入长时记忆时，信息发生了关键性的转变，即要经过编码过程。所谓编码，不是把有关信息收集在一起，而是用各种方式把信息组织起来。信息是以编码形式贮存在长时记忆中的。一般认为，长时记忆是个永久性的信息贮存库。

当需要使用信息时，需经过检索提取信息。被提取出来的信息可以直接通向反应发生器，从而产生反应；也可以再回到短时记忆，对该信息的合适性作进一步考虑，结果可能是进一步寻找信息，也可能是通过反应器作出反应。

读者可能已注意到图 11-2 左侧的期望事项与执行控制。期望事项是指学生期望达到的目标，即为学习的动机。正是因为学生对学习有某种期望，教师给予的反馈才会具有强化作用。换言之，反馈所以有用，是因为反馈能肯定学生的期望。执行控制即加涅所讲的认知策略，执行控制过程决定哪些信息从感觉登记进入短时记忆、如何进行编码、采用何种提取策略等。由此可见，期望事项与执行控制在信息加工过程中起着极为重要的作用。加涅所以不把这两者与学习模式中其他结构联结起来，主要是由于：(1) 这两者可能影响信息加工过程中的所有阶段；(2) 它们之间相互联结的关系目前还不很清楚。

在加涅看来，学习与记忆的信息加工过程是密切联系在一起的。因为不断的反馈，使信息流在学习者与环境之间形成一个环路，两者不断地相互作用。根据上述信息流程图，加涅认为学习过程可以分为八个内部阶段，各自发挥不同的功能。图 11-3 说明了学习者内部信息加工的过程与学习过程的一一对应关系。

二、学习的阶段

从学习模式中可以看到，学习是学生与其环境之间相互作用的结果。学习过程是由一系列事件构成的（图 11-4)。加涅认为，每一个学习行动都可以被分解成八个阶段，方框上面是该阶段的名

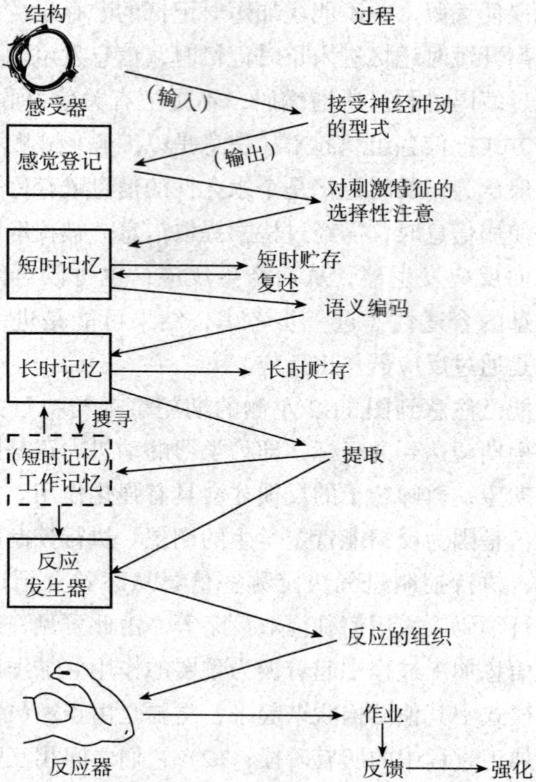

图 11-3　根据假设的信息加工模式结构提出的学习与记忆的过程

资料来源：Gagné，1985.

称，方框里面是在该阶段学生内部的主要学习过程。

我们从图 11-4 中可以看到，学生内部的学习过程一环接一环，形成一个链索；与此相应的学习阶段把这些内部过程与构成教学的外部事件联系起来了。

这里有两点需要注意的：第一，在日常教学中，每一学习阶段并不一定都能观察到，有时，其中某些阶段是组合在一起的。第二，学生并没有意识到或不可能意识到其中大多数内部过程。学生

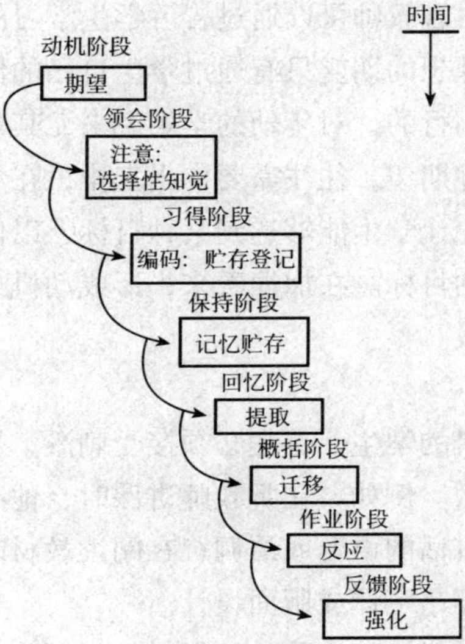

图 11-4　学习过程的阶段

资料来源：Gagné，1985.

对自己在学习过程中内部发生的事往往知道得甚少。

下面，我们来分析学习过程的八个阶段。

1. 动机阶段

学生的学习是受动机推动的，这是不言自明的。但动机有许多形式，有些与教学有关，有些与教学无关。加涅认为，为了促进学生学习，我们必须关注诱因动机，即学生力图达到某种目的的动机。学生有了这种动机，他的行动都会指向这一目的，并会因达到目的而获得某种方式的满足。这种动机反应了人类要操纵、支配和掌握环境的自然倾向。

学生的动机或期望对整个学习过程都有影响。在有些场合，学生最初并没有受达到某种目的诱因所推动，这时就要帮助学生确立动机。加涅认为，通过使学生内部形成一种期望，可以使学生形成动机。期望是指学生对完成学习任务后将会得到满意结果的一种预期。加涅指出，尽管教师可以通过告诉学生学习的结果来形成学生的期望，但是，理想的期望只有通过学生自己的体会才能形成，光凭教师的许诺是不行的，对年幼的学生说来尤其是这样。因此，为了使学生形成这种期望，往往需要作出安排，在学生实际获得有关知识技能之前，先让学生能够达到某种目标，以便向他们表明，他们能够达到预期的目标。在加涅看来，形成动机或期望，是整个学习过程的预备阶段。

2. 领会阶段

有了学习动机的学生，首先必须接受刺激，换言之，必须注意与学习有关的刺激。例如，在听教师讲课时，他必须注意句子的意义，而不是教师讲话的语音或语调；在阅读教材时，必须注意各种命题的意义，而不是字体或版面设计。

注意的过程一般被认为是一种暂时的内部状态，或被称为心理定势。一旦注意某种刺激后，它就起一种控制执行过程的作用，即只对某些刺激予以加工。注意定势是由外部刺激激活的；注意的时间是因人因事而不同的。最初的注意往往是因刺激的突然变化引起的，因此，教师可以采用许多手段来引起学生的注意，如改变讲话声音的高低、手势动作和其他各种方法。

当学生把所注意的刺激特征从其他刺激中分化出来时，这些刺激特征就被进行知觉编码，贮存在短时记忆中。这个过程就是加涅所讲的选择性知觉，很显然，要使学生能够进行选择性知觉，外部刺激的各种特征必须是可以被分化或辨别的，学生只有对外部刺激的特征作出选择性知觉后，才能进入其他学习阶段。

3. 习得阶段

严格说来，只有当学生注意或知觉外部情境之后，学习过程才真正开始。习得阶段涉及到对新获得的刺激进行知觉编码后贮存在短时记忆中，然后再把它们进一步编码加工后转入长时记忆中。

在短时记忆中暂时保存的信息，与被直接知觉的信息是不同的，在这里，知觉信息已被转化成一种最容易被贮存的形式，这种转化过程被称为编码过程。这一过程对于了解学生的心理活动来说极为重要。学生回想的内容总是与他们最初知觉的刺激有所不同，这就足以证明编码过程是存在的（读者可参见本书第九章）。

当信息进入长时记忆时，信息又要经历一次转换。这一编码过程的目的是为了便于保持信息。如用某种方式把刺激组织起来，或根据已经习得的概念对刺激进行分类，或把刺激简化成一些基本原理，这些都会有助于信息的保持。

实验表明，编码过程是可以受教学影响的。实验者请学生看一些图形（图 11-5 中间一列），并对一组学生说："现在要看的是酒瓶和眼镜似的图形。"对另一组学生则说："现在要看的是马镫和哑铃似的图形。"结果表明，学生再现的图形与告诉他们的话基本上是一致的（图 11-5 左、右两列）。由此可见，教师可以给学生提供各种编码程序，鼓励学生选择最佳的编码方式。

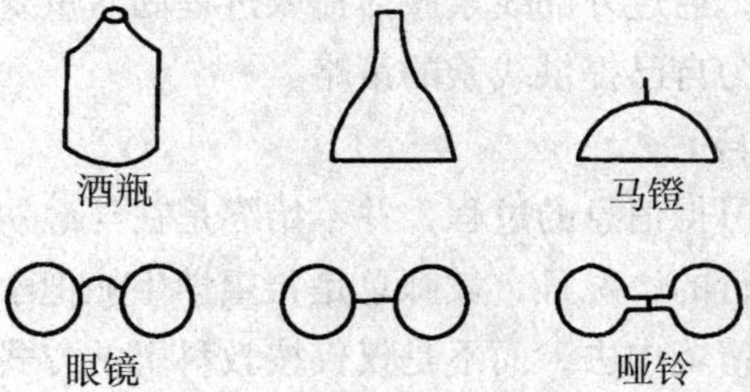

图 11-5　编码过程受提示影响的例证

资料来源：Gagné，1979.

4. 保持阶段

学生习得的信息经过编码过程后，即进入长时记忆贮存阶段。加涅认为，相对于其他阶段，我们对保持阶段了解得最少，因为最不容易对它进行调查。但有几点目前是清楚的：第一，贮存在长时记忆中的信息，其强度并不因时间递增而减弱。七八十岁老人回忆孩提时的事情往往比当天的事情更清楚；第二，有些信息因长期失用而逐渐消退。一个人已习得的外语单词会因不用而遗忘；第三，记忆贮存可能会受干扰的影响。新旧信息的混淆，往往会使信息难以提取。严格地说，这不是记忆贮存的问题，而是信息提取的问题。

因此，如果对学习条件作适当安排，例如，避免同时呈现十分相似的刺激，可以减少干扰的可能性，从而对信息保持起一定的影响。

5. 回忆阶段

学生习得的信息要通过作业表现出来，信息的提取是其中必需的一环。相对其他阶段而言，回忆或信息提取阶段最容易受外部刺激的影响。教师可以利用各种方式使学生得到提取线索，这些线索可以增强学生的信息回忆量。但作为教师，最重要的是指导学生，使他们为自己提供提取线索，从而成为独立的学习者。所以，对于教学设计来说，通过外部线索激活提取过程固然重要，但更重要的是使学生掌握为自己提供线索的策略。

6. 概括阶段

学生提取习得信息的过程，并不始终是在与最初学习信息时相同的情境中进行的，况且，教师总是希望学生能把学到的知识运用于各种类似的情境中去，而不是仅仅按教科书的方式呈现出来，这就是我们常说的要举一反三，因此，学习过程中必然有一个概括的阶段。加涅所说的概括，就是指我们通常所讲的学习的迁移。

一般说来，学生学习某件事情时经历的情境越多，迁移的可能性也就越大。但加涅指出，学生必须掌握其中的规则，就是说，要从一般意义上来理解这些原理。鉴于迁移是学校教育的目的之一，教学需要提供有利于把学习内容用于新情境的提示。“教学生迁移”，就是给学生提供在不同情境中运用提取过程的机会。同样，让学生在不同情境中学习，是学习过程中迁移阶段的重要条件之一。

7. 作业阶段

学习过程需要有作业阶段似乎是不言而喻的，因为只有通过作业才能反映学生是否已习得了所学习的内容。对有些学生来说，作业的一个重要功能是为了获得反馈；但在有些学生看来，通过作业，看到自己学习的结果，能获得一种满足。

当然，作业主要是给教师看的。一般说来，仅凭一次作业是很难对学生作出判断的，有些学生可能碰巧做得很好；而有的学生则做得不理想，因此，教师需要根据几次作业才能对学生的成绩作出推断。

8. 反馈阶段

当学生完成作业后，他马上意识到自己已达到了预期的目标，这时，教师需给以反馈，让学生及时知道自己的作业是否正确。加涅所讲的信息反馈，类似于其他心理学家所讲的强化。加涅指出，需要注意的是，强化在学习过程中之所以起作用，是因为学生在动机阶段形成的期望在反馈阶段得到了肯定。动机阶段对学习的重要性，在强化过程中又一次得到了强调。

反馈阶段显然是受外部事件影响的，而且，信息反馈也并不定要使用“对”、“错”、“正确”或“不正确”这类词汇。在课堂教学中，教师可以使用许多微妙的方式反馈信息，如点头、微笑等。此外，需提醒注意的是，反馈并不总是需要外部提供的，它也可以从学生内部获得。例如，学生可以根据已学过的概念和规则，知道自己的答案是正确的。

加涅认为，教学是一种外部事件，教学设计的目的，是要影响学习的内部过程，因此，学习的阶段以及学生内部活动过程，都是与教学阶段相吻合的。图 11-6 对此作了概括。

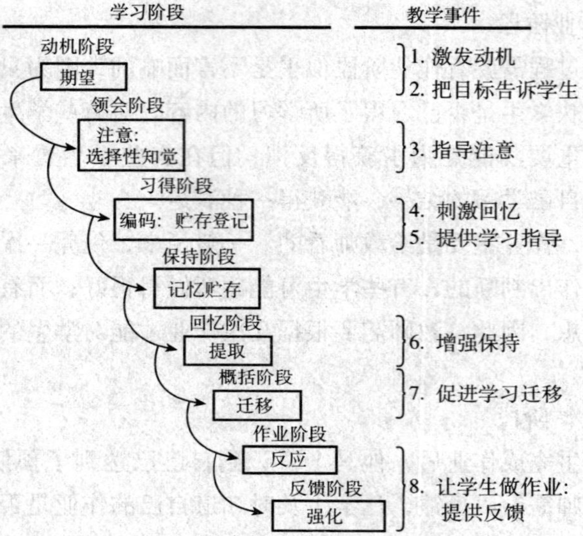

图 11-6　学习阶段与教学事件的关系

资料来源：Gagné，1979.

第五节　评　论

加涅学习理论的一个主要特点，是博采各家各派之长。他吸收了行为主义、格式塔心理学、人本主义以及控制论等观点，并把它们融合进自己的理论中去。在他的论著中，广泛引证了从桑代克、巴甫洛夫、华生到斯金纳；从韦特墨、勒温到皮亚杰、布鲁纳和奥苏贝尔；从布卢姆到班杜拉等人的观点，但几乎没有对他们进行任何批判性分析。不过，从加涅对学习问题的论述中，我们还是可以看到他的基本立场是从行为主义走向认知学派。由于加涅是通过利用他人的研究成果来阐述学习理论，所以有人甚至认为，加涅的理论还“不足以构成一种真正的学习理论”（比格，1991 年）。

但是，加涅学习理论的最大优点在于注重应用，即把学习理论研究的结果运用于教学实践。在加涅看来，对人类学习研究的目的，就是为了丰富教学理论的知识。教学理论与学习原理是联系在一起的（Gagné，1985）。几乎每个教师都可以在他的学与教理论中发现一些与自己经验相符的东西，同时又可以根据加涅的学习模式作出各种新的尝试。

加涅提出了8个由简至繁的学习层次，对每种学习的内部条件和外部条件一一作了分析，教师可以此安排教学内容和选择教学方法，以保证教学活动顺利进行。此外，加涅把学习过程、学习结果和教育目标有机地联系在一起，都是由低级到高级累积而成。每一层次的学习决定了学生将会得到什么样的结果（即学生会形成什么样的能力），而对学习结果的分类，实质上就是对教育目标的分类。在这一点上，加涅与布卢姆是很相似的。然而，加涅的累积学习模式也有过于简单化之嫌，因为各种理智技能除了有上下递进的关系外，还有前后左右的相互关系或交叉关系。

应该承认，加涅对学习的内部条件和外部条件的论述是颇具辩证法的。他认为教学过程既要根据学生内部加工过程，又要通过教学指导并影响这一过程。简单地说，影响学生学习的因素是由教学决定的，但教学若要有效，一定要依据学生的内部条件。

加涅教学理论集大而成的特点，最明显地表现在他对学习阶段和教学阶段的论述上。他采用当今流行的信息加工模式，参照这个模式揭示出了学习的各个内部加工的阶段，并把教学过程中的各项工作与其一一对应起来。可见，加涅采用信息加工模式，目的不只是为了说明学习是如何进行的，而是要揭示教学过程，使教学中的每项工作都适合于学生的内部加工过程。这是一般信息加工论者所不及的。

正是由于加涅注重教学工作对学生学习的内部条件的影响，他特别强调教师的指导作用。人们也由此把加涅的模式称为指导教学的模式。与布鲁纳和奥苏贝尔相比，加涅不大关注教学内容是如何编排的，因为一般教师很少有可能自己编写教科书，所以，他更关注的是教学方法，即教师如何影响和促进学习过程。与布鲁纳提倡教师少指导、让学生自己去发现相对照，加涅提倡教师要提供最充分的指导，以便使教学内容条理化。在加涅看来，学生只有在教师指导下，充分掌握必备的知识技能，才有可能成为一个有效的问题解决者。所以，知识技能在前，能力发展在后，后者是在前者的基础上发展起来的。

这里要提醒注意的是，虽然加涅的教学模式提出了具体的学习阶段和相应的教学阶段，但每个教师所面临的对象是始终在发展、变化着的学生，而且教学内容各不相同，因此，加涅为我们提供的只是一个基本构架，而不是具体实施的步骤。教师只有以教学理论为指导，结合教学工作实践，才能从根本上理解教学的本质。

第十二章　布卢姆掌握学习理论

本杰明·布卢姆（Benjamin S.Bloom，1913—　）出生在美国宾夕法尼亚州的兰斯富。1935年2月和6月先后在宾夕法尼亚州立大学获文学士学位和理学硕士学位。1940年在芝加哥大学考试委员会任职。1942年在该校获博士学位，以后一直在该校任教，直到在该校任教育学荣誉教授。退休后在美国西北大学从事教学与科研工作。

布卢姆早期专注于考试、测量和评价方面的研究，70年代后从事学校学习理论的研究。1965～1966年任美国教育研究协会（AERA）主席，并且是国际教育成绩评价协会（IEA）的创始人之一。由于他在教育研究领域所作的贡献，他在1968年获约翰·杜威学会颁发的杜威奖，1972年获美国心理学会颁发的桑代克奖。布卢姆的主要代表作有：《教育目标分类学；第一分册：认知领域》（Taxonomy of Educational Objectives；Handbook Ⅰ：Cognitive Domain）（1956，与人合作），《教育目标分类学；第二分册：情感领域》（Taxonomy of Educational Objectives；Handbook Ⅱ：Affective Domain）（1964，与人合作），《人的特征的稳定性与变化》（Stability and Change in Human Characteristics）（1964），《学生学习的形成性评价与总结性评价手册》（Handbook on Formative and Summative Evaluation of Student Learning）（1971，与人合编），《人的特征与学校学习》（Human Characteristics and School Learning）（1976），《我们的所有儿童都能学习》（All Our Children Learning）（1981），《为改善学习而评价》（1981），《发展青少年的才能》（1984）。

第一节　学习的分类与评价

布卢姆早期注重于教育目标分类的研究。他与人合著的《教育目标分类学》是一部公认的、有影响的著作，为观察、分析学习活动和进行评价提供了一个框架。

一、目标分类

布卢姆等人于 1948 年开始从事教育目标分类的工作。布卢姆认为，一部完整的教育目类分类学，应该包括学生学习的三个基本领域：认知、情感、动作技能。经过八年的努力，《教育目标分类学：认知领域》于 1956 年正式出版；又经过八年努力，《教育目标分类学：情感领域》在 1964 年公诸于世。由于布卢姆等人认为动作技能领域的目标分类对一般学校教育并不很有用，这项工作后来是由他人完成的。

布卢姆的教育目标分类学具有以下几个特征。

1. 用学生外显的行为来陈述目标

布卢姆认为，制定目标是为了便于客观地评价，而不是表述理想的愿望，事实上，只有具体的、外显的行为目标，才是可测量的。譬如，有的教师认为："教学目的是为了培养学生的能力。"这看上去代表了理想的学习结果，但这类目标太一般化了，要确定学生是否已形成能力的证据是极困难的。只有像"形成区别事实与假设的能力"，或"培养学生领会课文中各个观念之间关系的能力"这类教育目标，才是可测量的。因此，在制定目标时，不仅要考虑到欲达到的理想状态，而且还要考虑到是否能对该目标作出客观的评价，否则，制定出来的目标是虚设的。

2. 目标是有层次结构的

布卢姆认知领域目标分类学中包括六个主要类别：（1）知识；（2）领会；（3）运用；（4）分析；（5）综合；（6）评价。情感领域包括五个主要类别：（1）接受或注意；（2）反应；（3）价值评估；（4）组织；（5）性格化或价值的复合。每个主要类别都包括若干子类别，例如：认知领域中的“分析”包括三个子类别：要素分析；关系分析；组织原理分析。情感领域中的“价值评估”包括三个子类别：接受价值；偏好某种价值；信奉。

由此可见，布卢姆的分类学是将学生行为由简单到复杂按秩序排列的，因而，教育目标具有连续性、累积性。例如，关系分析是以要素分析为基础的，同时又成为组织原理分析的基础；学生首先需接受或了解各种价值观，然后才有可能对某种价值观持有偏好，最后达到信奉的程度，即成为他的一种信仰。从这些例子中，我们可以看到布卢姆的另一个基本观点：复杂行为是由简单行为组合而成的。在教育目标分类学中，属于 A 式的行为构成一类，属于 AB 式的行为又构成一类，而属于 ABC 式的行为又可以形成一类。行为目标是由简单到复杂递增的，各目标不是孤立的。后一类目标是建立在已达到的前一类目标的基础上的（图 12-1）。

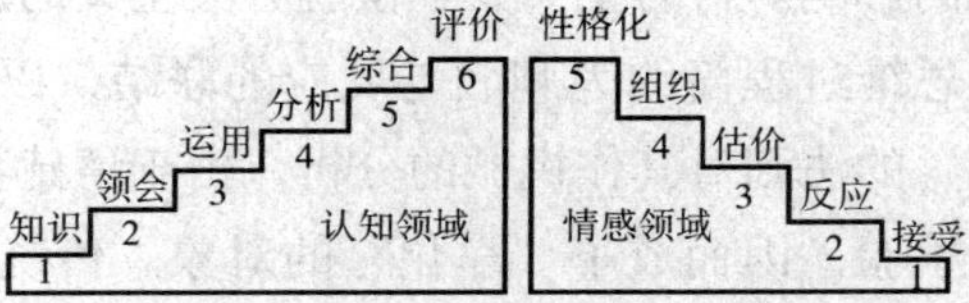

图 12-1　布卢姆认知领域与情感领域教育目标分类学主要类别的图解

资料来源：施良方，1991.

3. 教育目标分类学是超越学科内容的

布卢姆认为，教育目标分类的方法，是不受学生年龄和教学内容所局限的。不论是数学、语文，还是历史、地理；不论是低年级学生还是高年级学生，都可以把教育目标分类学的层次结构作为框架，加入相应的内容，形成每门学科的教育目标体系。在这方面，布卢姆等人已作了一系列成功的尝试，根据教育目标分类学的框架，制定了中学十几门学科的教育目标。

4. 教育目标分类学是一种工具，是为教师进行教学和科研服务的

目标分类本身并不是目的，而是为评价教学结果提供测量的手段，同时有助于对教学过程和学生的变化作出各假设，激发对教育问题的思考。此外，它还有助于教师恰当安排各类教学内容，为课程编制提供指导。

二、认知与情感的相互作用

布卢姆指出，我们可以看到一种奇怪的现象：当人们提及认知的复杂性和微妙性时，常常把认知与情感的相互作用作为学习的一个最重要的特征；而人们在考察认知活动时，则尽可能避免提及情感这一概念及其重要性。产生这种现象的根源，既有理论方面的因素，也有教育实践方面的因素。

从理论上讲，20 世纪初以来，心理学理论主要受行为主义与认知学派传统的影响。行为主义为了摆脱心灵主义的影响，力求把复杂的学习与思维过程简约为刺激与反应的联结，以便用“联想”和“条件作用”的法则对其作机械的分析。由于情感特征不大经得起行为分析的检验，因而成了“净化”的对象。传统的认知学派，尤其是格式塔心理学，强调知觉组织和认知综合在问题解决中的作用，而被研究的问题，往往都是与学生的情感活动没有关联的。

从实践中讲，如果认为学校和教师在安排教学计划时没有考虑到使学生实现某些情感方面的目标，那是不公允的。任何一位有经验的教师，对学生的兴趣、态度和性格的发展都是相当警觉的。但是，我们应该承认这样的事实：尽管教师在制定每一门课程的教育目标时，常常像强调认知目标一样强调情感目标，并作了某些尝试，可是，随着教学过程的推进，很快就把情感目标忽略掉了，到了期末评定时，几乎完全没有考虑到学生的情感因素。用布卢姆的

话来说，情感目标被“消蚀”（eroded）掉了。

情感目标被消蚀，因素是多方面的。首先，教师无法根据情感目标评定学生的成绩。为了便于评定，考试和测验中主要涉及各种认知目标。根据学生认知考试的结果，教师给学生评分时不会感到踌躇，5分和2分都有客观标准；而情感方面很难有合适的评估方法。尽管如此，事实上，教师很可能喜欢处于情感目标某一端上的学生，并给予各种奖励；给处于另一端的学生以批评或惩罚。其次，教师难以区分真诚的反应与只是为了取悦于教师的反应。而且，人们往往把学生对学习的兴趣、态度等作为学生自己的事，因此，教育的目标逐渐变为使学生能应付一种几乎完全是认知性的考试。最后，情感目标受到消蚀，很可能与它实现起来较为缓慢有关。因为，任何一项具体的知识或技能，可以很快地习得，并直接表现在认知方面的考试中，而学生的兴趣、态度和个性特征形成起来比较缓慢，只有经过很长一段时间，甚至好几年，才能在评估中看出了其变化。当然，这不是说，情感行为不可能会有比认知行为更突然的变化，而是说，这种突然的变化往往是以长期发展过程为基础的（Bloom，1976）。

布卢姆等人根据认知与情感的上述关系，在编写《教育目标分类学》时，把学生的学习分为三个领域：认知、情感和动作技能。他们反复强调，把学习领域分成这样几个方面，带有主观任意性，事实上，它们总是交织在一起的。这就是说，认知目标中始终具有情感的成分；情感目标总是带有认知成分。有时，认知目标是达到情感目标的手段，例如，要达到热爱祖国这一目标，是以学生对我国的历史、文化和现实的了解为基础的；有时，情感目标是达到认知目标的手段，例如，学生对学习的兴趣和动机，是学生达到认知目标的必备条件；而在有些情况下，认知与情感目标是同时达到的，例如，通过教学使学生对学习内容感兴趣，或通过培养学生探究能力改变学生对理智活动的态度。由此可见，我们只能在思维中或在概念上对学习的认知因素与情感因素加以区分，而不能把它们看做是两个独立起作用的实体（Bloom，1956）。

正是基于这一缘由，布卢姆把学生的认知状态和情感特征作为学习的前提条件。在他看来，所谓情感特征，就是指“学生学习新的学习任务的动机”（Bloom，1976）。

三、教学评价

布卢姆借用了斯克里文（M.Scriven）学说中的形成性评价（formative evaluation）和总结性评价（summative evaluation）的概念。布卢姆侧重对学习过程的评价，并把评价作为学习过程的一部分。布卢姆认为，在一般课堂教学中，成绩测验都用作总结的目的，总结性测验的结果主要被用来对学生进行分类。一旦学生做完测验，就给他评个分数，但很少给学生纠正错误或重新测验的机会。在布卢姆看来，评价或测验的目的，在于如何处理所测到的学生水平和教学效用的证据，因此，测验不仅仅是要了解学生掌握了多少学习内容，而是作为一种矫正性反馈系统，及时了解教学过程中的每一阶段是否有效并采取相应措施。此外通过测验还可以了解各种程序在达到预定教育目标方面的效果。据此，布卢姆主张教学中应更多地使用另一种评价方法——形成性评价或形成性测验。

进行形成性评价的一个有效的程序是：把一门课分成若干学习单元，再把每一单元分解成若干要素。这些要素的排列是从具体的名词或事实起，然后是比较复杂抽象的概念或原理，最后再过渡到一些相当复杂的运用过程，如运用原理或分析复杂的理论论述，从而使学习的各种要素形成一个学习任务的层次，确定相应的教育目标系统。

在每一单元教学结束时，都要安排一次形成性测验（有时又称为诊断性测验），目的是要确定学生是否已经掌握该单元；如果还没有完全掌握的话，应当如何弥补。所以，形成性测验常常被用来为学生的学习定速度，保证学生在从事下一个学习任务之前，完全掌握这一单元的内容。由于每一教学单元的内容都是以已学过的单元为基础和先决条件的，因而需要经常给予测验，以保证学生彻底掌握这些学习内容。

对于那些已经掌握单元内容的学生来说，形成性测验可起到强化的作用，使学生确信他目前的学习方式是适宜的。如果有若干次优异的测验结果，学生就不会再为这门课的成绩担忧了。对于那些还没掌握单元内容的学生来说，形成性测验可以揭示出问题所在，告诉他还需学习哪些内容。因此，“诊断”后应该附有一个非常具体的“处方”。

布卢姆认为，不应该给形成性测验批分数或分出等第，只需标明掌握或没掌握即可。如果没掌握的话，还要附有详细的诊断和处方，告诉他还要做些什么。因为，如果学生在某门课的一系列测验中常常得 3 分时，就会使该学生准备承认 3 分是他这门课的“命运”。在这种情况下，必然会使该学生认为：自己在这门课上不可能得到更好的成绩了，因而，继续努力也没有什么价值了。

与加涅一样，布卢姆也认为形成性测验可以为教师提供反馈。教师可以利用它们来识别教学中需要改进的地方。此外，形成性测验还可作为学校控制下一轮教学的质量的手段。通过把学生每次测验的实际水平与前几年的常模进行比较，既可以明确了解学生现在的学习是否与以前一样好，又可以保证使教学或教材的变化不会带来比前一轮教学更多的问题和困难。

简言之，形成性评价的主要目的不是给学生评定分数或等级，而是帮助学生和教师把注意力集中在学生对教学内容达到掌握水平所必备的知识技能上；而总结性评价的目的，是要对学生在一门课上的学习结果作出全面的评定，并把评定成绩告诉学生家长和学校管理人员。所以，布卢姆指出，评价与评分不是同一个意义。不评分也能够对学习结果作出评价，形成性评价就是一个例子。

第二节　学校学习理论的若干变量

布卢姆学校学习理论的核心，是要解释学校学习中的个别差异，并确定改变这类差异的方法。他所说的学校学习理论，也就是我们通常所说的教学理论。

学生的个别差异，早已是教育学和心理学著作中的专门名词。但布卢姆认为，与其说学生的个别差异，还不如说学习中的个别差异来得更贴切些。因为，说学生的个别差异，往往会把研究的重点放在学生身上，而不是放在学生与教育环境和社会环境的相互作用上。尽管所有证据都表明，学习中存在着差异，而且这种差异是相当稳定的，但是，布卢姆深信，这种差异大多是由学校和家庭环境条件造成的，也就是说，是人为的，而不是天生造成的。造成学校学习中个别差异的最重要因素之一，是目前这种班级授课制：一个教师同时面对几十个学生，教学只能适宜于一部分学生，而对另一部分学生肯定不适合。因此，最好采用个别教学的方法，使教学适合于每一个学生。但目前的财力和人力不允许这样做，惟一的办法是要建立一种基本上无差错的或差错较少的教学体系。布卢姆认为，只要对下列三个自变量予以适当注意，就有可能使绝大多数学生的学习都达到掌握水平。

1. 学生已经习得完成新的学习任务需必备的知识技能的程度（即“认知准备状态”）。

2. 学生从事学习过程的动机程度（即“情感准备状态”）。

3. 教学适合于学生的程度（即“教学质量”）。

布卢姆认为，学生对新的学习任务的认知准备状态、情感准备状态和教学的质量，将决定学习结果的性质。如果这三个自变量是适宜的话，所有学生的学习结果都会处于高水平（图 12-2）。教学理论就是要解释学生特征（认知的和情感的）、教学质量、教学内容与学习结果之间的相互作用，从而揭示学习结果出现差异的原因，进而消除这种差异。这种理论是建立在下列两个基本假设的基础上的。

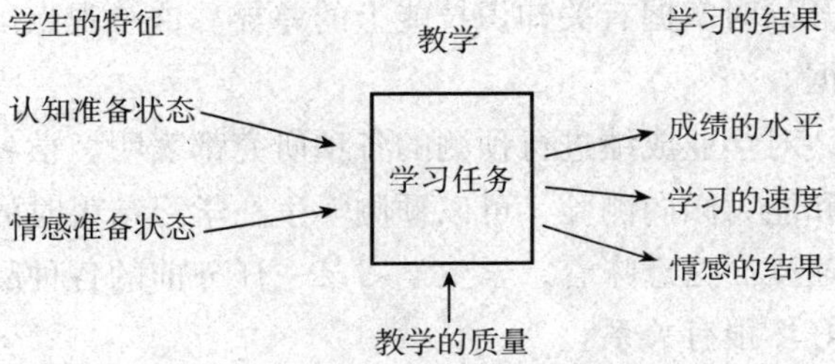

图 12-2　学校学习理论中的主要变量

资料来源：Bloom，1976.

第一，学生以往的经历是学校学习的核心。每个学生在进入某一年级、选读某一门课时，都已有了一定的经历，对学习有不同的准备状态。教师考虑到每个学生的不同经历，在教学中予以充分注意，可以减少学习中的个别差异。但是，要教师充分了解每个学生的所有经历，并在教学中完全顾及这些因素，看来是不大可能的。因此，教师需要了解的，是每个学生在学习某一任务时是否达到必备条件（认知准备状态），以及学生学习的动机（情感准备状态）。后者也是以往经验的结果。因此，详细了解每个学生的经历是不经济的，需要了解的只是学生学习某一学习任务的认知和情感准备状态。

第二，改变学生的特征（认知和情感准备状态）和教学（教学质量），或改变这两者，是可能的。因此，通过改变学生的特征和教学的特征，可以使所有学生都达到学习的高水平。尽管证据表明，学生的一般特征（智商和能力倾向）是不大可能改变的，但布卢姆要强调的是，学生对某一学习任务的认知和情感准备状态是可以改变的，因而，使所有学生都达到高水平是有可能的。

下面，我们分别论述这三个自变量。

一、认知准备状态

布卢姆认为，学生在学习结果上显示出来的差异，可以被归结于在学习开始时掌握有关知识技能上的差异。这一观点以下列四个事实为依据。

第一，对学业成绩进行预测的各项研究都表明，学习开始前的成绩测验和能力倾向测验，可以预测学生在学习结束时的成绩水平或学习的速度。这意味着，学生学习某一任务前的各种品质，与学习结果的好坏很有关系。

第二，对学生学习成绩的追踪研究也发现，学生在学期结束时的成绩离差，不仅与他们在学期开始时在相关学科成绩中表现出来的离差高度相关，而且与他们若干年前同一学科的成绩高度相关。

第三，学校中的学习任务通常是指每门学科的教学单元或教科书中的章节。这些学习任务一般都是按顺序排列的，后面的学习任务是建立在前面的学习任务的基础上的。许多教师在开始教新课时，都假定全体学生已掌握了前面的学习内容，而从学生这方来看，事实并非如此。

第四，与以往学习无关的学习任务事实上是不存在的。即便最简单的学习任务，也是以学生以往的某些学习或经验为基础的。例如，要学生学习“1 + 1 = 2”，是以学生知道 1 代表多少为前提的。

布卢姆认为，如果所有学生都具备学习新任务所必需的条件，又有适当的动机和符合他们水平的教学，那么，所有学生都可以圆满地完成学习任务；如果学生还没有具备学习新任务的必备条件，那就会有两种可能：或是学习成绩上出现差异，或是完成学习任务所用的时间不同。

我们知道，每一项学习任务所需的必备条件是各不相同的，而且，不同的教师教同一学习任务时，可能会需要不同的必备条件。但布卢姆认为，不必通过复杂的研究程序，也可以解决确定某一学习任务的认知准备状态的问题，因为学校里的各项学习任务从来不是孤立的，而是相互关联、按顺序排列的。学习任务 1 是学习任务 2 的必备条件，学习任务 2 是学习任务 3 的必备条件，以此类推。在这种情况下，学生对学习任务 1 的认知准备状态，实际上成了整门学程的先决条件。就是说，如果有些学生对学习任务 1 没有适当掌握的话，在以后学习中会遇到越来越多的困难，就像滚雪球一样。如果还有些学生在学习任务 2 或学习任务 3 没有达到掌握水平，后面学习中遇到的困难也呈这种态势。

由此可见，如果每一项学习任务中学生的问题没有得到矫正的话，他们在以后的学习任务中，成绩水平和学习速度的差异会越来越大，全班学生成绩的分布将会像图 12-3 所示。

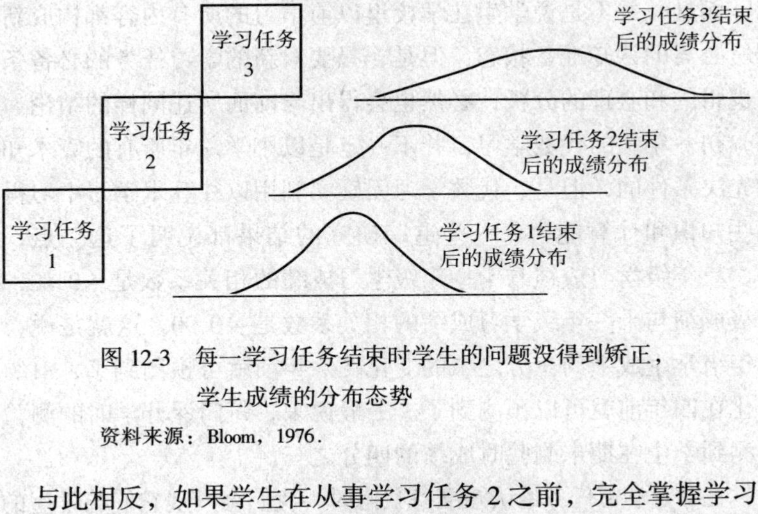

图 12-3　每一学习任务结束时学生的问题没得到矫正，学生成绩的分布态势

资料来源：Bloom，1976.

与此相反，如果学生在从事学习任务 2 之前，完全掌握学习任务 1 的实质性部分（如有问题，得到了矫正），而且，学生在以后每项学习任务中也都达到掌握水平的话，那么，全班学生成绩的趋势将会像图 12-4 所示那样。也就是说，学生成绩水平和学习速度之间的差异会越来越小。大多数学生都能取得好成绩。

当然，布卢姆也认识到，学习任务有时并不一定完全按顺序排

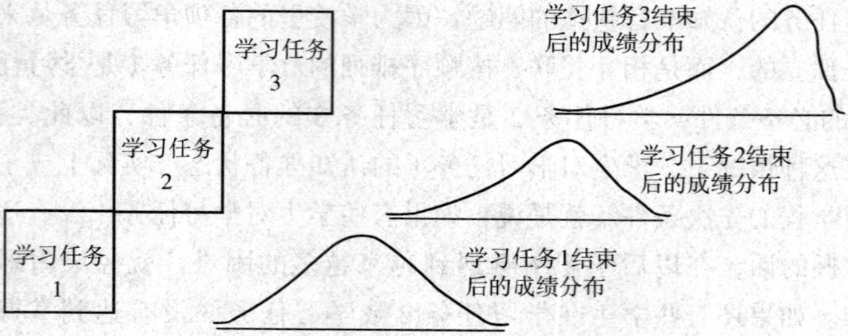

图 12-4　每一学习任务结束时学生的问题都得到了矫正，学生成绩分布态势

资料来源：Bloom，1976.

列，而且，并不是说学生在学校里以前学习的所有内容都构成新课程所必需的认知准备状态，但是，只要对新的学习任务的必备条件作逻辑的和心理的分析，必然也会得出与前面所述同样的结论。例如，初一年级的代数学习，并不一定是以小学六年所有的算术知识为先决条件的，但是，代数学习无疑要利用以往算术学习中习得的某些知识和计算能力。一些追踪研究的结果都说明了这一点，例如，三年级学习成绩与十一年级学习成绩的相关系数是+0.82；七年级成绩与十一年级学习成绩的相关系数是+0.90。这就是说，十一年级学生成绩约三分之二的变化在八年前就可预测到了，81%的变化在四年前就可以预测到了。一般说来，每门课开学时的测验可预测到学生在期末测验时成绩的四分之三。

在确定学习任务的认知准备状态时，我们会发现它们与学生的智商有些相关。但布卢姆坚信，通过适当的教学程序，是可以使学生达到学习某一任务的认知准备状态的，就是说，认知准备状态是可以改变的。但与此同时也要认识到，有些认知准备状态可能比较容易改变，而有些认知准备状态的改变则需要经过较长时间才能达到。

需要注意的是，认知准备状态是掌握新的学习任务的必要条件，而不是充分条件，这就是说，学生具备必需的认知准备状态，并不能保证他获得好成绩，这里还有一个学生的准备状态和教学质量的问题。根据布卢姆的推算，认知准备状态能说明学生成绩变化的 50%（图 10-5）。

二、情感准备状态

如果教师在开始教某一门课之前对学生作一番观察，就可以看到，学生对该门课的态度或情感是各不相同的。有些学生对之显然很感兴趣并渴望学习；有些学生把它作为一种义务，即不是为了自己而学，因此热情不高；还有些学生则把学习当成负担，对学习持消极态度。

由此可见，学生在学习某一任务之前，已抱有一种对该学习任务的态度，这种情感态度也是同学生以往对类似学习任务的态度相关联的。所谓情感准备状态，是一种兴趣、态度和自己对自己的看法的复合体，实际上类似于我们通常所说的动机。

布卢姆认为，学生以往的经历和目前的期望，决定了他对学习任务 1 的情感准备状态，而学生在完成学习任务 1 后的情感特征，可能成为学习任务 2 的情感准备状态。因此，我们需要区分学生在某一学习任务之前的情感准备状态与在完成该学习任务之后的情感特征。这两者都是学生学习经历的产物，但是，确切地说来，这不是学生实际经历的产物，而是学生怎样看待这种经历，以及怎样把该学习任务与对自己经历的看法联系起来的结果。因此，两个学生具有同样的学习经历，但他们对自己的经历可能有不同的看法，而且，每个学生对某一学习任务最初的看法可能各不相同，这些看法与他们以往的经历有关。布卢姆认为，教师无需关注学生的看法是否精确，重要是要认识到，学生最初的情感准备状态是受学生对自己学习成绩的看法影响的，反过来又影响到学生对学习任务的态度，从而影响学习的成绩。

所有研究结果都表明，学生的情感准备状态与学习成绩是相关的，就是说，情感准备状态在一定程度上决定或影响学习成绩。布卢姆根据一系列研究数据得出这样的概括：情感准备状态可说明相关学科认知测验成绩变化的25%（图10-5）。

在布卢姆看来，学生对某一学习任务的情感准备状态，决定了学生为完成该学习任务准备付出必要的努力的程度，同时还部分决定了学生在遇到困难和挫折时试图克服它们的程度。反之，学生学习某一任务的有效性，也将影响他们以后学习类似任务的动机和努力的程度。而学生对以往学习成功或失败的看法，往往是与学校里的考试成绩联系在一起的。他们把这些成绩解释为是自己学得好或学得差的证据，然后把它与对以后遇到的有关学习任务的看法联系起来。因此，为了使学生能用一种积极的方式看待自己，就必须给他们许多得到奖励的机会。反之，如果经常给予学生失败和不适应学习的证据，必然会伴随学生日益增加自我怀疑。

布卢姆还试图对三种情感准备状态作出区分：(1) 对某种学科的态度；(2) 对整个学校学习的态度；(3) 对自我的态度。这三者是有一定关联的。依布卢姆之见，学生的经历，主要是在学校里学习的经历。学生对某些学科感兴趣与否，并不是天生的，而是在校学习期间形成的。如果学校能给学生成功学习的经历，尤其是在小学期间，那么，学生很可能会对认知或情感目标都抱积极的态度。

诚然，学生的情感准备状态相对来说不那么容易改变，这是学生在长期学习经历中形成的。但是，我们可以通过各种手段，有效地增强学生致力于某一学习任务的努力程度。事实上，只要能使学生在这次学习任务中获得成功，并使他认识到这一点，愿意在以后的学习任务中付出同样的（或更大的）精力，这就是有效的手段。而要做到这一点，就要提高教学质量，以便使大多数学生都能取得好成绩。

三、教学的质量

在布卢姆看来，如果学生对某一学习任务缺乏必需的认知准备，那么，再好的教学质量，也不可能使学生就这一任务达到掌握水平，除非教师改变学习任务的性质，使其适合于学生认知准备状态，或者从弥补学生的不足着手进行教学。否则的话，即便增加教学时间、改变教学方法，也于事无补。

由此可见，教师只有通过确保学生具备必要的认知条件；或者重新设计、重新修订、重新组织学习任务；或这两者的结合，才有可能克服学生没有达到该学习任务的认知准备状态的问题。布卢姆认为，可以通过优异的教学质量，克服学生最初情感特征的问题。如果教师使学生在学习过程中遇到的挫折比以往类似的学习任务更少些，奖励更多些，就更容易做到这一点。

在分析教学质量之前，还需了解教师的特征、班级和学校的特征与学生成绩的关系，因为有些人会从直觉上感到这些特征对学生成绩影响很大，而布卢姆认为事实并非如此。一些研究表明，教师的特征（如年龄、受教育的程度、工作经历的长短、教师的态度、薪水等）与学生成绩没有什么关联。据布卢姆估计，教师的特征至多只能说学生成绩变化的5%左右的原因，一般说来还要更少些。同样，班级和学校的特征（如学生数、仪器设备、为每个学生的平均开支、学校组织和管理等）与学生成绩也没有实质性的联系，最多也只能说明学生成绩变化的5%的原因。但这里有个例外，即选拔性学校（或称之为重点学校）例外，因为这类学校的学生是选拔出来的，教学计划是为升大学作准备的，这样，情况就不一样了。

因此，布卢姆认为，教师、班级和学校的特征一般说来对学生成绩的影响并不大。教学理论探讨的重点不是教师，而是教学；不是班级和学校的物质上的特征，而是课堂里的学习环境。而这两者的问题在于教学质量。

现在，我们可以来分析教学质量的问题了。

布卢姆对教学质量的解释，是在卡洛尔（J.B.Carroll）学习模式的基础上展开的。卡洛尔对教学质量所下的定义是：学习任务各要素的呈现、解释和排列秩序对学生均臻最佳程度。这个定义隐含着这样的假设：如果教学对学生达到最佳程度的话，每个学生都能学会所教的内容。

布卢姆接受了这一假设，但对教学质量的定义作了些修改。他认为，教学质量的要义是，如何向学生提供线索或指导；学生参与（外显地或内隐地）学习活动的程度；以及如何给予强化以吸引学生学习。鉴于目前学校中的教学都采取班级集体教学，学生经常会有些差错和困难，因此，反馈-纠正系统是必需的。这样，教学的四个要素是：线索、参与、强化和反馈-纠正。下面分别予以介绍。

1. 线索

任何教学都涉及教学内容以及告诉学生如何学习的线索。线索是指要学生学习什么以及在学习过程中做些什么的指导。

教师可以用多种形式来呈现线索。在课堂教学中，最常用的线索是言语性质的。例如，由教师或教科书指导学生怎样学习，但并非所有线索都采用言语形式，模型、演示等都可用来作为线索。除了呈现形式上的不同，线索的强度也各不一样。线索的强度可因教师的重申、语调等得到加强，也可因模型的大小、颜色、形状等不同而不同。

线索还涉及它们本身的意义性。在教学情景中使用的线索，如果对学生说来是熟悉的、已遇到过的，就比完全陌生的线索更容易领会些。学生成绩的差异，往往与他们对教学线索的理解能力有关。由于学生领会线索的能力不同，教师应知道线索的哪种呈现形式容易被大多数学生所理解，而对不理解的学生则需采用另一种呈现形式。

布卢姆分析教学线索的目的是要说明，学生理解某种线索的程度可能是不同的。如果呈现线索的惟一形式是言语性的，那么，那些适宜于言语线索的学生很快就能领会，而那些习惯于用其他方式获得线索的学生就会处于不利的境地。长期以来，教育家们都把主要的注意力放在寻找一种最佳的线索呈现形式上，但近年来，越来越多的人认识到，可以用各种形式来呈现线索，学生也可以用各种方式来学习。

2. 参与

学生必须根据教学线索的提示学习和记忆某些内容，根据线索的规定作出适当的反应或练习。也就是说，学生必需积极投入或参与学习活动（不论是外显地还是内隐地）。

为了使学生积极参与学习活动，教师可以采取各种策略，例如，可以把全班学生分成若干小组，使每个学生都有表现自己或表达自己想法的机会。但要注意的是，并不是所有参与都是外显的、可观察到的。在某些情况下，学生内隐地积极参与（用心思考学习内容）可能比外显地参与更有效。此外，不同的学生在学习某一内容时，可能需要不同程度的参与。实验证据表明，有些学生需要较多的练习，因而需要较多的时间才能达到其他同学的水平。在学习较复杂材料内容时，有10%的学生需要比别人多5~6倍的时间才能达到一定的程度。但布卢姆认为，如果学生在开始学习某一任务时已达到必需的认知和情感准备状态的话，那么，他们参与的时间和需要练习的次数应该是非常相似的。

布卢姆相信，评估教学质量的一种有效的方法，是观察学生积极参与学习活动的程度。如果只有个别学生在积极参与，那么，这说明整个教学质量是糟糕的。

3. 强化

强化在教与学过程中起一定作用，这是大家公认的。事实上，几乎每个教师都意识到对学习予以奖励或强化的必要性，而且时时都在用。但另一方面，教师所使用的强化的类型、频率，以及给班级中不同学生的强化次数是很不相同的。

强化的类型是多种多样的，赞许、认可、微笑、手势、注视，以及各种物质奖励等，都可以作为强化物。这里要说明的是，强化物不一定始终由教师来支配，有时可以让小组、同伴或其他人来给予，学生自己也可以给自己强化。此外，强化的效用也是因人而异的，有些学生把强化作为惟一的学习动力，有些学生则把强化看做外来之物；有些学生强化越多学习劲头越大，有些学生强化多了反而不再努力了，如此等等。因此，不同学生在教学过程的不同阶段上，需要不同类型的强化，甚至不同数量的强化。

4. 反馈-矫正

如果一个学生是在一位有经验的教师个别指导下进行学习的话，那么，教师会随时根据学生的需要提供线索、给予参与或练习的机会，并适时予以强化。在这种情况下，教师与学生随时可以交流，随时可以作出调节，实际上也就是在随时给学生以反馈和矫正。因此，在个别教学中，反馈-矫正过程是以微妙的、非正式的方式进行的。

但在班级课堂教学的情况下，教学的对象是几十个学生，即便教师使用最佳的线索，给予最好的参与机会和强化，仍然不可能对所有学生产生同样的效果。这就是说，尽管教师经验再丰富，并能根据学生情况及时调整教学内容和教学过程，但要使教学达到每个学生的学习成绩都最优，是极为困难的，因而，总会有些学生在学习过程中出现一些差错，这就需要及时给学生以反馈，并告诉学生如何矫正错误。

反馈的方法一般是由每一学习任务结束时的形成性评价测验构成的，目的在于了解学生已经学到了些什么，还需要学些什么内容才能达到掌握水平。所谓矫正，就是指为学生提供的有关他们还需复习哪些教学内容的建议。

布卢姆认为，教学质量（线索、参与、强化、反馈-矫正）对学生成绩有重要影响，这是显而易见的。据布卢姆估计，教学质量一般能说明 25%学生成绩变化的原因（图 12-5）。

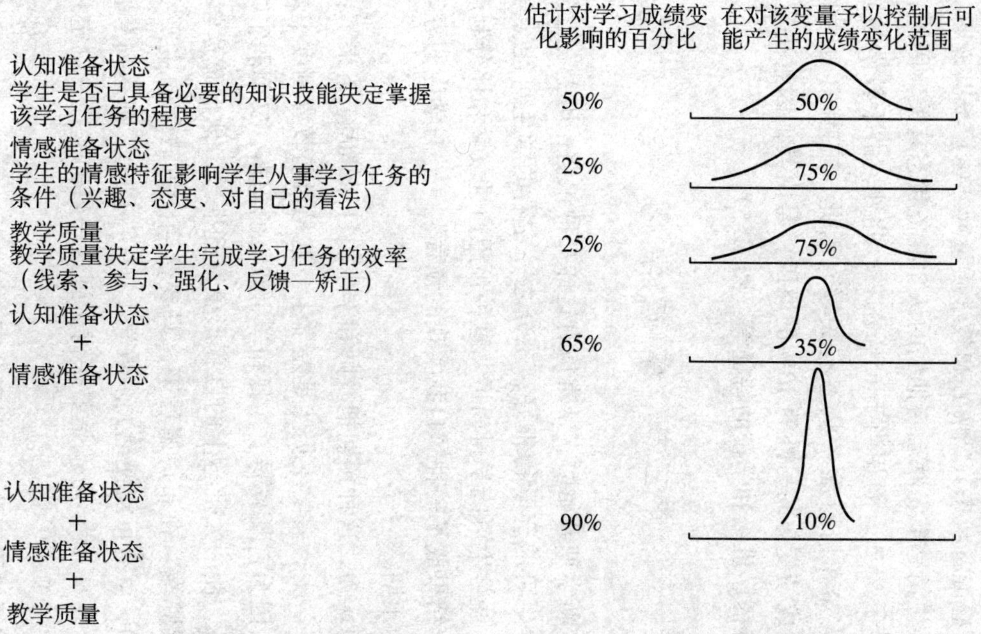

图 12-5　各种变量对学习成绩变化的影响的估计

资料来源：Bloom, 1979.

综上所述，学生成绩变化的原因，可以由学生认知准备状态（50%），情感准备状态（25%）和教学质量（25%）予以说明。但是，由于学生情感准备状态与他们的认知准备状态有关，因此，两者相加不等于75%，而相当于65%左右；此外，由于教学的质量与学生的认知和情感准备状态有关联，因此，三者相加约等于90%。学生成绩变化的另外的10%的原因，是由其他因素决定的，如教师的特征、班级和学校的特征等（图12-5）。

第三节 掌握学习

教师在新学期开始时，常常抱有这样一种预期：班上有三分之一左右的学生可能会学得很好；三分之一左右的学生可能会学不好，另外一些学生可能学得尚可。这种预想通过教学和评分制度传给了学生，结果成了一种“自我实现的预言”——对学生的分等接近于原先的预期。

布卢姆认为，这种预期把教师和学生的目标都固定下来了：好学生总是好学生；差学生仍然是差学生。这是目前教育制度中最有害的一面，因为它既减弱了教师和学生双方的志趣，又削弱了学生学习的动机，使一大批学生的自我形象遭到摧毁，他们疏远学校，给社会造成弊端。在布卢姆看来，只要恰当注意教学的主要变量（见第二节），就有可能使绝大多数学生（90%以上）都达到掌握水平（得5分）。掌握学习就是要探讨达到这一目的途径，制定相应的策略。

一、成绩的正态分布与偏态分布

布卢姆认为，如果学校要使绝大多数学生都获得成功学习的经验，则教师、学生和学校领导的态度必须作出重大改变。由于教师在给学生评分时一直使用正态曲线，以致大家对它深信不疑：在每个班级中，如果得5分的学生多了或少了，就会感到评分松了或紧了；同样，教师也准备给一定数量的学生不及格。这种 5 分或不及格往往是由学生在班级中的等第次序决定的，而不是由学生掌握这门课的知识技能的程度决定的。至于这一年得 5 分的学生的实际成绩与另一年得 4 分的学生相差无几，是无关紧要的；甚至这个学校得 5 分的学生与另一个学校得 3 分的学生水平差不多，也是无关紧要的。

因此，学生成绩正态分布已成了一种“条件反射”。这样做的必然结果是：教学只能使少数学生真正掌握教学内容。布卢姆认为，正态曲线实事上并非是什么神圣不可动摇的东西，它是一种最适合于机遇和随机活动的分布。教育是一种有目的、有意图的活动，如果我们的教学是富有成效的话，学生成绩分布应该是与正态分布完全不同的。

布卢姆指出，常常有人认为，学生对某些学科（如数学、物理学、化学、文学和历史等）的能力倾向是正态分布的，而能力倾向测验是成绩测验的预测者，因此，高水平的成绩只对最能干的学生才是可能的，这样，很容易认为学生成绩分布也呈正态曲线是很正常的。但布卢姆认为，即便学生的能力倾向是正态分布的，而且确实与学生的学习水平有关，那么，只有在给所有学生完全同样的教学（同样的教学时数、教学质量以及学生用于教学的时间）的情况下，并采取适当的测量方法，学生成绩最终才有可能呈正态分布(图 12-6)。

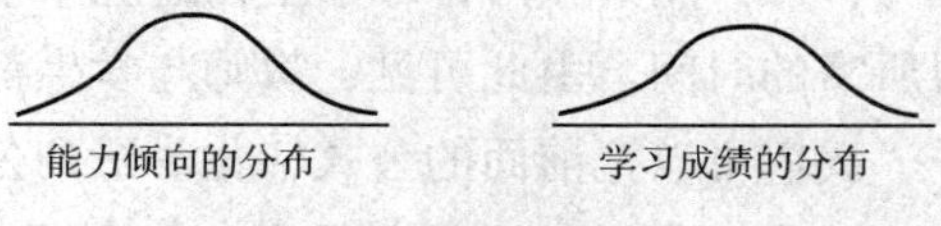

图 12-6　所有学生都得到完全一样的教学后的成绩分布曲线

资料来源：Bloom，1968.

反之，如果学生的能力倾向是正态分布的，而教学的种类和质量、学生用于学习的时间量都适合每一个学生的特征和需要的话，那么，大多数学生都能掌握这门学科，能力倾向和学习成绩之间的相关会接近于零。学生成绩分布呈偏态曲线（图 12-7）。

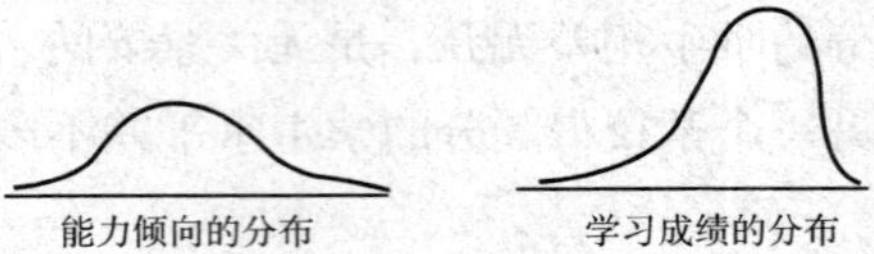

图 12-7　每个学生都得到最适当的教学后的成绩分布曲线

资料来源：Bloom，1968.

二、掌握学习的变量

布卢姆承认，掌握学习的原理主要是根据卡洛尔的学习模式。卡洛尔认为，学习程度是学生实际用于某一学习任务上的时间量与掌握该学习任务所需的时间量的函数，即：

$$学习程度 = f\left(\frac{实际用于学习的时间量}{需要的时间量}\right)$$

实际用于学习的时间量是由这样三个变量组成的：(1) 机会，即允许学习的时间；(2) 毅力，即学生原意积极从事学习的时间；(3) 能力倾向，即在理想条件下掌握该任务所需要的时间（这是因教学质量和学生理解教学的能力而变化的）。

需要的时间量也是由三个变量组成的：(1) 教学质量；(2) 学生理解教学的能力；(3) 能力倾向，即学生在适应教学质量、理解教学之后，学习所需的时间。由此可见，教师与学生都能够影响分母的大小。这样，我们可以把前面的公式转化为下列公式：

$$学习程度 = f\left(\frac{允许学习的时间；毅力；能力倾向}{教学质量；理解教学的能力；能力倾向}\right)$$

下面，我们对这几个变量作一简单分析。

1. 允许学习的时间

在世界各国的学校里，每门学科的教学时数基本上都是由有关部门统一规定的。教学计划中允许给某门学科的教学时数或学生学习的时数，很可能对有些学生来说是太多了，而对另一些学生来说则还不够。

布卢姆和卡洛尔都认为，学生要达到掌握的水平，关键在于花在学习上的时间量。学习速度的快慢是由能力倾向决定的；但如果学生把所需要的时数都用于学习，而且有足够的时间去学习，绝大多数学生都能达到掌握水平。

尽管目前对学习掌握某门学科所需要的时间量还没有直接地研究过，但通过对学生花在家庭作业上的时间量与学习成绩的关系，可以间接地说明这一问题。一项国际教育成绩研究发现，12 个国家中 13 岁学生花在数学家庭作业上时数，比率大致上是 6∶1，这也就是说，一些学生花在数学家庭作业上的时间是别人的 6 倍。布卢姆认为，如果教师和学生能有效地利用时间的话，绝大多数学生学习某门学科所需要的时间可以大大减少，而且，学习慢的学生与学习快的学生所需要的时间比率，可以从 6∶1 减少到 3∶1。这里要提醒的是，学生花在家庭作业上的时数，与学生的成绩之间并没有正相关。因此，花在家庭作业上的时数并不是学习实际成绩的一个很准确的预示。

布卢姆认为，教师的任务，一方面是要找到改变某些学生所需要的学习时间，另一方面是要找到为每个学生提供所需要的时间的途径。当然，学生掌握某门学科所需的时间，是受其他变量影响的。

2. 毅力

布卢姆和卡洛尔对毅力的解释与众不同，把毅力定义为：学生愿意花在学习上的时间。如果学生需要花一定的时间才能掌握某门学科，但他花在积极学习上的时间少于需要的时间，就不可能达到掌握的水平，所以，布卢姆等人试图把学生花在学习上的时间与学生积极从事学习的时间这两者区别开来。

布卢姆认为，学生的毅力是同学习的态度和兴趣联系在一起的。为什么有些学生对学习外语没有毅力，而对学习弹奏乐器很有毅力，这与学生的兴趣有关。布卢姆更注重的是，当学生发现他的努力是有奖励的时候，他很可能对该学习任务花更多的时间；相反，如果学生在学习上受到挫折，他必然会减少用于学习的时间。尽管学生承受挫折的程度可能不同，但布卢姆坚信，如果学习任务对学生说来是太痛苦的话，他们迟早会放弃该任务的。

布卢姆强调指出，重要的是通过提高教学质量来减少学生掌握某一学习任务所需要的毅力的量，而不是通过各种手段使学生增强学习的毅力。我们没有什么理由要把学习弄得很难，非要学生有坚韧不拔的毅力才能掌握。因此，毅力本身并非什么大的优点，教学的艺术在于使学生花适当的时间就能掌握教学内容。

3. 教学的质量

在第二节里，我们对教学质量有过较详细的分析。布卢姆和卡洛尔把教学质量定义为：教学内容各要素的呈现、解释和排列秩序对学生均臻最佳程度。因此，如果每个学生都有一个很好的个别辅导教师，那么他们大都能掌握该学科。

布卢姆在一项研究中发现，在学校里选读代数课的学生，有三分之一的学生在家里接受家长（或其他人）个别辅导的时间，同在学校里接受集体教学的时间一样多。这些学生相对说来在代数课上得到较高的等第，他们数学能力倾向测验的分数（在学期开始时测到的），与他们代数课的成绩（在学期结束时测到的）之间的相关系数几乎等于零。与此相反，那些除了接受课堂教学以外没有接受任何额外教学的学生的数学能力倾向测验分数与代数成绩分数之间有很高的相关（$r=0.90$）。

这里需要强调的是，教学质量主要是根据每个学生的学习效果来评价的，而不是根据某些学生的学习效果来评价的。因此，不能仅凭培养了一二个尖子学生或出了几个后进学生就对教学质量的好坏作出判断。

4. 理解教学的能力

目前，绝大多数学校都采取班级授课制，一个教师面对几十个学生。如果学生善于理解教师讲课和教科书的内容的话，学习中就很少会遇到困难；反之，困难就会很多。布卢姆和卡洛尔对理解教学的能力所下的定义是：学生理解学习任务的性质和他在学习该任务时所要遵循的程序的能力。

布卢姆认为，在我们这样高度重视言语的学校里，学生理解教学的能力主要是由言语能力决定的。这就是说，学生的言语能力往往决定了他从教师和教材中学习的能力。通过适当训练虽然能够改变学生的言语能力，但所能产生的变化是有限的。言语能力的变化大半是在学前和小学阶段发生的，随着学生年龄增长，这种变化的可能越来越小。

看来，只有改进教学以适应每个学生的需要，才可能会有助于学生对教学的理解。事实上，教师一般都试图使教学适合于某些学生。许多教师把教学重心放在中等水平的学生上，有些教师则把重心放在尖子学生或后进学生身上。然而，这些做法只反映了教师的习惯和态度，决不是教师可能做些什么的决定因素。如果给教师提供些帮助和辅助手段，每个教师都能够找到改进教学以满足学生不同需要的途径。

5. 能力倾向

布卢姆承认学生的能力倾向确实存在着差异，而且这种差异与学习的结果（尤其是学习的速度）有关。但布卢姆和卡洛尔对能力倾向的定义也是独树一帜的：能力倾向是学生掌握学习任务所需要的时间量，因此，只要有足够的时间，所有学生都能掌握学习任务。这就是说，能力倾向只是学习速度的预兆，而不是学生可能达到的学习水平的预兆。

可以想象，有些学生达到掌握水平所需要的时间、耗费的精力、需要得到的帮助比其他学生更多些，有时学得快的学生与学得慢的学生之间的差异大得惊人，因此，有些学生掌握中学代数可用不到一年的功夫，而有些学生则可能要好几年。那么，是否要学生花这么多的精力去达到掌握水平，就会使人怀疑了。因此，掌握学习策略的一个基本问题，就在于寻找各种途径，设法减少学习较慢的学生所需要的时间量。

此外，布卢姆不相信能力倾向是完全稳定不变的。有证据表明，通过提供适当的环境条件和在学校、家庭中的学习经验，改变能力倾向是可能的。而且，即便学生的能力倾向没有发生显著的变化，通过比较有效的教学，提供最佳的学习条件，也能够减少学生掌握一门学科所需要的时间量。

三、掌握学习的一种策略

布卢姆认为，掌握学习有许多可供选择的策略，但每种策略必须包括能够处理上述五种变量的某种途径。布卢姆等人在形成学生的掌握学习时，采取三个步骤：阐明学习所必需的先决条件；研制实施的程序；评价这种策略对教师与学生所产生的结果。

1. 先决条件

为了形成学生掌握学习的环境，教师必须在学生达到掌握学习的水平时能够加以识别，必须能够界说掌握意味着什么，必须能够收集必要的证据以确定学生是否已达到掌握学习的要求。

对教学目标和教学内容的详细说明，是让教师和学生双方都知道预期目标的一个先决条件。把这些详细说明转化成评价的程序，有助于进一步弄清学生在完成这门课时应该达到什么标准。

布卢姆认为，如果测量学生成绩的准则是竞争性的话，即如果是根据学生在班上的相对地位来评定的话，那么学生很可能会寻找自己在班上处于什么地位的证据。也许，竞争会起一种促进学习的作用，但布卢姆断定，把重点放在竞争上，可能会摧毁许多学习和发展，因此，应该撇开学生之间的竞争来制定掌握的标准，然后通过努力使尽可能多的学生达到这些标准。

由此，布卢姆提倡制定绝对标准（根据学生实际水平和常模来评定学生），而不是根据相对标准（根据学生在班上的相对水平）来评定学生的等第。布卢姆认为，这种制定成绩标准的方式，其结果是促进学生相互合作、相互帮助，不用担心别的同学会影响自己的成绩等第（如果已经掌握了学习内容的话），所有人都可能得到最高的等第。

2. 实施程序

掌握学习的一个核心问题，是要为教师和学生提供详细的反馈，使教与学过程中出现差错后马上便把它们揭示出来，并提供他们所需要的具体的补充材料以矫正差错，因此，反馈通常采用诊断式的形成性测验的方式。

对于实施掌握学习的教师而言，他们工作的变化在于：较少对学生以往学习的成绩进行分等，更多地关注每个学生是否掌握下一个学习任务所必需的知识技能。

关于形成性评价和矫正过程，我们在前文已有交代，这里不再赘述。但要注意的是，形成性测验不仅可以了解学生哪些部分尚未掌握，以便及时矫正，而且，对于已经掌握该任务的学生而言，形成性测验可以起强化学习的作用，减少学生对学习成绩的焦虑。

布卢姆认为，只要教师对学生应该做些什么提供具体的建议（根据形成性测验的结果），学生一般都会试图去克服这些问题。当学生想要得到个别辅导时，教师应该提供这种帮助。在掌握学习的实验中，布卢姆等人在每一单元为学生准备的各类学习资料包括：（1）重新阅读教材中的哪几页；（2）使用其他教材中的哪几页；（3）使用练习手册中的哪几页；（4）使用哪些视听材料。当然，学习材料和学习过程可以各种各样，并没有哪一种是必不可少的。重要的是使学生认识到：如果自己不能用这种方式学习，可以选择其他的方式；不喜欢这种教学材料，可以改用另一种教材。

3. 掌握学习的结果

布卢姆是从掌握学习的认知结果和情感结果这两个方面进行分析的。

从认知成绩方面来看，掌握学习实验班约 80% 的学生达到了优或优良的成绩，而控制班上只有 20% 的学生能达到这个水平。在开始教学前，这两个班学生的以往学习水平、态度和能力测验成绩等方面都是基本相同的，但实验班学生所需要的学习时间比控制班学生大约多 10% ~ 15% 左右。需指出的是，两个班的课堂教学时间基本一样，多余的时间通常是指在课外进行的、对有些学生所做的矫正性工作，而且，如果始终采取掌握学习的策略的话，那么在以后的学习中所需要的时间将越来越少。

从情感结果方面来看，不少教育工作者一直认为，只有少数学生才能就某一学科达到掌握水平，因此只有一部分学生才能得 5 分。如果这个班的学生比其他班学生强得多，教师仍坚持只让 10% ~ 15% 左右的学生得 5 分，让大多数学生得 3 分或 4 分。这就会使相当一部分学生认为自己是不够格的，从而形成一种心理障碍。不管他们事实上已经学会多少内容，他们不会怀疑评分方式有缺陷。

布卢姆认为，只要采取掌握学习的策略，绝大多数人都能得 5 分。当学生掌握一门学科，并得到了客观的和主观的证据时，他们对自己和对外部世界的看法会产生深刻的变化。这种变化具体表现在学生开始“喜欢”这门课了，并希望能知道得更多些。学生在一门学科上取得好成绩，会为他们进一步探索这门学科开辟道路；反之，学生在一门学科上得到的成绩很差，会使他们以后不愿再接触这方面的内容。而现代社会要求学生终生继续学习，如果学校不能促进适当的学习和保证学生有所进步，学生必然会在离开学校后拒绝学习。而促使学生继续学习，应该是教育的主要目的之一。

第四节　评　论

学习理论从最初关注动作的学习，到现在以研究学校学生学习为主，经过了几代人的努力。尤其是由于奥苏贝尔、加涅和布卢姆等人的努力，使得学习理论与教学理论的“接轨”成为顺理成章的事情。

应该承认，布卢姆在编制教育目标分类学时，基本上是站在行为主义的立场。尽管他强调各种理智能力或理智技能，以及认知与情感的不可分割的关系，但他不仅主张用外显的行为方式来陈述目标，而且认为复杂行为是由简单行为构成的，是可以设计一个从简单到复杂按层级排列的目标体系的。这与行为主义的原子论和还原论是一脉相承的。然而，布卢姆对目标分类和评价的看法，对我们是有启示的。我们在制定教育目标时就应该考虑到评价的手段，否则教育目标就会落空。例如，“使学生得到全面发展”、“培养学生的能力”等口号成了不少学校的教育目标，但没有相应的评价准则予以测量，就不可能成为教师和学生心目中的目标。如果事实上是把高考作为评价学校和学生的惟一方式的话，那么，出现从校长到教师、从学生到家长“围绕高考的指挥棒转”这一现象就没有什么不可理解的了。此外，在评价方面，布卢姆注重对学生学习过程的诊断，以便提供具体的处方。评价的目的不是要对学生进行分等或给个成绩，而是要了解学生是否已掌握所学内容，帮助学生解决疑难问题。

布卢姆在 70 年代后，越来越重视认知与情感的作用，以及学校学习理论在课堂实践中的运用。他的学校学习理论的独到之处，是对学生认知、情感准备状态、教学质量这三个变量的分析。一般人谈到认知和情感时，往往考虑到学生对整个学习的认知水平和动机状态；而布卢姆则只要求教师注重学生对某一具体学习任务的认知和情感准备状态。因为教师要在短期内改变学生的一般认知水平和对整个学习的态度是不可能的，这是一项长期的、复杂的任务；而教师通过各种手段使学生为某一学习任务作好认知和情感的准备，相对来说比较容易达到。事实上，教师只要使学生对若干项学习任务作好认知和情感的准备，并使学生掌握学习的内容，就会逐渐改变学生对整个学习的认知和情感的准备状态。同样，布卢姆对教学质量的分析，重在如何形成教学的环境，而不是教师、班级和学校的特征。因为，教师的个性特征和受教育的程度、班级的规模和学校的设备等因素固然与教学效果有关，但这些对学校领导和教师本人来说并不是即刻能够改变的，所以，与其关注这些一时无法改变的因素，不如把重点放在如何改进教学方法上。可见，布卢姆为教师提高教学质量提供了一些捷径。

不少教师往往没有意识到这样的事实：他们给班上某些学生提供的学习条件比其他学生更多些，教师在教学中关注的或者是好学生，或者是差学生，或者是中间水平的学生。如何使班上每个学生都能得到最佳的学习条件，在一般教师看来，这是件不可能办到的事情，而布卢姆试图通过掌握学习的策略解决这一问题。虽然掌握学习在实验中有成功的经验和失败的教训，而且前途难卜，他本人后来也承认，掌握学习的策略对约10%的尖子学生来说，效果不理想（Bloom，1987）。不过，布卢姆在掌握学习中提出的几个变量，以及对这些变量的分析，无疑是值得我们思考的。

第十三章　班杜拉社会学习理论

艾伯特·班杜拉（Albert Bandura，1925—　）出生在加拿大艾伯特省的蒙达。像斯金纳一样，他也是在一个小镇上长大的。他就学的中学仅有 20 个学生。1949 年，他在加拿大不列颠哥伦比亚大学获学士学位，1951 年在美国衣阿华大学获心理学硕士学位，翌年获哲学博士学位。他在衣阿华大学攻读研究生学位期间，尽管接受的是临床心理学方面的教育，但由于受赫尔的学生斯彭斯的影响，对实验模式的有效性印象颇深。1953 年，他到维基台的堪萨斯指导中心，担任博士后临床实习医生，同年应聘在斯坦福大学心理学系执教，1964 年升任正教授。在这期间，受赫尔派学习理论家米勒（N.Miller）、多拉德（J.Dollard）和西尔斯（R.R.Sears）的影响，把学习理论运用于社会行为的研究中。此后，除了 1969 年任行为科学高级研究中心研究员一年外，一直在该校任教。其中，1976～1977 年间出任心理学系系主任。

由于班杜拉的奠基性研究，导致了社会学习理论的诞生，从而也使他在西方心理学界获得了较高的声望。他在 1972 年获美国心理学会授予的杰出科学贡献奖；1973 年获加利福尼亚心理学会杰出科学成就奖；1974 年当选为美国心理学会主席。班杜拉一生论著甚丰，其主要代表著有：《青少年的攻击》（Adolescent Aggression）（1959）；《社会学习与个性发展》（Social Learning and Personality Development）（1963，这是与他的第一位博士生 R.H.Walters 合著的），《社会学习理论》（Social Learning Theory）（1971、1977）；《思想与行为的社会基础：一种社会的认知理论》（Social Foundations of Thought and Action：Asocial Cognitive Theory）（1986）。

第一节　班杜拉的交互决定论

班杜拉认为，心理学的中心问题是要研究人类行为的起因。为了达到这个目的，多年来，许多心理学家提出了各种理论来解释人类的行为。这些理论或者是研究外部环境刺激是如何与有机体的反应能力联系在一起的（如行为主义者）；或者是研究有机体行为的主要内部动因是什么（如人本主义者）。在班杜拉看来，这两种观点都是以单向决定论（unidirectional determinism）为特征的。环境决定论与个人决定论就是两个极端的例子。环境决定论者（environmental determinists）坚持认为，行为（B）是受作用于有机体的环境刺激（E）控制的，因此，他们的公式是：$B=f(E)$。与此相反，个人决定论者（personal determinists）认为，本能、驱力和特质等内部事件，驱使有机体按照某些固定的方式行事。换言之，环境取决于个体如何对其发生作用，因此，他们的公式是：$E=f(B)$（Bandura，1974）。

在班杜拉看来，这两种理论都认为环境刺激或内在素质是单向地引发有机体行为的。而事实上，我们可以看到许多延迟匹配（delayed matching）的现象，就是说，观察者在看到一个榜样的示范动作后，可能会过几天甚至更长的时间才表现出来。而且往往并不是因为有某种直接的强化才表现出这种行为的。此外，个体可能会习得大量倾向社交（prosocial）或反对社交（antisocial）的行为。这些都无法用个体与环境的单向关系来解释。而行为主义者和人本主义者实际上都是赞同某种单向关系（尽管方向不同），因而两者都是不合适的。

目前，越来越多的实验证据表明，环境与个体的影响是双向的（bidirectional）。因此，学习理论家们越发赞成相互作用论（interactionism），即既关注个体因素，也认识到环境因素的重要性（如皮亚杰学派)。但是，班杜拉指出，虽说现在争论的中心不再是相互作用，但人们所主张的相互作用的类型是不同的。在他看来，至少有三种不同的相互作用的类型（见图 13-1)。

单向的相互作用	$B=f(P,E)$
部分双向的相互作用	$B=f(P \rightleftarrows E)$
三向的相互作用	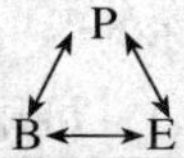

图 13-1　相互作用的三种模式

B 指行为；P 指个体；E 指环境

资料来源：班杜拉，1987 年.

第一种相互作用论是把个体与环境看做是独立的实体，这两个实体是以某种方式结合在一起影响人的行为的。这种观点可以用“$B=f$（P，E)”的公式来表示。就是说，行为是个体变量与环境变量的函数。班杜拉称其为“单向的相互作用”。他认为，这种因果关系的模式不能充分代表相互作用的过程，因为个体和环境的因素并不能起到独立的决定因素的作用。

第二种观点承认个体与环境是行为的彼此依赖的而不是独立的起因。它可以用“$B=f$（$P \rightleftarrows E$)”这个公式来表示。这个公式所依据的基本假设是：可以对各种行为测度进行分析，以确定有多少行为变化是由于个体特征引起的，有多少是因为受环境因素的影响，又有多少是起于两者相互作用的结果。班杜拉对此也持批判态度，因为这种观点把行为还原成相互作用的一种副产品，而没有认识到**行为本身**也是引起相互作用过程的一个不可割的部分。在他看来，“行为并不是由于一个无行为的人和一种情境相结合而产生的。行为主要是人们借以影响情境的诸多行动，情境又回过来影响人们的思想、情绪反应和行为。因此，**行为是起相互作用的决定因素**，而不是在人和情境的相互影响中不起作用的一个超脱的副产物”(班杜拉，1987 年。重点符号为笔者所加)。

班杜拉的社会学习理论，把行为、个体和环境看做是相互影响地联结在一起的一个系统。在分析这三个决定因素的来源时，不能把某一个因素放在比其他两个因素之上的位置。尽管在某些特定情境中，某一个因素可能起支配作用，但就一般而言，这三者都是“你中有我，我中有你的”。班杜拉把他的这种观点称为**交互决定论**(reciprocal determinism)，可用如下公式来表示：

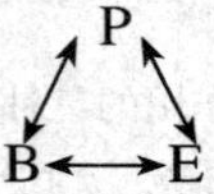

在这种交互决定论的模式里，行为、个体（主要是指认知和其他个人的因素）和环境都是作为相互交错的决定因素而起作用的，而且这些决定因素双向地相互影响。交互性并不意味着这种影响的双边具有同等的强度。相互交错的决定因素的三个根源所起的相对影响，会因不同的活动、不同的个人，和不同的环境条件而不同(班杜拉，1987 年)。

在交互决定论中，人的行为是习得的前因决定因素与后果决定因素的函数。行为的**前因决定因素**（antecedent determinants）是指在从事行为之前形成的那些复杂的影响力，它们包括各种生理上的和情绪方面的变量、期望和预期等认知因素，以及各种先天的学习机制。**后果决定因素**（consequent determinants）包括强化和惩罚，它们可以是由外部，或内部，或自我引起的。由此可见，班杜拉社会学习理论的因果关系，与行为主义刺激-反应的因果关系相距甚远。

综上所述，交互决定论是一种复杂的、综合性的人类行为理论。它关注人的功能，注意到各种内部事件与外部事件的相互关系，并试图对内部状态、外部条件和个体行为的复杂的相互依赖关系提出可检验的假设（Gazda，et al.，1980）。我们可以把班杜拉的社会学习理论公式进一步表述如图 13-2 所示：

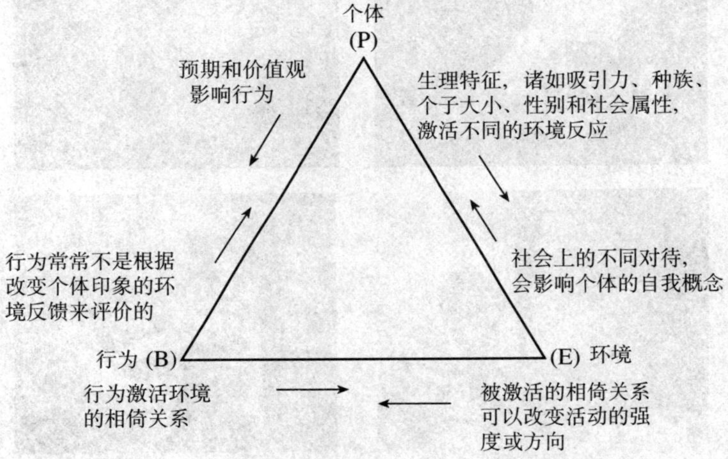

图 13-2　环境、个体因素与行为的三向关系

资料来源：Bell-Gredler，1986.

第二节　社会学习理论的实验研究

班杜拉认为，以往的学习理论家一般都忽视了社会变量。他们通常是用物理的方法来进行动物实验，以此来构建他们的理论体系。他们观察动物是如何走迷津或逃出迷津的，这对于研究作为社会一员的人的行为来说，没有很大的研究价值。班杜拉强调要以人作为基本研究对象，而不是从动物那里获得第一手材料。由于人总是生活在一定的社会条件下的，所以他主张要在自然的社会情境中而不是在实验室里研究人的行为。事实上，人们在社会情境中，通过观察和模仿，学到很多行为。

图 13-3　儿童观看一位女性成人榜样的四种攻击性行为的电影后，精确再现这四种攻击性行为的情况

资料来源：Bandura and Walters，1963.

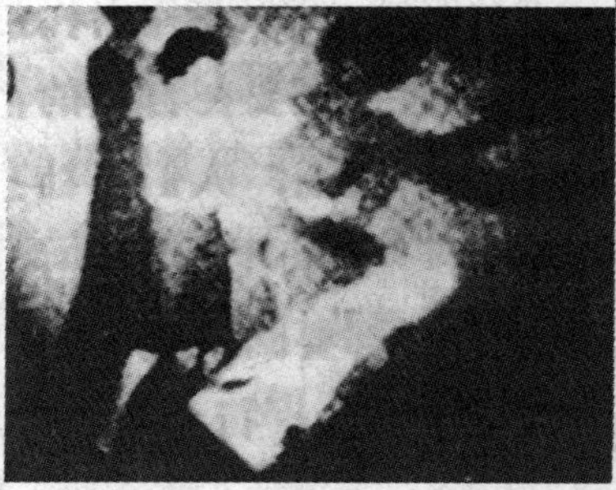
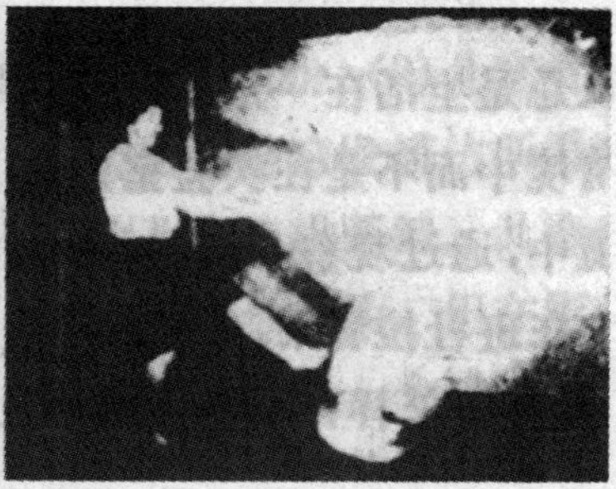
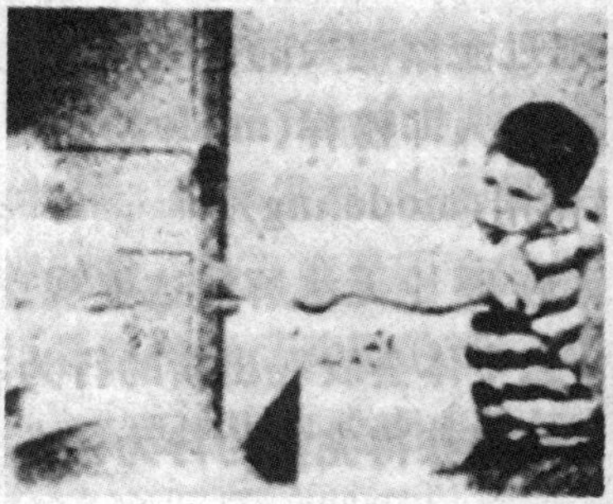

在班杜拉看来，任何一种合适的学习理论，都要回答这样的问题：个体是怎样在社会情境中习得一种新的反应的？行为主义者，如赫尔与斯金纳认为，是由于个体在作出反应时得到了奖励。尽管证据表明，通过操作性条件作用的塑造程序，可以形成各种社会行为，但研究也表明，个体也可以只是通过观察他人的行为而习得新的反应。用班杜拉的术语来说，这些他人即榜样（models），通过这种观察而习得反应，即称为榜样作用（modeling）。

班杜拉指出，行为主义的刺激-反应理论无法解释这类观察学习的现象。第一，他们不能解释为什么个体会表现出新的行为；第二，他们无法解释在一个榜样的身上可以获得完整的行为模式；第三，他们不能解释为什么这些行为模式可以在没有强化的情况下获得；第四，他们不能解释为什么在观察榜样行为后，这种已获得的行为可能在数天、数周甚至数月之后才出现。所以，倘若社会学习完全是建立在奖励和惩罚之结果的基础上的话，那么大多数人都无法在社会化过程中生存下去（Bandura，1969）。

为了说明榜样作用的效果，班杜拉和他的助手们进行了一系列实验。在一项典型的观察学习的实验中（Bandura，et al.，1963），班杜拉分别就现实、电影和卡通片中成人榜样对儿童行为的影响进行了研究，结果发现，所有这三类成人榜样都同样会导致儿童模仿这种攻击性行为。图 13-2 上面一行是用电影呈现一个女性成人榜样对一个充气人的四种攻击性行为，下面两行是一个男孩和一个女孩精确再现榜样行为的情况。

在另一项实验中（Bandura，1965），班杜拉对上述研究作了进一步延伸。他要了解两个主要问题：(1) 儿童是否不管榜样是受到奖励还是惩罚，总是会从榜样那里习得攻击性行为？(2) 儿童看到榜样受到奖励是否比看到榜样受到惩罚会更多地自发模仿所看到的攻击性行为？在实验中，把 4～6 岁的儿童分成两组。儿童在电影中看到一个成年男子演示四种不同的攻击性行为，但在影片快结束时，一组儿童看到的是这个成人榜样受到另一个成人的奖励（那个人说："你是一个强壮的冠军。"）；而另一组儿童看到的是这个成人榜样受到惩罚（另一个成人说："喂，住手！我以后再看到你这样欺负弱者就给你一巴掌！"）。接下来，就让儿童进入一间游戏室，里面放有一个同样的充气人以及这个成人榜样使用过的其他物体。结果发现，电影里榜样的攻击性行为所导致的结果（奖励或惩罚），是儿童是否自发地模仿这种行为的决定因素。也就是说，看到榜样受奖励的那一组儿童，比看到榜样受惩罚的另一组儿童，表现出更多的攻击性行为。

但这是否意味着，看到榜样受奖励的儿童比看到榜样受惩罚的儿童习得更多攻击性行为呢？为了回答这个问题，班杜拉在这两组儿童看完电影回到游戏室时，以提供糖果作为奖励，要求儿童尽可能地回想起榜样的行为，并付诸行动。结果表明，这两组儿童在模仿攻击性行为方面没有任何差异，即都能同样精确地显示出榜样的四种攻击性行为的顺序。这说明，榜样行为所得到的不同结果，只是影响到儿童模仿的表现，而对学习几乎没有什么影响。因为在榜样受到惩罚的条件下，儿童同样也习得了这种行为反应，只不过没有同样地表现出来罢了。

根据这些实验的结果，班杜拉特别关注三个最基本的、相互联系的机制：（1）替代过程；（2）认知过程；（3）自我调节过程。

1. 替代过程（vicarious process）

班杜拉认为："事实上，由直接经验导致的所有学习现象，都可以在替代的基础上发生，即都可以通过观察他人行为及其结果而发生"（Bandura，1976）。这就是说，学习者可以通过观察他人的行为，观察他人行为的结果是受到强化还是惩罚，不必自己直接作出反应并亲自体验其结果，也可以学习。在班杜拉看来，建立在替代基础上的学习模式，是人类学习的一个重要形式，因为这类学习是学习各种复杂技能的一个不可缺少的条件。例如，我们不可能通过试误学习来掌握开车、动手术之类的技能。至于人类的许多社会行为，如利他主义或暴力，也只有用观察学习过程来解释，才能得到最好的理解。

在班杜拉看来，通过观察来学习，可以使人们获得行为的规则，从而不必经过漫长的试误来逐渐形成这类规则。通过社会榜样的作用，人们可以吸取他人显示出来的和创造出来的信息源，以此扩大自己的知识、技能。要是人们只能像行为主义者所说的那样，只能从试误的后果中学习的话，那么人类的生存前景就很渺茫了。例如，儿童游泳、青少年学开汽车、医学院学生开刀，错误越严重，就越有生命危险。所以，只能凭借替代过程来学习。

2. 认知过程（cognitive process）

班杜拉指出，研究已表明："通过工具性条件作用、经典性条件作用、消退和惩罚引起的行为变化，有许多是通过认知来调节的"（Bandura，1976）。班杜拉所说的认知，主要是指使用符号和预见结果的能力。

首先，使用符号的能力，为人类提供了一种创造和调整各种环境事件的有力的工具。通过符号，人们可以把稍纵即逝的经验加以处理并转换成内在的模式，从而作为未来行动的指南；通过符号，人们可以赋予自己亲身经历过的经验以意义和形式。通过符号的媒介，人们可以不受时间和空间的限制与他人交流信息。

其次，人们并不是简单地对环境作出反应，或被环境事件所左右。人的行为大多是有目的、有预见性的。人类可以预见到各种行动可能导致的各种后果，并以此制定行动方针、引发自己的动机，并有预见性地引导自己的行动。而预见性的和有目的性的行动能力扎根于符号活动（班杜拉，1987 年）。所以，班杜拉认为，人类的行为在很大程度上是以认知为媒介的。这样，把班杜拉的社会学习理论称之为认知-行为主义理论（theory of cognition-behaviorism），也是名符其实的。

3. 自我调节过程（self-regulatory process）

班杜拉认为，个体可以通过观察到自己行为的后果来调节自己的行为。所以，人的许多行为变化，不能用刺激-反应联结来解释，而应该用自我调节过程来解释。在班杜拉看来，人们并不只是为了迎合他人的偏爱而行为。人的行为大部分是根据自己的内部准则和对自己行动所作的自我评价来调节反应的。例如，人们可能会对自己所做的某件错事（尽管任何其他人都不知道）而自责，因为这种行为违反了他们自己的行为准则。

就一般而言，自我调节过程包括自我观察、判断和自我反应三个阶段（班杜拉，1987 年）。

班杜拉认为，儿童自我-评价的准则也是受榜样作用的影响的。在一项实验中（Bandura and Kupers，1964），让 7～9 岁儿童观看榜样滚木球，第一组儿童看到的是榜样采用自我—奖励的高标准，也就是说，只有当他得到高分时才用糖果来奖励自己，并且说这样的话："因为我得了高分，我应该得到奖励。"否则，他会作自我批评："这样的分数不应该得到奖励。"第二组儿童看到的榜样是采取自我—奖励的低标准，也就是说，只要得了几分就吃糖果。第三组为控制组，即儿童没有看到榜样是如何自我奖励的。结果表明，前两组儿童在独自玩滚木球游戏时，采用与榜样自我奖励相类似的标准，而第三组儿童采用的标准上下浮动，他们不管在什么时候，想得到奖励时就自己去拿糖吃。可见，榜样的行为也会影响到儿童自我—评价的行为。

班杜拉的许多研究都集中在说明替代过程、认知过程和自我调节过程在形成人类社会行为中的作用。但相比之下，他对替代过程，或者说观察学习（observational learning），研究得更为透彻些。

第三节 观察学习的过程

在传统的行为主义学习理论中，学习常常表现为一种渐进的过程，行为是逐步塑造而成的。但班杜拉认为，在社会情境中，人们往往是通过观察他人的行为，立即就能获得许多新行为。倘若人们只能依据自己行动的结果才知道应该怎么做，那学习起来就太费劲了。

根据社会学习理论的观点，人类的大多数行为是通过榜样作用而习得的：个体通过观察他人行为会形成怎样从事某些新行为的观念，并在以后用这种编码信息指导行动。因此，观察者获得的实质上是榜样活动的符号表征（symbolic representation），并以此作为以后适当行为表现的指南。班杜拉认为，观察学习是受注意；保持；动作再现，以及动机等心理过程支配的（见图 13-4）。

一、注意过程

人们除非注意并精确地知觉榜样行为的明显特征，否则是无法学到这种行为的。注意过程决定了个体在众多榜样作用影响时有选择地观察哪些方面。个体的观察学习是受多种因素制约的，诸如观察者的特征、榜样活动本身的特点，以及人际互动的安排等。

影响学习者注意的决定因素有多种，其中最重要的是学习者交往的方式。与学习者经常有固定交往的人，往往也就界定了学习者反复观察、因而学习得最彻底的那些行为类别。所以，不同群体的成员，学习攻击性行为的机会有显著的差异。此外，在任何一个社会群体内，有些个体可能会比他人更引人注意。榜样行为所起的效用是各不相同的。不同榜样所显示的行为的功能性价值，对人们将会观察哪些榜样、不理会哪些榜样会有很大影响。就一般而言，榜样是否具有吸引人的特征，是观察者是否对其引起注意的一个重要因素。

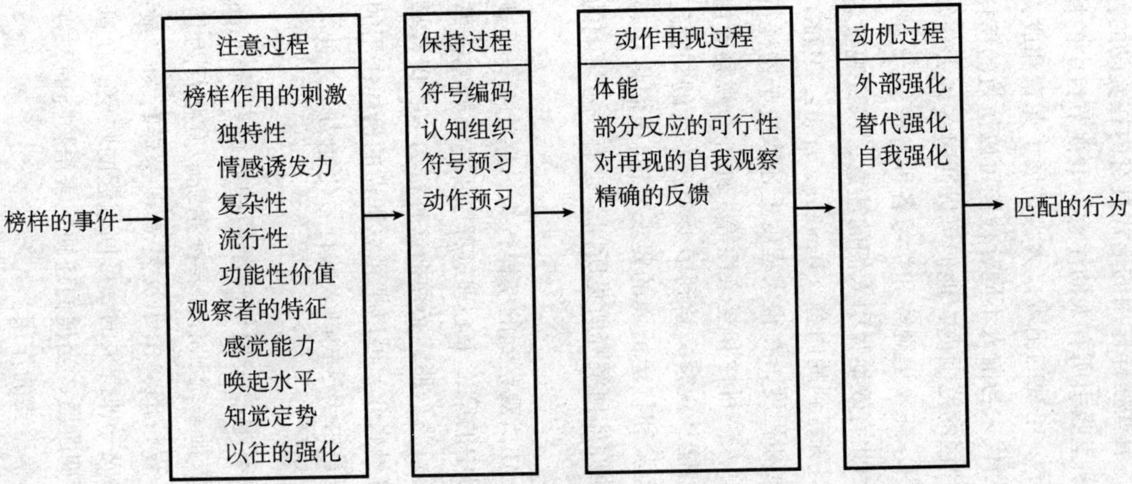

图 13–4　支配观察学习的四个子过程

资料来源：Bandura, 1977.

班杜拉注意到，有些榜样作用的形式具有内在奖励的性质，以致于他们能在长时期里吸引所有人的注意。电视节目中的榜样作用就是一个最好的例子。电视的出现，大大扩展了儿童和成人可以仿效的榜样的范围。当代人与前人不同，他们可以仿效的榜样不再只是局限于家庭和小社区的范围内，他们可以通过各种大众媒介提供的众多符号榜样作用，在家里观察和学习各种各样的行为举止。电视里呈现的榜样是如此有效地吸引人们的注意，以致观察者不知不觉地学到了许多他们所看到的内容（Bandura，et al.，1966）。

观察学习的速度和程度，在很大程度上还取决于榜样行为的性质，例如，它们的惹人注目性和复杂性等。此外，观察者加工信息的能力，决定了他们能从观察中学到多少。观察者的知觉定势（这往往取决于以往的经验和特定情境的要求），对他们将从观察中抽取哪些特征，以及他们如何解释所见所闻，是有一定影响的。

二、保持过程

人们如果不能记住所观察到的榜样行为，那就不会受观察的影响。因而，观察学习中的第二个心理过程是保持。观察者若要在以后什么时候再现榜样行为，那就必须把这种行为方式以符号形式贮存在记忆中。通过符号媒介，可以把稍纵即逝的榜样作用的经验保持在长时记忆中。正是由于这种高级的符号化能力，才使人类能够凭借观察学到许多行为。

班杜拉认为，观察学习主要依赖于两种表征系统（representational systems）：映象表征系统和语言表征系统。有些行为是以映象方式（symbolic form）保持的。由于反复展现榜样行为，最终会使观察者对榜样行为形成一种持久的、可回想起的映象。在班杜拉看来，在儿童发展的早期阶段，当他们还缺乏言语技能时，视觉映象在观察学习中起着非常重要的作用。

在观察学习中，常常有这样一种现象：观察者只是看了一会儿就学会了，并能保持在记忆中。班杜拉认为，对此需用言语编码

(verbal coding）来解释。支配行为的大多数认知过程是语言的而不是映象的。例如，某人带我们走一条近道，为了以后自己一个人时也能走这道，我们通常是把视觉信息转换成言语编码（如：朝南走几个路口后向右拐，再走几个路口向左拐），这往往比形成这条路线的视觉映象更简便可靠。班杜拉认为，通过这种符号编码，可以促进观察学习和保持，因为这样可以用容易贮存的方式掌握大量的信息。

在把榜样行为转换成映象和容易利用的言语符号后，这些记忆编码就用来指导人的行为表现。

三、动作再现过程

榜样作用的第三个成分是把符号表征转变成适当的行动。一个人可能充分注意到了榜样行为，并把它编码后保持在记忆里，但如果没有适当的动作能力，就不可能再现这种行为。例如，一个男孩仔细观看了他父亲使用锯子，但就是不能模仿得很好，这是因为他还不具备这种体力和动作技能。

就一般而言，学习者是通过按照榜样行为方式组织自己的反应而达到行为再现的。为了便于分析，可以把行为实施分解成：对反应的认知组织；反应的发起；对反应的监控，以及根据信息反馈矫正反应。

在行为实施的初始阶段，学习者是在认知的层次上选择和组织反应。学习者能否用行为的方式显示出观察学习的内容，部分取决于他们是否已具备有关的技能。除此之外，学习者要在行为的层次上表现出他通过观察学到的内容，还有其他障碍。在第一次尝试时，观念极少被准确无误地转化成行动。若要与榜样行为精确匹配，通常需要正确调整多次的尝试。符号表征与行为实施之间的差异，可用来作为矫正行动的线索。在学习复杂技能（如游泳）时的一个常见问题时，观察者无法充分地看清表演者的动作，因此，他们只能根据模糊的动觉线索或旁观者口述，而根据这些是难以指导行动的。

人们既不可能仅凭观察，也不可能只是通过试误摸索，就能熟练掌握技能的。在大多数日常学习中，人们通常是通过榜样作用大致掌握新的行为，然后根据信息反馈进行自我矫正的调整，才逐渐熟练掌握这种技能的。

四、动机过程

班杜拉的社会学习理论对习得（acquisition）与表现（performance）作了区分，因为人们并不会实施他们学到的每一件事情。首先，如果按照榜样行为导致有价值的结果，而不具有无奖励或惩罚的结果，人们便倾向于展示这种行为。这是一种外部强化。其次，观察到的榜样行为的后果，与自己直接体验到的后果，是以同样方式影响榜样行为的表现的。这也就是说，学习者的行为表现是受替代强化（vicarious reinforcement）的影响的。事实上，在通过观察习得的无数反应中，看到他人获得积极效果的那些行为，比看到他人受到消极后果的那些行为，更容易表现出来。最后，人们对自己行为产生的自我评价的反应，也会调节人们会作出哪些通过观察学到的反应。他们倾向于作出感到自我满足的反应，拒绝作出自己不赞成的行为。这是一种自我强化（Hicks，1971）。

由于有众多因素支配观察学习，因此，提供榜样，哪怕是最引人注目的榜样，也不会使观察者自动地产生类似的行为。如果要使观察者最终表现出与榜样行为相匹配的反应，就要反复演示榜样行为，指导他们如何再现这种行为，并在他们的行为成功地表现后给予奖励。班杜拉指出，在任何特定情境里，观察者没有作出与榜样行为相匹配的行为反应，可能是由于下列任何一种因素引起的：没有观察到有关的活动；在记忆贮存中没有对榜样行为进行适当编码；没有保持所学到的内容；尚未具备从事这种行为的体能，或者是没有足够的诱因动机。

根据班杜拉对观察学习的分析，我们可以把整个过程划分成一系列阶段或步骤，如图 13-5 所示：

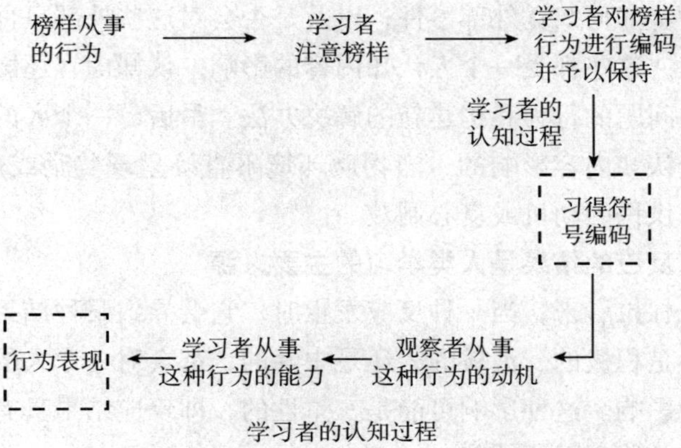

图 13-5　观察学习中相继的步骤

资料来源：Bell-Gredler，1986.

第四节　社会学习的原理

一、人类的许多学习都是认知性的

作为一位认知-行为主义者，班杜拉一方面认为，人类像其他动物一样学会对环境作出动作反应，另一方面，人类还具有用符号表征外部事件的能力，这使得人类的行为在多样性和灵活性方面比动物的行为优胜得多。

这些符号表征（即认知的内容）包括映象和语言系统。符号表征对行为者的价值，取决于符号系统与它们所指称的外部事件对应的程度。如果两者几乎是完全相对应的，那么，符号排列就几乎等同于在环境中表现出来的物质的操作。例如，内隐的数字运算的结果，与物体在空间上的排列是相同的，“2 × 4”这种符号代码，等同于 4 组各包括 2 个物体的实物。

班杜拉认为，一旦认知内容得到了发展，它们就成了决定一个人的知觉、解决问题和动机的重要因素。一个人观察或不理会那些外部事件、如何知觉外部事件；以及是否会对这些外部事件保持持久的印象，这些都受一个人认知内容的影响。认知内容还影响到一个人解决问题的行为和构建新的解决办法。最后，一个人的学习动机也是受认知内容影响的，当物质环境不直接呈现奖励或惩罚时，它们会提供诱因动机或良心制裁。

二、反应的结果是人类学习的主要来源

在班杜拉看来，当一种反应发生时，它会导致某种结果，无论这种结果是积极的、消极的，还是中性的，都会对一个人的行为库产生某种影响。这种影响可能是三重性的，即反应结果具有信息功能、动机功能和强化功能。

首先，反应结果具有信息功能，它们使个体了解哪些行为在某种条件下会导致成功或失败的结果，从而能够对在某种条件下的行为结果作出假设。这种假设是建立在各种不同行为结果的概率基础上的，它们被用来作为未来行动的指南。例如，儿童发觉在父亲微笑时要求得到一块糖果通常是成功的。儿童形成的假设是（尽管他还不能明确表述出来）：在这种条件下，成功的概率是相当高的。假定儿童提出了这个要求，但被拒绝了，理由是因为离吃饭时间太近了。那么，这一信息就会被组合到有关这一假设的条件中去。因此，环境是通过在不同条件下反应的结果连续不断地提供信息，个体以此来修正有关行为结果成败概率的假设。

其次，反应结果的第二个功能是动机性的。个体已掌握的信息，可以通过预见和期望，成为行为的诱因条件，即便这些诱因条件在物质环境中还没有显现。例如，某种反应在以往曾招致不成功的结果，也就是说，得到的是惩罚。那么，对这种结果的符号表征，就会通过预见，控制不作这种反应，即便在物质环境不会马上给予惩罚的情况下，也是如此。

再次，反应结果的第三个功能是增加或减少原先这种反应的频率。这是班杜拉与操作条件作用理论争论的一个要点。斯金纳等人认为，反应结果会自动地或机械地产生影响；对反应与结果之间联结的觉察，与行为的加强或削弱没有内在的联系。但班杜拉认为，对于人类来说，反应结果所产生的作用，是受认知结构调节的，我们不能离开心理活动来理解反应结果所产生的作用。例如，在一项实验中（Kaufman，et al.，1966），让三组被试在同样的变化-间隔强化安排（平均每一分钟强化一次）中作出一种手工反应。但给每一组被试的操作—奖励相倚关系的信息是不同的。给第一组被试的有关强化安排的信息是正确的（即告诉他们是变化—间隔强化安排）；而给第二、三组被试的信息是错误的：告诉第二组是每一分钟的正确反应后给予奖励（即固定-间隔强化安排）；告诉第三组平均每150次反应后给予强化（即变化-比例强化安排）。结果表明，被试的反应速度更多的是受他们以为的强化安排的影响，而不是受直接的反应结果的影响。班杜拉认为，认知中介物（在这个例子中，即对奖励的想法）在大多数强化情境中起重要影响。

三、观察是学习的另一个主要来源

班杜拉反复强调，人类的许多行为都是通过观察他人的行为及其结果而习得的。人类习得的许多东西，诸如语言、社会规范、态度和情感等，很难用试误学习来解释，而用观察学习来解释则很容易说得通。

班杜拉并不否定试误学习或直接经验的效用，但他坚持认为，许多复杂的技能，如外科手术和开车等，不允许有试误过程。此外，对某些客体（如对蛇或各种化学武器）的害怕态度，也不是直接通过与这类客体的接触而习得的，而往往是通过假想亲历其境来感受到的。

班杜拉在研究观察学习时确认一个完整的学习事件涉及的四种成分：注意；保持；动作再现，以及动机。换言之，观察学习的失败，是由于缺失其中的一种或多种成分造成的。此外，每一种成分都是受众多的因素支配的（详见第三节）。

首先，除非观察者以某种方式注意榜样行为，否则单是呈现榜样行为是不会产生观察学习的。其次，通过观察学习到的东西必须用符号加以编码和贮存，至少要保持到作出这种行为反应为止。再次，一个人可能已注意到榜样行为并适当保持了编码符号，但如果没有相应的动作能力，就不可能再现这种行为。第四，若要一个人表现出所习得的行为，必须要有适当的诱因动机。也就是说，除非观察者有表现的条件，否则是不可能外显出所学到的行为反应的。

四、展现一个榜样可能会产生不同的效应

班杜拉认为，展现一种榜样行为，可能至少会对观察者产生三种不同的效应，这三种效应涉及到三种不同的学习过程。

首先，观察者可能是通过观看榜样行为习得了一种新奇的反应，也就是说，这种行为反应是他原来的行为库中没有的。因此，在原先的刺激条件下，作出这种反应的概率是零。在一些典型的实验情境中使用的大多数新奇反应，都是由观察者以往学习中已获得的各种要素构成的，然而，他们需要把这些要素加以重新组合才能作出这种新奇的反应。班杜拉把这种现象称为观察学习的效应（observational learning effect）。

其次，榜样行为的第二种效应是加强或削弱观察者对自己已有行为的抑制。抑制效应（inhibitory effect）是指：观察者由于看见榜样得到惩罚的结果而引起的反应倾向减弱。例如，在班杜拉的一项研究中（Bandura，et al.，1963），看到榜样攻击性行为受到惩罚的儿童，相对来说表现出较少的攻击性行为；看到榜样做出自己原来抑制的行为受到奖励时，会加强这种反应的倾向，即出现一种解除抑制的效应（disinhibitory effect）。班杜拉根据这一原理，与他助手设计了一项实验，结果表明，原来很害怕狗的小孩，与一些非常喜欢狗的同龄人相处一段时间后，就不再怕狗了。有些小孩后来甚至愿意与狗单独呆在一间房间里（Bandura，et al.，1967）。

再次，观看榜样行为的第三种效应是引发观察者行为库中已有的反应，班杜拉称其为社交促进的效应（Social facilitation）。这种效应不同于观察学习，因为它没有习得新的反应。它也不同于解除抑制，因为它并没有涉及消除害怕或抑制的过程。

五、观察学习是规则和创造性行为的主要来源

在班杜拉看来，观察学习最重要的作用之一，是习得超越所观察到的特定反应之上的规则或原理。他认为，在观察学习过程中，观察者要抽象出榜样行为的共同要素，并把这种行为恰当地运用于其他情境中去，尽管他们并没有看到过榜样在这些情境中作出这种行为。这就是说，观察者对所看到的榜样行为的具体特征加以编码，并以不仅仅是简单模仿的方式运用这种行为。班杜拉认为，这种抽取特性并适当运用的能力，使得观察者的行为不仅仅局限在特定的榜样刺激范围内，这是人类行为多样化和灵活性的基础。他把这个过程称为抽象的榜样作用（abstract modeling）或观察学习的高级形式（higher-order forms of observational learning），这对人们掌握语言的语法规则来说是至关重要的。

班杜拉还认为，观察学习是创造性行为的一个主要来源。当观察者看到众多不同的榜样时，会影响到他们自己的创造性表现。事实上，大多数榜样行为不只局限在所观察到的行为范围内，而往往是各种榜样特征的组合，这种行为组合不同于原先任何一种个别的榜样行为。因此，榜样越是多样化，观察者就越有可能作出创造性的反应。例如，儿童看到同样的教师榜样，但他们会以不同的方式组合教师的特征，因而从教师那里习得不同的行为特征，从而使他们的个性特征不同于任何一个特定的教师。

同样，在艺术创造方面也是如此。艺术家是通过组合、抛弃和重新组合各种榜样的特征，直至达到自己独一无二的境界的（Gazda，et al.，1980）。

第五节 评 论

与早期的折衷主义者托尔曼一样，班杜拉的社会学习理论常常被人归入新行为主义的行列［例如，佩文（L. A. Pervin）的《个性：理论与研究》（Personality: Theory and Research）1975］，其依据是：班杜拉主要是受行为主义者赫尔的学生米勒和多拉德《社会学习与模仿》（Social Learning and Imitation）（1941）一书的影响而开始从事社会学习研究的（Evans，1976），像所有的新行为主义者一样，他强调研究外显的行为，行为的结果对行为的影响，以及强化所起的重要作用。

同样，班杜拉的社会学习理论又被作为认知理论（例如，鲍尔与希尔加德的《学习论：学习活动的规律探索》，1987 年），其理由是：班杜拉特别重视观察学习、认知过程（编码、映象、符号表征和问题解决）和自我调节过程所起的作用。班杜拉批评行为主义者"忽视了认知功能是引起人的行为的决定因素之一。人是有思想的有机体，具有给自己提供某种自我指导力量的潜能"（Bandura，1971）。

看来，班杜拉的社会学习理论虽然与行为主义的观点有许多共同之处，因而可以与开放型的行为主义和谐共存，但由于把认知过程引进社会学习理论的体系，因而超出了行为主义的范畴，形成了一种认知-行为主义的模式。与托尔曼不同的是，班杜拉的折衷主义不仅没有受到来自行为主义和认知学派的抨击，而且还受到人们的青睐。有人甚至认为："社会学习理论也许奠定了使未来十年内的很多学习研究取得一致意见的基础"（鲍尔与希尔加德，1987 年）。

凭心而论，班杜拉在综合行为主义与认知学说时，确实形成了自己的特色。例如，他对观察学习的分析是有独到之处的。对榜样行为的模仿，这个观念并不新鲜。如果仅仅是模仿，那么榜样作用是十分有限的。班杜拉认为，通过观察学习，可以抽象出榜样行为的特征、形成规则，并通过对这些规则的重新组织，形成全新的行为。这就为观察学习赋予了新的生命力。又如，班杜拉的三向交互决定论也是很有新意的。他不仅像行为主义者那样强调外部事件，像认知心理学家那样注重内部事件，而且着重分析了行为、个体与环境之间相互交错的影响。所以，班杜拉对皮亚杰发展阶段决定论持不同观点，事实也表明，儿童道德思维或推理的发展，是可以通过榜样的影响而改变的。

班杜拉非常注意理论研究与实际应用之间的联系。他强调指出："一种理论的价值，最终是根据它在改变实践过程中所起的作用来评判的。"（Bandura，1986）因而，他在分析榜样作用的影响时，很重视那些具有广泛影响的大众媒介（尤其是电视）所产生的作用。认为大家都有理由关注电视中日益增多的暴力、色情和颓废厌世的镜头，因为儿童往往每天连续几小时坐在电视机前，这对塑造他们的行为将产生很大影响。现在世界各国有识人士都已关注这个问题，这里面有社会学习理论的一份贡献。

最后，我们应该承认，班杜拉社会学习理论是建立在设计严密的实验研究基础上的，他提出的理论假设大多都有实验结果证明。这与他早年受过严格的实验训练有关。但与此同时，我们也应该看到，实验情境设计得再好，与现实的生活情境总是有一定距离的。所以，我们还需进一步验证他从实验室研究中提出的原则在实际生活情境中的运用情况。例如，尽管班杜拉表明，实验室中的榜样行为能够改变儿童的道德思维，但我们还不能确定这种榜样作用与现实生活中儿童道德思维发展之间的关系。这也许是实验研究本身所固有的一个弱点。

第十四章 罗杰斯人本主义学习理论

卡尔·罗杰斯（Carl R.Rogers，1902— ）于1902年1月8日出生在美国伊利诺斯州的奥克派克的一个原教旨主义家庭。父母管教很严，从不让他出去跳舞、看电影，更别说抽烟、喝酒和打牌了。他12岁那年，父亲买了一个农场，举家搬到乡下，主要目的是为了让子女远离城市生活的“邪恶”。所以，罗杰斯在整个青少年时代几乎不参加任何社交活动，因而也没有任何亲密的朋友。早年的孤独，成了他后来从事心理治疗工作的一个重要原因。

1920年，罗杰斯中学毕业，为承父业，考入威斯康星大学学习农业。他旋即加入了基督教青年会（YMCA），这才第一次感受到“朋友”和“同志”意味着什么。翌年，他就放弃攻读农业，转修历史。1924年获文学士学位。在大学三年级（1922年）时，他作为美国12名学生代表之一，参加了在中国北京召开的“世界学生基督教同盟大会”。这次前后长达6个月的旅行，对他一生产生了巨大影响。他认识到，具有各种不同宗教信仰的人也可以真诚地和睦相处。这使他摆脱了父母的宗教思想，“成了一个独立的人”。也是在这次旅途中，他结识了自己的人生伴侣海伦（R.Helen）。在与海伦的交往中，他发现，个人的想法和对未来的憧憬是可以与人交流和分享的。

大学毕业后，他进了设在纽约的联合神学院攻读研究生，准备从事宗教工作。但后来他开始对心理学感兴趣，并到神学院对面的哥伦比亚大学师范学院选修心理学课程，1928年获硕士学位，1931年获博士学位。然后到纽约罗彻斯特儿童研究室（后改为儿童指导中心）工作，1938年任该中心的主任。1940年任俄亥俄州立大学心理学教授，1945年任芝加哥大学心理学教授，并创建芝加哥大学心理咨询中心。1957年任威斯康星大学教授，1962年任斯坦福大学行为科学高级研究中心研究员，1964年任加利福尼亚州西部行为科学研究所研究员，1968年又创建关于人的研究中心，并任研究员。

由于罗杰斯学术建树颇多，1944年当选为美国应用心理学家协会主席；1946年当选为美国心理学会主席。1956年获美国心理学会颁发的杰出科学贡献奖；1972年又获该会的杰出特殊贡献奖。罗杰斯一生著述颇丰，主要代表作有：《咨询与心理治疗》（Counseling and Psychotherapy）（1942）、《患者-中心治疗》（Clientcentered Therapy）（1951）、《论人的形成》（On Becoming a Person）（1961）、《自由学习》（Freedom to Learn）（1969、1983）、《卡尔·罗杰斯论交朋友小组》（Carl Rogers on Encounter Groups）（1970）、《卡尔·罗杰斯论个人权力》（Carl Rogers on Personal Power）（1977）和《一种存在的方式》（A Way of Being）（1980）等。

第一节　人本主义心理学概述

20世纪中叶，有一些心理学家感到，现有的心理学（主要是指行为主义心理学）没有恰当地探讨人类的思维能力、情感体验和主宰自己命运等问题。这种心理学往往过于关注“严格”的研究方法，以致忽视了人之所以成为人的实质性的东西，因此把对白鼠、鸽子、猫和猴子的研究结果应用于人类学习。这些心理学家主张像精神分析学家那样采用个案研究方法，而不是用实验步骤来揭示人的本质。但他们批评精神分析学家只关注有情绪障碍的人，而不去研究心理健康的人。到了60年代，这些心理学家的观点已形成一种学派，并构成了一场对传统心理学挑战的运动，这就是所谓的人本主义心理学。

人本主义心理学家认为，心理学应该探讨的是完整的人（the whole person），而不是把人的各个从属的方面（如行为表现、认知过程、情绪障碍）割裂开来加以分析。由于人本主义主要是在对新行为主义和精神分析学派的批判中形成和发展的，所以常常被人称为是第三势力心理学（Third Force Psychology）。用人本主义心理学奠基人之一马斯洛（A. H. Maslow）的话来说，人本主义者要在心理学中发生一场革命，就像当年伽利略、达尔文、爱因斯坦、弗洛伊德和马克思所引起的革命一样，也就是说，要形成知觉与思维的新方式、对人与社会的新形象、对伦理观与价值观的新看法，以及新的运动方向（Maslow，1968）。

1962 年成立的美国人本主义心理学协会（AAHP）第一任主席巴金托（J. F. T. Bugental）在 1967 年出版的《人本主义心理学的挑战》（Challenges of Humanistic Psychology）一书中认为，人本主义心理学的目标，“是要对作为一个活生生的人所涉及的方方面面进行全面的描述”。他认为，一种有效的心理学必须探讨人的情感、对经验的看法，以及在特定情境里的行为。

人本主义心理学，最初并不是从对学习和学习过程的研究中形成的，而是从一些从事心理学应用的工作者——临床心理学家、社会工作者和心理咨询工作者——的研究中产生的。对人本主义心理学有显著贡献的代表人物，除了马斯洛和罗杰斯外，还有弗罗姆（E. Fromm）、库姆斯（A. Combs）和奥尔波特（G. W. Allport）等人。尽管这些理论家对问题的看法不尽相同，但他们对人类行为的基本原理和基本假设有着许多共同之处。在他们看来，“要理解人的行为，就必须理解行为者所知觉的世界，即要知道从行为者的角度来看待事物。在了解人的行为时，重要的不是外部事实，而是事实对行为者的意义。如果要改变一个人的行为，首先必须改变他的信念和知觉。当他看问题的方式不同时，他的行为也就不同了”（Combs，et al.，1974）。换言之，人本主义心理学家试图从行为者，而不是从观察者的角度来解释和理解行为。他们所关注的是个人的感情、知觉、信念和意图——这些是使一个人不同于另一个人的内部行为。在他们看来，如果学习内容对学生没有什么个人意义的话，学习就不大可能发生。因此，他们感兴趣的是自我概念的发展、人际关系的训练，以及其他情感方面的内容。

由于大多数人本主义心理学家并不是以研究学习为已任，因而并没有提出一种系统的学习理论。相比之下，罗杰斯对学习的论述较多，他的《自由学习》一书一版再版，专门探讨学习的问题。而且，他也参与了与其他学习理论的论战。因此，本章以罗杰斯对学习的论述为主要的分析对象。

第二节　罗杰斯的学习观

像奥苏贝尔一样，罗杰斯认为，可以把学习分为两类，它们分别处于意义连续体（continuum of meaning）的两端。

一类学习类似于心理学上的无意义音节的学习。学习者要记住这些无意义音节是一项困难的任务，因为它们是没有生气、枯燥乏味、无关紧要、很快就会忘记的东西。所以，它们一方面不容易学习，另一方面又容易遗忘。在罗杰斯看来，我们常常没有看到，学生在课堂里学习的内容，有许多内容对学生来说也具有这种无意义的性质。几乎每个学生都会发现，他们课程中有很大一部分内容对自己是无个人意义（personal significance）的。因此，学校教育成了徒使学生学习没有个人意义的材料。这类学习只涉及心智（mind），是一种“在颈部以上（from the neck up）”发生的学习。它不涉及感情或个人意义，与完整的人无关。在罗杰斯看来，“现代教育的悲剧之一，就是认为惟有认知学习是重要的”（Rogers，1983）。

另一类是意义学习（significant learning）。所谓意义学习，不是指那种仅仅涉及事实累积的学习，而是指一种使个体的行为、态度、个性以及在未来选择行动方针时发生重大变化的学习。这不仅仅是一种增长知识的学习，而且是一种与每个人各部分经验都融合在一起的学习。例如，当一个刚学步的小孩的手碰到取暖器时，他就学会了“烫”这个词的意义；他同时也学会了以后对所有类似的取暖器要当心；他会以一种不会马上就遗忘的、有意义的和投入的方式保留所学到的内容。又如，如果一个五岁小孩迁居到另一个国家，让他每天与新的小伙伴们一起自由地玩耍，完全不进行任何语言教学，他在几个月内就会掌握一种新的语言，而且还会习得当地的口音。因为他是用一种对自己有意义的方式学习的，所以学习速度极快。倘若请一个教师去教他，在教学中使用对教师有意义的材料，那么学习速度将会极其缓慢，甚至停滞不前。

罗杰斯认为，这种情况值得我们深思。为什么让儿童自己去学习时，速度很快且不易遗忘，并具有高度的实际意义，而当用一种只涉及理智（intellect）的方式“教”他们时，情况就糟了呢？关键在于后者不涉及个人意义，只是与学习者的某个部分（如大脑）有关，与完整的人无关，因而他不会全身心地投入这种学习。由此可见，罗杰斯的意义学习（significant learning），与奥苏贝尔的意义学习（meaningful learning）的内涵是不同的，前者关注学习内容与个人之间的关系，而后者是强调新旧知识之间的联系。按照罗杰斯的观点，奥苏贝尔的意义学习只是一种在“颈部以上发生的学习”。

罗杰斯指出，在教育史上，人们往往把学习看做是一种前后有序的认知活动，是一种左半脑的活动。左半脑一般是以逻辑的、线性的方式发挥功用的。它是按直线一步一步地思考问题，注重构成整体的部分和细节；它只接受确切的和清楚的内容；它处理的是观念和概念；它是与生活中的阳刚（masculine）方面联系在一起的。使学生左半脑得到发展，几乎成了现在学校惟一公认的功能。

但在罗杰斯看来，倘若要使整个人都参与学习，就要充分利用右半脑。右半脑是以另一种方式发挥功用的。它是以直觉的方式思维的；它要在理解细节之前先掌握实质；它考虑到整个形式、整个完形；它是以隐喻方式运演的；它注重的是审美而不是逻辑；它能作出创造性的跳跃。艺术家与富有创造性的科学家即采用这种方式。它是与生活中的阴柔（femine）方面联系在一起的。

如何使学生的左右脑共同发挥功用呢？罗杰斯认为，意义学习是最好的办法。“意义学习把逻辑与直觉、理智与情感、概念与经验、观念与意义等结合在一起。当我们以这种方式学习时，我们就成了一个完整的人，即成了能够充分利用我们自己所有阳刚和阴柔方面的能力来学习的人”（Rogers，1983）。

罗杰斯批评传统的学校教育把儿童的身心劈开来了：儿童的心（mind）到了学校，躯体和四肢也跟着进来了，但他们的感情和情绪只有在校外才能得到自由表达。在他看来，我们不仅完全可以使整个儿童（情感和理智）都进入学校，还可以借此增进学习。

罗杰斯认为，意义学习主要包括四个要素：第一，学习具有个人参与（personal involvement）的性质，即整个人（包括情感和认知两方面）都投入学习活动；第二，学习是自我发起的（self-initiated），即便在推动力或刺激来自外界时，但要求发现、获得、掌握和领会的感觉是来自内部的；第三，学习是渗透性的（pervasive），也就是说，它会使学生的行为、态度，乃至个性都会发生变化；第四，学习是由学生自我评价的（evaluated by the learner），因为学生最清楚这种学习是否满足自己的需要、是否有助于导致他想要知道的东西、是否明了自己原来不甚清楚的某些方面。

在罗杰斯看来，自我评价是使学生自我发起的学习成为一种负责的学习的一个重要手段。当学生必须对确定哪些准则是重要的、学习的目标什么，以及在何种程度上达到了目标负起责任时，他也就真正学会了对自己及自己发展方向负起责任来。

最后，罗杰斯对行为主义者只注重行为的结果，而不探讨行为的起因，提出了批评。他认为，人的行为是同自我概念联系在一起的，每个人都是按照一种与他自我概念相吻合的方式行事的。因此，我们每个人都往往只看到与我们看待自己的方式相一致的那些事物。因而，罗杰斯认为，人是他自己行为的决定因素，人不从属于他的环境，而是可以对他生活的性质作出自由选择的。这是一种自由选择论，与行为主义的环境决定论产生了尖锐的冲突。罗杰斯与斯金纳曾对此展开持久的论战。

第三节　罗杰斯论学习的原则

罗杰斯认为，人们一般都是从提出理论和普遍原理入手，然后提供在实践中贯彻这些原理的途径或方法。但他采取了与此相反的步骤。他首先致力于呈现大量的实际经验和对方法的描述，然后才提出从中概括出来的一般原理。在他看来，人本主义的、以个人为中心的和以过程为定向的学习方式已经取得了很大的进展。根据目前已有的经验和研究，可以归纳出以下十条学习原则。

一、人类生来就有学习的潜能

人生来就对世界充满好奇心，但这种好奇心往往因他们在学校教育中的经验而变得迟钝了。在罗杰斯看来，学习者总是怀着一种心理矛盾渴望发展和学习。之所以说心理矛盾，是因为任何一种意义学习都包含某种程度的痛苦：或者学习本身是痛苦的，或者是由于学习时不得不放弃某些已有观念而引起的苦恼。第一种矛盾心理可以用小孩学步为例。小孩摇摇晃晃，跌倒碰痛了。学步虽然是一个痛苦的过程，然而，小孩从发展自己行走潜能中获得的满足，远远超过了他因遇到挫折而引起的痛苦。所以，他还是会继续学走步。第二种矛盾心理可以以一个刚进名牌大学的学生为例。这个学生在城镇的一所中学里读书时，无疑是一个尖子学生，进入这所名牌大学后发现自己并不出众。承认这一点是一种痛苦的学习。然而，在大多数情况下，他确实能承认这一点，并由此而获得进展。

罗杰斯认为，在合适的条件下，每个人所具有的学习、发现、丰富知识与经验的潜能和愿望是能够释放出来的。这种心理倾向是可以信任的。事实上，人本主义对教育的全部探讨，都是建立在学生的这种渴望学习的天性上的。

二、当学生觉察到学习内容与他自己目的有关时，意义学习便发生了

在罗杰斯看来，一个人只会有意义地学习他认为与保持或增强自我有关的事情。例如，两个学生都选修统计学这门课。一个学生正在从事一个研究项目，他迫切需要掌握统计学课中的有关内容，以便完成这项研究，从而使自己的专业生涯上一个台阶。而另一个学生则只是为了获得学分而选修这门课，如果说选修这门课与他的目的或自我增强有何相干的话，那就是：为了呆在大学里，他必须修完这门课。由此而引起的学习上的差异是不言自明的，前者从事的是一种“实用的学习”（functional learning），后者则是学会如何“熬过”（get by）这门课。

与这一学习原则相关的另一个要素是学习速度的问题。罗杰斯认为，当学习者具有某种目的，并认为学习有助于达到这一目的时，学习速度就会加快。我们只要看一看青少年学习驾驶汽车的速度就可以明白这一点了。据罗杰斯估计，当学生认为学习内容与达到自己目的有关时，学习各个科目的时间就会大大减少，也许只需目前所花时间的三分之一，甚至只要五分之一的时间就足够了。

三、涉及到改变自我组织（即改变对自己看法）的学习是有威胁性的，并往往受到抵制

自我概念是指一个人的信念、价值观和基本态度。当学生的自我概念遭到怀疑时，他往往会采取一种防御态势。罗杰斯指出，20世纪60年代以来，男青少年蓄着长发到学校里来，引起一些人的愤怒，甚至还有人提出诉讼。在他看来，头发的长度实际上并没有什么重大差别。人们反对男青少年留长发的理由是：作为一名教师和学校管理人员，如果接受了这种不顺从的做法，就会威胁到自己的价值观——顺从社会的要求。如果允许这种矛盾存在，教师和学校管理人员就会发现自己也正在发生变化，因为这迫使他们重新评估自己的价值观。同样的情况也适用于以前对“服装奇特行为怪僻的人”（beatniks）和后来对“嬉皮士”（hippies）的看法。如果容许这些人拒绝几乎所有中产阶级所持的价值观，那就会严重危及教师和学校管理人员把中产阶级价值观作为自己的一个组成部分。所以，大多数教师认为，不留长发的人是对的，而留长发是不对的。

罗杰斯指出，这种痛苦的、威胁到自己价值观的学习，有时与自己内部的矛盾有关。例如，一个人坚信“这个国家里的每一个公民都有同样的生存权利”。但他发现“自己不愿意与黑人为邻”。由于这种两难问题而引起的学习，是一种痛苦的、威胁到自己价值观的学习，因为这两种信念无法共存。罗杰斯认为，因这种矛盾而引起的任何学习，都涉及自我结构的显著变化。

四、当外部威胁降到最低限度时，就比较容易觉察和同化那些威胁到自我的学习内容

罗杰斯十分强调学习氛围对学生的影响。例如，阅读迟钝的儿童始终会由于自己这方面的缺陷而感到不适应或受到威胁。当他不得不面对全班同学大声朗读时；当他因朗读而受到嘲笑时；当他的成绩反映了这种失败时，他在以后几年的学校学习中，阅读能力肯定不会有长足的进步。但是，如果在一种相互理解和相互支持的环境里，在没有等级评分和鼓励自我评价的环境里，就可以消除上述这些外部威胁，同时也不会出现因恐惧引起的心理崩溃，从而使阅读取得进展。罗杰斯认为，这也许是教学机器（如果使用恰当的话）最大的好处之一。因为，在机器教学的情况下，阅读能力低下者，可以根据自己实际水平，一小步一小步地练习，而且每一步之后都可以获得奖励，从而感受到自己的成功。

罗杰斯始终感到困惑不解的是，人们为什么往往总是忽视支持这一原则的证据。事实表明，不要因为学生成绩差而施加压力、鼓励学生自发参与学习活动、在学生参与学习活动时给予一些适当的建议，这要比正规教学活动有效得多。罗杰斯认为，许多教师之所以忽视这类研究，主要原因是由于这些研究结果对教师构成了威胁。倘若教师不用去教学生，而只是为学生提供学习的机会，便能迅速提高学习成绩，这对许多教师来说似乎是剥夺了他们的职业，因而不愿意接受这类信息。

五、当对自我的威胁很小时，学生就会用一种辨别的方式来知觉经验，学习就会取得进展

从某种意义上说，这一原则是前面这个原则的进一步延伸或解释。例如，前面提及的阅读能力低的学生，当要他在全班同学面前朗读时，心里就会感到恐惶，书本上的文字符号就会比他坐在自己座位上阅读更难辨认。而当他处在一种有安全感的环境里、并相信对他自我不构成任何威胁时，他就能以一种辨别的方式觉察书本上的文字符号、识别类似单词的不同要素、体验各部分的意义，并试图把它们组合起来。换言之，学习就会取得进展。

罗杰斯认为，任何一种学习都涉及到增强对经验场（the field of experience）差异的辨别，并同化这些差异的意义。在他看来，这种差异在两种显然不同的条件下表现得最明显。这里，我们需要把对机体（organism）构成的威胁，与对自我（self）的威胁区别开来，例如，士兵很快就会学会辨别正常的脚印与表层伪装过的脚印，后者可能是敌人埋下的地雷，因而会对这类严重威胁作出反应。这是一种对他机体的威胁，而不是对他自我的威胁。事实上，他学会这些辨别越快，他的自我就越有可能得到增强。当然，在通常的教育情景中，这类生死的威胁是很少的。但如果出现这种情景时，学生也会很好地处理。例如，儿童学习交通规则，就学得又快又好。然而，像羞辱、嘲笑、辱骂、蔑视或轻视等，会威胁到学生的自我，威胁到学生对自己的看法，从而会严重干扰学习。而当对自我的威胁降到最低程度时，学生就会利用各种机会学习，以便增强自我。

六、大多数意义学习是从做中学的

在罗杰斯看来，促进学习的最有效的方式之一，是让学生直接体验到面临实际问题、社会问题、伦理和哲学问题、个人问题和研究的问题等。这可以通过设计各种场景，让学生扮演各种角色，以便让学生对各种角色有切身的体会；也可以通过安排一些短期强化课程（brief intensive courses），让他们到第一线去，直接面临教师、医生、农民和咨询人员所面临的问题。这些做法都是极为有效的，因为学生现在是在处理他们正在体验到的问题。

七、当学生负责任地参与学习过程时，就会促进学习

罗杰斯认为，当学生自己选择学习方向、参与发现自己的学习资源、阐述自己的问题、决定自己的行动路线、自己承担选择的后果时，就能在最大程度上从事意义学习。证据表明，这类参与学习（paticipative learning）比消极被动的学习有效得多。

八、涉及学习者整个人（包括情感与理智）的自我发起的学习，是最持久、最深刻的

罗杰斯反复强调，学习不应该只发生在“颈部以上”，只有全身心（gut level）投入的学习，才会对学生发生深刻的影响。当学生尝试着发现自己得出的新观念、学习一种难度较高的技能，或从事艺术创作活动时，就会产生这类学习。在这些创造性的学习中，学生是不由自主地投入学习。在这些学习情境中的一个要素是，学习者认识到这是他自己的学习，他可以一直学下去，也可以中途而止，毋需权威人士来决定。

九、当学生以自我批判和自我评价为主要依据、把他人评价放在次要地位时，独立性、创造性和自主性就会得到促进

罗杰斯指出，工业界和学术界中最著名的研究机构都已认识到，创造性才能只有在自由的氛围中才会开花结果。如果以创造性研究为目标，那么，外部评价大多是无效的。明智的父母亲也认识到这一点。如果要使儿童成为一个独立自主的人，必须从小就给他机会，不仅让他有机会自己判断，允许他犯错误，而且还要让他自己评价这些选择和判断的结果。家长可以提供信息和行为方式，但必须让儿童或青少年评价自己的行为、得出自己的结论、决定适合他们自己的准则。在学校或家庭里依赖他人评价的学生，很可能要么是始终习惯于依赖他人而显得不成熟，要么是全然反抗所有外部的评价和判断。

十、在现代社会中最有用的学习是了解学习过程、对经验始终持开放态度，并把它们结合进自己的变化过程中去

罗杰斯指出，静止地学习信息，在以往的时代里可能是合适的，但如果我们要使当代文化得以生存下去，就必须使个体能够顺应变化，因为变化是我们当代生活中最重要的事实。这也就是说，采用以往的学习方式，无法使学生面对当前的处境。我们现在可以预期，对于不断变化的社会来说，采用新的、富有挑战性的学习始终是必需的（Rogers，1969）。

根据上述学习原则，罗杰斯认为，凡是可以教给别人的东西，相对来说都是无用的，即对人的行为基本上没有什么影响。能够影响一个人行为的知识，只能是他自己发现并加以同化的知识。因此，教学（teaching）的结果，如果不是毫无意义的，那就可能是有害的。因为每个人生来就有学习的动力，并能确定自己的学习需求。现在学生做不到这一点，是由于受到学校和社会的束缚。所以，“教师的基本任务是要允许学生学习，满足他们自己的好奇心”（Rogers，1983）。换言之，教师的任务不是教学生知识（这是行为主义所强调的），也不是教学生怎样学（这是认知学派所关注的），而是要为学生提供学习的手段，由学生自己决定如何学习。

基于上述理由，罗杰斯对传统的教育方式持激进的批判态度。

因为传统教育的主要特征是：教师是知识的拥有者，学生是被动的接受者；教师是权力的拥有者，学生是服从者；教师可以通过各种方式（如讲演、考试、分数甚至嘲弄）支配学生的学习。从教育政治这个角度来看，这是一种“壶杯”教育理论（a“jug and mug” theory of education）。教师（壶）拥有理智的和事实性的知识，学生（杯）是消极的容器，知识可以灌入其内。因此，罗杰斯提出要废除传统意义上教师（teacher）的角色，以促进者（facilitator）取而代之。促进者的任务是：提供各种学习的资源；提供一种促进学习的气氛；使学生知道如何学习。简言之，罗杰斯主张，废除教师中心，提倡学生中心；学生中心的关键，在于使学习具有个人意义。

第四节　促进自由学习的方法

罗杰斯对学习原则论述的一个核心，是要让学生自由学习（freedom to learn）。如果有些教师对罗杰斯上述学习原则感兴趣的话，可能会问：“我在我的课堂里能够做到吗？”罗杰斯认为，回答是肯定的。但关键的问题在于：你首先要信任学生，信任学生的学习潜能。只要抱有这种信任的态度，并愿意让学生自由学习，就会在与学生的交往中逐渐形成适应自己风格的、促进学习的最佳方法。然而，对于一般人来说，了解其他人已作过哪些尝试，以及业已证明哪些方法在为学生提供自由学习方面是卓有成效的，将会有助于他们树立这方面的信心。

罗杰斯列举了10种在他看来有助于促进学生学习的方法。其中有些方法是直接从人本主义的观点中派生出来的，有些则是从其他学习理论中借鉴而来的。它们是：

一、构建真实的问题情境

在罗杰斯看来，倘若要使学生全身心地投入学习活动，那就必须让学生面临对他们个人有意义的或有关的问题。但在我们的学校教育中，正在力图把学生与生活中所有的现实问题隔绝开来，这种隔绝对意义学习构成了一种障碍。然而，如果我们希望让学生成为一个自由的和负责的个体的话，就得让他们直接面对各种现实问题。

对任何教师来说，明智的做法是要发现那些对学生来说是现实的、同时又与所教课程相干的问题。由于学生太脱离实际问题了，所以必须让他们经历将来会成为他们真正问题的情境。罗杰斯坚信，构建一种让每个学生都面临非常真实的问题情境是可能的。

罗杰斯认为，儿童在相当程度上是受本能驱动的。环境中的许多因素都在向他们挑战。他们对此感到好奇，并渴望发现、渴望认识、渴望解决问题。可悲的是，儿童在学校里学习了若干年后，这种本能的动机在很大程度上被抑制了。然而，动机还是存在的。引出这种动机，发现那些对年轻人真实的挑战，为他们提供应付这些挑战的机会，这是学习促进者的任务。

二、提供学习的资源

罗杰斯认为，关注促进学习而不是教学功能的教师，在组织安排自己的时间、精力方面，相当不同于传统的教师所采用的方式。学习促进者不是把大量时间放在组织教案和讲解上，而是放在为学生提供学习所需要的各种资源上，把精力集中在简化学生在利用资源时必需经历的实际步骤上。罗杰斯认为，仅仅告诉学生在图书馆可以借到某一本书是不够的。如果学生通过分类目录查到这本书，结果却已被人借走了，许多学生不会有耐心或兴趣等到这本书还来时再去借。如果教师在教室里搞一个出借书籍和材料的书架，那么，学生的阅读量，以及他们为解决个人需要而利用图书馆的时量，就会迅速增加。

在提及学习资源时，有些人往往只想到书籍、杂志和实验室设备等。罗杰斯认为，我们还应该想到人力资源——即可能有助于学生学习和学生感兴趣的人。社区中常常有一些人，可以来解答学生关心的某些问题。当然，教师是最重要的资源。教师可以在不施加任何压力的情况给学生以帮助，例如，教师可以向学生介绍自己所拥有的知识、经验、特定的技能和能力，以便学生在需要时可以求得帮助。

在罗杰斯看来，如果我们不是把时间花在计划规定的课程、讲解和考试上，而是放在富有想象地提供大量的学习资源上，那就能提供各种新的学习方式，使学生处于一种他们可以选择的、最能满足他们需求的学习环境。

三、使用合约

罗杰斯认为，一种有助于学生在自由学习气氛内保证学有所得、并对学习承担责任的方式，是使用学生合约（student contracts）。合约允许学生在课程规定的范围内制定目标、计划他们自己想做的事情，并确定最终评价的准则。

合约有助于解决教师和学生双方可能存在心里的疑问，如果教师对学生是否会成为负责任的学习者犹豫不决，如果一些学生难以相信自己不受推动也能学习，那么制定合约所花的时间，对双方将都很有帮助。事实上，每门课程的最初若干节课，可用来制定合约。

在传统的教学中，学习成绩的标准是由教师单方面决定的，学生对此无发言权。而在使用学生合约时，学生有机会参与确定评价的准则。想要得到较高等第的学生，需要为自己制定能表明得 A 是合理的个人工作计划，一旦工作完成后，就可以得到合约上的等第。所以，合约可用来提供有助于学生达到认知目标的各种活动、动机和强化。罗杰斯认为，在任何学科、任何年级都可以使用合约。然而，与其他许多课堂教学方法一样，合约是学习的一种辅助手段，而不是惟一的教学方法。

就一般而言，合约包括这样六个要素：（1）决定合约的期限；（2）为合约拟定一个一般的格式；（3）收集资料和信息；（4）在学生学习过程中给学生一定的反馈；（5）在合约中表明将如何评价学生；（6）从一个学生开始，如果成功的话，再推广到其他学生身上去。表 14-1 是一份典型的学生合约。

表 14-1　学生合约的一个例子

独立研究合约

（学生）辛西娅

（教师）弗赖伯格先生

问题：如果非洲很热，而且没有足够的食物，人们如何才能生存？

假设：

1）非洲很热

2）没有食物

独立研究的时间：每星期二；如果需要的话，辛西娅可以去图书馆

研究项目持续时间：2～3 周

弗赖伯格先生与辛西娅碰头的时间：每星期二；如有必要，再另加。

活动：辛西娅将要发现上述问题的答案，并以下列形式表达她的研究结果：

1）天气-下雨量地图。

2）与爱华特先生和希康戈先生交谈，交谈时列出 10 个问题。

3）对有关非洲的电影和幻灯片作出记录。

4）辛西娅将向全班发表这个问题的研究结果。

5）辛西娅将回答弗赖伯格先生和班上同学有关这个课题的问题。

评价：辛西娅得 A，如果她做了上述 5 项工作的话。

可以得到的资源：历书

地图册

图书馆里的电影和幻灯

与爱华特先生和希康戈先生交谈

图书馆里有关的书籍

签名：辛西娅

弗赖伯格先生

资料来源：Rogers，1983.

四、利用社区

利用社区的学习资源，是自由学习这种方法的另一条途径。假定一个学生选择社区中 10 个（或 20 个）黑人（或其他少数民族）和同等数量的白人进行交谈，以了解他们对种族问题的态度。他要从事背景研究；学习怎样接触人以及如何倾听别人的观点；分析自己的笔记，以便发现社区中种族冲突的关键所在。罗杰斯认为，这远比任何课堂学习更有价值。而且，如果交谈是在黑人与白人混合组中进行的，那就非常有价值，可以用某种方式在社区中发表。

社区研究项目的类型是多种多样的。例如，有几个学生决定研究洛杉矶的烟雾问题，最终他们制定了一个非常好的计划，以致得到了联邦政府的资助。如果有的学生对与人打交道感兴趣，那么，他们可以在教师的帮助下，去当在社区中工作的心理学家、心理治疗家或社会工作者的徒弟，或加入交朋友小组和同伴小组。这样，他们就可以体验性地学习心理学。

所有这些方式都表明：如果真正给予学生以自由的话，他们常常能得到由他们自己设计的、令人兴奋的学习经验，并能从中大有收获。他们可以成为知识的探索者（searchers），而不是被动的知识接受者；他们可能会深入学习的过程，发现只有探险者才会发现的东西。

五、同伴教学

罗杰斯认为，同伴教学是促进学习的一种有效的方式，而且，它对双方学生都有好处。他的这种观点是建立在实验的基础上的。

在一项实验中，教师仔细挑选了 76 个六年级学生作为同样数目的二、三年级学生的个别指导者。他们是根据个性、成绩、责任心和热情来选择六年级学生的。学生来自市内、郊区和农村的学校，科目是数学。在实验前，先对六年级学生进行 3 次 30 分钟的训练，使他们对如何促进被指导者的学习有所准备。同时还分别给个别指导者和被指导者的家长寄去一封信，解释这个研究项目，以求得他们的支持。然后根据观察和教师的建议，让指导者与被指导者一一配对，进行为期两周、共有6个30分钟的指导课。

这项非常简洁的实验结果表明，大多数被指导者的数学技能有所提高，只有约12%的人没有表现出或只表现出极小的进展。更为重要的结果是，被指导者“表现出更强的自信、更强的学习动机，以及改善了对数学的态度”。与此同时，个别指导者主要抱怨的是没有足够的时间从事指导工作。“他们在自我确信和承担责任的意愿方面有所增强。”他们中的一些人学习更努力了，以期扩大和提高自己的数学知识（Good，1979）。

罗杰斯认为，在削减教育经费和采用大班形式的时候，同伴之间的个别指导的方式，不失为是一种可以推广的、对所有人都有益的学习方法。

六、分组学习

尽管罗杰斯竭力推崇自由学习，但他也认识到，如果把自由强加给那些不想要这种自由的人，同样是不合情理的。因此，当我们让学生自由学习，并对此承担起责任来时，也应该为那些不想要这种自由、宁可要得到指教或指导的学生作出安排。一个简单而又有效的办法，是把学生分成两组：自我指导组和传统学习组；学生可以自由地选择、自由地进出。

罗杰斯承认，这种简单的解决办法不是始终可行的。但他坚持认为，如果学生是自由的，那他们就应该有被动学习的自由，以及自我发起学习的自由。他认为，也许程序教学可以作为一种备择方案。那些喜欢根据事先仔细设计好的步骤学习的学生，可以采用程序学习的方式，而那些喜欢自己确定方向、自我发起学习的学生，可以采用自由学习的方式。

在一个大班内，可以采用促进者-学习小组（facilitator-learning group）的形式，小组人数可以从7至10人不等。组长由大家推选，一星期换一次。教师惟一的职责是让学生自己来承担学习的责任。教师随时准备接受各小组的邀请，作为小组的一员参加小组会议。

当然，把大班分成自我驱动的小组，可以采用许多其他方式，如可根据学生的兴趣或特定的课题来分组。罗杰斯要强调的是：如果教师愿意把通常用于讲解的那么多时间和精力放在规划促进学习上，那就可以解决许多看上去似乎无法克服的问题。

七、探究训练

罗杰斯认为，近年来已引起人们日益重视的一种参与性和体验性学习是科学探究。许多学者和全国性学术团体都在努力帮助学生成为探究者，使学生在科学领域里有所发现。这已成为一场运动。这场运动的动力来自一种紧迫的需要：使学生体验到科学是一个不断变化的领域，而不是存在于封闭的、只包括已发现的事实的书籍之中的。变化是当代社会的特征。因此，只是拥有有关科学的知识体系对学生来说已经不是学习目的，当今的目的是要使学生不再把科学看做是绝对的、完全的和永久的东西。

为了达到这个目的，许多教师为学生制定了探究的步骤、形成了探究的环境，为学生探究活动提供方便，尽可能使学生达到自主的发现，从而使学生在简单层次上成了科学家：寻找真正的问题答案，自己品尝科学家研究的艰辛和欢乐。罗杰斯承认，学生可能学不到许多科学的“事实”，但他们会形成一种“科学是永无止境”的探究精神，并认识到在任何真正科学里都没有封闭性的结论。

很显然，如果教师要鼓励学生从事这种科学探究的话，他们自己必须有这方面的体验。因此，有必要首先为教师提供这方面的学习体验。这就对当今的师范教育提出了挑战。在罗杰斯看来，我们继续在要求教师用19世纪的工具去处理21世纪的教育。用他的话来说：“我们并不期望一位木工用锤子建造一幢房子，为什么我们期望教师用惟一的一种方式去教儿童呢?”（Rogers，1983）。

八、程序教学

尽管罗杰斯与斯金纳经历了多年的论战，而且对程序教学所依赖的基础——操作性条件作用的原理——持否定态度，但他还是认为，程序教学是促进学习的一种非常有用的工具。

罗杰斯认为，我们可以用各种各样的方式来使用程序教学，以便充分发挥它的潜在效用。在程序教学的发展过程中，有一种倾向是编制较短小的程序，而不是编制涵盖整个知识领域的教程。在罗杰斯看来，编制这些较短小的程序，可能是学生采用教学机器时最有成效的方式。因为在学习时，学生常常会碰到一些知识间隙需弥补，这时，程序教学灵活性的优点就很明显地表现出来了。一个需要知道怎样使用显微镜的学生，可以找到一种涵盖这种知识的程序。一个打算花几个月时间学习法语的学生，可以用程序教学的方法学习语言。需要代数知识的学生，无论是为了解决有趣的问题还是为了应付考试，都可以发现适合于自己的代数教学的程序。

罗杰斯认为，一种编制合理、使用恰当的程序，可以有助于学生直接体验到满足感、掌握知识内容、理解学习过程，以及增强自信心，感到任何内容都是可以学会的。在罗杰斯看来，强调即时强化和奖励，而不是惩罚和评价，这是程序教学的有利因素。但是，罗杰斯反复强调，程序教学如果使用不当，有很大的潜在危险。例如，倘若它成了思维的替代物，或成了强调事实性知识比创造性更重要的例子，那就会构成真正的危险。

九、交朋友小组

交朋友小组是形成一种有利于意义学习气氛的重要方式。这种小组活动的目的，是要使每个参与者面临一种与人坦诚交流的情境，从而有助于解除各种戒备心理，以便在人与人之间形成一种自由的、直接的和自发的沟通。交朋友小组（encounter group，或译成遭遇小组），常与T小组（T-group）、实验室小组（laboratory group）、敏感性训练课（sensitivity training course）等作为同义词。这种方法在培养专业人员、企业管理人员和政府行政人员的过程中已经大量使用，但相对来说，只有少数教师有这方面的体验。而这种方法有助于使教育达到较新的目的。

罗杰斯对交朋友小组有较深入的研究，并出版过专门的论著。但他承认，很难对这类小组经验的性质作出简洁的描述，因为各小组之间、各小组领导组织方式之间有很大的不同。就一般而言，交朋友小组在开始时很少有一种他人强加的结构；交流的情境和目的要由小组成员来决定。组织者的职能是要促进大家自由地表达自己的想法。刚开始时，大家可能会由于不习惯而感到有些别扭。但随之而来，小组成员自由表达自己内心想法、相互自发沟通会日趋增多。当个体不再戒备他人时，“伪装”就不再必要了，个体就会揭示迄今为止一直隐藏在自己内心的各种感情和想法，并接受小组其他成员即时反馈——包括积极的和消极的，这时基本的“遭遇”就发生了，或者说，大家交上了朋友了。这种人际关系会进一步促进每个个体更自由地表达自己。

罗杰斯认为，这是一种给人以深刻印象的个人经验，它会导致人与人之间更直接的交往、大大增加对自我的理解、使个体更真实和更独立，以及增加对他人的理解和接受的程度。

十、自我评价

学习者的自我评价，是使自我发起的学习成为一种负责的学习的主要手段之一。罗杰斯认为，只有当学习者自己决定评价的准则、学习的目的，以及达到目的的程度等负起责任来时，他才是在真正地学习，才会对自己学习的方向真正地负责。所以，自我评价在促进学习中是极为重要的。

当然，自我评价的方式可以是各种各样的。在罗杰斯看来，用何种方式自我评价并不重要，重要的是学习者感觉到自己有责任去追求特定的学习目标。例如，一个学生可能选择了一种非常刻板的目标，诸如只是收集一定数量的、可测试的信息；另一个学生则可能想通过学习一门课程，对各种刺激形成一种更加开放的态度，以便自己能更自由地对现有的各种资源作出反应。显然，这两个学生的准则是非常不同的，但在罗杰斯看来，他俩都是在负责地学习。

因为各人的情况不同，应该允许他们有选择的自由，只要他们能对自己的选择负起责任来就行了。

基于上述观点，罗杰斯对传统的、封闭的教育方法持激进的批判态度，主张采用开放的、以个人为中心的教育方法。他的这一立场也得到了一些实验研究的支持。有人曾对102项这类研究作了分析，结论是："开放教育，如果实施恰当的话，始终有助于达到创造性、自我概念、对学校的态度、好奇心和独立性等方面的目标"（Horwitz，1979）。这从表14-2中可以清楚看到。

表14-2　开放教育与传统教育结果概观

研究的变量和研究的数目	结果(研究的百分比)			
	开放教育更好些	传统教育更好些	混合的结果	没有显著差异
学术成绩(102)	14%	12%	28%	46%
自我概念(61)	25%	3%	25%	47%
对学校的态度(57)	40%	4%	25%	32%
创造性(33)	36%	0%	30%	33%
独立性与顺从(23)	78%	4%	9%	9%
好奇心(14)	43%	0%	36%	21%
焦虑与适应(39)	26%	13%	31%	31%
控制的位置(24)	25%	4%	17%	54%
合作(9)	67%	0%	11%	22%
总平均	39%	4%	24%	33%

资料来源：Horwitz，1979.

第五节　评　论

与倾向于实验的行为主义学习理论不同，注重于经验的人本主义心理学家一般不专门探讨传统学习理论中的一些基本问题。他们对学习的看法，大多是从人的自我实现和个人意义这类角度提出来的。在这方面，要数罗杰斯的论点最突出。

罗杰斯学习理论的哲学基础是存在主义。存在主义者主张生活的意义和价值不存在于事物本身，而是由个体按个人的知觉赋予其意义的。在他看来，现实世界“显然不存在于我们能看到的、能感受到的和能把握到的物体之中。……甚至不存在于我们自己已知的个人世界之中”（Rogers，1980）。事实上，“每个人都存在于一种以他自己为中心的、不断变化着的经验世界中”（Rogers，1951）。因此，罗杰斯认为：“对我来说，经验是最高的权威。正确与谬误的试金石，是我自己的经验。……真理处于我内心的形成过程之中”（Rogers，1961）。这显然是主观唯心主义的观点，因为他只强调个体此时此刻个人意识到的经验。

罗杰斯正是基于上述观点，认为生长和发展是一种不断趋向自主、不断摆脱外部控制的过程。因此，惟有当学生得到尊重时，他们才能更好地朝向自我实现，从而能比较自觉地获得与现实相一致的经验。这就与自 20 世纪初以来一直占统治地位的行为主义学习理论发生了尖锐的冲突。为此，罗杰斯与斯金纳就学与教的问题争论了几十年。斯金纳关心的是外部控制，而罗杰斯是要寻找摆脱外部控制的途径；斯金纳的理想的学习环境是一种能提供精确控制和可预测结果的环境，而罗杰斯所追求的是一种最大限度地允许学生作出个人选择的学习环境；斯金纳强调通过课程内容的改革、教学技术的提炼和精确的评定方法来解决教育问题，而罗杰斯则提倡把开放学校，不分级教室和“自由”学校作为教育改革的基础。而在斯金纳看来，“自由学校根本就不是学校。自由学校的哲学是要教师放弃职责”（Skinner，1977）。罗杰斯与斯金纳的争论无疑有助于我们对学习问题的探讨，但我们应该看到，“斯金纳和罗杰斯都忽视了学生不是真正孤立的这一事实：他是经常处于社会情境之中的，他是社会情境的一部分，同时社会情境也是他的一部分。学生所做的和所不做的，大都是对社会准则和其他人所期望的反应”

(林格伦，1983年)。

罗杰斯的有些陈述是有启迪意义的。例如，人们往往认为，只要把教材编好、教学方法得当，学生就会很好地学习。但在罗杰斯看来，意义不是内在于教材之中的，而是个人赋予教材以意义的。所以，怎样呈现教材并不重要，重要的是要引导学生从教材中获取个人意义。诚然，中小学生在作文中常常使用“光阴似箭”这类成语，而他们的理解与阅历丰富的老年人对这类成语意义的理解是很不相同的。又如，罗杰斯认为，要理解学生的行为，就必须识别学生看待自己行为的方式。在教师看来是奇怪的或不寻常的行为，从行为者（学生）的角度来看并不奇怪。当教师抱怨学生没有动机时，这实际上是说，学生没有动机做教师要他们做的事情。因此，如果教师改变一下活动，事情也许就会大不一样。再如，罗杰斯认为，信息对学习者是否具有个人意义，是信息保持的决定因素。学生学习的那么多信息为什么很快就被遗忘了，因为它们与学生的自我无关。因此，教师与其让学生花那么多时间去死记硬背，还不如让学生花些时间去寻找知识的个人意义，这样的知识会成为他个人经验的一部分，令他终生不忘。

罗杰斯学习理论的特点，在于他试图把认知与情感合二为一，以便培养出完整的人。他使人们重新认识到情感在教育中的重要性。然而，罗杰斯本人却很少触及认知的问题，这也许是因为心理学家们已对认知问题进行了大量研究，所以罗杰斯想以情感问题作为研究的突破口。但不管怎么说，偏重情感问题，使他走到另一个极端上去了。这是与他的初衷相悖的。

最后，由于罗杰斯学与教的思想源于他的心理治疗理论和实践，是以他的“患者中心”作为学习的基础提出“学生中心”的。因此我们有理由怀疑在教学与治疗、学生与患者、教师与治疗者作简单类推，能否得出符合实际的结论。至于说人们常常批评罗杰斯的研究方法缺乏科学性的问题，也是需要我们引起关注的。

第十五章　习性学习理论

传统的学习理论，尤其是刺激-反应理论，认为动物与人类的学习是同质的（homogeneous）；所有的学习都是相同的。桑代克和格思里研究猫的学习，斯金纳研究白鼠与鸽子的学习。因为在他们看来，所有的学习都遵循同样的原理，从猫和老鼠学习中得出的学习原理，同样也普遍适用于人类的学习。自20世纪中叶后，这种观点先后遭到了部分认知学习理论家和人本主义心理学家的抨击。近年来涌现出的习性学习理论（ethological learning theory），则是从另一个角度对上述观点提出了挑战。

自20世纪70年代以来，学习心理学文献中出现了大量有关“学习的生物学限制因素”方面的论述。许多人认为，除非我们在解释学习时涉及个别物种的性质及其生活方式，否则是不可能理解学习的。他们提出了一些长期以来为学习理论家所忽视的问题：学习的生物学机能是什么？这类机能是如何有助于动物适应环境的？哪些自然选择的压力影响到动物学习过程的进化？是否有可能筛选出一般的学习过程？基本学习过程是否是在不同的物种里独自进化而来的？这些问题促使人们关注学习理论的生物学基础。

习性学习理论不仅关注调节习得行为的心理机制，而且更强调通过了解这些机制是怎样进化的、哪些自然选择的压力有助于这种进化，以及学习有助于哪些生物学机能等来解释学习。在习性学习理论家看来，不了解个别物种及其习性环境和生活方式，是不可能充分理解学习的。习性学习理论的主要目的是：（1）比较分析各种基本的学习过程；（2）分析各种学习过程的生物学机能；（3）探讨进化过程和自然选择塑造各种不同学习能力的方式；（4）描述调节某些学习形式的机制（Davey，1989）。

尽管从习性学的角度研究学习现已成为一种新动向，但到目前为止，对习性学习理论进行系统阐述的还很少见，对这一研究领域所涉及的主要问题还有待规划，甚至对“习性学习理论”一词的用法尚无统一，① 因此，现在还很难列举习性学习理论的奠基人或主要代表人物的理论体系。到目前为止，赞同这种理论定向的人没有公认的立言人，也不属于任何有组织的思想流派。他们只是分享这样一种观点：最好是从进化论或习性学的角度来解释学习的现象。

第一节　对传统学习理论的挑战

在心理学传统上，尽管学习理论家也用各种动物当被试，但他们极少把注意力放在作为进化之结果的不同物种的差异上，相反，他们往往只关心各物种之间的相似性。众所周知，不同物种对各种刺激的反应是有差异的（如，狗是色盲，而鸽子的颜色视觉极佳）；不同物种的反应方式是不一样（如鸽子与猴子精力充沛，有很快的反应速度，而且看来不在乎犯错误，而有些动物则不是这样）；影响动物行为的强化物也有很大不同（如老鼠和猴子喜欢吃糖果，而猫则不吃糖果）。所以，学习理论家们为了有效地研究不同物种的学习，必须为每一物种找到合适的刺激、反应和强化物，以便不同物种对同样的变量以同样的方式作出反应。例如，让干渴的白鼠压

---

① 在英文文献中，有的人用“ethological learning theory”一词（如美国学者 R.C. Bolles）；有的人则用“ecological learning theory”一词（如英国学者 G.Davey），但他们所探讨的问题基本上是相同的。我国学者潘菽认为，“Ethology”应译为“动物行为学”，译成“习性学”很不恰当。因为“Ethology”认为动物的行为主要是“本能”的表现，而不是学习的结果（德斯伯里与雷斯林沙弗，1984 年）。鉴于“行为学”易与“行为主义”、“行为科学”等词混淆，故仍用“习性学”。

杠杆以获得几滴水；让饥饿的鸽子啄键盘以获得几粒谷物，它们会对强化安排作出同样的反应方式（如，白鼠与鸽子都会对“固定间隔强化安排”作出呈“扇贝型”的反应方式）。

“学习的基本法则对所有不同的物种都是相同的”，这几乎是所有传统学习理论的基本信条。正因为这样，大多数学习理论家都用白鼠作被试，并把从白鼠学习实验中得出的原理应用于复杂的人类学习。在他们看来，动物通过经验学到多少东西，取决于刺激的明显性、反应难易的程度，以及强化物的效用，而不是取决于用何种刺激作为某种反应的强化物。例如，因压杠杆这种反应而得到的强化物是食物还是避开电击，这是无关紧要的。所以，学习理论家可以用一般性的术语，如用刺激、反应和强化物来陈述学习的原理，而无需具体说明特定物种、所采用的特定刺激、特定的反应和特定的强化物。

虽说几乎所有传统学习理论家都以上述假设为基本立足点，但现在有越来越多的证据表明，这种假设并不是在所有情况下都站得住脚的。

最早注意到这个问题的也许是美国的布里兰夫妇（K.and M. Breland,1961，1966）。他俩为了做电视广告，用斯金纳操作性条件作用法训练各种动物，以便让它们在电视上表演。当时，他们完全相信强化物的效用。然而，使他俩感到惊讶的是，动物有时并不是按斯金纳所讲的方式行事的。他们发现，动物学习能力是相当具体的。例如，尽管很容易训练白鼠在斯金纳箱里为偶尔得到一丁点食物而不辞辛劳地作出各种反应，但猫在斯金纳箱里则完全不同。猫完全知道食物是从哪里出来的，但它不是去压杠杆，而是倾向于耐心地坐在食物释放装置前。白鼠越饿，就越是勤勉地压杠杆；而猫越饿，则越是耐心地注视和等待。布里兰夫妇认为，在斯金纳箱里，白鼠的成功和猫的失败，不能归因于动机或智力的差异，而必须根据这两种动物在自然环境里为获得食物而从事的活动不同来解释。老鼠是积极地搜寻食物；而猫则是埋伏在那里，等待下一顿食物的出现。所以，白鼠能自动地适应为它们设计的斯金纳箱，而猫则不适应。

布里兰还描述了许多实验结果，以表明特定的物种决定了它们在某项简单学习任务中的行为表现。例如，他们训练浣熊把两个硬币放入自动售货机以换取食物，而浣熊则老是用前爪来回摩擦这两个分币，就像在食前把食物放在水中洗涤的样子。在类似的实验中，猪则把硬币搞在地上，然后用鼻子往地下拱，就像通常吃食物时的那副样子。这两种动物在学习时遇到的一个共同问题是，该物种特有的与食物有关的完成性反应，干扰了实验者试图通过食物强化来塑造的反应。布兰里夫妇讽刺性地模仿斯金纳《有机体的行为》一书的书名，称他们观察到的是“有机体的不正当行为”(misbehavior of organisms)。“不正当行为”是由动物在食物呈现时作出的典型反应构成的。它们并不是习得的获得食物的反应，而是指在食物出现时或预期食物将出现时作出的固有的反应（Breland and Breland，1961)。由于各物种的这类反应是相当不同的，而且任何特定物种的每个成员都会表现出这类固有的和刻板的反应，所以人们把这类反应称为特定物种的反应（species-specific responses)。

由此可见，从习性学角度研究动物的行为，与传统的学习理论的基本定向是不同的，有时甚至会导致习性学家与学习理论家公开的对立。习性学家要观察的是在自然背景中的动物，他们倾向于观察动物在自然环境里自然发生的行为。有的人甚至把习性学定义为“在生物体所赖以生存的栖息地对其行为的研究”（萨哈金，1991年)。与此相对照，心理学家更倾向在严格控制的环境里，用标准的实验设备（如斯金纳箱）来观察动物的行为。习性学家一般都是在动物无拘束的情况下研究动物的行为；而心理学家则想要证实他们可以通过施加各种限制条件来制约动物的行为。

习性学家最感兴趣的是动物本能的行为模式，即主要依赖于遗传的行为；而心理学家更感兴趣的是学习，即主要依赖于动物自己经验的行为。其结果是，习性学家趋于过分强调行为的遗传基础，以及自然选择起支配作用的这部分内容；而心理学家则过分强调以往经验对行为的影响。

习性学家主要关注动物生活中的重大问题：动物是怎样选择配偶，或者是如何防御掠夺者的？而心理学家则关注动物行为中一些相当任意的方面，如动物是怎样学会红灯亮意味着食物即将到来，绿灯亮表明没有食物。习性学家意识到，动物在解决实际生活问题时经不起时间的消磨，它们肯定有某种现成的解决办法；而心理学家则倾向于给动物以大量时间进行训练，以便研究动物是如何学会作出某些细微的辨别的。

习性学家热衷于研究动物行为的具体性，对他们说来，没有什么比发现某一特定物种以某种独特方式解决某种特定问题更令人兴奋的了。而心理学家则热衷于发现普遍适用的原理。所以，当习性学家全神贯注地研究某种特定行为时（如某种鸟的求爱方式和抵御掠夺者的反应），心理学家则可能集中关注于寻找适用于所有动物所有行为的学习法则（如效果律和练习律）。

有时，习性学与心理学之间看上去似乎不存在和睦友好关系。这两种研究行为的方法有不同的方向、各自提出不同的问题、用完全不同的方式看待问题，甚至各执一端。然而，正是由于上述这些差别，才有可能为这两门学科提供取长补短从而促进自身发展的机会（Gazda，et al.，1980）。本书立《习性学习理论》这一章的目的，就是为了探讨从习性学的角度来丰富学习理论的可能性。

第二节　习性学研究的基本问题

每当我们看到一种动物具有某种不同寻常的生理特征时，我们往往会问：为什么长颈鹿会有这么长的脖子？为什么大象会有那么大的耳朵？为什么老鹰会有如此敏锐的眼睛？如此等等。专家告诉我们，长脖子可以使长颈鹿吃到长得很高的树叶；大耳朵可以使大象散发热量；敏锐的目光可以使老鹰侦察到远处的猎物。每一种解释都有一种有趣的特性，可以解答上述问题。在每一种情况下，答案都是描述一种特定物种是如何解决它的一个基本生活问题的。诸如获得食物或控制体温等。

如果我们还想进一步知道：长颈鹿为什么要以这种方式来吃东西？大象为什么要用这种方式来控制体温？那么，对这类问题的惟一能令人满意的回答是：通过某种生理特征的逐渐进化来解决某一特定问题的物种，比不能作出这种进化的物种更能适应环境，因而更有可能生存下来。

同样，如果我们观察到动物的某种求爱方式、独特的防御方式，以及奇特的捕食反应，都可能问为什么。对这类问题的一部分答案（即怎么会变成这样的?），在于引发这种反应的刺激，以及支配这种反应的动机条件和身体条件；问题的另一部分答案（即为什么要变成这样?），存在于物种的进化史中。习性学家常常是用固定行动模式（fixed action patterns）来解释这类不同寻常的行为特征的。

人们常把奥地利学者洛伦茨（K. Lorenz）誉为“习性学之父”，① 他在1935年发表的一篇重要论文，奠定了习性学的基础。他观察到，动物的行为天生就被组织成各种适应的模式（adaptive patterns），他称之为固定行为模式。这类预先形成的行为单位通常是因某些特殊刺激而被释放的。释放刺激（releasing stimuli）和固定行动模式这两者是高度选择性的，而且对特定物种来说是非常具体的。虽说动物在其行为的某些方面表现出相当大的灵活性，尤其

---

① 洛伦茨谦虚地把“习性学之父”这顶桂冠归之于美国学者惠特曼（C. O. Whitman）。

表现在为达到完成性反应而作出的那些满足欲望的行为上，但完成性反应（如，吃的动作）是固定的。洛伦茨认为，惟有行为中的固定部分才能被认为是本能行为。因此，固定行动模式是指那些在没有释放刺激的情况下也可能发生的行为，因而又可以称为“真空行为”（vacuum behavior）。

固定行动模式的一个例子，是青蛙捕捉飞虫时的弹舌动作。在蛙头前面弹舌可及的距离内，一只飞虫的视觉刺激引起舌头迅速伸出及缩回，这一动作的时间和方向几乎是固定不变的，如果飞虫运动得比它快一些的话，青蛙就捉不到它了（Tinbergen，1951）。洛伦茨和廷伯根列举了许多这类固定行动模式的例子，诸如特定动物求爱的方式和哺养年幼者的方式等。他们除了要证实这些固定行动模式确实是天生的之外，还要发现哪些特定的刺激型式会释放它们。

就一般而言，习性学家感兴趣的是通过仔细观察，尤其是在动物自然栖息地的观察，来研究动物的行为，他们侧重于本能行为。其研究的基本对象是鸟、鱼和昆虫（德斯伯里与雷斯林沙弗，1984年）。但洛伦茨与他的许多追随者相反，他始终表现出对学习问题，以及对学习与本能行为的关系感兴趣（Lorenz，1965，1969）。洛伦茨对**印刻**（imprinting）的分析，显然是对学习感兴趣的一个例子。因为它表明这种行为变化是由于经验，然而它又在若干方面不同于其他形式的学习。

印刻的一些基本原理，最初是由斯波尔丁（D. Spalding）在1872年提出的。他发现，如果小鸡在出生后的三天里被蒙住眼睛，使它没有视觉经验。当把蒙布揭开时小鸡第一眼看到的是他的手，就会跟着他的手移动。而且他还注意到，如果在小鸡出生后第四天才把蒙布解开的话，小鸡看到他的手时会惊恐地逃走。德国学者海因罗特（O. Heinroth）在1910年，洛伦茨在1935年，用其他家禽做实验，也报告了类似的观察结果。洛伦茨根据当时已知的事实得出的结论是，印刻在四个方面不同于通常所说的学习：

1. 印刻不依赖于任何一种强化（即不是由于被印刻的客体与食物联系在一起而使小鸭跟着它的）。

2. 印刻是不可逆的（小鸭一旦印刻在某个客体上，如对洛伦茨产生印刻，就会一直跟着它，以后甚至可能直接对他表现出性行为，而不会再对同物种的其他成员产生印刻）。

3. 印刻可能形成得非常迅速，有时只要一次尝试就形成了（而大多数学习需要多次尝试）。

4. 印刻只会在发展早期的"关键期"（critical period）期间发生（而大多数学习可以在任何时期发生）（Lorenz，1935）。

洛伦茨的分析引发了大量的研究，但后来的研究已使上述区别缓和起来了。例如，业已表明，关键期看来并不那么关键；在小动物大一些以后也可能发生印刻；而且可能需要多次尝试才会形成印刻。同样，尽管小鸭会对某些客体产生印刻，但它对与它自然母亲很相似的客体产生印刻的速度最快。此外，虽说印刻不涉及正强化，但它可能是与减轻害怕心理联系在一起的。

根据大量研究的结果，我们现在对印刻与学习的看法比洛伦茨在1935年提出的设想要复杂得多。因为在1935年，习性学刚刚开始起步，洛伦茨很容易在习得行为与本能行为之间作出明确区别。但现在看来，一方面，学习本身是一种非常复杂的、多样化的过程；另一方面，印刻也是受多种因素影响的。所以，印刻与其他学习形式有较多的共同之处。行为的发展，是经验因素与遗传因素复杂的相互作用的结果。单凭遗传素质或经验本身，都不足以提供正常发展的适当机会。洛伦茨后来也注意到，斯波尔丁蒙住小鸡眼睛，只是防止视觉经验；或者说是以某种微妙的方式使小鸡感觉得不到正常发展；或者说只是引入了不正常的情绪因素。这种"经验剥夺"存在着许多解释上的任意性。

然而，我们还是可以从有关印刻的研究中得出某些可靠的结论：印刻是一种特殊的学习；特定的物种用它来解决特定的问题，即与该物种其他成员保持亲密的关系。

习性学家研究的另一种独特的学习形式是，某些鸟类是如何习得它们鸣叫声的。马勒（Marler，1967，1970）报告了他对白顶麻雀学习鸣叫的大量研究。他发现不同地区的白顶麻雀有“方言”的差别。“方言”的存在，意味着地区性的鸣叫声是以某种方式习得的。马勒在实验室里哺养一些小雀，不让它们听到其他鸟叫声，只让它们在某些时期听不同的录音鸣叫声。结果发现，如果让小雀在出生后 10～50 天左右听这个地区的“方言”，它们就习得这种方言；如果让它们听另一个地区的“方言”，它们就习得另一种方言；如果让它们听完全不同的、非麻雀的鸣叫声，它们就不学习这种鸣叫声，而只是发出一种简单的鸣叫声，但听得出这是白顶麻雀的叫声；如果在 10 天前或 50 天后让它们听前两种鸣叫声，那它们不会习得“方言”，而只是发出一般白顶麻雀的叫声。

这种学习的一个显著特征是，它看来是潜在学习的一种变式。这种鸣叫声是在性激素出现后才有的，小鸟在来年春天以前不会这样鸣叫的。它听到了这种鸣叫声，学会了，记住了，然后再过几个月后性成熟时再现它。如果小鸟在较早阶段被注入睾丸激素，那它们就会在早期表现出所习得的鸣叫声。而且，有趣的是，这个解释不能被推广到其他鸟类上去，因为鸟类鸣叫的发展是相当不同的。例如，白喉鸟和欧洲乌鸫即使从小被隔离开来，到时也能发出正常的鸣叫声。有些鸟，如红腹灰雀和模仿鸟，则可以模仿多种声音。因此，经验对鸟类鸣叫声发展的影响，既因物种而异，又因影响的方式而不同（德斯伯里与雷斯林沙弗，1984 年）。

很显然，习性学家感兴趣的是通过细心观察，特别是在自然栖息地的观察来研究动物的行为。他们关心的是特定物种的特定行为。这与传统的学习理论形成了对照。正如与洛伦茨同获诺贝尔奖的著名习性学家廷伯根所说，“每当我遇见美国的行为主义者时，我就为他们和我们之间在探讨途径上的非常巨大的差异而感到震惊”（Tinbergen，1957）。

但是，自20世纪70年代以来，许多学习理论家对来自习性学的挑战持欢迎态度，并试图融合这门学科的研究结果，以此形成习性学习理论。

第三节　习性学习理论的形成与发展

一只饥饿的仓鼠很快就能学会挖、扒或后脚站立来获取食物，然而它无法学会用洗脸或修饰来达到这种目的；猫会急切地朝向作为食物的信号的声响处走去，而老鼠对这类信号不会有兴趣；鸽子要费很大的劲才能学会用啄亮灯的键盘来躲避电击，而它们能很快就学会用张开翅膀的反应来躲避电击。这些是任何试图构建一种学习理论的人都会面临到的一些难解的迷；不仅不同物种在应付不同学习任务的能力方面存在差异，而且有些物种在它们学习能力中还常常显示出自相矛盾的不规则性。也就是说，在某种情境里显示出的某种学习能力，并不意味着在另一种情境里也能显示出这种能力。

所以，如果我们要真正揭开学习之迷，就需要回答两个问题：(1) 学习为的是什么？(2) 动物是怎样学习的？第一个问题关注的是，动物的学习能力为什么会得到进化。它要求具体说明哪些自然选择的压力在学习的进化中是重要的，它是从动物在其自然环境中所面临的问题这个角度来探讨动物学习的。简言之，它关注动物在其自然环境里必须学会哪些东西。第二个问题关注的是学习的机制：假定动物在其自然环境里必须学会这些或那些事情，它是如何学会的。换言之，它关注的是，动物为了能够学习，需要具备哪些机制。

在过去数十年里，学习理论的重点一直放在第二个问题上，即试图概括出超越物种和具体学习任务的一般学习原理。这些理论试图表明学习的基本法则（如联想律）的普遍意义，并以此来解释动物是怎样学习的。但事实表明，这种做法并不很成功，因为动物在学习过程中经常会出现一些与已发现的一般学习原理相悖的异常事例（anomalies）。这促使一些学者不再专注那种一般学习原理，而是关注特定物种的特定学习能力。与此同时，一些习性学习理论家也认识到，一般学习理论也有其合理的一面。因此，他们不愿把习性学习理论与一般学习理论作为对立的两极，而是期望在两者之间有一个令人满意的整合（Davey，1989）。习性学习理论的兴起与发展过程，本身也体现了这种趋势。

传统学习理论的一个基本假设是：存在着可以发现的学习的一般原理。一旦在某一物种中发现了这种原理，就可以把它们外推到其他物种中去。这个假设导致了学习理论家集中研究个别物种的学习（如白鼠），并据此提出许多有关控制和预测人类行为的一些激进的行为主义假设。到了20世纪60年代末70年代初，人们发现这些一般原理无法解释一些异常事例，尤其是当研究对象不是实验室里的白鼠或鸽子、强化物不是食物或水时，这类异常事例就更多些。

随着所发现的异常事例不断增多，人们意识到，传统的一般学习法则不再是神圣不可侵犯的了。学习理论家们常用学习的生物学限制因素（biological constraints on learning）这样的术语来同化这些学习的异常事例。目的是要说明：有些事情是某些动物无法习得的；有些事情是以自然选择的方式习得的，这是由动物的生物学因素决定的。

通过用生物学限制因素这个词，就可以比较清楚地说明，为什么我们在教白鼠压杠杆来躲避电击，比教白鼠压杠杆来获得食物要困难得多；教鸽子用啄键盘来躲避电击，比教鸽子用张开翅膀来躲避电击要困难得多。

然而，尽管从生物学的限制因素的角度来研究学习，促使我们注意到进化过程和习性学的因素对学习的影响，但这种方法还不足以形成一种完整的学习理论。原因是：第一，这种方法仍然还是倾向于形成一种一般的学习理论，只不过是指出了那些方面是受生物学因素制约的；第二，它只是表明，动物对有些联结学得快些，是因为动物有这方面的心理倾向，但仍然无法确定哪些联结是动物以往进化过程中自然选择的结果；第三，在解释生物学的限制因素时，一般都没有考虑到关于物种行为特征和生活方式的习性学方面的知识。

因此，在习性学习理论家看来，只是在传统学习理论中加上一些有关“学习的生物学限制因素”是不够的，而是需要从习性学的角度来研究学习。他们所依据的基本假设是：动物的行为不可能在与其环境相隔离的情况下来描述。

这方面的代表人物约翰斯顿认为，习性学习理论中最重要的问题是：“动物学会了些什么？它们是如何学会的？前一个问题关注的是动物在其自然环境中所面临的问题；后一个问题关注的是经验有助于这些问题解决办法的方式。……前者实际上是问：该动物为适应其环境必须解决哪些行为问题？后者是问：该动物是如何学会解决这些问题的？”（Johnston，1981）。习性学习理论主要关注的是前者；而传统学习理论主要关心后者。

为了回答“动物必须学习些什么？”的问题，就得引进**适应**（adaptation）这个概念。适应环境可以被定义为动物在环境中达到某些目的的能力。事实上，所有动物都在适应这个世界，它们确实有解决自己问题的方式，这些解决问题的方式常常构成了该动物的特质。有些动物吃草，有些食肉，有些寄生，有些则觅取其他所有动物都不吃的东西。一种动物如何觅食，取决于许多具体的适应，如它的牙齿、身体大小、奔跑速度等。无论何时，只要我们在动物的某种行为品上标明“适应”一词时，那就隐含着一个动物适应的环境。而且，在大多数情况下，这种环境是指该动物自己的生活环境。因此，在没有界定动物的自然环境的某些特征，以及动物的行为是如何与环境特征相联系的时候，我们就不可能理解适应。而适应的过程，实质上也就是学习的过程。

到目前为止，我们一直在强调学习的具体性，即强调特定物种的特定行为。事实上，习性学习理论家并不完全否认学习的一般原理（general or global principles），但他们强调，这些一般原理是建立在某些局部原理（local principles）的基础上的。换言之，只有当局部原理对某些物种起作用时，与此相关的一般原理才能对这些物种起作用（如图15-1所示）。

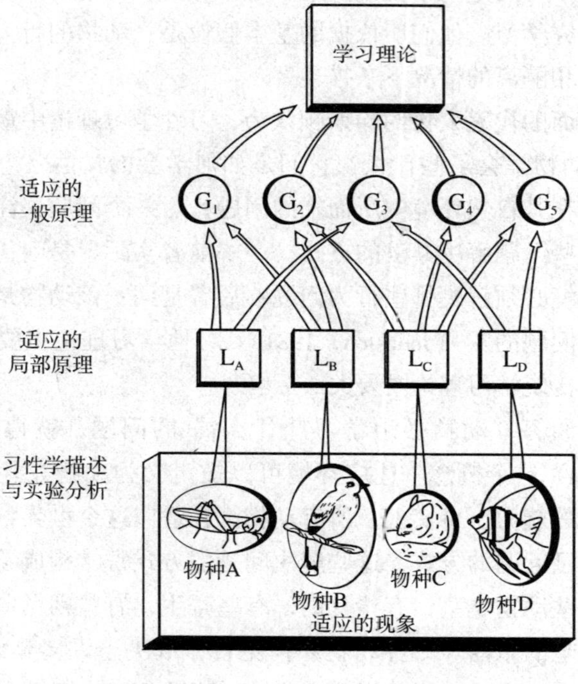

图15-1　习性学习理论的研究方法

资料来源：Davey，1989.

适应的局部原理要求描述动物解决某些特定适应问题（如觅

食、定向或与同物种其他成员交流等)。之所以在前面加上“局部”一词，是因为在没有对其他物种作进一步分析的情况下，是无法确定这一原理是否适用于其他物种（Johnston，1981)。

适应的一般原理，只有在让不同物种都面临类似的适应问题、它们都能以类似的方式解决这些问题时，才能够被确定。由于不同物种共有类似的居住和生活方式，因此会有类似的适应问题，这就为我们发现适应的一般原理提供了可能性。图 15-1 说明了从对动物的习性学描述，到局部原理、一般原理，直至学习理论之间的关联。

习性学习理论与传统学习理论可以用一种互补的方式相互作用，以形成一种更具凝聚力的学习理论。一方面，传统的学习理论侧重研究学习的机制，了解个别物种学习的机制，有助于阐明决定这种学习能力的自然选择的压力；另一方面，如果我们要理解这些学习机制的“极限”，以及把习得内容转化成行为表现的方式，就需要从习性学的角度来研究学习。例如，知道动物在条件作用中形成的刺激-反应联结，只是告诉我们动物学到了什么，但并没有告诉我们动物会怎样利用这种知识去解决它所面临的适应问题。同样，如果我们不知道动物是怎样把知识转化成行为表现的，可能会导致对学习机制作出荒谬的推理（Davey，1989)。

第四节　习性学习理论的基本观点

一、几乎所有行为都是适应性的

在习性学习理论家看来，只要了解了每一特定行为的功能后，就很容易看到行为的适应性，在固定行动模式中也是这样。例如，飞蛾扑灯自焚，这看来好像是不适应，但这是飞蛾不可抗拒的以光源为定向的倾向，这在人为点灯的世界里是不适应的，但在自然界里，这种倾向能使飞蛾以直线方式飞速跑掉。又如，鸣鸟在春天鸣叫，似乎主要是娱乐性的而不是功能性的，且有暴露目标被其他动物捕食的危险。但其实并不然，雄性鸣鸟的整个繁殖策略都是建立在这种鸣叫基础上的。它起着吸引雌鸟、防御其他雄鸟入侵、赶走其他雄鸟的作用。因此，鸣叫的适应意义是很显然的，它对同物种其他成员具有信号意义。我们可以假定，发出特定物种的鸣叫声的能力，以及其他鸟识别这种鸣叫声的能力，是长年来共同进化而来的，因为拥有这种能力有利于它们的生存。我们可以认为，所有这类行为都是在自然选择的压力下逐渐形成的，所以，任何现存的行为都是物种成功地适应其环境的表现。

事实上，在习得的行为中也能看到适应的意义。因为我们几乎可以肯定，导致学习产生的偶发因素在环境中到处都有，所以动物作出行为变化，以期最佳地适应于这些偶发因素。从这个意义上说，习得行为与本能行为的惟一差别是，前者是环境在个体生活经历期间塑造的行为，而后者是环境在整个进化过程中塑造的行为。同样，只有在了解了动物行为的功能意义后，学习的适应的意义才会清楚地显示出来。如果一群小鸭可以像其他小鸭一样跟着它们妈妈走，但它们却跟着洛伦茨到处走，那就不是适应行为。

二、几乎所有行为都是功能性的

几乎没有什么行为是多余的，这是许多习性学家的基本信条。一些心理学家们往往习惯于认为：动物是为发现食物而努力。实际情况并不完全如此。例如，有蹄类动物（如，牛和马）具有特定的消化系统和其他能力，它们几乎不把时间花在寻找食物上，而是把许多时间用在吃上。这是否是说这类动物在吃上面浪费了太多的时间了呢？完全不是。由于它们随时可得的食物提供的热卡太少，所以它们必须吃大量的食物才能维持生命。食肉动物与此相反，它们花许多时间寻找营养丰富的食物，而在吃上面只花很少的时间。当然，寻找食物显然也不是浪费时间。还有些动物，当它们发现食物后不吃它，而是把它带到其他某个地方去吃。例如，山雀会把一粒很小的种子衔到远处去呢，以致看上去好像不值得为这么一点食物飞那么远。但我们需要记住，飞行对山雀来说是轻而易举的，它新陈代谢很快，体形小巧，所以它飞行时比站在那里不会多耗什么能量，同时，飞到别处去吃会更安全些。

动物的游戏和探索行为，看上去好像没有什么功能，其实也并不然。游戏在一些社会动物（如灵长类动物）中，对确立一种社会体系来说是极为重要的。当食肉动物游戏时，它们也是在学习如何成为一个食肉动物，即学习跑、跳、追赶和咬。把时间花在探索环境上，可能有助于发现食物和水源，同时还有助于学会对安全、危险、猎物躲藏处的识别。在习性学家看来，即便是修饰行为也不是多余的。鸟整理羽毛是为了保持羽毛整齐，以利于有效飞行，猴子修饰行为有利于保持卫生，防止寄生虫。

三、几乎所有行为都解决某种问题

动物始终面临着一系列的生活问题，包括获得食物、寻找安全的地方栖生，以及繁殖后代等。动物的许多行为都提供了应付这类问题的一种独特的方式，从这个意义上说，这些行为都是为了解决某一个问题。

有些人试图从动机的角度来分析生活中的所有问题，诸如用饥饿、干渴或恐惧等术语来解释动物的行为。但是，用这种方式来研究动物行为会遇到一些困难。举一个例子来说，许多生活问题可以分成一系列子问题。以金丝雀繁殖来说，欣德把它分成若干阶段，包括筑巢、求爱、交配、照看鸟蛋、喂养小鸟、带小鸟出巢等。他认为其中每一个阶段都有其动机系统；每个阶段都取决于雌、雄金丝雀生殖激素的某种平衡。它们在每个阶段都显示出各种固定行动模式，而这些模式的出现取决于激素的程度（Hinde，1970）。很显然，不仅每个阶段都是对整个繁殖问题的部分解决，而且必须把每个阶段分析成某种鸟类趋于表现出自己适应性行为时的一种独立的功能性行为。

即便是饥饿，也不是一个单一的实体，它是由若干种成分构成的，诸如热卡饥饿或蛋白质饥饿。而且，在某些动物中，获得食物的行为也像繁殖行为一样是由若干阶段构成的，如寻食、获得食物(食肉动物追杀猎物)、防止食物被其他觅食者或同类动物吃掉，以及吃。这种方式并不涉及多少“动机—反应—强化”这种实验室模式，而是表现出一种长期解决问题的反应模式。

需要强调的一个要点是，动物处理问题的方式涉及一些高度具体的行为、反射性行为和固定行动模式，即该物种的典型行为。另一方面，我们可以认为，某种特定物种的行为——某种移动方式、某种声音的交流、某种行为显示——都是该物种整个行为库中的一部分，因为这些行为（如捕捉猎物、为年幼者提供信号、吸引配偶）都是为了解决某个特定问题长期进化而来的。在研究学习时一个有趣的问题是：“从属于”某一特定问题的行为反应，是否可以用来解决其他问题？例如，动物是否能学会一种为喂养而进化过来的反应用于防卫呢？具体地说，我们是否有可能使鸽子学会用啄的反应来躲避电击呢？实验表明，这类问题迁移或动机迁移的学习对鸽子来说是极为困难的。

四、在环境没有发生剧变的情况下，几乎所有行为都不是学习来的

心理学家们很自然地对人类行为特别感兴趣，因为在人类行为中，学习无疑起着重要的作用。但对整个动物王国中的绝大多数动物来说，在环境没有发生剧变的情况下，它们生活、解决问题，直到死亡，从未涉及学习任何东西。它们不需要学习任何东西，事实上，它们可能也没有能力学习任何东西。

实验已证明，一些节足动物（如昆虫）能够学习。但问题是，节足动物的大多数问题，如果没有学习的话也能得到解决。同样，我们在实验室和自然环境中都很容易证实鸟类和哺乳动物的学习，不过，我们必须意识到，这种学习仅仅是动物大量固定行为模式的外显。老鼠吃东西时总像个老鼠，它们以老鼠特有的方式坐着，像老鼠一样捧着食物，像老鼠一样嚼和咽。其他动物也以它们自己的方式吃东西。老鼠以它自己的方式奔跑，而不会像马或猫或蜥蜴那样行走，它们也不可能被训练成像这类动物那样行走。这部分是由于老鼠腿的生理结构决定的，因为它的前腿特别短，脚上又有脚趾甲。部分是由于老鼠奔跑时的神经控制。除了老鼠的生理解剖特征外，它的神经特征也使它像老鼠那样奔跑。综观所有动物的所有行为，惟一可行的结论是：几乎所有行为都不是学来的。

五、学习是一种适应

如果有那么多的动物行为是以固定方式发生的，那么我们就有理由假定：无论何时，只要我们看到某种习得的行为，那就必然会有某种特定的理由，而且必定具有某种适应意义。

倘若我们发现动物行为方式的某些部分是固定的，而另一部分是可改变的，那么我们就可以假定，可改变的方面对动物应付某种问题有所助益。从习性学的观点来看，动物的许多行为是不可改变的，可改变的只是某一部分。因此，学习能力是相当选择性的、专门化的。行为的所有方面都具有这些特性，因为行为的所有方面（包括可改变性）都是进化过程中自然选择压力的结果，都是现存物种与其环境之间形成的逐渐相互调节的表现。因此，我们可以预期：当动物遇到环境中不确定的、意想不到的和迅速变化的情况时，会发生学习。例如，我们可以预料到，吃杂食的动物（如老鼠）能够学习吃什么、不吃什么。它们有能力学会在不同条件下、吃不同的食物生存下来。而具有固定食物习惯的动物，对食物有特定偏爱，就不会有这类学习能力。

对动物来说，有些问题几乎没有学习的余地。虽说动物对吃什么可以有某种决策，因而有一定的可变性，但在如何交配方面不可能有什么变化。事实上，我们在大多数动物的性行为方面看到了相当固定的行为模式。

六、学习几乎都是有关刺激方面的

这里主要是指我们观察到的动物行为，以及我们作为学习的证据的行为变化。在习性学家看来，“学习即行为的变化”是站不住脚的；而“行为变化仅仅是学习的征兆”已为越来越多的人所接受。宾德拉认为（Bindra，1974），所有学习都是刺激学习，动物仅仅是以固定的、物种典型的方式对各种新的刺激作出反应，因为它学到了有关这些刺激的一些新的东西。刺激可以成为一种线索，成为预示食物或电击即将到来的信号。根据这种观点，动物所学到的，是刺激对它们所具有的线索价值或信号属性，然后它们才以物种特有的方式对其作出反应。

这种观点似乎与早期刺激-反应理论没有什么区别。但在有人看来，这种观点是与习性学完全吻合的，因为它把行为变化看做是因环境偶发变化而引起的，而且这种行为仍然保持着基本固定的反应模式（Bolles，1980）。从生物学的观点来看，学习的目的是为了使动物更好地适应变化着的环境。

第五节　评　论

在学习理论发展史上，似乎有一个共识：所有的学习都遵循某些基本的原理。因此，从动物学习中得出的学习法则，也同样适合于人类学习。这一基本假设现在遭到了习性学习理论的挑战。在后者看来，我们最好是从进化论和习性学的角度来解释各种学习现象。

传统的学习理论主要关注行为的心理机制，而习性学习理论则要求我们注意行为的生物学基础。习性学，或称动物行为学，认为动物的行为主要是本能的表现，而不是学习的结果，因此，他们强调要在动物的自然环境中研究其行为，即要发现某一特定物种是如何以某种特定方式解决某个特定问题的。如果我们注意到鸽子极难学会用啄键盘的方式来躲避电击的现象，就可以略见习性学习理论的合理性的一面了。

事实上，动物的几乎所有行为都是该物种进化的结果，都是为了适应特定的环境，因而都具有某种功能。从这个意义上说，动物对新的环境的适应过程，也就是学习的过程。

习性学习理论对我们的启示有三：第一，所谓的学习基本原理并不是对所有物种都适用的，因为事实表明，各种物种的学习能力是相当具体的；第二，动物的学习能力并不是无限的，学习是受该物种生物学因素限制的；第三，单凭动物的遗传素质或经验本身，都不足以提供正常发展的适当机会。

虽说习性学习理论主要关注动物的行为，但近年来把它推广到分析人类的行为中去了。他们认为，人们开始对人类的自然根基表现出极大的兴趣；越来越多的人热衷于户外活动、野营露宿、帆板冲浪等活动；越来越喜欢自然的食品和追崇自然的服饰等；越来越多的人把自然界看做是与己有关的一部分，而不是被征服的对象，如此等等。有人甚至预言："我们全人类的性格特征，以及不是由经验决定的、不是由人类自己选择的、而是由进化发展而形成的这方面人类行为，将成为引人瞩目的中心。"（Ardrey，1966）对此，我们将拭目以待。

最后，如前所述，习性学习理论与传统学习理论在理论假设、研究方法和基本观点上都是相悖的。从理论上讲，它们也许能起到互补的作用；而在处理实际问题时，它们如何才能取得一致意见，这看来是个很棘手的问题。

第十六章　学习的原理与策略

从学习心理学的角度来看，前面各章属于学习理论部分，它们是以各家各派的理论体系为中心而展开的，对学习过程中一些基本问题的看法，一般都是在各家各派理论体系推导过程中论及的。在论述了各种学习理论之后，读者很自然地会问道：这些理论与课堂教学中的问题有什么关联？本章就是试图来回答这个问题。本章的内容属于学习原理部分，它是以学习过程中的一些基本问题为中心而展开的，所以论述方式与前面各章不同。本章围绕概念学习、记忆与遗忘、学习迁移、问题解决、动机和认知风格等问题，介绍了各种相关的理论与学说，以便读者对这些基本问题有较透彻的理解。为了便于运用这些原理，我们还分别介绍了相应的策略或方法。

第一节　概念形成的理论与策略

一、概念形成的理论

由于概念在我们生活中使用极广，对思维过程尤为重要，因此，许多心理学家都在研究概念是怎样形成的这一问题。这里，我们介绍三种比较有代表性的理论：联想理论、假设-检验理论、范例理论。

1. 联想理论（association theory）

一些早期的探究者是根据简单的联想来解释概念学习的，这就是说，他们试图根据强化反应的原理来解释概念的形成。如果学生能够正确地识别出某个概念的一个例子，就给予强化，告诉他是对的；如果学生对刺激识别错了，则告诉他错了，这样，学生就不会形成错误的联结。通过一系列尝试，正确的反应与适当的刺激就联结起来了，因而，学生的概念也就形成了。

用联想理论解释概念形成的主要代表赫尔，把概念形成看做是把某种反应（即概念反应）与一组具有一种或多种要素的刺激联结在一起。一种新奇的刺激，尽管具有一个人以往从未见过的许多特征，如果这种刺激具有一些与该概念共同的要素的话，仍然会唤起概念反应。事实上，与一个已知概念的各种事例相类似的新刺激，往往会唤起这种概念反应。

但是，某一特定概念所包括的例子，看上去是以各种不协调的方式而各不相同的。例如，“鸟”这个概念所包括的例子，在大小和飞行特征等方面是不同的。有的鸟很小，有的鸟很大；有些鸟会飞，有些鸟不会飞。因而，伯恩与雷斯特尔（Bourne and Restle, 1959）认为，在以联想为基础来解释概念学习时，还必需考虑到这些无关要素。他们指出，概念学习者除了抽象出刺激的相关要素，并把它们与适当的概念反应联结起来之外，还要学会适应于（即学会忽视）刺激的各种无关的或非共同的特征。在学习期间，学生要对每种刺激进行知觉分析，把概念反应与共同的特征联结起来，剔除无关的特征。因此，一旦习得了概念，无关的刺激特征便不会对反应产生影响。实验结果表明，学生在学习某一概念的各种例子时，其相关要素和无关要素的多寡，对学生学习的速度和错误率有很大关系。例子与概念之间的相关要素越多、无关要素越少，则学习速度加快，错误率低。反之亦然。

但是，读者也许已注意到，这种理论几乎没有涉及学生头脑里所发生的事情，它不能解释学生为什么会积极尝试各种正确的和错误的解决办法。正是由于这一原因，概念形成的联想理论现在不再那么吸引人了。

2. 假设-检验理论（hypothesis-testing theory）

目前比较流行的观点，是把学生看做是一个积极的信息加工者。学生是通过提出和检验各种假设来解决种种问题的，包括概念问题。换句话说，学生始终不断地对解决办法提出各种假设，并对之加以检验。这一观点主要基于布鲁纳等人的《思维之研究》一书。布鲁纳的主要目的，是要发现人们使用哪一种程序来检验各种可能性。

那么，我们是怎样形成概念的呢？图 16-1 是在概念形成实验中使用的一种典型的刺激。正如读者所注意到的，这项学习涉及三个特征：大小、颜色、形状。假定实验者选定“小—黑”作为要被试学习的概念，这样，所有既是小的又是黑的图形都是这一概念的正确例子，因而，形状是无关属性。被试的任务是要发现这一概念。

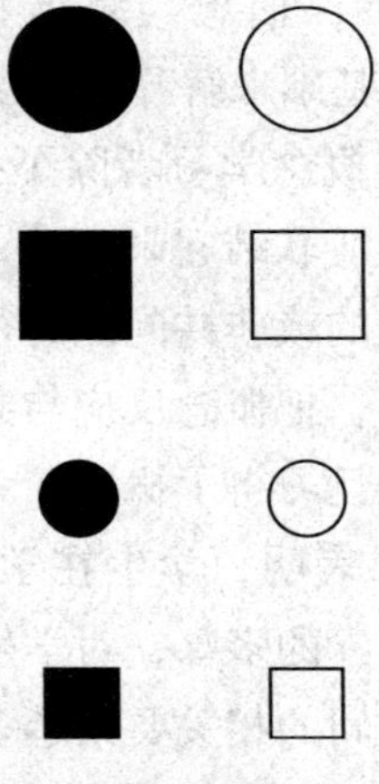

图 16-1　概念形成实验中所使用的一种典型的刺激

资料来源：Bourne，et.al.，1986.

如果被试第一次接受的图形（作为要形成的概念的一个例子）是“黑—圆—小”，被试可能猜测“黑”是要形成的概念，因而可能选择“黑—方—大”作为这一概念的例子，当告诉他不对时，他并不知道自己的假设错在哪里，从而下一次选择“黑—圆—大”，当告诉他仍然不对时，他还要继续提出假设，并予以检验，直到确证为止。

布鲁纳的基本观点是，在概念形成过程中，学生并不是被动地、消极地等待各种刺激的出现以形成联想，而是积极地、主动地追究这一概念，通过一系列的假设-检验来发现这一概念。学生在形成概念的过程中，还会采取各种策略，以求加快发现这一概念的过程。有关这方面的内容，参见本书第七章第二节。

50年代末至70年代，布鲁纳提出的假设-检验理论，在概念学习的研究领域一直占主导地位。1975年，莱维恩（M.Levine）通过实验，进一步发展了这种理论。莱维恩在概念形成的实验研究中，采取没有反馈的尝试法（Blank Trials Procedure），就是说，要求学生在没有任何矫正性反馈的情况下对一系列刺激作出反应。如果学生对某些刺激作出系统的反应，那么，就可以确定作为这些反应之基础的那个假设是什么。学生在对一系列刺激作出相应反应之后，给予一次有反馈的尝试；然后再在没有反馈的情况下，对一系列刺激作出相应反应，再给予一次有反馈的尝试，以此循环。实验结果表明，学生在没有反馈的尝试中，始终使用单一的假设，即都对自己的假设采取“坚持则胜，改变则输”的策略（“win-stay, lose-shift” strategy）。这就是说，如果学生用来作为某一系列无反馈尝试之基础的假设（注意：是种假设，而不仅仅是种反应），在有反馈的尝试中得到了肯定，那么，学生在下一系列无反馈尝试中仍然会使用这一假设；如果这一假设在有反馈的尝试中被否定了，那么，学生就会改变假设。

当一种假设被否定时，学生在下一系列无反馈尝试中所使用的新假设，往往是学生目前所关注的几种假设中的一种。也就是说，学生新的假设，是与他们已有的某种信息相一致的。这表明，随着与某些假设相关的信息的积累，学生经历了一个缩小最初各种假设的范围的过程。

莱维恩的实验方法这样安排的目的，是为了使那些能够最佳地加工由实验者提供的信息的学生，能根据每一次有反馈尝试，系统地大幅度减少原来的各种假设。莱维恩认为，能够达到这一水平的学生一般都采用“整体性聚焦策略”（global focusing strategy）。当然，这些学生必须具备能够监控所有可能的假设并记住已被否定的假设的能力。如果学生只是随机地检验假设，不记住已被检验过的假设，那么，他在作下一系列无反馈尝试时，原有的各种假设还是保持原样一个也没少（Levine，1975）。

所以，整体性聚焦不仅要求有最佳的信息加工，而且要有完美的记忆，不论假设已被验证是错的还是有效的，都要记住它们，只有这样，才能发挥整体性聚焦的功能。其他心理实验也证明，记忆在概念形成中起重要作用。

3. 范例理论（exemplar theory）

前面两种概念形成的理论，都是以概念所具有的共同特性为前提的。但是，认知心理学家罗斯（E. Rosch）提出了一种完全不同的概念学习理论。罗斯认为，记忆中的种种概念，是以这些概念的具体例子来表示的，而不是以某些抽象的规则或一系列相关特征来表示的。这就是说，概念是一组对以往遇到过的、存在记忆中的该概念的一些范例构成的。例如，“鸟”这一概念，是用以往见到过的知更鸟、麻雀、老鹰等来表示的。

实验表明，人们在回答“鸡是鸟吗?”比回答“麻雀是鸟吗?”的时间要更长些。为什么会出现这种情况呢？心理学家认为，这是因为人们往往把“会飞”作为鸟的特性。尽管有些鸟（如鸡、企鹅、鸵鸟等）不会飞，而且“会飞”也不只是鸟的特性，因为许多昆虫也会飞，可是由于绝大多数鸟会飞，“会飞”特性就成了鸟这一概念的典型特征。由于麻雀会飞，相对于鸡来说，是更典型的鸟，因而人们可以不假思索地回答“麻雀是鸟吗?”这一问题。

在罗斯看来，假设-检验理论对概念形成过程所进行的实验研究，一般都采用一些人为的概念，都是根据颜色、形状、大小等少数几个刺激尺度来分析概念形成过程的，这些并不是学生在日常生活中经常遇到的概念。而在日常生活中使用的概念，如桌子或鸟，不是用颜色、形状、大小等特征的人为组合就可以描述出来的。事实上，像“好人”与“坏人”这类概念是很难界说的，因而往往用具体的范例来代表概念。

罗斯由此指出，并不是所有桌子或鸟都是这两个概念的同样程度上的范例。大多数人从直觉上感到，比起企鹅来，麻雀是“鸟”这一概念的更好的范例。对于任何一个概念说来，都有一些比较典型的范例和一些不大典型的范例。最典型的范例被称之为原型(prototype)，因此，人们对日常概念的理解，必须既包括对原型的认知，又包括典型性这一方面的内容（Rosch，1977)。

概念的典型性范例对人们的心理活动有重要意义。当我们想到一个概念时，很可能会想到这个概念的一个典型的范例。例如，当我们想到“教师”这一概念时，往往首先想到的是对自己成长影响较大的几位教师的形象。

当然，我们并不认为范例理论较之其他概念形成理论更完美些，因为实验表明，学生在形成概念时，确实有一个抽象出与已知的各种具体事例不同的表征的过程。

二、概念教学的策略

探讨各种概念形成的理论，目的是为了更好地把概念形成的研究结果运用到概念教学中去。为此，不少心理学家提出了不少概念教学的策略。根据特拉弗斯（Travers，1982）的概括，对概念学习和教学提出几种方法。

1. 当正面的事例和反面的事例有明显的区别时，在正面的例子都非常一致的情况下，最容易习得概念。例如，“服饰高雅”这个概念就很难教，因为服饰高雅的例子可以是很不相同的，而且各人对高雅与俗气之间的看法也不一样。相反，“正方形”这个概念就比较容易教，因为正方形的特征很容易识别，可以下精确的定义，而且很容易与其他几何图形相区别。

2. 有大量实在属性的概念问题，比缺乏实在属性的概念问题更容易解决些。这意味着，为问题解决办法提供的线索越多，就越有可能解决问题。

3. 尽管我们事先可以作出安排，使正面例子和反面例子提供同样多的信息，但是，学生在刚开始学习时，从正面事例中获取的信息，比从反面事例中获取的信息更多些。这可能是由于学生在日常生活中的学习一般都伴随看到正面事例的缘故。但在对学生进行从反面事例中获取信息的训练后，这种倾向就会消失。因而，最佳的学习情境要求对正面和反面例子作出明智的组合。

4. 通过减少无关属性的数量，可以较容易地习得概念。不过，这种提法不易绝对化。例如，用简化了的图解可以有助于学生习得概念，因为图解可以把所有可能分散学生注意力的无关属性去除掉，使学生注意他们应该注意的属性上。但有时，言语描述也可以帮助学生习得概念，因为这些描述除了相关信息之外，把大多数信息省略了。

5. 概念学习的技能是随着年龄的增长而发展的。年幼儿童似乎容易去注意物体的物质特征，如形状和颜色，这就限制了他们能够学习的概念的范围，而年龄大些的儿童开始注意物体的功能方面，如它们可派什么用场。

6. 焦虑是与概念学习相关的。在学习简单概念时，焦虑的增长会导致更快地习得概念，但是，在学习复杂概念时，焦虑对学习会起破坏性的影响。

7. 如果告诉学生如何注意相关属性，会有助于概念学习。因此，学生在学习区别苹果树与梨树时，教师应该指出区别这两种果树的那些特征。

8. 为了使学生最容易习得概念，应该并排地呈现正面的和反面的例子。如果把苹果树的叶子与梨树的叶子放在一起给学生看，比先给学生看苹果树的叶子再看梨树的叶子，更有助于学生对果树叶作出区分。

9. 在有些情况下，同时呈现若干正面例子似乎更有利些。例如，在教年幼儿童“三角形”这一概念时，可以同时呈现若干三角形，以便儿童能从中抽象出三角形的本质属性。但研究表明，同时呈现的例子不要多于四个，如果例子太多，反而会使儿童感到困惑。

10. 如果学生自己用言语来表述相关属性，那能更好地习得概念，而且较容易把它应用于新的情境。学生若能用言语来表述无关属性，也能从中得益。

11. 在有些情况下，学生若能用手摆弄或操纵实物或模型，比只让他们观看更容易习得概念。这在教年幼儿童各类物体的名称时，显得尤为重要。

12. 反馈越是完整，学习效果越好。学生若能知道自己为什么错、为什么对时，将有助于学习。给予学生的反馈信息要精确、完整，任何模棱两可的信息或错误的信息，都会干扰概念学习。

13. 如果概念是通过研究分析大量不同事例，较彻底地习得的话，就最有可能把它迁移到新奇的事例上去。

14. 不应该孤立地教概念。在准备教学生学习一个新概念之前，要为学生提供一个可把该概念置于其中的框架，如果孤立地学习概念，将会限制学习的价值。

15. 应该混合使用各种教概念的方法。有人在教概念时分别采取以下几种方法：(1) 使用简洁的定义；(2) 把该概念置于句子之中；(3) 用一些短句子来表明该概念所包括的一些物体或事件；(4) 列出一些该概念的同义词。最后一种方法是上述四种方法的混合物，但教学时间同其他几种方法一样长。结果发现，最后一种(即混合的方法) 最为有效。

16. 在学生学习概念时，必须为他们提供足够的时间来同化给予他们的信息。实验表明，解决概念学习的一个关键因素，是给予学生反馈后到接受下一项学习任务时的时间，也就是说，当学生提出了假设，并已知道该假设是对还是错时，要留有一定的时间给他们思考。

17. 许多概念是相互联系在一起习得的。例如，“运动”这一概念是与从属于其下概念（如速度、速率、加速度和位移等）紧密联系在一起的。

概念的学习和教学，是为学生理解命题、掌握规则、进一步解决问题打基础的。从某种意义上可以说，概念既是思维内容的基本单位，又是各门学科的基本要素。因此，使学生掌握精确的概念，是教学成功与否的一个重要标志。

第二节　遗忘理论及记忆策略

一、遗忘理论

贮存在记忆中的信息为什么会遗忘？这是教育工作者最为关心的问题之一。事实上，遗忘会使我们失去许多有用的技能和有价值的知识。例如，有人经过调查研究后得出结论：人们在中学和大学课程中所“学到的”概念，有60%在两年之内就被遗忘了。当然，事物总有两面性，遗忘也是这样。假如我们接受的信息一点也不遗忘的话，那么，我们的头脑就会被各种各样的琐碎小事所充斥，难以提取我们解决问题所需要的知识。

尽管心理学家们提出了种种遗忘理论，但每一种遗忘理论都既有赞同者也有批评者。看来，每一种遗忘理论在解释某一方面时是有道理的，但用来说明另一种现象时就发生了困难。所以，对遗忘现象还有待进一步地研究。为了使读者对此有比较全面的了解，不为某种理论所局限，这里我们介绍几种比较有影响的、有代表性的遗忘理论。

1. 消退理论（decay theory）

根据消退理论的解释，大脑中的记忆痕迹随着时间的推移而衰退。这种理论假定：学习会改变中枢神经系统，除非定期地使用或复述信息，否则这种信息就会逐渐衰退，最终完全消失。据认为，这一过程就像拍照后印出来的相片一样，随着时间的延长，相片会逐渐变黄而模糊不清。现在也有人把这种遗忘理论称之为“渐退理论”（fading theory），即认为，不常回想起的或不常使用的信息，往往容易从记忆中失去。

事实上，这种理论在20世纪30年代初就开始遭到一些心理学家的怀疑。因为研究表明，一个人在保持信息期间（即在学习之后、测验之前这一段时间内）参与各种活动，会对记忆有一定影响。心理学家还发现，人们醒着的时候失去的信息，比睡着的时候失去的信息更多些。显然，只把时间的推移或不定期使用信息作为遗忘的真正原因是不充分的。这种所谓的“睡眠效应”成了下面要介绍的遗忘干扰理论的依据。

近年来，一些心理学家又开始重新评价消退理论，认为对遗忘的讨论，最终仍须回到消退理论或渐退理论上来，因为遗忘干扰理论或其他遗忘理论，都没有解决因时间推移而产生遗忘的问题。例如，实验结果表明，即便在没有前摄干扰或倒摄干扰的情况下，遗忘也还是在发生的。

2. 干扰理论（interference theory）

干扰理论认为，随着愈益增多的新信息被输入、归类，提取线索就愈益失效。消退理论把遗忘归结于贮存的失败，而干扰理论则认为遗忘是由于提取失败所致。不少心理学家都相信，许多遗忘是由于干扰，而不是由于消退。有人甚至认为，85%～98%的遗忘变量应归结于干扰，余下的变量才归结于消退。

持这种观点的人常引用的一个例子是：有人用电击病人大脑的各个不同的部位，使得病人回想起自己认为已经完全遗忘了的事情。所以，在有些心理学家看来，我们所失去的，是进入长时记忆中的信息的通道，而造成这种情况的原因，主要是由于后来学习的内容在起干扰作用。

干扰主要有两类：倒摄干扰与前摄干扰。倒摄干扰是指以前学过的内容受后来学习内容的干扰；前摄干扰是指以前学过的内容干扰以后学习的内容。不论在哪一种情况下，前后学习的内容越相似，干扰的程度就越大。

詹金斯与达伦巴克（Jenkins and Dallenbach，1924）对倒摄干扰的经典性研究，被心理学界人士认为是极有说服力的。他俩发现，在入睡前学习的内容，比上午学习的内容遗忘得要慢些。这是由于白天的心理活动所产生的倒摄干扰比临睡前要多些。有人据此推断，一个人在一生中第二个 25 年记忆开始减退的主要原因（当然不是惟一的原因），是干扰所致。

安德伍德（Underwood，1957）的经典研究则说明了前摄干扰在遗忘中的重要性。他给在不同条件下的不同被试提供一系列要他们记住的单词。在给第一组被试看这些单词之前，先让他们学习另一组单词，第二组被试则只学习一组单词，一天以后检查被试的遗忘情况。结果发现，第一组被试只记住要求他们记忆的那一组单词的 25%，而第二组被试能记住 70%。安德伍德认为，第一组被试成绩之所以差，是由于前摄干扰所致。

3. 动机遗忘理论（theory of motivated forgetting）

动机遗忘理论与前两种遗忘理论相比，在解释遗忘的原因方面有很大的不同。消退遗忘理论认为，信息的遗忘是由于随着时间的推移而发生的某些模糊；干扰遗忘理论则强调新、旧信息都有可能干扰我们回忆某些内容这样的事实。但是，这两种遗忘理论都没有涉及个体的需要、要求、希望等动机因素。换句话说，它们都没有考虑到人们记忆某种信息时在一定程度上是受动机驱使的，那些会引起消极情绪的信息很可能被遗忘。

这种理论认为，有些信息可能对我们自己很重要，所以被记住了；而有些信息可能会引起我们的痛苦或不快，因而不大可能被记住。例如，有人对持截然相反观点的两组学生在辩论时的论点作了记录，事后测验这两组学生。结果发现，每一组学生记住的赞同自己意见的论点，远比反对自己意见的论点要多得多。日常生活的经验也告诉我们，自己对他人的看法或态度，会影响是否记住他人的讲话内容。例如，我们对一些可信度不高的人的讲话内容很容易遗忘。

尽管人们意识到，动机因素在决定人们将记住些什么、遗忘些什么是非常重要的，但对这方面因素的影响还需要有更充分的实验证据。动机遗忘所依据的，是弗洛伊德的学说。

弗洛伊德提出的动机遗忘理论，主要是根据他对精神病人的观察结果得出的，他称之为**压抑理论**（theory of repression）。这种理论目前在临床心理学方面仍在广泛使用。

弗洛伊德认为，人们之所以往往趋于遗忘那些特别令人不快的事情，是由于这些记忆内容沉入到下意识中去了，或者说，被压抑住了。压抑是一种自我防御机制，它通过阻止不愉快的记忆内容进入意识，以避免发生不愉快的体验。但是，尽管人们没有意识到下意识中的那些不愉快的事情，它们仍然会继续影响人们的某些情感，从而影响学习，如果被压抑的事情太多，就会产生心理障碍。弗洛伊德认为，通过催眠或其他方法，可以揭示出这些被压抑的记忆，从而帮助患者用正确的方式对待这些事情。

一个人的动机无疑会对记忆产生一定的影响。但就目前的研究状况来看，主要还是根据对有心理障碍者的观察，至于动机在遗忘中到底起什么作用，还有待于进一步研究。

4. 线索-依存遗忘理论（cue-dependent theory of forgetting）

线索-依存遗忘理论认为，应根据提取失败，而不是根据记忆中失去信息、干扰或抑制等来解释遗忘。换句话说，一个人回想不出某种信息，仅仅是由于他不能发现从记忆中回想该信息的方式，是没有良好的提取线索。

图尔文（Tulving，1974）认为，记忆是来自两方面的信息的产物：第一，作为对某一事件的初步知觉的结果，在个体记忆贮存中留下的记忆痕迹；第二，个体在回忆时认知环境中出现的提取信息的线索。因此，该信息可能是在记忆贮存中，因为缺少有关提取线索的信息而提取不到。人们通常把它看做是遗忘了。

可见，提取线索在回忆中所起的作用，犹如阅读书籍时的灯光照明所起的作用一样。当灯关掉时，阅读就不可能进行。同样，当缺少适当的提取线索时，回忆某信息也就不可能了。有些心理学家对图尔文的阐述作了进一步补充，他们认为，不能提取信息，也可能是由于提取线索过多的缘故。一个人如果发现自己面临太多的刺激时，反而感到束手无策，因而无法有效地提取信息。

综上所述，信息被遗忘，可能是由于不用而消退，由于受到其他信息的干扰，由于某种动机方面的原因或由于没有适当的提取线索所致。

无论从哪一个角度来讲，传授知识、技能和态度等，并使其不致遗忘殆尽，是教师的主要职责之一。较全面地了解学生之所以会遗忘的原因，有助于教师履行自己的这一职责。如果学生是由于不用而遗忘，那么，教师可以提供练习或回想的机会，提醒学生注意这些信息，或采用过度学习的方法。通过指出新知识与学生已有知识之间的共同性和差异性，可以有效地防止前摄干扰和倒摄干扰，防止记忆失真或被歪曲。当然，教师最好不要给学生提供使他们感到受压抑的经验，或使他们回想起已有的这类经验。最后，如果教学内容组织得有助于学生看到前后之间的关系，或教师在教学过程中适时地提供合适的线索或暗示，会有助于学生克服提取信息时所遇到的困难。

二、增进记忆的策略

了解记忆的类型、分析记忆信息加工的模式和阶段、探究遗忘的原因，目的都在于使教师掌握有效的教学策略，以帮助学生提高领会和保持信息的能力。

人们知道，通过药物有可能增进人类的记忆，例如，研究表明，乙酰胆碱（Ach）对许多脑神经元突触起化学递质的作用，通过用Ach作为递质，提高神经元的活动，可以增进记忆。研究还表明，注射毒扁豆碱（physostigmine），能提高神经元突触处的Ach的效用，从而增进人的学习和记忆。现在还不清楚毒扁豆碱是否只影响记忆，是否还会影响高级心理机能？这种影响是短暂的，还是持久的？因而，心理学家和教育学家们很少有人把增进学生记忆的期望寄托在“记忆药丸”或“记忆注射”上，而是提出各种各样有助于学生记忆的教学策略。这些策略，有的相当简单，有的则比较复杂，这里列举几种教师常用的策略。

1. 复述

前面已经提及，复述在学生保持信息的过程中起重要作用。但是，使用复述这一策略时，其复杂性和精致性在程度上的差别是很大的。而且，学生在何时复述、复述什么以及怎样复述等方面，有很大的个别差异。再者，学生年龄上的差异，也会反映在他们所使用的复述策略上。

研究表明，小学三年级学生在复述时，一般只是根据原文逐字逐句地背诵，很少把它与其他有关内容联系起来；而六年级学生复述时就比较主动，他们会把各方面的内容联系在一起，但这种情况并非一成不变的。教育心理学家发现，教师完全可以教会小学二年级学生掌握把各方面内容联系起来复述的策略，而且，他们一旦学会这种策略后，在以后类似的学习情境里，仍然会使用这种方法。

2. 视觉映象

自古希腊以来，视觉映象就已被看做是一种强有力的记忆辅助手段。许多心理学实验结果也表明，学生在记忆各种文学作品时，若能对作品中所描述的事件形成视觉映象的话，会有助于记忆。但是，要小学一、二年级学生在边阅读时边形成心理映象，似乎没有什么益处。而如果对小学三、四年级学生提出这一要求，学生显然能够从形成视觉映象中有所得益。如果不是要求学生边阅读边形成视觉映象，而是在阅读一段文章之后，想象这段内容的各种情景，则能取得更好的教学效果。

心理学家们还发现，如果在教科书上配有适当的视觉图象，学生回忆这些图象的说明性文字的数量就会大大增加。西方心理学家在研究记忆术（mnemonics）时常使用的两种技术——限定词和关键词也都涉及视觉映象的问题。

限定词技术（pegword techniques）是让学生学习一张押韵的限定词表（表 16-1），使一些单词与数字配对。然后，要学生学习一张新的单词表，学生要把限定词作为“衣钩”，去“挂住”新学的单词（表 16-2）。例如，新的单词表上的第一个单词是 cigar（雪茄烟），学生就要想起第一个限定词，并形成这两个物体的相互作用的生动情景的心理映象。以此类推，每个新单词按同样的程序作想象上的配对。这样，学生回忆新学的单词就比较容易了。只要回想起他们早已熟知的限定词，形成心理映象，通常就能说明出该新单词。

表 16-1　限　定　词　表

One is a bun （1 是个小面包）	Six is stick （6 是棍棒）
Two is a shoe （2 是只鞋）	Seven is heaven （7 是天堂）
Three is a tree （3 是棵树）	Eight is a gate （8 是大门）
Four is a door （4 是扇门）	Nine is a line （9 是条线）
Five is a hive （5 是个蜂房）	Ten is a hen （10 是只母鸡）

资料来源：Bower and Hilgard，1981.

表 16-2　学习新单词表时前四个限定词的形象及其运用

限定词	新单词表上的词	心理映象
one-bun （1-小面包）	cigar （雪茄烟）	bun smoking a cigar （小面包在抽雪茄烟）
two-shoe （2-鞋）	butter （奶油）	spreading butter on shoe sole （奶油涂在鞋底上）
three-tree （3-树）	chicken （小鸡）	chicken sitting up in a tree （小鸡蹲在树上）
four-door （4-门）	nails （钉子）	hammering nails into front door （钉子敲在前门上）

资料来源：Bower and Hilgard，1981.

关键词技术（keyword techniques）也是以视觉映象为特征的。阿特金森（Atkinson，1975）开发的这种技术，旨在帮助学生记忆外语词汇。这种技术是把外语单词的读音与英语的读音联想起来，然后构成一种把关键词与英语译文联系起来的心理映象。例如，俄语中的 zdanie 是英语中的 building（建筑物）；zdanie 的读音有点类似英语中的 dawn（拂晓）的发音。教师要求学生在 zdanie 与 dawn 之间形成听觉上的连结，然后形成把 zdanie 与 dawn 联结在一起的心理映象，例如：一幢有很多窗户的大建筑物在拂晓中呈粉红颜色。由此可见，dawn 在这里成了关键词。

阿特金森发现，当他给学生关键词，并要学生自己形成心理映象时，学习的结果最好。在使用这种方法时，使用心理映象是至关重要的，如果只是用一个句子把这两个词连结起来，则达不到这种效果。阿特金森的实验对象是大学生。

普雷斯利（Pressley，1977）利用这种技术，对小学二年级和五年级学生学习西班牙语单词进行了实验。结果发现，关键词对二年级学生记忆外文单词有一点帮助，但提高的幅度不大，而对五年级学生特别有效。近些年来，不少心理学家还把关键词技术用于其他方面的学习，发现这种技术的其他一些用途。例如，关键词再加上图片，对学习抽象概念方面的内容，效果甚佳。

3. 组织

组织是学习和记忆新信息的重要手段，它涉及到把学习材料分成一些小的单元，并把这些单元置于适当的类别之内，这样，每项信息都同其他信息联系在一起。据认为，记忆能力的增进，是组织的结果，因为学生可以用各类别的标题作为提取信息的线索，从而减少回忆时的记忆负荷。

一些心理学实验表明，小学四年级以下的学生一般还不能自发地对信息加以分类，然而，通过教学可以教会他们这种分类的技能，从而提高他们的记忆能力。这种教学包括向学生说明如何把课文分成一些有意义的段落；如何把各种观念组合在一起；如何为每一段落列出小标题等。事实上，教师在教学实践中也常常采用这种方式。

可见，组织是教学效果的一个重要的变量。教学内容排列组织的方式，对学生将会学习和记忆些什么产生重大影响。因而，怎样使教学内容组织得更有意义，成了心理学家和教育学家探究的课题。

事实上，早在三十多年前，人们就发现，记忆在很大程度上取决于记忆内容的数量。因此，如果把信息组织成块，或者说，把信息组合成一个有意义的类别，就能使信息保持得更长久些。

一些心理学家相信，如果学生从事有意义的活动，他们会保持这些活动的主要特征，无论教师是否要他们回想。实际上，学生在校学习的绝大多数内容，都可以通过让学生在某种认知结构内来吸收新知识，使其有意义，从而加深学生对其的领会，增强记忆。

4. 做笔记

我国有句俗话："好记性不如烂笔头"。做笔记实际上是把复述和组织的许多功能都结合在一起了。一些实验结果表明，回想当时做过笔记的内容的概率，是不做笔记的 7 倍。对一些大学生的研究也发现，学生在听讲时自己做笔记，在3周后的回忆测验中，与听讲时不做笔记或事后看过别人笔记的学生相比，成绩明显要好得多。

据心理学家分析，听讲时做笔记，信息加工过程与只听讲不做笔记是不一样的。前者的信息流程是从耳→脑→手→纸。这种信息的外部贮存为回忆提供了很有价值的手段。这对记忆来说，比做笔记本身更有意义。

第三节　迁移理论及策略

一、迁移理论

学习的目的在于运用。学生如何把在校学习的内容迁移到新的情境中去，是教育学家和心理学家最为关心的课题之一。

早期的学习理论家在论及迁移时，一般是指前面的学习对后来的学习的一种积极影响。现代心理学家一般认为，迁移是一种学习对另一种学习的影响。这种影响既包括积极的促进作用（即正迁移），也包括消极的干扰作用（即负迁移）；既可以是前面的学习影响后来的学习（即顺向迁移），也可以是后来的学习影响前面的学习（即逆向迁移）。而且，迁移不只局限于认知领域，在情感和动作技能领域也存在迁移的问题。

1. 形式训练理论（theory of formal discipline）

这是一种早期的学习迁移理论。认为通过一定的训练，可以使心的各种官能得到发展，从而转移到其他学习上去。形式训练说以官能心理学（faculty psychology）为理论依据，认为“心智”（mind）是由诸如推理力、记忆力、判断力、意志力和注意力此类的官能构成的，通过某些特定学科的学习，可以训练或增强这些官能。据认为，数学有利于训练推理能力、几何学有助于训练逻辑思维、拉丁语和希腊语对训练记忆力大有好处。所以，在学校教育中，传递知识远不如训练官能来得重要。学生在校学习的时间是有限的，而知识浩如烟海，我们不可能把所有的知识都传授给学生。如果学生的官能由于训练而得到发展，任何知识随时都可以去吸收。所以，掌握知识是次要的，官能的发展才是最重要的。知识的价值在于作为训练官能的材料。形式训练说的倡导者之一洛克就说过："我只认为研究数学一定会使人心获得推理的方法，当他们有机会时，就会把推理的方法移用到知识的其他部分去。……所以，学习数学有无限的用处。"（Adamson 1922）

形式训练理论作为一种学习迁移的学说，源渊于古希腊罗马，形成于17世纪，盛兴于18、19世纪，但在20世纪初以后，不断遭到来自心理学实验结果的驳斥。其中，对形式训练说的致命打击，来自桑代克的两项实验：1924年，桑代克对8 500名中学生的学业成绩与智商分数之间的迁移问题作了深入调查。三年之后，他又对另外5 000名学生重复进行了这一实验。桑代克设想：如果某些学科在"发展心智"方面比其他学科更有效的话，那么这一事实必然会反映在智力测验上。然而实验表明，学习传统学科（如拉丁语、几何学、英语和历史等）的学生，并没有比那些原来智商相同、选修实用学科（如算术、簿记和家政等）的学生在理智能力上有更大的提高（Thorndike，1924，1927）。因而，期待通过某些学科来使心智得到更大促进的希望破灭了，形式训练说随之被相同要素理论所取代。

2. 相同要素理论（theory of identical elements）

这是桑代克于20世纪初提出的一种学习迁移说。认为只有在原先的学习情境与新的学习情境有相同要素时，原先的学习才有可能迁移到新的学习中去。而且，迁移的程度取决于这两种情境相同要素的多寡。也就是说，相同要素越多，迁移的程度越高；相同要素越少，迁移的程度越低。这种理论是建立在桑代克与伍德沃思在1901年从事的一项实验研究基础上的。

在实验中，桑代克训练大学生判断大小和形状不同的纸张的面积。首先，让被试估计127张长方形、三角形、圆形和不规则图形的面积。这一事先测验旨在了解被试判断面积的一般能力。然后，给每个被试估计90个面积从10平方厘米到100平方厘米不等的平行四边形的面积。接着，把被试分成两组：要第一组被试判断13个类似于前面训练过的平行四边形的长方形的面积；要第二组被试判断27个三角形、圆形和不规则图形的面积。结果表明：受过平行四边形面积的训练，有助于学生更好地判断长方形的面积，而对估计三角形、圆形和不规则图形的面积没什么帮助。桑代克的结论是：如果在两种学习情境之间要有任何正迁移的话，那么这两种情境必须是非常相似的（Thorndike and Woodworth，1901）。

在桑代克看来，如果由于一种学习活动而使另一种学习活动较容易些，那仅仅是因为这两种活动有某种重叠。学习始终是具体的、而非一般的；倘若看上去好像是一般的，那是由于新的情境包括了原来学习情境中的许多要素。换言之，只存在特殊的迁移，不存在一般的迁移。从一种学习情境迁移到另一种学习情境中去的程度，取决于两种情境中的共同要素。这种观点是直接与形式训练说相抗衡的。

桑代克的相同要素说对后来的迁移理论有很大的影响。例如，在奥斯古德1949年提出的“迁移曲面”（transfer surface）中就可以看到这种影响（见图16-2）。奥斯古德认为，正、负迁移的情况是随两种情境中刺激相似性和反应相似性的程度而变化的。这种三维模型对学习迁移有一定的预测价值，但也有它的局限性。

3. 泛化理论（generalization theory）

桑代克的相同要素理论遭到了来自贾德（C. H. Judd）研究结果的抨击。贾德认为，迁移的重要条件是学生能够自己概括出一般原理。所谓泛化理论，就是指学生能够把自己在一种情境中得到的经验加以“泛化”（generalize），并把它们运用到另一种情境中去。因

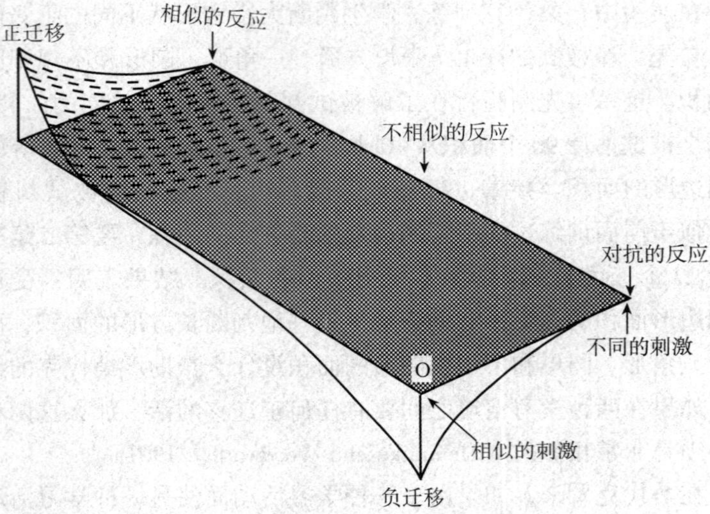

图 16-2　奥斯古德迁移曲面图

资料来源：DiVesta and Thompson，1970.

此，为了使学生能够迁移，应该把重点放在让学生思考可能被泛化到各种新情境中去的那些特征上。

贾德的泛化说来自他的一项实验（Judd，1908）。他让两组被试对放在水下的目标掷标枪。在开始实验前，他只对实验组被试解释折射作用的原理。开始实验时，目标物放在水下 12 英吋，两组被试做得相当，也就是说，关于折射作用的知识在这时没有什么价值。随后，把目标物放在深水中。在接下来的尝试中，实验组被试的中标率明显高于控制组。在贾德看来，前后两种情境显然有相同的要素，但控制组被试没有表现出迁移，而实验组则表现出了迁移。两组被试在初期的尝试中（即目标物放在水下 12 英吋时）没有什么差异，这说明：被试在能够运用原理之前，常常需要获得一些有关实际情境方面的知识。后来有些实验结果证实了这种泛化说。

也有人认为，从某种意义上说，迁移的泛化理论实际上是相同要素理论的进一步延伸。因为若要学生运用原理，新的情境必须与原来的学习情境有一定的相似性，否则，迁移也不会发生。

4. 转化理论（transposition theory）

格式塔心理学家认为，学习迁移实际上是一个转化或者说关系转化的问题。在他们看来，一种情境中手段-目的的整体关系，是迁移的基础。换言之，产生迁移的原因，并不是两种情境之间存在着作为零碎成分的相同要素，而是由于两者之间存在着相同的关系、型式或完形。

转化理论是建立在苛勒 1918 年从事的**转化实验**（transposition experiment）基础上的。在实验中，他训练猩猩和小鸡分辨两种深浅程度不同的灰颜色，当它们选择深灰色时即可得到食物强化。假定浅灰色是 A，深灰色是 B。经过多次尝试后，苛勒增加了一种新的、更深的灰色（C）。结果发现，动物立即对 C 作出反应，而不是对 B 作出反应。由此可见，两种情境确实存在某种共同的东西，但不是共同的刺激要素，而是两种情境之间共同的关系或完形。

因此，在格式塔心理学家看来，通过理解而不是机械记忆来学习的好处之一是，理解可以转化到各种情境中去，不大会导致错误地运用所学到的知识。

5. 学习定势理论（learning set theory）

学习定势理论是目前最为流行的迁移理论之一。支持这种理论的心理学家们认为，迁移取决于通过练习而获得的定势或学习能力。学习定势理论的奠基人哈罗（H. Harlow）对猴子的学习进行了大量的研究，结果表明，对某一种学习问题的练习，会有助于学习解决另一种不同的问题。

在一项实验中，哈罗让猴子解决一系列物体-选择的问题。猴子要学会对两个不同物体（例如，红的圆圈和蓝的方块）下面哪一个会有食物作出选择。第一轮实验呈现 34 个问题，每次呈现两个物体，猴子只能选择其中之一，如果下面有食物，就作为奖励。这34个问题各呈现50次，食物始终放在同样的物体下面。猴子能够学会这种选择，因为它们后来选择的正确率（80%）明显高于最初的选择（50%）。然而，哈罗并不是要表明猴子能够学习，而要表明猴子能够学会如何学习。这就是说，他要表明学习一组问题，可以使学习第二组问题更容易些，使学习第三组问题比第二组问题更快些。在第二轮实验中，哈罗给猴子200个新问题，各呈现6次。猴子的成功率明显高于第一轮。最后，在第三轮实验中，又给猴子112个新问题，各呈现6次，这次，猴子的正确率达90%。显然，猴子已经学会了如何解决这种问题。学习定势就是指学会如何学习。据哈罗报告，2~5岁的儿童也同样显示出这种学会学习的现象（Harlow，1949）。

学习定势理论可以被看做是转化理论的一种替代，它不认为是通过突然顿悟来解决新问题的。事实上，在哈罗看来，从一种情境迁移到另一种情境上去的，是一个人学会如何学习的能力。因此，学习定势是一种策略的迁移。

6. 认知迁移理论（cognitive transfer theory）

美国学者罗耶（J.M.Royer）根据目前流行的各种人类学习与记忆的信息加工理论，概括出了所谓的认知迁移理论。首先，这种理论所依赖的基本假设是：人类的记忆是一种高度结构的贮存系统；人类是以一种系统方式贮存和提取信息的。因此，这种理论不那么重视环境刺激方面的因素，而是强调记忆表征的性质。其次，认知迁移理论假设：知识结构的“丰富性”（richness）并不始终是一致的，所谓“丰富性”是指知识结构内各“单元”（units，如交节点、命题等）之间交互联结的数量。也就是说，知识结构的某些部分可能是与单元之间的大量交互联结错综复杂地联系在一起，而某些部分可能只是与相对少量的交互联结有联系。

除了上述两个基本假设，认知迁移理论还有一个基本前提：领会（comprehension）是学习迁移的必要条件，但不是充足条件。我们在没有领会的情况下也可以习得信息，例如，通过机械记忆。然而，我们回忆或使用未被领会的信息的条件是极为有限的。例如在机械背诵后立即回忆或使用。所以，若要形成学习迁移，首先必备的第一步是要领会。

根据这些假设和前提，认知迁移理论认为，迁移的可能性取决于在记忆搜寻过程中遇到相关信息或技能的可能性。这样，教育的问题便成了如何增加学生在面临现实生活问题时提取在课堂里习得的相关材料的可能性。由于提取的可能性与交互联结的数量直接有关，因此，任何增加交互联结网络的“丰富性”的教育方法，都会有助于增加迁移的可能性（Royer，1979）。

二、促进迁移的策略

学习心理学家们大多都热衷于探讨和分析学习迁移的问题，而对促进迁移的策略分析不多，这也许主要是因为迁移的问题总是与知识的运用和问题解决的过程紧密联系在一起的缘故。为了促进学生学习的迁移，教师需要注意以下几个方面。

1. 注意把各独立的教学内容整合起来，即要注意各门学科的横向联系。教师应该鼓励学生把在某一门学科中学到的知识运用到其他学科中去，例如，要学生关注历史与地理、几何与三角、化学与生物、数学与物理学等学科之间的关系。若有必要，教师可作这方面的示范。这就是加涅所说的横向迁移。

2. 强调简单的知识技能与复杂的知识技能、新旧知识技能之间的联系。教师要促使学生把已学过的内容迁移到新的学习内容上去。教师通过提问或简单的提示，有利于学生利用已有知识，从而比较容易学习新的、比较复杂的内容。这就是所谓的纵向迁移。

3. 注重学习原理、规则和模型等方面内容的重要性，因为这些内容有助于学生超越仅仅简单累积事实性知识的范围。

4. 注意对学生的评论，当学生用其他学科的知识来解决某一学科的问题时，应予以鼓励。如果哪位教师对学生说：“我都被搞糊涂了，我们在讲历史知识，而你却在谈论地理知识。”那肯定会在学生中产生负迁移的效果。

5. 注意学生是否掌握有效的解决问题的策略。学生一旦掌握了这种策略，就能在各种场合下运用它们，而不是把它们只与特定的情境联系在一起。事实上，迁移是问题解决的核心。

第四节　问题解决的理论及策略

一、问题解决的理论

从某种意义上讲，教学的最终目的是要使学生能自主地解决各种问题。问题解决的过程是如何展开的？怎样才能培养学生问题解决的能力？这历来是教育学家和心理学家探讨的重点。这里，我们分别介绍几种较具代表性的问题解决的理论或模式：试误说；顿悟说；问题解决的信息加工模式；智力结构问题解决模式。

1. 试-误理论（trial and error theory）

从心理学史来看，最早对问题解决进行实验研究的人，当推桑代克。在桑代克看来，问题解决实际上是一个试-误过程。他的这种观点是建立在动物实验基础上的：他把饥饿的猫放在一个箱子里，箱子中有一个开关，猫只要碰动开关，就可以逃出箱子，吃到箱子外面的食物。猫在箱子里，一开始时会做出各种各样的动作，乱抓或乱咬箱子里的各种东西，直到偶然碰到开关。后来，猫逐渐消除错误动作，即把那些不能使它逃出箱子的反应消除掉了，而只是把成功的反应保持下来。

基于动物是“通过尝试与错误，以及偶然的成功”逐渐学会如何解决逃出箱子的问题的，因此桑代克得出这样的结论：问题解决是由刺激情境与适当反应之间形成的联结构成的，这种联结是通过试误逐渐形成的。而且，桑代克还指出：猫之所以在箱子里做出各种尝试，是因为它们处于饥饿状态。因此，驱力和动机是问题解决的前提条件，正是为了达到某种目的，有机体才会去尝试各种反应，并根据以往的经验来指导行为。

由此可见，这种问题解决是以一种多少带有盲目探索的活动为特征的，一种迷惘无望感常常会伴随这些杂乱无章的行为，即便通过尝试与错误找到了正确的方法，也不一定理解这种解决办法，甚至不能够告诉别人自己是如何解决的。如果要再次解决同一问题时，一切还需从头开始，尽管所花的时间可能会比以前少些。初次玩弄“魔方”的人，可能都会有这种经历和体验。

2. 顿悟理论（insight theory）

格式塔心理学强调“顿悟”现象在问题解决中的作用。他们认为，在问题解决的过程中，人们不是通过长时间的尝试与错误才获得解决办法的，相反，解决的办法是突然闯进脑子里的。例如，我们有时对某一问题百思而不得其解，突然一下子全明白了。心里在说：“噢！原来是这么回事！”以后碰到这类问题时，不必从头开始，马上就知道如何去做。

苛勒的经典实验说明了这种顿悟现象。他把香蕉吊在天花板上，猩猩最初试图跳起来拿香蕉，但是太高了，够不到。猩猩没有象桑代克的猫那样乱抓乱咬，而是呆在一边，突然，猩猩把边上的一个纸箱子移过来，爬在箱子上拿到了香蕉。在另一项实验中，猩猩关在笼子里，笼子外放着香蕉，笼子边上放着竹竿。猩猩最初用前肢去拿，拿不到后也是坐在一边，后来突然想到用竹竿把香蕉移过来。以后遇到这种情况，猩猩马上会做这些动作，甚至做更复杂的动作，没有表现出“逐渐形成联结”的现象。

同样是用动物进行实验，为什么桑代克的猫要经过错误—尝试过程逐渐学会解决问题，而苛勒的猩猩却能表现出顿悟行为呢？苛勒认为，关键的问题是要作出安排，使动物一下子看到解决问题所需要的全部必要要素。如果把纸箱和竹竿放在猩猩看不到的地方，猩猩就很难解决香蕉问题。由于桑代克的猫在箱子里看不到开关的结构，因此，只能通过经验逐渐发现，即只能通过一部分一部分习得的经验了解整个情境。从而，顿悟说又为“整体胜于部分之总和”作了进一步的论证。

3. 问题解决的信息加工模式（information-processing model of problem solving）

随着计算机技术的迅速发展，许多心理学家开始醉心于用信息加工模式来分析人类问题解决的过程。计算机通过编好的程序可以下棋、诊断病情、为宇宙飞船导航、解答各种复杂的数学问题等。其中许多活动都是与人类问题解决过程极为相似的。

因而，信息加工论者把问题解决看做是信息加工系统（即大脑或计算机）对信息的加工，把最初阶段的信息转换成最终理想状态的信息。因而，问题解决的模式应该包括：（1）对信息加工系统的结构和能力的完整的描述；（2）对完成问题解决时所经历的每一个步骤予以描述。而且，对这两方面的描述，要尽可能精确到用计算机能够模拟的程度。

纽厄尔与西蒙（Newell and Simon，1972）设计了一种问题解决系统，称之为“一般问题解决者”（General Problem Solver）。这个程序把据认为是人类问题解决活动之基础的大量策略组合在一起。这个程序不但能证明逻辑定理，而且还能下棋、谱曲等。由此，他俩提出了一个问题解决过程所涉及的基本结构：（1）接受系统：接受外部信息，并把它们传送到中心加工器。（2）中心加工器：加工来自接受系统的信息，在加工时需要利用记忆系统。（3）记忆系统：中心加工器在加工信息时需利用记忆信息，同时，记忆系统本身也为中心加工器提供信息。（4）反应系统：反应系统接受来自中心加工器的指令，实施问题解决过程中的决策。纽厄尔与西蒙把整个问题解决过程称之为“信息加工系统”（IPS）（有关这方面内容，详见第九章第一节）。

4. 智力结构问题解决模式（structure-of-intellect problem-solving model）

美国心理学家吉尔福特（J. P. Guilford）以对智力结构分析而著名。他在 1986 年出版的《创造性才能》一书中，又在智力结构模式的基础上，提出了智力结构问题解决（SOIPS）模式（见图 16-3）。

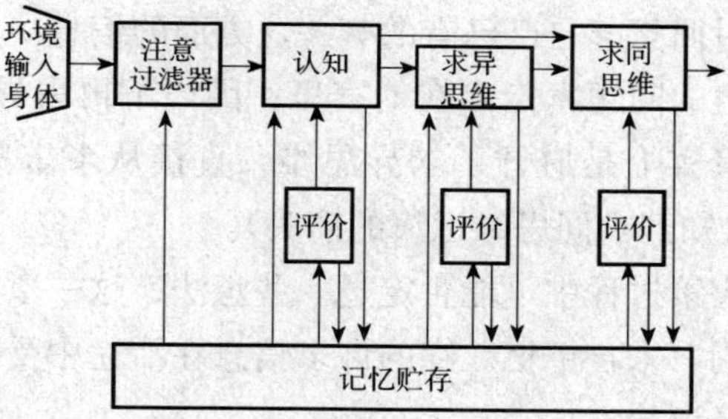

图 16-3　智力结构问题解决模式

资料来源：吉尔福特，1990 年。

在 SOIPS 模式中，记忆贮存是其他一切心理运演活动的基础。记忆贮存不仅为每一项心理运演提供已有的信息，而且始终不断地记录着问题解决过程中正在出现的各种情况。图中与记忆贮存相联的箭头表明了记忆贮存是如何运演的。

解决问题的过程，始于来自环境和身体内部的输入。强调身体本身也是问题的来源，是为了表明个体的感情和情绪等对是否想要解决问题、如何解决问题有一定影响。

输入进入这个流通系统后，首先要经过一个过滤的过程，为的是不让所有外来信息都进入大脑。记忆贮存参与这一过程。这种选择信息的活动被称之为“注意”。这里需认识到的是，个体记忆贮存中保留的某些偏见或先入之见，可能会妨碍人们觉察某些问题。

认知这一步涉及两个重要的活动：认识到问题的存在和对问题

性质的认识。假定班上有位学生以前做作业一直很认真，但近来突然发生明显的变化，差错很多。我们意识到存在着问题，诊断问题何在则是接下来要采取的认知的步骤。这需要进一步从环境中寻找信息，获取新的输入。

接着就到了发现问题解决办法的阶段。在求异思维运演过程中，我们设想出一个又一个可能有助于问题解决的办法，同时在搜寻记忆贮存时回想起自己已有的有关这方面的信息。如果我们马上认为这个学生的问题肯定出在他家里，因而不再去寻找其他原由，那么，我们事实上是避开了求异思维，直接从事求同思维运演了(图 16-3 中认知到求同思维运演的箭头)。

我们在决策过程中可能否定过一些想法，这一事实意味着评价过程在起作用。来自记忆贮存的许多信息在沿途中受到评价，但也有些信息未经评价。

有时，我们不能解决问题，仅仅是由于没有正确地认识问题也可能是在固执地试图解决错误的问题，这就要求我们换个角度来看待问题。因此，在问题解决过程中，有时要退回原处，甚至退回到环境中，进行其他的事实调查。在重新认识该问题之后，就可以通过从事大量创造性思维活动，重新搜寻各种可能的解决办法。因此，在获得理想的问题解决办法之前，可能会有一系列这样的循环往复。

在 SOIPS 模式中，各决策阶段朝下指向记忆贮存的箭头，是为了表明，我们所采取的各种步骤，都可能被贮存在记忆中，至少是暂时性的贮存。因为，要使问题解决活动进行下去，并对这些活动作出评价，如果不把这些步骤贮存下来，难免会一次又一次地犯同样的错误。

二、问题解决的阶段

问题解决的理论和模式，是从整体上探讨解决问题的过程及其理论依据。对实际教育工作者来说，常常会遇到如何把握问题解决过程的阶段问题。尽管问题本身是各式各样的，问题解决的过程不会完全雷同，但是，问题解决作为一个过程，也并不都是“偶发事件”。许多教育学家和心理学家都提出过各种问题解决过程的步骤的图式，这里列举三种较有影响的对问题解决阶段的划分。

杜威（J.Dewey）在1910年提出了问题解决的五步法：（1）感觉到问题的存在；（2）确定问题的性质，并加以界说；（3）提出各种可能的解决办法；（4）考虑这些解决办法的各种可能的结果；（5）试验其中最有可能达到目的的解决办法。

沃拉斯（G.Wallas）在1926年提出的问题解决四阶段，也相当有影响。（1）准备，即搜集信息的阶段。在这一阶段，问题解决者要对问题加以分析，并要对问题予以清楚的界说，收集有关的信息和事实；（2）沉思，即处于酝酿状态。在这个阶段，要对各种观念加以分类整理。有时，问题解决者精神放松或考虑其他事情，但同时又在下意识地思考该问题；（3）灵感或启迪，即突然涌现出问题解决办法。这里，灵感有些类似于格式塔心理学的顿悟，问题的解决办法有时是出人意料之外地出现的。当然，我们可以看到，这里的“灵感”或“顿悟”是建立在前面两个阶段的基础上的，而不是天赐之物；（4）验证，即检验各种解决办法。

罗斯曼（J.Rossman）在考察了许多科学家的发明创造过程后，于1931年提出了问题解决六阶段论：（1）感到有某种需要，或观察到存在问题；（2）系统地陈述问题；（3）对现有的信息进行普查；（4）批判性地考察各种问题解决办法；（5）系统地形成各种新观念；（6）检验这些新观念，并接受其中经得起检验的新观念。

我们可能已注意到这些阶段之间的某些相似之处，这正说明对问题解决过程是有规律可循的，对这一过程的各个阶段作出描述是切实可行的。当然，我们也不能把这些阶段绝对化，在某种问题解决过程中，由于主客观的原因，这些阶段可能会有某些重叠或跳跃的现象发生。但这并不妨碍我们对问题解决过程的阶段的划分。

这里，根据对众多心理学家和教育学家提出的问题解决阶段所作的概括，把问题解决过程分为以下五个阶段。

1. 感觉到问题的存在

第一阶段是个体在生活中体验到困难、张力或挑战。这里需注意的是，环境本身并不会构成问题，而是人们把某种情境看做是令人困惑的或充满张力的，从而使这种情境成了问题。换句话说，是因为人们把对自己的挑战归咎于某些环境，从而把问题情境归咎于环境。在课堂教学中遇到的问题一般都是以一种明确的方式提出来的，所以这一阶段不那么明显。当然，学生对这些问题的感受仍然是问题解决的先决条件，即便问题很明确，但若学生没感到有某种张力或解决问题的需要，那么，学生是不可能采取各种步骤以求得解决办法的。

2. 明确问题的各个方面

在第二阶段，学生在感受到困难或令人困惑的环境后，需要探寻其他的信息，以明确问题之所在。在课堂教学情境中，教师需要了解学生的情况，仔细思考教材中的某些事实，搜寻其他有关的资料，有时甚至还要进行实验，才能发现教学的问题的性质。人们只有熟悉了问题的特征后，才有可能明确问题的界线，对相关事实和无关事实作出区分，从而用一种便于操纵的方式对现有信息加以排列组合。

3. 形成各种备择的问题解决办法

在明确了问题及其各个方面之后，人们需要提出各种可以检验的备择的问题、解决办法或可能站得住脚的假设。遗憾的是，在各级教育阶段上，教师很少鼓励学生提出各种观念来予以检验，当然，这样做也有其“客观性”，因为传统的课程和教学方法，都以“真理性和权威性”为原则，很少有让学生产生怀疑的机会。尽管如此，一些教育学家还是提出了许多鼓励学生形成自己观念的策略。

一般说来，成功的问题解决是受两条原则指导的。第一条是层次结构的原则，就是说，需要把复杂的问题分解成一系列子问题，直到每一个子问题都是可以解决的。第二，问题解决是受启发式原则支配的，就是说，需要使用各式各样的捷径、经验估计和其他手段，以便集中搜寻有前途的备择解决办法，从而避免无休止地在黑暗中摸索。

4. 根据结果和相对收效来评价已形成的各种备择的问题解决办法

这一阶段涉及到选择最有前途的观念和解决办法。人们必须选择按适当秩序排列过程和活动的策略。没有效益的排列活动，不仅导致浪费时间和精力，而且结果也很糟。因此，人们必须对问题解决过程进行检索，以确定各种行动方针是否一致，是否与问题本身的要求相关，还必须权衡证据的轻重，对哪些事情会导致最成功的解决办法作出评估。

5. 实施某种行动方针，然后评判它的效用，当人们着手完成某一任务时，必须回顾自己已做过的事情，正视自己正在做的事情，展望自己将要做的事情。在把观念付诸实践时，通常要求沿途作出某些改变，必须始终不断地重新形成观念，以使这些观念适合于现实的问题情境。如果问题解决办法失败了，那就需要部分地或全部地重复问题解决的整个过程。

问题解决过程的这些步骤，实际上与科学研究方法所涉及的步骤有相似之处。这些步骤为我们表明了问题解决活动中所包括的各种成分，为我们提供了描述和分析思维过程的把手。对问题解决的研究，有助于我们认识成功的问题解决的各种成分是如何排列组合的。

然而，问题解决的各个步骤从某种意义上讲，是不可能观察到的，而是只能通过推断得出的，况且，并不是所有问题解决都要经过这几个步骤或阶段。在有些情况下，这些阶段会有一些重叠，人们有时可能会跳过其中的某一或某些阶段，有时则还要回复到前面的阶段上去。因此，不能把问题解决过程看做是一种按刻板的方式实施预先准备好的程序的过程（Zanden and Pace，1984）。

第五节　动机理论与引发动机的策略

一、动机理论

一切学习行为都是由动机引起的，这已成了 20 世纪教育学家和心理学家们的一个信条。学习动机是认知学习的最重要的必备条件之一，这在理论上是没有什么疑义的，但事实上，人们往往把更多的人力和物力放在编写教材、建造校舍、聘用教师、装备教室等方面，而忽视了学生的学习动机。是什么因素促使学生想要学习，并愿意努力学习呢？因素是多方面的。“动机”一词，就是用来说明学生发动和维持某种学习行为以达到一定目标的各种因素的一个中介变量。一般说来，它涉及兴趣、需要、驱力、诱因等现象。

学习既可能是受外部力量，也可能是受内部力量的驱使。正因为这样，人们对动机的解释往往各执一端，从而形成了各家各派的动机理论。

1. 强化理论（reinforcement theory）

行为主义者认为，动机这一概念是与行为的原理紧密相联的：凡过去受过强化的行为，比过去没有受过强化的行为或受过惩罚的行为更有可能发生。所以，在他们看来，没有必要存在独立的学习理论与动机理论，因为动机仅仅是学生强化史的产物。如果学生因学习而得到强化（如得到好成绩、教师和家长的赞扬等），他们就会有学习的动机；如果学生的学习没有得到强化（如没得到好分数或赞扬），就没有学习的动机；如果学生的学习受到了惩罚（如遭到同学或教师的嘲笑），则会产生避免学习的动机。

研究表明，教师的批评与表扬，会影响到学生的成绩。例如，受表扬的学生和看到别的同学受批评的学生，成绩上升；看到别的同学受表扬的学生，则成绩下降。事实上，教师表扬所起的强化作用，是受许多因素制约的。例如，教师对学生说："好好干！我知道你们努力做的话，是能够做好的。"对那些感到难以完成任务的学生来说，这番话是种鼓励或强化；而对那些可以很轻松地完成学习任务的学生说来，这实际上类似于惩罚，因为教师这番话意味着，他们必须经过特别努力才能完成任务。

作为教育工作者，我们需要注意的是，仅凭学生的行为来推断学生的动机往往是困难的，因为可能有许多不同的动机影响学生的行为。有时，某种行为显然是由于某种动机，但在更多的场合，学生的行为是受一系列动机影响的。学生从事某种活动而不是另一种活动，取决于动机的相对强度。

此外，为什么有些学生在遭到挫折时仍能坚持学习，而有些学生就感到沮丧了呢？为什么有些学生为取悦于教师、家长而学习，有些学生为得好分数而学习，有些学生则是由于对学习感兴趣而学习？为什么有些学生从原有水平看来发挥"超常"，而有些学生却发挥"失常"呢？这些问题都用学生的强化来回答，难免有牵强之感，我们需要寻找其他理论来解答，以求更合理的解释。

2. 需要理论（need theory）

有些心理学家倾向于用满足需要来解释动机这一概念。人本主义心理学家马斯洛的需要层次说，是这种理论的代表。他认为，所有人都必须首先满足基本的需要，如食、住、爱和自尊。当然，不同的人对这些需要的重要性程度会有所不同。有些人需要始终得到别人的爱抚或欣赏，有些人则更需要身体的舒适或安全。同样，一个人在不同的时候会有不同的需要。

鉴于人们有许多需要，那么，每个人在某种特定场合下想要满足哪些需要呢？马斯洛提出的需要层次说（图 16-4），就试图回答这个问题。他认为，人们在试图满足高一层次的需要之前，至少必须先部分满足低一层次的需要。一个处于饥饿状态或面临危险的人，一般不大关注维持一种积极的自我形象，但是，一旦他不再挨饿或没有危险后，他就会考虑到自尊的需要。马斯洛理论中一个关键的概念，是缺失需要与生长需要之间的区别。缺失需要（生理需要、安全感、爱、自尊）是指对生理和心理的安宁极为重要的那些需要，这些需要必须得到满足，可是，它们一旦得到满足后，要求满足的动机也就没有了。与此相反，生长需要（认识和理解的需要、审美的需要，自我实现的需要）则是决不可能完全得到满足的。事实上，一个人越是能够满足认知和理解的需要，越是有更强的动机去学习更多的东西。

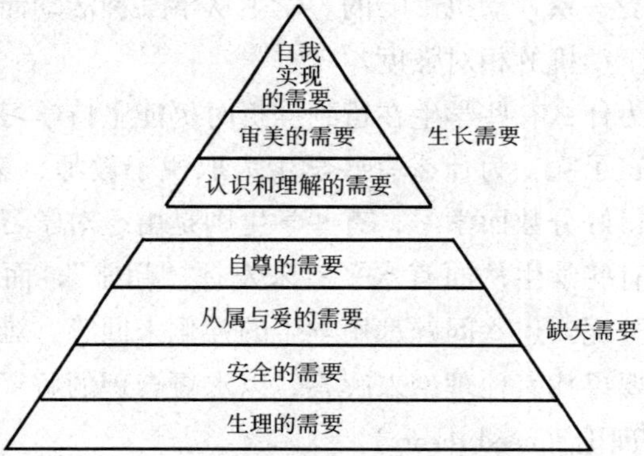

图 16-4　马斯洛需要层次理论

资料来源：Slavin，1986.

马斯洛理论对教育的重要性，在于缺失需要与生长需要之间的关系。学生如果处于饥饿状态，显然不可能把精力用于学习。但一般说来，学校里最重要的缺失需要是爱和自尊。如果学生感到没有被人爱，或认为自己无能，他们就不可能有强烈的动机去实现较高的目标。那些吃不准自己是否惹人（特别是教师）喜欢或自己能力如何的学生，往往会作出较为“安全”的选择；随大流；为测验而学习，而不是对学习本身感兴趣。能够使学生感到很自在、被人所理解并受到尊重的教师，有可能使学生渴望学习，并愿意为创造性的和开放性的新观点承担些风险。所以，在马斯洛看来，要使学生具有创造性，首先要使学生感到，教师会作出公正的、始终如一的反应，不会因自己出差错而遭到嘲笑或惩罚。

3. 认知失调理论（cognitive dissonance theory）

维持积极的自我形象的需要，是一个强有力的动力。人们的许多行为都是为了满足个人的准则。例如，如果学生相信自己是诚实的好学生，他可能会表现出诚实的品质，即便在没人看到的情况下也是这样，以便维持一种积极的自我形象。如果学生相信自己是有才能的，他就会试图达到较高的成绩水平。

但是，现实生活有时迫使我们进入这样的境地：我们的行为或信念与自己积极的自我形象不一致，或与他人的行为或信念相冲突。费斯廷格（L.A.Festinger）的认知失调理论是这样解释的：当一个人深信不疑的价值观或信念受到心理上相矛盾的信念或行为的挑战时，会体验到一种张力或不适。为了解决这种不适，他可以改变自己的行为或信念，或寻找一种解决这种矛盾的理由或借口。

费斯廷格在一项实验中演示了这种认知失调。他让一些大学生做一项非常乏味的工作，然后给有些学生 20 元，给另一些学生 1 元。当问及学生是否喜欢这项工作或感到有趣时，拿 1 元钱报酬的学生都说这项工作很有趣味；而拿 20 元的学生则都说这项工作枯燥无味。为什么会出现这种现象呢？费斯廷格在经过认真分析后认为：只拿 1 元钱的学生面临一个难题：他做了一项枯燥乏味的工作，但几乎没得到奖励，如果他认为这是乏味的工作，那么，他为 1 元钱而干这活，无疑是个傻子。为了避免这种令人不快的结论，他们改变了对这项工作的看法。这种态度的变化往往是无意识的，然而又是确实发生了。与此相反，拿 20 元报酬的学生对他们为什么做这项工作的解释，无须顾虑任何问题，因而可以对这项工作做出忠实的判断。由此可见，人们都需要恢复信心：自己是作了正确的选择、做了正确的事情（Festinger，1957）。

那么，这种认知失调与教育又有何相干呢？在学校教育中，当学生取得的成绩与自我形象不符，产生不适时，认知失调常常就应用上了。例如，某个学生以往测验常常得5分，这次得了3分，这与他的自我形象不一致。为了解决这种不快，他可能决定更努力地学习，争取以后再也不得这么低的分数。另一方面，他也有可能试图使自己这个分数合理化，诸如说："测验题目太怪了""老师没有说要测验""我当时身体不舒服""我实际上并没有尽力去做。"如此等等。这些借口使这位学生得3分合理化了。如果他以后又连续几次得了不好的成绩，这时大概会说自己从未喜欢过这门课。所有这些看法上的改变和借口，都是为了避免"我是个好学生"与"我的成绩不好"这一矛盾产生的不快。

4. 归因理论（attribution theory）

学生力图为自己得3分寻找理由，以便不需要改变自己是个好学生的形象。他把坏成绩归因于教师、教材或其他学生，即归因于他无法控制的外部因素；或者，即便他承认得3分是由于自己没考好，但也认为这只是一时的疏忽，或是没有注意到考试内容。

归因理论就是要说明学生寻找这类解释和借口的原因。韦纳（B. Weiner）认为，对成功或失败的大多数解释，都具有三个特征：(1) 把起因看做是内部的还是外部的；(2) 把起因看做是稳定的还是暂时的；(3) 认为起因是可控制的还是无法控制的。同认知失调理论一样，归因理论的基本假设是：人们都试图维持一种积极的自我形象，因此，当发生好事时，他们很可能把它归因于自己的努力或能力；当发生坏事时，则认为这是由于一些他们无法控制的因素造成的。许多实验都证实了这一点。在实验时，让学生做一项工作，告诉一组学生"成功"了；告诉另一组学生"失败"了，而事实上这两组学生同样都做得很好。但听说自己"失败"了的被试会说，他们的失败是由于运气不好；而听说自己"成功"了的被试，则把成功归因于自己的技巧和能力（Kukla，1972）。

归因理论主要探讨对学习成绩成功或失败的四种解释：能力、努力、任务的难度、运气。能力和努力归因于个人内部；任务困难和运气归因于外部。但能力与努力不一样，能力是相对稳定的、不可改变的，而努力是可以改变的；同样，任务的难度实际上是稳定的特征，而运气则是不稳定的、不可预测的（表16-3）。一般说来，学生刚开始得到不好的成绩时，往往把它归因于外部的、不稳定的因素，一旦多次得到不好成绩后，他们会逐渐归同于内部的、稳定的因素。

表16-3 成功与失败的归因

控制的位置	稳定性程度	
	稳定的	不稳定的
内部的	**能力**	**努力**
成功：	“我很聪明”	“我下了功夫”
失败：	“我很笨”	“我实际上没下功夫”
外部的	**任务的难度**	**运气**
成功：	“这很容易”	“我运气好”
失败：	“这太难了”	“我运气不好”

资料来源：Slavin，1986.

由此可见，归因理论的一个关键概念是控制的位置（locus of control）。如果学生认为成功或失败的控制位置在内部，就会归因于能力或努力；如果认为控制的位置在外部，就会归因于任务的难度、运气或他人的行动。控制的位置在解释学生学业成绩方面是非常重要的。不少研究者发现，在智力水平相同的学生中，认为控制的位置主要在内部的学生，比那些认为主要不在内部的学生的成绩更好些。他们还发现，除了能力之外，控制的位置是学生学习成绩的最重要的预测者。这个道理是很简单的。如果学生认为在校学习是否成功取决于运气或其他外部因素，他们不可能用功读书。相反，学生认为成功与否主要取决于自己，就有可能努力学习。事实上，成功是学生的努力和能力（内部因素），以及运气、任务的难度和教师的行为（外部因素）的产物。但是，大多数学生往往都过高地估计自己行为带来成功或失败的程度。一些实验表明，甚至在成功或失败完全取决于运气的情境里，认为控制位置主要在内部的学生，也会把成功或失败归因于自己。

这里，重要的是要注意到，控制的位置也可能发生变化。一方面，控制的位置对学习成绩有影响；另一方面，学习成绩也会影响控制的位置。例如，同一个学生，可能认为语文、数学的控制位置在内部（因为自己成绩较好），而同时又认为体育的控制位置在外部（因为这方面能力较差）。

在课堂教学中，学生不断接受有关自己学业成绩水平方面的信息。归因理论有助于教师了解学生是怎样解释和利用这些反馈信息的，以便使教师提供的反馈信息能引起最大的动机价值。

那些认为以往的失败是由于自己缺乏能力的学生，往往预测自己不大可能在类似的学习任务中获得成功，因而也不大可能很努力地学习。也就是说，学生如果认为自己肯定会失败，他的学习的动机一定很弱，这反过来又影响了学习。可见，学生往往最忌讳的是教师认为他是个不可救药的笨蛋。当然，一般教师不会直接对学生说这类话，但是，有些教师可能用一系列其他方式表达传递了这个看法。例如，使用竞争性的评分方式，把分数公开。这种做法可能会使学业成绩本来很小的差异看上去很大，从而使分数低的学生认为自己不可能学好了。如果教师采取另一种做法，向学生表示这样的期望：班上所有学生都有可能取得好成绩。这可能有助于学生认识到，成功的机会取决于自己的努力。一般说来，如果教师强调努力是成功或失败的起因，而不是强调能力或其他因素，他们往往会工作得更出色些。

5. 成就动机理论（theory of achievement motivation）

对于教育工作者说来，最重要的动机是成就动机，即学生趋于努力获得成功、达到理想的目的倾向。实验表明，以成就为动机的学生坚持学习的时间会更长些，即便遇到挫折，也往往会归结于自己还不够努力。他们一心想获得成功，当失败时，会加倍努力，直到成功为止。因此，在学校里，成就动机强的学生一般会取得较好的成绩。但现在还不清楚，是由于成就动机强使得学生获得好成绩，还是由于在学校里获得成功引起成就动机强。实际上，我们可以把这两者看做是互为因果的。成功哺育了对更成功的向往，这种向往又哺育了成功。另一方面，没有体验过学业成功的学生，往往会失去这方面的动机，把动机转向他们感兴趣的其他事情上去（如体育活动）。

有些心理学家发现，学生可能以两种方式来达到目的：试图获得成功；试图避免失败。这就是说，有些学生主要是受避免失败所驱动；有些学生主要是为获得成功所驱动。例如，在一项实验中，让学生从两项任务中选一项。一项任务是解谜（只有一个正确答案）；另一项任务是评判图片（答案可以多种多样）。试图获得成功者一般选择前者，而试图避免失败者往往选择后者。试图获得成功者在遭到挫折后，动机增强，他们往往更努力，以求得到成功。而试图避免失败者在遭到失败后，动机水平降低（Weiner，1972）。

避免失败者的一个重要特征是，他们一般选择比较容易的，或极为困难的任务。据分析，这是由于前者不大可能失败，后者则失败的话也无人会责备。而试图获得成功者所选择的，一般是难度适中的学习任务。

避免失败的动机的一种极端的形式，被称为“习得性自暴自弃”（learned helplessness）。即认为自己无论怎样做，都是注定要失败的。习得性自暴自弃很可能是由教师和家长不适当地使用奖励和惩罚造成的。通过给予这些学生有成功的机会，哪怕是极小的成功，及时给予反馈，是可以改变这种状态的。这里，最重要的是对学生始终寄予一种良好的期望。

6. 期望理论（expectancy theory of motivation）

期望动机理论主要是以这样一个公式为基础的：

动机 = 估计的成功的概率 × 成功的诱因价值

$$(M = P_s \times I_s)$$

由于这个公式强调动机取决于学生对奖励的期望，因而又被称为“期望模式”或“期望—诱发力模式”。这就是说，学生做某件事的动机，取决于他对自己成功机会的估计，以及他对成功价值的评估。在这个公式中，最值得注意的是“乘”，这意味着，如果学生认为成功的机会等于零，那么成功的价值再大也等于零；反之，如果学生认为成功了也无任何价值，那么成功的机会再多也等于零。

期望理论还揭示出一个很重要的方面：在某些情况下，成功的概率太高对动机是有害的。只有当成功的概率处于适中状态时，才会有最强的动机。例如，当两个球员的水平相当时，双方都会尽心尽力。如果他们的球艺呈一面倒势，劣势者极想赢（诱因价值高），但终因赢的可能性极小而不想努力；而优势者对赢球不会看重（诱因价值低），因而也无需努力。

由此可见，教师给学生的任务既不能太难也不能太易。阿特金森（Atkinson，1958）在一项经典实验中演示了这一点。他在实验中把 80 名大学生分成四组，每组 20 人，给他们一项同样的任务。对第一组学生说，只有成绩最好者能得到奖励（$P_s = 1/20$）；对第二组学生说，成绩前 5 名者将会得到奖励（$P_s = 1/4$）；对第三组学生说，成绩前 10 名者可以得到奖励（$P_s = 1/2$）；对第四组学生说，成绩前 15 名者都能得到奖励（$P_s = 3/4$）。结果如图 16-5 所示，成功可能性适中的两个组成绩最好；成功概率太高或太低时成绩下降。第一组学生大多都认为，即便自己尽最大努力也极少有可能成为第一名；而第四组学生一般都认为自己肯定在前 15 名之列，于是，这两组学生都认为无需努力了。研究表明，最佳的成功概率是二分之一左右。因为大多数学生认为，如果尽自己努力，很有希望获得成功；如果不努力的话，也有可能会失败。

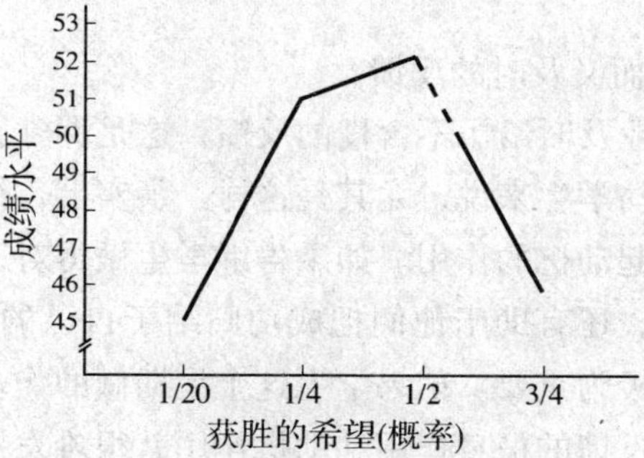

图 16-5　成绩与对成功的估计

资料来源：Slavin，1986.

这里需要提醒的是，期望理论并不是在探讨学习任务本身的难易问题，而是涉及成功的标准（如评分标准）的问题。如果学生认为不论怎样做也会得 5 分的话，那么他不可能会有最大限度的学习动机；同样，如果学生认为无论怎样努力也肯定会不及格时，他的学习动机基本上就没了。因此，这需要教师适当地掌握评分标准，使学生感到，要得到好成绩是可能的，但也不是轻而易举的。

二、如何引发学习的动机

教师有时会发现，一些学生对某门课程特别感兴趣，不需要什么引导、鼓励或奖励，也学得比其他课程更卖力些，对这些学生说来，这门课本身具有足够的内在诱因价值，能驱动他们去学习。但是，学校里大多数教学内容对学生说来，可能一时并不感到很有趣味或很有用，因而，教师要采用各种外部诱因来推动学生学习。在这样做时，一般需要注意以下几个方面。

1. 提出明确而又适度的期望和要求

学生需要确切知道应该做些什么，将会怎样评价他们，以及成功后会得到什么结果。一些证据表明，学生从事某项学习任务时之所以失败，是由于搞不清楚要他们做什么。此外，提出的要求既不能太高，使学生感到无法达到；但也不能太低，使学生感到不值得去努力。

2. 给予清楚而又及时的反馈

对学生的作业及时给予不含糊的反馈，这是课堂教学中一个重要的部分。对年幼学生来说，尤其是这样。事实上，每一反馈既起信息的作用，又起动机的作用。如果告诉学生做得对，他们不但知道将来该怎么做，还有助于他们把成功归结于自己的努力。另外，反馈的及时性也极为重要。如果学生这个星期做的作业到下个星期再给反馈，那么反馈的信息作用和动机作用就很难发挥了。因为学生由于不知道错在什么地方，仍然把错误的观念视为正确的。而且，对年幼学生来说，一星期前的作业往往已被他们淡漠了，这时再给他们成绩很难激起他们的动机。

3. 注意评估、反馈和奖励的频率

教师需要经常给予学生反馈和奖励，以使学生尽力而为。事实上，除非经常给学生以反馈，否则要他们只为最终的奖励而长期努力学习是不现实的。研究表明，无论这种奖励多么吸引人，如果不能经常有可能得到的话，对行为是没有什么影响的。小的但又经常的奖励，比大的但极少的奖励更具有诱因价值。对测验频率的研究也表明，对学生进展的评估，与其给予少量的的大测验，不如经常给予一些小测验更好些。这里要指出的是，课堂提问也是很重要的，这样做，学生既可以了解自己理解的水平，又能因注意听讲而受到奖励。

4. 了解学生对奖励的估价

前面讲到的期望理论已提及，动机是学生对成功的估价和对成功概率的估计的产物。这意味着，学生必然会对奖励作出估价的。有些学生对教师的赞扬或分数不大看重，而对教师写的评语较重视，因为后者是要给家长看的。这里要注意的是，教师应把奖励的重点放在学生的努力上，而不是放在学生的能力上。对学生的奖励，应根据学生是否尽了力，是否在原有基础上有所提高。如果只是奖励成绩好的学生，必然会使成绩不好者失去信心，而成绩好的学生也会因表扬多了而不在乎。

5. 使所有学生都有得到奖励的可能性

要使全体学生意识到，只要他们尽力而为，所有人都有机会得到奖励。与此同时，又要注意，不能使有些学生感到不费吹灰之力就能得到奖励。但是，这一原则往往遭到目前流行的评分制度的阻碍，事实上，有些学生尽了力也得不到5分；而有些学生没怎么下功夫也能得到好成绩。如前所述，实际上这两种学生都不会尽自己的最大努力。作为教育工作者，我们应该认识到，虽然并不是所有学生都能够获得高分，但是，所有学生同样都有可能尽自己最大的努力，超过自己以往的成绩。因此，在采用目前的评分制度的同时，辅之以适当的奖励标准，奖励那些尽了自己努力的学生，是很有必要的。

第六节　认 知 风 格

认知风格这一术语，一般用来描述学生在加工信息（包括接受、贮存、转化、提取和使用信息）时习惯采用的不同方式。由于学生在对信息进行认知加工时习惯采用的方式往往是自认为最合适的策略，因而，认知风格与认知策略常常是紧密相关的。

目前心理学界对认知风格还没有一个普遍认可的定义。不过，大多数人认为，认知风格具有三个特征：（1）它们是学生的理智特征；（2）它们描述的是那些在时间上相对稳定的过程；（3）学生在完成类似的任务时始终表现出这种稳定性。

认知风格这一概念与智力或能力这类概念的不同在于：智力或能力主要是指学生在智力测验或学业测验的成绩中表现出来的差异，可以有高和低、好与差之分，也就是说，只有一个维度；而认知风格一般是根据两极来描述的，例如，有些学生倾向于采用求异思维方式，有些学生则趋于使用求同思维方式，但我们并不能说求异思维方式就比求同思维方式好些。因为对于某些问题说来，求异思维可能有效些；而在另一种场合，求同思维可能更合适些。因此，求异思维者与求同思维者同样都可能具有较高的智商，我们不能说这一端比那一端高明些。而且，我们每个人并不就是处于这两极的某一端上。而是说，在一般情况下，我们往往会采用哪一种认知方式。事实上，大多数人在不同的情况下，会利用多种认知风格。

由于认知风格的主要特征是一致性和持久性，因而，它们必然是与学生的个性相关的。心理学家们早就发现，个性不同的人，不仅在行为方面，而且在思维方式上也有所不同。例如，学生的性格是内倾还是外倾，与他们的思维方式相关，从而对学生的学业成绩有一定的影响。据有些心理学家认为，认知风格不仅同个性有关，而且是与学生的情感和动机特征等联系在一起的，尤其是在学生采用截然不同的认知方式时，更是这样。

认知风格具有相对稳定性，即学生在不同时间、不同认知任务上始终会有一致的表现，从这一点上讲，认知风格与智力或能力这类概念又有相似之处。不过，各种认知风格在与智力或能力的相关性方面是不同的。例如，场独立性测验与智力测验的成绩有很高的相关，而倾向于整体性加工与倾向于系列性加工的认知风格，则同智商并无什么相关。

在心理学家们看来，通过测验了解学生的认知风格，可以进一步补充能力测验和能力倾向测验所提供的有关学生认知构成的信息。能力测验是评估学生在某些学科领域方面的技能水平和成绩；

能力倾向测验指出了学生学好某些新内容的可能性；而认知风格测验则是要了解学生在完成各种学习任务过程中所采取的典型的思维方式。教师可以据此引导学生，采取与学习任务相吻合的认知方式。

对于教育工作者来说，最感兴趣的是各种认知风格在教育上的应用，以及学生认知风格的起源和发展。就目前的研究来看，学生的认知风格与他们在学校里的成绩和能否进入高等院校有关。至于学生认知风格的起源和发展，则与遗传因素、儿童早期的教育、家长对儿童持民主态度的程度、社会关系，以及在学校选修的专业等有关。但目前还缺乏强有力的实验证据来说明这些问题。这里，我们只是介绍几种研究较多、影响较大的认知风格。

一、场依存与场独立

在所有认知风格中，最著名的是场依存与场独立。这种认知风格吸引了许多心理学家和教育学家的注意。

我们已经知道，知觉信息不仅来自外部环境，而且也来自身体内部。事实上，知觉过程始终表示一种身体内部过程与外界信息输入之间微妙的平衡。这种平衡的性质决定了认知风格的一个方面。美国心理学家威特金（H. Witkin）为探索这种认知现象付出了毕生的精力。

第二次世界大战期间，威特金在为美国空军服务时，对飞行员根据什么线索来确定自己是否坐直的问题感兴趣。知道自己身体是坐直的还是倾斜的，这对飞行员在雾天或黑夜飞行来说是很重要的。为此，他设计了一种可以倾斜的房间，让被试坐在一张椅子上，椅子可以通过转动把手与房间同向或逆向倾斜。当房间倾斜后，要求被试转动把手使椅子转到事实上垂直的位置。结果发现，有些被试在离垂直差 35 度的情况下，仍然坚持认为自己完全是坐直的；而有些人则能在椅子与倾斜的房间看上去角度明显不正的情况下，能使椅子非常接近于垂直状态。威特金由此得出结论，有些人知觉时较多地受他所看到的环境信息的影响；有些人则较多地受来自身体内部的线索的影响。他把受环境因素影响大者称之为场依存性，把不受或很少受环境因素影响者称之为场独立性。前者是“外部定向者”；后者是“内部定向者”。这种个别差异，是个体在周围视觉场中看到的东西，与他身体内部感觉到的东西产生冲突的结果。实际上，被试只要一闭上眼睛，这种冲突就会消除。因为，如果看不到环境提供的信息，每个人都会以一种非常相似的方式——根据身体内部的感觉——来操作。

心理学家现在采取的实验方法，更多的是使用“镶嵌图形测验”。图 16-6 右上角是一个简单的几何图形，要被试从其他复杂图形中辨认出这一简单图形。有些人几乎立即能指出这个图形，不会为周围的线条而分散精力；而有些人则需花费较长的时间才能辨别出来。这说明，人们在知觉过程中确实具有场依存性与场独立性的差异。但实验也表明，除了一些明显的场依存性者和场独立性者外，大多数人都处于这两端之间的某一点上。

场依存性与场独立性这两种认知风格，与学习有密切关系。一

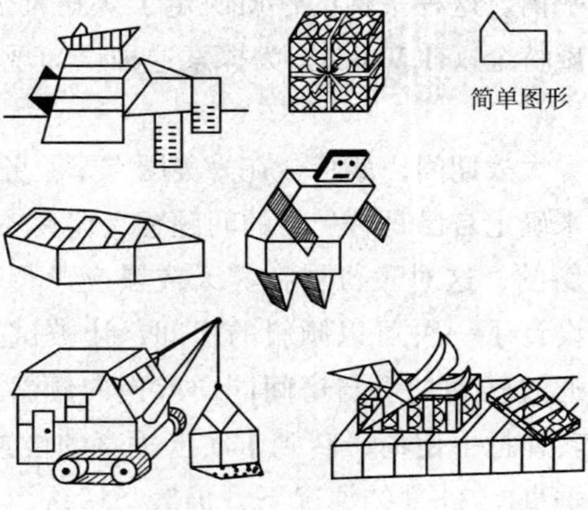

图 16-6　镶嵌图形测验的例子

资料来源：Entwistle，1981.

般说来，场依存性者对人文学科和社会学科更感兴趣；而场独立性者在数学与自然科学方面更擅长。所以，在学习中，凡是与学生的认知风格相符合的学科，成绩一般会好些。此外，场依存性者较易于接受别人的暗示，他们学习的努力程度往往受外来因素的影响；而场独立性者在内在动机作用下学习，时常会产生更好的学习效果，尤其明显地表现在数学成绩上。

场依存性者与场独立性者的差异，特别明显地表现在对事物的观察上。例如，场依存性者比场独立性者更多地注意他人的脸色。他们往往力图使自己与社会环境相协调，因而在形成自己的观点与态度时会更多地考虑所处的社会环境。也许，是由于他们对社会环境很敏感的结果，场依存性者看来较招人喜欢。而场独立性者一般都有很强的个人定向，且比较自信，自尊性较强。一项研究结果发现，场独立性强的六年级男生，比场依存性强的男生具有更强的领导能力。因此，尽管场依存性者看来更为社会定向，但这并不能保存他们具有领导的素质（Entwistle，1981）。

研究还表明，一个人在判断时依赖环境线索的程度，是随着年龄增长而发生变化的。从 8 岁至 17 岁，学生依赖环境线索的程度呈下降趋势，所以，年龄大些的学生能较快地从镶嵌图形中找到简单图形。而且，男生比女生在场依存性方面要少些。我国心理学者张厚粲等人的实验研究，也发现了类似的结果。在全部被试 68 人中，男生 29 人，女生 39 人。经过测验选出的场独立性者 12 人中，男生 7 人，女生 5 人；场依存性者 12 人中，男生 2 人，女生 10 人(张厚粲等，1981 年)。这明显表现出男生场独立性强和女生场依存性强的差异。

二、整体性策略与系列性策略

英国心理学家帕斯克（Pask，1976）对学生怎样学习做了大量的调查研究，试图发现学生在学习策略方面的重要差异。他要学生对一些想象出来的火星上的动物图片进行分类，并形成自己分类的原则。在学生从事完分类任务后，要学生报告他们是怎样进行这项学习任务的。结果发现，学生使用的假设的类型以及建立分类系统的方式，都表现出一些有趣的差异。有些学生把精力集中在一步一步的策略上，他们提出的假设一般说来比较简单，每个假设只涉及一个属性。这种策略被称之为“系列性策略”，就是说，从一个假设到下一个假设是呈直线的方式进展的。而另一些学生则倾向于使用比较复杂的假设，每个假设同时涉及若干属性。这种策略被称为“整体性策略”，就是指从全盘上考虑如何解决问题。

采取整体性策略的学生在从事学习任务时，往往倾向于对整个问题将涉及到的各个子问题的层次结构以及自己将采取的方式进行预测，做到未雨绸缪。而且，他们的视野比较宽，能把一系列子问题组合起来，而不是一碰到问题就立即着手一步一步地解决。他们往往从自己最感兴趣的地方着手，并且对趣闻轶事特别关注。所以，他们采取的方法有点类似于小说家或新闻记者常用的方式，而不是科学家们常用的方式。

采取系列性策略的学生，一般把重点放在解决一系列子问题上。他们在把这些子问题联系在一起时，十分注重其逻辑顺序。由于他们通常都按顺序一步一步地前进，所以，只是在学习过程快结束时，才对所学的内容形成一种比较完整的看法。

帕斯克发现，这两组学生在学习任务结束时，都能达到同样的理解水平，尽管他们达到这种理解水平时所采取的方式是完全不同的。

然而，事物都不能走向极端，整体性策略与系列性策略也概莫如此。帕斯克注意到了这种现象，他称之为“病态”。采取整体性策略的有些学生，往往趋向于作出不合适的、未经深思熟虑的类推，或在还没有了解足够的证据的情况下，急于形成个人的判断，并把这种不成熟的判断用于其他方面。而且，采取这种策略的学生很可能遗漏掉他们自认为是不重要的部分。与此极端相反，有些采取系列性策略的学生，不能利用有效的、重要的类推，不能为自己形成一种比较完整的概貌，从而了解各种要素之间的相互关联。

帕斯克认为，这两种策略是学生思维方式与问题解决方式中表现出来的最基本、最重要的差异。实验表明，有些学生在任何情况下都倾向于采取整体性策略；有些学生则趋于采用系列性策略。

对于教育工作者说来，帕斯克各项实验中的最重要的一项，也许是他对学习材料与学生习惯采取的策略匹配与否的实验。帕斯克先根据前面实验的结果，确定哪些学生倾向于采取整体性策略，哪些学生倾向于采取系列性策略。接着，他要求所有学生学习一组程序学习的材料，然后进行测验，以检验他们学到了多少内容。这组学习材料有两个版本，一个版本旨在适合于采取整体性策略的学生，材料中有许多类推和图解；另一个版本是按逻辑顺序一步一步地呈现内容，不穿插任何其他类比或说明性材料，以适合于采取系列性策略的学生。帕斯克把采取整体性策略的学生分成两组，一组学习第一个版本（在匹配条件下学习）；另一组学习第二个版本（在不匹配条件下学习）。同样，习惯采用系列性策略的学生也被分为两组，一组学习第一个版本（在不匹配条件下学习）；另一组学习第二个版本（在匹配条件下学习）。实验结果戏剧性地表明，在匹配条件下学习的学生，都能够回答有关他们学习过的内容的绝大多数问题；而在不匹配条件下学习的学生，一般都不及格。

三、求异思维与求同思维

早在1950年，吉尔福特就提醒心理学家们：大多数智力测验都是“封闭性的”，这就是说，学生智商的高低，取决于一系列事先预定好的、要求作出求同思维的正确答案。他认为，智力测验应对那些需要进行求异思维的“开放性”试题予以同等的关注。自那以后，心理学家们开始把相当多的精力用于研究如何测量求异思维上。

尽管用来测量求异思维的测验五花八门，但从实质上讲，求异思维测验是要提供一种“可裂变的”（fertile）刺激，以供被试进行想象思维。被试分数的高低，取决于作出反应的数量和新奇性。测量求异思维常用的两类测验是“物体的用途”和“文字的联想”。物体用途测验是要被试对日常生活中常见的某一用品（如桶、纸、砖）说出尽可能多的不同用途。文字联想测验是要被试说出某个单词尽可能多的意思。

赫德森（Hudson，1966）把研究的重点放在物体用途测验的成绩差异上。他发现，即便学生的智商都很高，但在物体用途测验的成绩上会有极大的差异。他把那些想不出物体的不明显用途的学生，称之为“求同思维者”；把那些能讲出极多用途的学生称之为“求异思维者”。赫德森通过引证两个极端的反应来说明智商相同者可能会有多大的差异。他要求两个智商都很高的男孩说出尽可能多的木桶的用途：

求同思维者：盛放酒；当足球踢。

求异思维者：存放旧衣服、鞋子、工具、纸张等；腌洋葱；种水松；倒过来当凳子坐；当小桌子用；劈开当柴烧；接滴漏下来的雨水；当婴儿圈栏；开个小门后当兔箱；当鸽房；开个洞后供狗或猫进出；当大台灯的底座；种黄花等；放炊具；当垃圾箱；爬高书架时当垫脚；对半锯开后当洋娃娃的房间；当鼓敲；当一个大的鸟窝。

赫德森发现，大多数求同思维者选修自然科学，求异思维者选修文科。他认为：学生表现出来的这种兴趣以及与之相联系的认知能力，与他们孩提时的早期教育有关。求同思维者作出的反应，可能与他们小时候接受家长的指令太多，情绪上受过压抑有关。

沃勒克与科根（Wallach and Kogan，1965）对儿童（尤其是10~11岁）思维方式做了大量深入的调查，并对以往种种测量求异思维的方法提出了批评。他们认为，这些测验都是在有时间限定的竞争性条件下进行的，而事实上，儿童的想象思维只有在一种放松的、游戏性的情境里才能被唤起。在一种紧张的考试气氛中，很可能会抑制创造性的反应。沃勒克与科根采用视觉刺激（一些线条，见图16-7）来测验学生，要求学生描述“每种线条使你想到的所有东西”。研究结果表明，在游戏似的情境里，求异思维的成绩与智商之间不相干（r = 0.09），而在受时间限制的条件下，这两者之间的相关系数是从0.13到0.42。

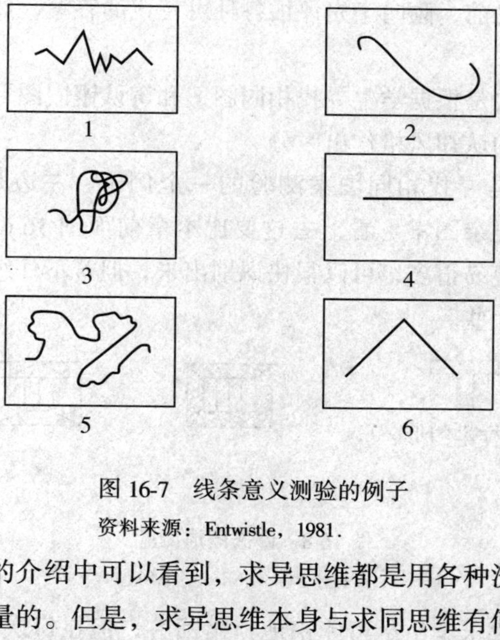

图16-7　线条意义测验的例子

资料来源：Entwistle，1981.

从上面的介绍中可以看到，求异思维都是用各种没有固定答案的测验来测量的。但是，求异思维本身与求同思维有何不同呢？从信息加工模式的角度来看，求异思维是一种搜寻策略，这种策略的注意面较广，并可以把已有的各种图式联结起来（即便在还不清楚这种联结的理由时也这样做）。对有关图式的广泛搜寻，既包括语义方面的，也包括事例方面的。这种搜寻很可能是松散的、缓慢的、广泛的，而且不只局限于信息贮存的某一方面。而求同思维则趋向于只注意某些方面，并很快地就局限在某一特定领域之内。所以，以信息加工模式看来，求异思维与求同思维是学生使用贮存信息的两种不同的方式。

四、冲动型思维与反省型思维

卡根（Kagan，et al.，1964）经过一系列实验后发现，有些学生知觉与思维的方式是以冲动为特征的，有些学生则是以反省为特征的。冲动型思维的学生往往以很快的速度形成自己的看法，在回答问题时很快就作出反应；反省型思维的学生则不急于回答，他们在作出回答之前，倾向于先评估各种可替代的答案，然后给予较有把握的答案。

卡根主要是根据学生寻找相同图案和辨认镶嵌图形的速度和成绩来对学生的认知风格作出区分。

图 16-8 是寻找相同图案测验的一个例子。左边是镶嵌图案，右边两个是复杂图案。看上去这要比本章前面图 16-6 介绍的镶嵌图图形测验容易得多，可以很快识别出来，但若不仔细看，犯错误的可能性更大些。

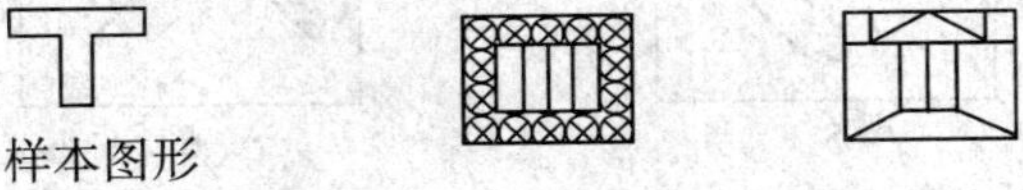

图 16-8　镶嵌图形测验

资料来源：Entwistle，1981.

实验者要求学生尽可能快地作出回答，但在每次错误反应后，还要再作尝试，直到找到正确答案为止。因此，学生若要很好地完成任务，是有点压力的，而且要迅速作出抉择。学生在这种情境里会形成一种正确反应与迅速反应之间竞争的焦虑感。测验成绩是根据作出反应的时间和错误反应的数量来决定的。

通过这类测验，可以识别出两种不同的认知风格。冲动型学生一直有一种迅速确认相同图案的欲望，他们急忙作出选择，犯的错误多些；反省型学生则采取小心谨慎的态度，作出的选择的比较精确，但速度要慢些。有的心理学家认为，冲动与反省的区别，表明了学生信息加工策略方面的重要差异。

实验结果表明，在进行阅读测验时，速度与精确性是与智力相关的。但在推理速度测验中，一些智商高的学生往往倾向于作出小心谨慎的反应。

有人对卡根的研究结果作了进一步核查，他们发现，反省型学生在完成需要对细节作分析的学习任务时，学习成绩较好些；冲动型学生在完成需要作整体型解释的学习任务时，成绩要好些。他们的结论是，冲动型学生在解决问题的能力方面，并不一定比反思型学生更差些。一般人认为冲动型学生学业成绩差，主要是因为学校里的测验往往注重对细节的分析，而他们擅长的则是从整体上来分析问题。

五、内倾与外倾

荣格（C.Jung）根据长期的临床经验，认为存在着两种不同的心理类型，内倾的或外倾的，人们是用这两种相反的方式来看待世界的。外倾者的行为主要指向外部世界的各种事件，他们的思维是受寻找客观事实支配的。与此相反，内倾者往往是根据个人的价值观和标准来评判外部事件的。内倾者的思维是受个人对事物的理解和看法影响的，甚至为它们而困惑。荣格看到了这两种极端的思维方式的危害。他认为，极端的外倾者的思维，往往因纯粹经验性事实的堆积而致使思维瘫痪，从而也窒息了这些事实的意义；而极端的内倾思维则表现出另一种危险的倾向，即强迫把种种事实置于它的映象的阴影之下，或完全忽视这些事实，自由地展现它奇妙的映象。

在荣格的理论中，每个人都具有内倾和外倾的倾向，只不过是某一种特征在个人的行为和有意识思维中占主导地位，而与此相对的那种特征处于无意识中，像阴影一样继续存在。

荣格指出，个体选择某种特定的看法，或注重这种看法的某一方面，都部分地反映了他的个性。因而，荣格是根据个体思维的方式来描述内倾与外倾性格的。

艾森克（Eysenck，et al.，1969）等人对内倾与外倾的一些实验结果表明，在学术性方面，内倾明显优于外倾，因为内倾者很可能不为他们对社会活动的兴趣而分散精力，保持注意的时间更长些，长时记忆也比外倾者更强些。其他的一些研究结果也发现，内倾者在大学入学考试时比外倾者的成功率高。

但是，上述实验主要是在年龄大些的学生中和在某些学科领域中进行的。后来，有些心理学家发现，在小学里，外倾者的成绩始终比内倾者好些，而到13岁后，这种关系就不大明显了。此外内倾的男孩和外倾的女孩在学习上往往比较成功。

可见，内倾和外倾的性格与学生学业成绩之间确实存在着关系，但这种关系并不是直接的。

参 考 文 献

巴克主编，南开大学社会学系译：《社会心理学》，南开大学出版社 1984 年版。

鲍尔、希乐加德著，邵瑞珍等译：《学习论——学习活动的规律探索》，上海教育出版社 1987 年版。

比格著，张敷荣等译：《学习的基本理论与教学实践》，文化教育出版社 1983 年版；人民教育出版社 1991 年版。

波林著，高觉敷译：《实验心理学史》，商务印书馆 1981 年版。

布鲁纳著，邵瑞珍等译、王承绪等校：《布鲁纳教育论著选》，人民教育出版社 1989 年版。

查普林、克拉威克著，林方译：《心理学的体系和理论》，商务印书馆1983 年版。

德斯伯里、雷斯林沙弗主编，邵郊等译：《比较心理学——现代概观》，科学出版社 1986 年版。

高觉敷主编：《西方近代心理学史》，人民教育出版社 1982 年版。

格莱因著，计文莹等译、陈孝禅校：《儿童心理发展的理论》，湖南教育出版社 1983 年版。

加涅著，傅统先、陆有铨译：《学习的条件》，人民教育出版社 1987 年版。

吉尔福特著，施良方等译：《创造性才能》，人民教育出版社 1991 年版。

柯普兰著，李其维、康佳译：《儿童怎样学习数学——皮亚杰研究的教育含义》，上海教育出版社 1985 年版。

李丹主编：《儿童发展心理学》，华东师范大学出版社 1987 年版。

墨菲、柯瓦奇著，林方、王景和译：《近代心理学历史导引》，商务印书馆 1980 年版。
皮亚杰著，王宪钿等译、胡世襄等校：《发生认识论原理》，商务印书馆 1981 年版。
皮亚杰著，倪连生、王琳译：《结构主义》，商务印书馆 1984 年版。
皮亚杰著，卢濬选译：《皮亚杰教育论著选》，人民教育出版社 1990 年版。
皮亚杰、英海尔德著，吴福元译：《儿童心理学》，商务印书馆 1980 年版。
瞿葆奎主编，徐勋、施良方选编：《教育学文集·教学卷》（上），人民教育出版社 1988 年版。
萨哈金著，周晓虹等译：《社会心理学的历史与体系》，贵州人民出版社,1991 年版。
邵瑞珍主编：《教育大辞典·教育心理学卷》，上海教育出版社 1990 年版。
施良方著：《学生认知与优化教学》，中国科学技术出版社 1991 年版。
舒尔茨著，杨立能等译：《现代心理学史》，人民教育出版社 1981 年版。
司马贺著，荆其诚、张厚粲译：《人类的认知：思维的信息加工理论》,科学出版社 1986 年版。
王雨田主编：《控制论、信息论、系统科学与哲学》，中国人民大学出版社 1986 年版。
欣茨曼著，韩进之等译：《学习与记忆心理学》，辽宁科学技术出版社1986 年版。
杨清著：《现代西方心理学主要派别》，辽宁人民出版社 1980 年版。
章益辑译：《新行为主义学习论》，山东教育出版社 1983 年版。
朱智贤主编：《心理学大词典》，北京师范大学出版社 1989 年版。

Atkinson ,J. W. (1958)*Motives in Fantasy Action*.

Atkinson,R. C. and Raugh, M. R. (1975) An Application of the Mnemonic Keyword Method to the Acquisition of a Russian Vocabulary. *Journal of Experimental Psychology: Human Learning and Memory*, Vol. 104.

Ausubel,D. P. (1967) *Learning Theory and Classroom Practice*.

Ausubel, D. P. and Robinson,F. G. (1969) *School Learning: An Introduction to Educational Psychology*.

Ausubel,D. P. et al. (1978) *Educational Psychology: A Cognitive View*, 2nd. ed.

Bandura, A. (1971,1977) *Social Learning Theory*.

Bandura,A. (1986) *Social Foundations of Thought and Action: A Social Cognitive Theory*.

Bandura,A. and Walters,R. H. (1963) *Social Learning and Personality Development*.

Becker,W. C. (ed.) (1971) *An Educational Basis for Change in Education*.

Bell-Gredler,M. E. (1986) *Learning and Instruction: Theory into Practice*.

Bloom,B. S. (1976) *Human Characteristics and School Learning*.

Bloom,B. S. (1981) *All Our Children Learning*.

Bolles,R. C. (1978) *Learning Theory*, 2nd. ed.

Bourne,L. E. and Restle,F. (1959) Mathematical Theory of Concept Identification. *Psychological Review*, Vol. 66.

Bruner,J. S. (1960) *The Process of Education*.

Bruner,J. S. (1966) *Toward a Theory of Instruction*.

Bruner,J. S. (1973) *Beyond the Information Given*.

Bruner,J. S. et al. (1956) *A Study of Thinking*.

Clifford, M. M. (1981) *Practicing Educational Psychology.*

Davey, G. (1989) *Ecological Learning Theory.*

Dembo, M. H. (1977) *Teaching for Learning.*

Divesta, F. J. and Thompson, G. G. (1970) *Educational Psychology: Instruction and Behavioral Change.*

Entwistle, N. (1981) *Styles of Learning and Teaching.*

Evans, R. I. (1976) *The Making of Psychology.*

Eysenck, H. J. et al. (1969) Personality in Primary School Children. *British Journal of Educational Psychology*, Vol. 39.

Gagné, R. M. (1975) *Essentials of Learning for Instruction.*

Gagné, R. M. (1985) *The Conditions of Learning*, 4th. ed.

Gagné, R. M. et al. (1988) *Principles of Instructional Design*, 5th. ed.

Gallagher, J. Mc. and Reid, D. K. (1981) *The Learning Theory of Piaget and Inhelder.*

Gazda, G. M. et al. (1980) *Theories of Learning: A Comparative Approach.*

Goldstein, H. et al., (eds) (1965) *Controversial Issues in Learning.*

Guthrie, E. R. (1935) *The Psychology of Learning.*

Guthrie, E. R. (1942) Conditioning: A Theory of Learning in Terms of Stimulus, Response, and Association, *NSSE* 41*th Yearbook.*

Harlow, H. F. (1949) The Formation of Learning Set. *Psychological Review*, Vol. 56.

Hilgard, E. R. (1956) *Theories of Learning*, 2nd. ed.

Hilgard, E. R. and Bower, G. H. (1975) *Theories of Learning*,

4th. ed.

Hilgard, E. R. et al. (1979) *Introduction to Psychology*, 7th. ed.

Hill, W. F. (1971) *Learning*.

Hill, W. F. (1985) *Learning: A Survey of Psychological Interpretations*, 4th. ed.

Hudson, L. (1966) *Contrary Imaginations*.

Jenkins, J. G. and Dallenbach, K. M. (1924) Oblivescence During Sleep and Working. *Amercian Journal of Psychology*, Vol. 35.

Kagan, J. et al. (1964) Information Processing in the Child: Significance of Analytic and Reflective Attitudes. *Psychological Monograph*, Vol. 78.

Koffka, K. (1935) *Principles of Gestalt Psychology*.

Kohler, W. (1929, 1947) *Gestalt Psychology*.

Kukla, A. (1972) Foundations of an Attributional Theory of Performance. *Psychological Review*, Vol. 79.

Lefrancois, G. R (1982) *Psychological Theories and Human Learning*, 2nd. ed.

Lewin, K. (1936) *Principles of Topological Psychology*.

Lewin, K. (1942) Field theory of Learning, *NSSE 41th Yearbook*.

Lindzey, G. et al. (1975) *Psychology*.

Lorenz, K. (1935, 1957) *Instinctive Behavior*.

Newell, A. and Simon, H. A. (1972) *Human Problem Solving*.

Neisser, U. (1967) *Cognitive Psychology*.

O'Connor, D. J. (1957) *An Introduction to the Philosophy of Education*.

Paivio, A. (1971) *Imagery and Verbal Processes*.

Pask, G. (1976) Styles and Strategies of Learning. *British Journal of Educational Psychology*, Vol. 46.

Pressley, M. (1977) Imagery and Children's Learning: Putting the Picture in Developmental Perspective. *Review of Educational Research*. Vol. 47.

Rogers, C. R. (1961) *On Becoming a Person*.

Rogers, C. R. (1969) *Freedom to Learn*.

Rogers, C. R. (1980) *A Way of Being*.

Rogers, C. R. (1983) *Freedom to Learn: For the 80s'*.

Rosch, E., (1977) Human Categorization, In Warren, N. (ed.) *Advances in Cross-cultural Psychology*, Vol. 1.

Royer, J. M. (1979) Theories of the Transfer of Learning. *Educational Psychologist*, Vol. 14.

Skinner, B. F. (1938) *The Behavior of Organisms: An Experimental Analysis*.

Skinner, B. F. (1953) *Science and Human Behavior*.

Skinner, B. F. (1968) *The Technology of Teaching*.

Skinner, B. F. (1969) *Contigencies of Reinforcement: A Theoretical Analysis*.

Skinner, B. F. (1971) *Beyond Freedom and Dignity*.

Slavin, R. E. (1986) *Educational Psychology: Theory into Practice*.

Smith, M. D. (1978) *Educational Psychology and Its Classroom Applications*, 2nd. ed.

Snelbecker, G. E. (1974) *Learning Theory, Instructional Theory, and Psychoeducational Design*.

Spence, K. W. (1951) (ed.) *Handbook of Experimental Psychology*.

Spence, K. W. (1960) *Behavior Theory and Learning*.

Swenson, L. C. (1980) *Theories of Learning: Traditional Perspectives and Contemporary Development.*

Thorndike, E. L. (1911) *Animal Intelligence.*

Thorndike, E. L. (1913) *Educational Psychology: The Psychology of Learning.*

Tolman, E. C. (1932) *Purposive Behavior in Animals and Men.*

Tolman, E. C. (1951) *Collected Papers in Psychology.*

Travers, R. M. W. (1982) *Essentials of Learning*, 5th. ed.

Tulving, E. (1972) Episodic and Semantic Memory. In Tulving, E. and Donaldson, W. (eds.) *Organization of Memory.*

Tulving, E. (1974) Cue-development Forgetting. *American Scientist*, Vol. 62.

Tyler, R. W (1949) *Basic Principles of Curriculum and Instruction.*

Underwood, B. J. (1957) Intereference and Forgetting. *Psychological Review*, Vol. 64.

Wallach, M. A. and Kogan, N. (1965) *Modes of Thinking in Young Children.*

Watson, J. B. (1924) *Behaviorism*, 2nd. ed.

Weiner, B. (1972) *Theories of Motivation: From Mechanism to Cognition.*

Wertheimer, M. (1959) *Productive Thinking.*

Wingfield, A. (1979) *Human Learning and Memory: An Introduction.*

Zanden, J. W. V. and Pace, A. J. (1984) *Educational Psychology in Theory and Practice*, 2nd. ed.